中華古籍保護計劃

ZHONG HUA GU JI BAO HU JI HUA CHENG GUO

·成果·

重慶市北碚圖書館等八家收藏單位

古籍普查登記目録

全國古籍普查登記目録

國家圖書館出版社
National Library of China Publishing House

圖書在版編目(CIP)數據

重慶市北碚圖書館等八家收藏單位古籍普查登記目録/
本書編委會編. --北京:國家圖書館出版社,2016.6
（全國古籍普查登記目録）
ISBN 978 - 7 - 5013 - 5847 - 2

Ⅰ.①重…　Ⅱ.①本…　Ⅲ.①古籍—圖書目録—重慶市　Ⅳ.①Z838

中國版本圖書館 CIP 數據核字(2016)第 124361 號

書　　名	重慶市北碚圖書館等八家收藏單位古籍普查登記目録	
著　　者	本書編委會　編	
責任編輯	趙　嫄	

出　　版	國家圖書館出版社(100034　北京市西城區文津街 7 號)	
	（原書目文獻出版社　北京圖書館出版社）	
發　　行	010 - 66114536　66126153　66151313　66175620	
	66121706(傳真),66126156(門市部)	
E-mail	nlcpress@ nlc. cn(郵購)	
Website	www. nlcpress. com ──→投稿中心	
經　　銷	新華書店	
印　　裝	河北三河弘翰印務有限公司	
版　　次	2016 年 6 月第 1 版第 1 次印刷	

開　　本	787 毫米 ×1092 毫米　1/16	
印　　張	28	
字　　數	520 千字	

書　　號	ISBN 978 - 7 - 5013 - 5847 - 2	
定　　價	260. 00 圓	

《全國古籍普查登記目錄》
工作委員會

《全國古籍普查登記目録》

序　言

　　全國古籍普查登記工作是"中華古籍保護計劃"的首要任務,是全面開展古籍搶救、保護和利用工作的基礎,也是有史以來第一次由政府組織、參加收藏單位最多的全國性古籍普查登記工作。

　　2007年國務院辦公廳發佈《關於進一步加强古籍保護工作的意見》(國辦發[2007]6號),明確了古籍保護工作的首要任務是對全國公共圖書館、博物館和教育、宗教、民族、文物等系統的古籍收藏和保護狀況進行全面普查,建立中華古籍聯合目録和古籍數字資源庫。2011年12月,文化部下發《文化部辦公廳關於加快推進全國古籍普查登記工作的通知》(文辦發[2011]518號),進一步落實了全國古籍普查登記工作。根據文化部2011年518號文件精神,國家古籍保護中心擬訂了《全國古籍普查登記工作方案》,進一步規範了古籍普查登記工作的範圍、内容、原則、步驟、辦法、成果和經費。目前進行的全國古籍普查登記工作的中心任務是通過每部古籍的身份證——"古籍普查登記編號"和相關信息,建立古籍總臺賬,全面瞭解全國古籍存藏情況,開展全國古籍保護的基礎性工作,加强各級政府對古籍的管理、保護和利用。

　　《全國古籍普查登記工作方案》規定了全國古籍普查登記工作的三個主要步驟:一、開展古籍普查登記工作;二、在古籍普查登記基礎上,編纂出版館藏古籍普查登記目録,形成《全國古籍普查登記目録》;三、在古籍普查登記工作基本完成的前提下,由省級古籍保護中心負責編纂出版本省古籍分類聯合目録《中華古籍總目》分省卷,由國家古籍保護中心負責編纂出版《中華古籍總目》統編卷。

　　在党和政府領導下,在各地區、各有關部門和全社會共同努力下,古籍普查登記工作得以扎實推進。古籍普查已在除臺、港、澳之外的全國各省級行政區域開展,普查内容除漢文古籍外,還包括各少數民族文字古籍,特別是於2010年分别啟動了新疆古籍保護和西藏古籍保護專項,因地制宜,開展古籍普查登記工作;國家古籍保護中心研製的"全國古籍普查登記平臺"已覆蓋到全國各省級古籍保護中心,並進一步研發了"中華古籍索引庫",爲及時展現古籍普查成果提供有力支持;截至目前,已有11375部古籍進入《國家珍貴古籍名録》,浙江、江蘇、山東、河北等省公佈了省級《珍貴古籍名録》，古籍分級保護機制初步形成。

　　《全國古籍普查登記目録》是古籍普查工作的階段性成果，旨在摸清家底，揭示館藏，反映古籍的基本信息。原則上每申報單位獨立成冊，館藏量少不能獨立成冊者，則在本省範圍内幾個館目合併成冊。無論獨立成冊還是合併成冊，均編製獨立的書名筆畫索引附於書後。著録的必填基本項目有：古籍普查登記編號、索書號、題名卷數、著者（含著作方式）、版本、冊數及存缺卷數。其他擴展項目有：分類號、批校題跋、版式、裝幀形式、叢書子目、書影、破損狀況等。有條件的收藏單位多著録的一些擴展項目，也反映在《全國古籍普查登記目録》上。目録編排按古籍普查登記編號排序，内在順序給予各古籍收藏單位較大自由度，可按分類排列古籍普查登記編號，也可按排架號、按同書名等排列古籍普查登記編號，以反映各館特色。

　　此次全國古籍普查登記工作，克服了古籍數量多、普查人員少、普查難度大等各種困難，也得到了全國古籍保護工作者的極大支持。在古籍普查登記過程中，國家古籍保護中心、各省古籍保護中心爲此舉辦了多期古籍普查、古籍鑒定、古籍普查目録審校等培訓班，全國共 1600 餘家單位參加了培訓，爲古籍普查登記工作培養了大量人才。同時在古籍普查登記工作中，也鍛煉了普查員的實踐能力，爲將來古籍保護事業發展奠定了良好的基礎。

　　《全國古籍普查登記目録》的出版，將摸清我國古籍家底，爲古籍保護和利用工作提供依據，也將是古籍保護長期工作的一個里程碑。

國家古籍保護中心

2013 年 10 月

《全國古籍普查登記目錄》

編纂凡例

一、收録範圍爲我國境内各收藏機構或個人所藏，産生於 1912 年以前，具有文物價值、學術價值和藝術價值的文獻典籍，包括漢文古籍和少數民族文字古籍以及甲骨、簡帛、敦煌遺書、碑帖拓本、古地圖等文獻。其中，部分文獻的收録年限適當延伸。

二、以各收藏機構爲分冊依據，篇幅較小者，適當合併出版。

三、一部古籍一條款目，複本亦單獨著録。

四、著録基本要求爲客觀登記、規範描述。

五、著録款目包括古籍普查登記編號、索書號、題名卷數、著者、版本、冊數、存缺卷等。古籍普查登記編號的組成方式是：省級行政區劃代碼—單位代碼—古籍普查登記順序號。

六、以古籍普查登記編號順序排序。

七、編製各館藏目録書名筆畫索引附於書後，以便檢索。

《重慶市北碚圖書館等八家收藏單位古籍普查登記目錄》

編委會

《重慶市北碚圖書館等八家收藏單位古籍普查登記目錄》

前　言

　　中華民族有近五千年的歷史,創造了輝煌燦爛的文明,留下了浩瀚珍貴的文獻典籍。古籍文獻是中華民族在數千年歷史發展過程中創造出的重要文明成果,是中華悠久歷史、燦爛文化的生動寫照,是弘揚愛國主義精神的鮮活教材。做好古籍文獻的普查與保護工作,既是維繫和傳承中華文化根脈的重要保障,也是建設社會主義先進文化、推動文化大發展大繁榮的具體體現。

　　在重慶市委、市政府的高度重視下,重慶市古籍普查工作得以順利開展。2014年完成出版了本市第一批《重慶市三十三家收藏單位古籍普查登記目錄》(全二冊)。在此基礎上,重慶市古籍保護中心歷時一年多,對本市另外 8 家古籍收藏單位的古籍文獻進行了普查登記。此次普查登記的單位共 8 家,包括 1 家公共圖書館,2 家中學校圖書館,1 家高等專科學校圖書館,1 家醫院文獻檢索中心,2 家研究院圖書館,1 家宗教寺廟圖書室。

　　本目錄共收録 8 家收藏單位的古籍 5767 部。其中,收録重慶市北碚圖書館古籍最多,計 4983 部;另收録重慶三峽醫藥高等專科學校、重慶市第八中學校、重慶市聚奎中學校、重慶市中藥研究院、重慶市中醫院、重慶市南岸道教老君洞、大足石刻研究院 7 家單位古籍 784 部。

　　本目錄所收録古籍種類包括經、史、子、集、叢五類,時間跨度自宋至清末,版本形式包括刻本、抄本、稿本、套印本、石印本、活字印本等等。其中不乏珍稀善本,北碚圖書館有 21 部珍稀古籍入選《國家珍貴古籍名録》,如:宋寶祐二年(1254)刻元明遞修本《致堂讀史管見》三十卷,明嘉靖二十四年(1545)田汝成刻本《越絶書》十五卷,明正德刻本《[正德]姑蘇志》六十卷等等,這些善本古籍存世量極爲稀少,有的爲海內外孤本,具有極其珍貴的文獻價值和文物價值。另外,重慶三峽醫藥高等專科學校所藏清康熙四十二年(1703)一隅草堂刻本《香山詩集》四十卷,清道光十四年(1834)廣州盧坤芸葉盦刻六色套印本《杜工部集》二十卷,清乾隆四十九年(1784)書業堂刻本《本草綱目序例》五十二卷等等,也屬善本古籍。而重慶市聚奎中學校所藏古籍,從時間上來説多爲清後期刻本,但從數量上來看,是我市中學校圖書館保存古籍數量最多的,在內容方面,也涵蓋了經、史、子、集、叢五類。重慶市中藥研究院、重慶市中醫院所藏古籍醫典，對於重慶市中醫藥的研究具有重要的參考價值。此次普查工作由於數量大、時間緊、人員欠缺等因素，編製完成的登記目錄難免有一些疏漏，誠望專家學者與業界同仁指疵修謬，以匡不逮。

中華古籍是人類文明的瑰寶，是中華文明的載體，是前人爲我們留下的寶貴精神財富和歷史見證。它們全面、系統地記載了我國歷史上政治、經濟、文化、科技等各方面的發展脉絡和重要成就。正是依靠這些典籍，我們纔能將祖國源遠流長的歷史和博大精深的文化傳承下來，並不斷加以發揚光大，從而屹立於世界民族之林。這些珍貴的古代典籍能够保存到今天，實屬不易，幸免厄運而流傳至今者，百不一存。此次全國古籍普查工作的開展，是要厘清我國古籍的品種、數量和價值，對於延續中華民族的文化命脉而言，是一項非常重要的文化工程。其目的就是使炎黄子孫能够從中瞭解中華民族光輝的歷史，更好地繼承和發揚中華民族優秀傳統文化。這對於弘揚社會主義核心價值觀、提升國家軟實力、實現中華民族的偉大復興，都具有十分重要的意義，要完成這一重大工程，需要全民族、全社會共同努力。

重慶市古籍保護中心
2016 年 5 月

目　録

重慶市北碚圖書館古籍普查登記目錄

全國古籍普查登記目錄

國家圖書館出版社
National Library of China Publishing House

500000 – 8702 – 0000001　S/7/11

漢魏詩紀十九卷吳詩紀一卷　（明）馮惟訥輯
　談藝錄一卷　（明）徐禎卿撰　明嘉靖三十
八年(1559)刻本　六冊

500000 – 8702 – 0000002　S/2/1

廣韻五卷　（宋）陳彭年等修　元刻本　五冊

500000 – 8702 – 0000003　S/5/6

越絕書十五卷　（漢）袁康撰　明嘉靖二十四
年(1545)田汝成刻本　四冊

500000 – 8702 – 0000004　S/7/12

唐陸宣公集二十四卷　（唐）陸贄撰　明刻本
　十冊

500000 – 8702 – 0000005　S/7/9

孟浩然集二卷　（唐）孟浩然撰　明嘉靖江都
黃埠東壁圖書府刻本　三冊

500000 – 8702 – 0000006　S/8/7

東里文集二十五卷　（明）楊士奇撰　明正統
五年(1440)刻本　八冊

500000 – 8702 – 0000007　S/2/5

詩緝三十六卷　（宋）嚴粲撰　明嘉靖味經堂
刻本　十冊　存十二卷(二十五至三十六)

500000 – 8702 – 0000008　S/4/11

資治通鑑綱目五十九卷首一卷　（宋）朱熹撰
　（元）汪克寬考異　（元）徐昭文考證
（元）王幼學集覽　（明）陳濟正誤　明嘉靖三
十六年(1557)吉澄刻本　六十冊

500000 – 8702 – 0000009　S/5/1

續編資治宋元綱目大全二十七卷首一卷
（明）商輅等纂修　（明）周禮發明　（明）汪
克寬考異　（明）王幼學集覽　（明）馬智舒質
實　明嘉靖三十六年(1557)吉澄刻本　二十
六冊

500000 – 8702 – 0000010　S/2/13

書傳大全十卷　（明）胡廣等纂修　明永樂北
京司禮監刻本　十冊

500000 – 8702 – 0000011　S/5/2

資治通鑑綱目前編十八卷舉要三卷　（宋）金
履祥撰　外紀一卷　（元）陳桱輯　明嘉靖三
十六年(1557)吉澄刻本　十五冊

500000 – 8702 – 0000012　S/2/12

周易傳義大全二十四卷　（明）胡廣等纂修
明永樂北京司禮監刻本　十二冊

500000 – 8702 – 0000013　S/8/2

朱文公校昌黎先生集四十卷外集十卷遺文一
卷集傳一卷　（唐）韓愈撰　（唐）李漢編
（宋）朱熹考異　（宋）王伯大音釋　明正統十
三年(1448)書林王宗玉刻本　十四冊

500000 – 8702 – 0000014　S/2/7

周易傳義十卷　（宋）程頤傳　（宋）朱熹本義
　明正統十二年(1447)司禮監刻本　十冊

500000 – 8702 – 0000015　S/5/13

[正德]姑蘇志六十卷　（明）王鏊纂修　明正
德元年(1506)刻本　二十四冊

500000 – 8702 – 0000016　S/6/7

新纂門目五臣音註揚子法言十卷　（漢）揚雄
撰　（晉）李軌　（唐）柳宗元註　（宋）宋咸
　（宋）吳祕　（宋）司馬光重註　明桐陰書屋
刻本　六冊

500000 – 8702 – 0000017　S/5/10

致堂讀史管見三十卷　（宋）胡寅撰　宋寶祐
二年(1254)刻宋元明遞修本　三十冊

500000 – 8702 – 0000018　S/1/1

五經大全一百二十一卷　（明）胡廣等纂修
明永樂司禮監刻本　一百六十二冊

500000 – 8702 – 0000019　S/6/22

初學記三十卷　（唐）徐堅等撰　明嘉靖十年
(1531)錫山安國刻本　三十冊

500000 – 8702 – 0000020　S/6/8

中說十卷　（隋）王通撰　（宋）阮逸注　明桐
陰書屋刻本　四冊

500000 – 8702 – 0000021　S/8/9

重刊校正唐荊川先生文集十二卷續集六卷奉
使集二卷　（明）唐順之撰　明嘉靖刻本　十
二冊

500000－8702－0000022　S/6/11

佛說一切如來真實攝大乘現證三昧大教王經三十卷　（宋）釋施護譯　元初普寧寺刻本　二冊　存二卷（二十七、三十）

500000－8702－0000023　S/8/1

文苑英華一千卷　（宋）李昉等纂修　明隆慶元年（1567）刻本　一百冊

500000－8702－0000024　S/6/19

新增格古要論十三卷　（明）曹昭撰　（明）王佐增　清淑躬堂刻本　八冊

500000－8702－0000025　S/6/4

六子六十二卷　（明）許宗魯編　明嘉靖六年（1527）芸窗書院刻本　二十冊

500000－8702－0000026　S/6/5

六子六十卷　（明）顧春編　明嘉靖九年至十二年（1530－1533）吳郡顧氏世德堂刻本　二十冊

500000－8702－0000027　S/7/10

分類補註李太白詩二十五卷文五卷　（唐）李白撰　（宋）楊齊賢集註　（元）蕭士贇補註　（明）郭雲鵬編文　明嘉靖二十二年（1543）郭氏寶善堂刻本　十六冊

500000－8702－0000028　S/5/12

文獻通考三百四十八卷首一卷　（元）馬端臨撰　明正德十六年（1521）劉洪慎獨齋刻本　一百十九冊　存三百四十七卷（一至三十五、三十八至三百四十八,首一卷）

500000－8702－0000029　S/8/3

河東先生集四十五卷外集二卷龍城錄二卷附錄二卷集傳一卷　（唐）柳宗元撰　（唐）劉禹錫編　明嘉靖東吳郭雲鵬濟美堂刻本　二十冊

500000－8702－0000030　S/7/6

文選補遺四十卷　（元）陳仁子輯　（元）譚紹烈纂類　明成化十四年（1478）茶陵東山書院刻本　三十二冊

500000－8702－0000031　S/6/14

百家類纂四十卷　（明）沈津編輯　明隆慶元年（1567）刻本　三十冊　存三十卷（一至十二、二十至三十七）

500000－8702－0000032　S/8/12

甫田集三十五卷附一卷　（明）文徵明撰　明嘉靖刻清康熙修補印本　十冊　存二十八卷（一至七、十六至三十五,附一卷）

500000－8702－0000033　S/2/11

春秋四傳三十八卷　（□）□□撰　明刻本　二十四冊

500000－8702－0000034　S/2/10

大廣益會玉篇三十卷首一卷　（南朝梁）顧野王撰　（宋）陳彭年重修　明刻本　三冊　存二十五卷（一至七、十四至三十,首一卷）

500000－8702－0000035　S/2/3

春秋公羊註疏二十八卷　（漢）公羊壽撰　（漢）何休註　（唐）徐彥疏　明萬曆二十一年（1593）北京國子監刻本　五冊　存十二卷（一至十二）

500000－8702－0000036　S/2/9

蘇氏易解八卷　（宋）蘇軾撰　明萬曆南京吏部刻本　八冊

500000－8702－0000037　S/2/2

尚書註疏二十卷　（漢）孔安國傳　（唐）孔穎達疏　明萬曆十五年（1587）北京國子監刻本　十冊

500000－8702－0000038　S/2/4

春秋穀梁傳註疏二十卷　（戰國）穀梁赤撰　（晉）范寧集解　（唐）楊士勛疏　明萬曆二十一年（1593）北京國子監刻本　八冊

500000－8702－0000039　S/2/8

春秋四傳三十八卷　（明）鍾天樨　（明）鄧名楊　（明）鍾越輯註　（明）鍾惺評　明崇禎刻本　二十冊

500000－8702－0000040　S/2/6

爾雅註疏十一卷　（晉）郭璞註　（宋）邢昺疏　明萬曆二十一年（1593）北京國子監刻本

六冊

500000－8702－0000041　S/3/2

史記集解一百三十卷　（漢）司馬遷著　（南朝宋）裴駰集解　明崇禎十四年(1641)毛氏汲古閣刻清順治十一年(1654)補刻本　十冊

500000－8702－0000042　S/3/3

南史八十卷　（唐）李延壽撰　明萬曆南京國子監刻明清遞修本　四十冊

500000－8702－0000043　S/3/4

南史八十卷　（唐）李延壽撰　明天啟婁東張溥刻本　二十四冊

500000－8702－0000044　S/4/3

南史八十卷　（唐）李延壽撰　明崇禎十三年(1640)毛氏汲古閣刻清順治十一年(1654)補刻本　二十冊

500000－8702－0000045　S/2/14

二十一史二十一種　（漢）司馬遷等撰　明南京國子監刻明清遞修本　四百四冊　存十九種一千八百二十五卷(史記一百三十卷、前漢書一百卷、後漢書一百二十卷、三國志六十五卷、晉書一百三十卷、宋書一百卷、南齊書五十九卷、梁書五十六卷、陳書三十六卷、魏書一百十四卷、北齊書五十卷、周書五十卷、南史八十卷、北史一百卷、隋書八十五卷、唐書二百二十五卷、五代史記七十四卷、遼史一百十六卷、金史一百三十五卷)

500000－8702－0000046　S/3/1

十七史十七種　（漢）司馬遷等撰　明崇禎汲古閣毛晉刻清順治補刻本　一百八十八冊　存十五種一千二百六十六卷(史記一百三十卷、漢書一百卷、後漢書一百二十卷、晉書一百三十卷、宋書一百卷、南齊書五十九卷、梁書五十六卷、陳書三十六卷、魏書一百十四卷、北齊書五十卷、周書五十卷、隋書八十五卷、南史八十卷、北史一百卷、唐書五至六十)

500000－8702－0000047　S/4/5

北史一百卷　（唐）李延壽撰　明萬曆南京國子監刻明清遞修本　五十九冊

500000－8702－0000048　S/4/4

前漢書一百卷　（漢）班固撰　（唐）顏師古註　明崇禎五年(1632)陳仁錫刻本　二十冊

500000－8702－0000049　S/4/2

前漢書一百二十卷　（漢）班固撰　（唐）顏師古註　明崇禎十五年(1642)毛氏汲古閣刻清順治十二年(1655)補刻十七史本　三十二冊

500000－8702－0000050　S/4/6

漢書鈔九十三卷　（明）茅坤輯　明萬曆刻本　四十冊

500000－8702－0000051　S/4/7

漢書評林一百卷　（明）凌稚隆輯　明萬曆十一年(1583)凌氏刻本　三十二冊

500000－8702－0000052　S/4/8

後漢列傳八十卷　（南朝宋）范曄撰　明萬曆鍾人傑刻本　十六冊

500000－8702－0000053　S/4/9

資治通鑑二百九十四卷　（宋）司馬光撰　明萬曆蘇濬等刻本　八十八冊

500000－8702－0000054　S/4/10

資治通鑑二百九十四卷　（宋）司馬光撰　(元)胡三省音註　明萬曆新安張一桂、吳勉學刻本　一百冊

500000－8702－0000055　S/5/5

新刻世史類編四十六卷　（明）李槃等撰　明萬曆三十二年(1604)書林余彰德刻本　二十四冊

500000－8702－0000056　S/5/8

戰國策十卷　（漢）劉向輯　（漢）高誘(宋)鮑彪註　（元)吳師道補註　明萬曆刻本　八冊

500000－8702－0000057　S/8/20.1

逸周書十卷　（晉）孔晁註　明萬曆新安程榮刻本　一冊

500000－8702－0000058　S/5/9

十六國春秋一百卷　（北魏）崔鴻撰　（明）屠喬孫　（明）項琳之訂　明萬曆三十七年

(1609)蘭暉堂刻本　四十冊

500000－8702－0000059　S/5/7

高士傳三卷　（晉）皇甫謐撰　**英雄記鈔一卷**
（三國魏）王粲撰　明何允中刻本　一冊

500000－8702－0000060　S/5/4

南唐書十八卷音釋一卷　（宋）陸游撰　（元）
戚光音釋　明崇禎毛氏汲古閣刻清初印本
六冊

500000－8702－0000061　S/5/3

二十一史論贊三十六卷　（明）沈國元輯　明
崇禎大來堂刻本　十八冊

500000－8702－0000062　S/5/11

通典二百卷　（唐）杜佑撰　明刻本　四十冊

500000－8702－0000063　S/5/16

歷代名臣奏議三百十九卷序目不分卷　（明）
張溥編　（明）陳仁錫刪訂　明初刻清初修補
印本　六十四冊

500000－8702－0000064　S/6/1

日涉編十二卷　（明）陳堦編　明刻清康熙至
乾隆遞修本　十二冊

500000－8702－0000065　F/13/8

[萬曆] 汶上縣志八卷　（明）栗可仕修
（明）王新命纂　明萬曆三十六年（1608）刻清
康熙五十六年（1717）聞元炅補刻本　二冊

500000－8702－0000066　S/5/14

陋巷志八卷　（明）楊光訓修　（明）顏胤祚纂
明萬曆二十九年（1601）刻本　四冊

500000－8702－0000067　S/5/15

東吳水利考十卷　（明）王圻撰　明萬曆刻本
十二冊

500000－8702－0000068　S/6/3

名山勝槩記四十八卷圖一卷附錄一卷　（明）
□□纂　明崇禎六年（1633）刻本　五十冊

500000－8702－0000069　S/6/2

石墨鐫華六卷附錄二卷　（明）趙崡撰　明萬
曆四十六年（1618）趙氏刻本　四冊

500000－8702－0000070　S/6/6

六子六十卷　（□）□□輯　明刻本　二十冊

500000－8702－0000071　S/8/20.2

說苑二十卷　（漢）劉向撰　明萬曆新安程榮
刻本　二冊

500000－8702－0000072　S/6/9

握機經二卷　（明）程道生輯　明末刻本
二冊

500000－8702－0000073　S/6/10

博古圖錄三十卷考古圖十卷古玉圖二卷
（宋）王黼　（宋）呂大臨　（元）朱德潤撰輯
清乾隆十七年至十八年（1752－1753）黃晟
槐蔭草堂刻本　二十四冊

500000－8702－0000074　S/6/12

方氏墨譜六卷序評不分卷　（明）方于魯撰
明萬曆三十六年（1608）方氏刻本　十二冊

500000－8702－0000075　S/6/15

風俗通義十卷　（漢）應劭撰　明刻本　四冊

500000－8702－0000076　S/21/8

二如亭群芳譜二十八卷　（明）王象晉撰　清
初刻本　二十冊

500000－8702－0000077　S/6/16

夢溪筆談二十六卷　（宋）沈括撰　明崇禎虞
山毛氏汲古閣刻本　二冊

500000－8702－0000078　S/6/18

疑耀七卷　（明）張萱撰　明萬曆張萱刻本
二冊　存一卷（一）

500000－8702－0000079　S/6/17

天祿閣外史八卷　（漢）黃憲撰　明萬曆何允
中刻本　二冊

500000－8702－0000080　S/6/20

解深密經五卷　（唐）釋玄奘譯　明萬曆三十
二年（1604）徑山寂照庵刻本　二冊

500000－8702－0000081　S/6/25

唐類函二百卷目錄二卷　（明）俞安期纂輯
明萬曆四十六年（1618）刻本　一百冊

500000－8702－0000082　S/6/23

初學記三十卷　（唐）徐堅等撰　明萬曆十五年(1587)徐守銘寧壽堂刻本　三十冊

500000－8702－0000083　S/6/24

新編古今事文類聚新集三十六卷外集十五卷　（元）富大用輯　明萬曆唐氏德壽堂刻本　十二冊　存三十卷(新集十四至三十、外集一至十三)

500000－8702－0000084　S/6/21

五車韻瑞一百六十卷附洪武正韻一卷　（明）凌稚隆撰　明萬曆刻本　十六冊

500000－8702－0000085　S/6/26

尚友錄二十二卷　（明）廖用賢輯　明天啟元年(1621)刻本　二十冊

500000－8702－0000086　S/7/14

三才圖會一百六卷　（明）王圻撰　（明）王思義補　（清）黃晟重校　清乾隆黃氏槐蔭草堂刻本　一百十二冊

500000－8702－0000087　S/6/27

八編類纂二百八十五卷六經圖六卷地圖二卷　（明）陳仁錫編輯　明天啟陳氏刻本　八十冊

500000－8702－0000088　S/7/2

文選[白文]十二卷　（南朝梁）蕭統輯　明刻本　二十四冊

500000－8702－0000089　S/7/15

六臣註文選六十集　（南朝梁）蕭統輯　（唐）李善等注　明萬曆徐成位刻本　六十冊

500000－8702－0000090　S/7/16

文選刪註十二卷　（南朝梁）蕭統輯　（明）王象乾刪訂　明萬曆刻本　十二冊

500000－8702－0000091　S/7/5

續文選三十二卷　（明）湯紹祖輯　明萬曆三十年(1602)希貴堂刻本　十冊

500000－8702－0000092　S/7/4

唐詩拾遺十卷　（明）高棅輯　明刻本　五冊

500000－8702－0000093　S/7/13

漢魏名文乘六十一種八十六卷　（明）張運泰（明）余元熹輯　明末閩書林張運泰刻本　一百冊

500000－8702－0000094　S/7/7

明詩摘鈔四卷　（明）范惟一輯　明萬曆十八年(1590)范氏玉雪堂刻本　四冊

500000－8702－0000095　S/8/4

昌黎先生集四十卷外集十卷遺文一卷集傳一卷　（唐）韓愈撰　（唐）李漢編　（宋）廖瑩中集注　明萬曆東吳徐時泰東雅堂刻本　十六冊

500000－8702－0000096　S/7/8

謝宣城集五卷附謝惠連集不分卷　（南朝齊）謝朓　（南朝宋）謝惠連撰　明萬曆新安汪士賢刻本　二冊

500000－8702－0000097　S/8/13

李氏焚書六卷　（明）李贄撰　明萬曆刻本　五冊

500000－8702－0000098　S/8/6

空同詩選不分卷　（明）李夢陽撰　（明）楊慎選　明萬曆閔氏朱墨套印本　一冊

500000－8702－0000099　S/8/8

楊升菴文集八十一卷　（明）楊慎撰　明萬曆新安吳勉學刻本　三十冊

500000－8702－0000100　S/8/14

荆釵記二卷四十八齣　（明）朱權撰　清石印本　二冊

500000－8702－0000101　S/8/15

霞箋記二卷三十齣　（明）□□撰　清石印本　一冊

500000－8702－0000102　S/8/10

元曲選十集一百種附元曲論一卷　（明）臧懋循編輯　明萬曆臧氏雕蟲館刻本　二十四冊

500000－8702－0000103　S/8/16

幽閨記二卷四十齣　（元）施惠撰　清石印本　二冊

500000－8702－0000104　S/8/18

世說新語八卷　（南朝宋）劉義慶撰　（南朝梁）劉峻注　明萬曆刻本　四冊

500000 – 8702 – 0000105　S/8/17

明珠記二卷四十三齣　（明）陸采撰　清石印本　二冊

500000 – 8702 – 0000106　S/8/19

唐國史補三卷　（唐）李肇撰　明崇禎毛氏汲古閣刻本　三冊

500000 – 8702 – 0000107　S/11/2

御纂周易折中二十二卷首一卷　（清）李光地等撰　清康熙五十四年(1715)内府刻本　十冊

500000 – 8702 – 0000108　S/11/5

周易函書約存十五卷首三卷　（清）胡煦撰　清乾隆三十八年(1773)胡氏葆璞堂刻本　五冊

500000 – 8702 – 0000109　S/11/4

日講書經解義十三卷　（清）庫勒納　（清）葉方藹撰　清康熙十九年(1680)内府刻本　十二冊　存十二卷(一至十二)

500000 – 8702 – 0000110　S/11/9

讀禮通考一百二十卷　（清）徐乾學撰　清康熙三十五年(1696)徐氏刻本　三十冊

500000 – 8702 – 0000111　S/11/10

欽定三禮義疏一百七十八卷首四卷　（清）允祿等撰　清乾隆紫陽書院刻本　一百六十八冊

500000 – 8702 – 0000112　S/12/5

春秋繁露十七卷　（漢）董仲舒撰　（清）盧文弨校　清乾隆五十年(1785)盧氏抱經堂刻本　四冊

500000 – 8702 – 0000113　S/11/1

尚書四卷　（清）張熙纂　清康熙内府摹刻本　四冊

500000 – 8702 – 0000114　S/11/11

五禮通考二百六十二卷首四卷總目二卷　（清）秦蕙田撰　（清）方觀承訂　清乾隆二十

八年(1763)秦氏刻本　九十冊

500000 – 8702 – 0000115　S/12/7

經典釋文三十卷　（唐）陸德明撰　清康熙十九年(1680)通志堂刻本　八冊

500000 – 8702 – 0000116　S/12/2

春秋大事表五十卷　（清）顧棟高撰　清乾隆十三年(1748)顧氏萬卷樓刻本　十五冊

500000 – 8702 – 0000117　S/12/4

左繡三十卷首一卷　（清）馮李驊　（清）陸浩輯評　清康熙五十九年(1720)華川書屋刻本　十四冊

500000 – 8702 – 0000118　S/12/12

說文解字三十卷　（漢）許慎撰　（宋）徐鉉等補註　清順治汲古閣刻本　八冊

500000 – 8702 – 0000119　S/12/8

四書二十六卷　（宋）朱熹集註　清内府刻本　九冊

500000 – 8702 – 0000120　S/12/10

字鑑五卷　（元）李文仲撰　清康熙四十八年(1709)張氏澤存堂刻本　一冊

500000 – 8702 – 0000121　S/12/17

六書故三十三卷附通釋一卷　（元）戴侗撰　清乾隆四十九年(1784)李鼎元刻本　二十冊

500000 – 8702 – 0000122　S/12/9

六書正譌五卷　（元）周伯琦撰　（明）胡正言篆訂　清乾隆陸氏古書閣刻本　四冊

500000 – 8702 – 0000123　S/12/20

隸辨八卷　（清）顧靄吉撰　清康熙五十七年(1718)項氏玉淵堂刻本　八冊

500000 – 8702 – 0000124　S/12/19

六書分類十二卷首一卷　（清）傅世垚撰　清康熙四十年(1701)燕詒堂刻本　八冊

500000 – 8702 – 0000125　S/12/18

六書分類十二卷首一卷　（清）傅世垚撰　清乾隆五十四年(1789)維隅堂刻本　十三冊

500000 – 8702 – 0000126　S/12/24

六書音均表二卷附學誥堂鈔校詩經韻分十七部表一卷　（清）段玉裁撰　清乾隆四十一年（1776）刻本　三冊

500000－8702－0000127　S/12/21

六書通十卷　（明）閔齊伋撰　（清）畢弘述篆訂　清康熙五十九年（1720）畢氏基聞堂刻本　六冊

500000－8702－0000128　S/8/20

廣漢魏叢書八十種　（明）何允中增輯　明萬曆刻本　三十九冊　缺七種四十八卷（鄴中記一卷、汲家周書十卷、穆天子傳六卷、孫子二卷、抱朴子八卷、枕中書一卷、說苑二十卷）

500000－8702－0000129　S/12/22

六書通十卷　（明）閔齊伋撰　（清）畢弘述篆訂　清乾隆六十年（1795）刻本　六冊

500000－8702－0000130　S/8/21

稗海七十種　（明）商濬輯　明萬曆商氏半埜堂刻清康熙重修本　一百二十冊　存四十五種二百八十三卷（博物志十卷、西京雜記六卷、王子年拾遺記十卷、搜神記八卷、述異記二卷、續博物志十卷、摭言一卷、小名錄二卷、雲溪友議十二卷、獨異志三卷、杜陽雜編三卷、東觀奏記三卷、大唐新語十三卷、因話錄六卷、玉泉子一卷、北夢瑣言二十卷、東善錄二卷、蠡海集一卷、過庭錄一卷、泊宅編三卷、閑窗括異志一卷、搜採異聞錄五卷、東軒筆錄十五卷、青箱雜記十卷、蒙齋筆談二卷、畫墁錄一卷、游宦紀聞十卷、夢溪筆談二十六卷補筆談一卷、墨莊漫錄十卷、侍兒小名錄拾遺一卷、補侍兒小名錄一卷、續補侍兒小名錄一卷、嬾真子五卷、歸田錄二卷、東坡先生志林十二卷、冷齋夜話十卷、雲麓漫抄四卷、石林燕語十卷、避暑錄話二卷、異聞總錄四卷、遂昌雜錄一卷、宣室志十卷補遺一卷、鶴林玉露十六卷補遺一卷、儒林公議二卷、西溪叢語二卷）

500000－8702－0000131　S/9/2

津逮秘書十五集一百四十一種七百五十五卷　（明）毛晉輯　明崇禎毛氏汲古閣刻本　二百冊

500000－8702－0000132　S/9/3

薛文清公集八種　（明）薛瑄撰　（明）張鼎等編　清雍正至乾隆薛氏刻本　二十九冊

500000－8702－0000133　S/4/1

南史八十卷　（唐）李延壽撰　明天啟婁東張溥刻本　二十冊

500000－8702－0000134　S/12/3

春秋大事表五十卷　（清）顧棟高撰　清乾隆十三年（1748）顧氏萬卷樓刻本　二十冊

500000－8702－0000135　S/77/1

二十四史二十四種　（漢）司馬遷等撰　清乾隆四年至四十九年（1739－1784）武英殿刻本　七百二十冊

500000－8702－0000136　S/8/11

元曲選一百種　（明）臧懋循編輯　明萬曆刻本　四十六冊

500000－8702－0000137　S/49/1

洪武大藏經一千六百十部　（明）南京蔣山大報恩寺編輯　明初南京大報恩寺輯刻明成化修補本　六千二百四十六冊　缺九十三卷（佛說阿閦佛國經二卷，佛說大乘十法經一卷，佛說普門品經一卷，文殊師利佛土嚴淨經二卷，佛說胞胎經一卷，佛說法鏡經二卷，集一切福德三昧經三卷，有大功德經二卷，勝思惟梵天所問經六卷，大方便佛報恩經七卷，菩薩本行經三卷，正法念處經四十一至六十，梁武慈悲道場懺法十卷，禪宗頌古聯珠集卷十五至二十一，大般若波羅密多經一，藥師如來本願經一卷，大雲輪請雨經二卷，大方等大雲請雨經一卷，稱讚淨土佛攝受經、佛說阿彌陁經、後出阿彌陀偈經三經合一卷，佛說八陽神咒經、佛說八吉祥經、佛說八佛名號經、佛說盂蘭盆經四經合一卷，佛說報恩奉盆經、浴像功德經、浴像功德經、佛說校量數珠功德經、曼殊室利校量數珠功德經五經合一卷，佛說閻羅王五天使者經、佛說鐵城泥犂經、佛說古來世時經三經合一卷，舍衛國王夢見十事經、佛說國王不黎先尼十夢經、阿難同學經、五蘊皆空經四經合一卷,佛說大安般守意經一,佛說耶祇經、佛說末羅王經、佛說摩達國王經、佛說□陀越國王經四經合一卷,佛說孫多耶經、佛說父母恩難報經、佛說新歲經、佛說犁牛辟經、佛說九橫經五經合一卷,佛說守護大千國土經二,佛說眾許摩訶帝經八,佛說大乘無量壽莊嚴王經上、中卷合一卷,佛說一切如來金剛三業最上秘密大教王經一,地藏菩薩本願經二卷,根本薩婆多部律攝一至二,高僧傳七,慈悲水懺法三卷,宗鏡錄二十三,仁王護國般若波羅蜜經疏神寶記一,大藏聖教法寶標目二、五,般若波羅蜜多心經集註一卷)

500000－8702－0000138　S/49/2

雜阿含經五十卷　(南朝宋)釋求那跋陀羅譯　明崇禎十四年(1641)寫本　十冊　存十卷(十一至二十)

500000－8702－0000139　S/49/3

讀誦佛母大孔雀明五經三卷　(唐)釋不空譯　明寫本　三冊

500000－8702－0000140　S/49/4

大雲請雨經一卷　(天竺)釋闍那耶舍等譯　明刻本　一冊

500000－8702－0000141　S/49/5

摩訶僧祇律四十卷　(晉)釋佛陁跋陁羅等譯　明刻本　一冊　存一卷(二十五)

500000－8702－0000142　S/49/6

摩訶僧祇律四十卷　(晉)釋佛陁跋陁羅等譯　明崇禎十四年(1641)寫本　一冊　存一卷(二十五)

500000－8702－0000143　S/49/8

解深密經五卷　(唐)釋玄奘譯　明洪武刻本　一冊　存一卷(三)

500000－8702－0000144　S/49/8.2

解深密經五卷　(唐)釋玄奘譯　明寫本　一冊　存一卷(三)

500000－8702－0000145　S/49/9

阿毘達摩俱舍論□□卷　(唐)釋玄奘譯　明

寫本　一冊　存一卷(二十四)

500000－8702－0000146　S/49/10

止觀輔行傳弘決□□卷　(唐)釋湛然述　明刻本　一冊　存一卷(五)

500000－8702－0000147　S/12/28

明史藁三百十卷目錄三卷　(清)王鴻緒撰　清雍正元年(1723)王氏敬慎堂刻本　六十四冊

500000－8702－0000148　S/49/11

大方廣佛華嚴經八十卷　(唐)釋實叉難陀譯　明萬曆十九年(1591)姑蘇承天三會堂刻本　四十九冊

500000－8702－0000149　S/49/12

大方廣佛華嚴經八十卷　(唐)釋實叉難陀譯　明萬曆姑蘇刻本　二冊　存二卷(五十一、五十三)

500000－8702－0000150　S/13/5

繹史一百六十卷　(清)馬驌撰　清康熙九年(1670)刻本　二十四冊

500000－8702－0000151　S/14/9

詩史十二卷　(清)葛震撰　清康熙四十二年(1703)鍾國璽刻本　八冊

500000－8702－0000152　S/14/10

史通通釋二十卷　(唐)劉知幾撰　(清)浦起龍釋　清乾隆十七年(1752)梁溪浦氏求放心齋刻本　六冊

500000－8702－0000153　S/14/14

日下舊聞四十二卷　(清)朱彝尊撰　(清)朱昆田補遺　清康熙秀水朱氏六峰閣刻本　四十冊

500000－8702－0000154　S/14/16

欽定日下舊聞考一百六十卷首一卷附譯語總目一卷　(清)于敏中　(清)英廉修　(清)竇光鼐　(清)朱筠纂　清乾隆內府刻本　四十八冊

500000－8702－0000155　F/1/3

增訂廣輿記二十四卷圖一卷　(明)陸應陽輯

（清）蔡方炳增輯　清康熙二十五年（1686）
刻本　十二冊

500000－8702－0000156　S/9/4
通志堂經解一百七十六種 （清）徐乾學輯
（清）納蘭成德校訂　清康熙十九年（1680）通
志堂刻本　五百六十冊

500000－8702－0000157　F/23/15
[乾隆]天津府志四十卷圖一卷 （清）李梅賓
（清）程鳳文修　（清）吳廷華　（清）汪沆
纂　清乾隆四年（1739）刻本　十六冊

500000－8702－0000158　F/1/4
增訂廣輿記二十四卷圖一卷 （明）陸應陽輯
（清）蔡方炳增輯　清康熙二十五年（1686）
刻本　十二冊

500000－8702－0000159　F/23/18
[乾隆]寧河縣志十六卷 （清）關廷牧
（清）徐以觀纂修　清乾隆四十四年（1779）刻
本　五冊　存十四卷（一至十、十三至十六）

500000－8702－0000160　F/23/17
[乾隆]寶坻縣志十八卷 （清）洪肇楙
（清）蔡寅斗纂修　清乾隆十年（1745）刻本
八冊

500000－8702－0000161　F/25/33
[乾隆]贊皇縣志十卷首一卷末一卷 （清）黃
崗竹　（清）唐承祖纂修　清乾隆十六年
（1751）刻本　四冊

500000－8702－0000162　F/26/24
[乾隆]蔚州志補十二卷首一卷 （清）楊世昌
修　（清）吳廷華　（清）王大猷纂　清乾隆十
年（1745）刻本　五冊

500000－8702－0000163　F/26/43
[乾隆]直隸易州志十八卷首一卷 （清）楊芊
稿　（清）張登高　（清）曾桐纂修　清乾隆十
二年（1747）刻本　八冊

500000－8702－0000164　S/10/1
通志堂經解一百七十六種 （清）徐乾學輯
（清）納蘭成德校訂　清康熙十九年（1680）通

志堂刻本　四百七冊　存八十九種一千二百
五十九卷（子夏易傳十一卷、易數鈎隱圖三卷
附遺論九事一卷、橫渠易說三卷、易學一卷、
紫巖易傳十卷、漢上易傳十一卷附周易卦圖
三卷、易璇璣三卷、周易義海撮要十二卷、易
小傳六卷、復齋易說六卷、古周易一卷、童溪
易傳三十卷、周易裨傳一卷外篇一卷、易圖說
三卷、易學啟蒙通釋二卷、周易玩辭十六卷、
東谷易翼傳二卷、三易備遺十卷、丙子學易編
一卷、易學啟蒙小傳一卷、水村易鏡一卷、文
公易說二十三卷、大易緝說十卷、周易輯聞六
卷附易雅一卷筮宗一卷、周易傳義附錄十四
卷首一卷、學易記九卷首一卷、讀易私言一
卷、大易集說十卷、周易本義附錄纂註十五
卷、周易啟蒙翼傳三篇外篇一篇、周易本義通
釋十二卷、易纂言十二卷、周易本義集成十二
卷、周易會通十四卷首一卷附一卷、易圖通變
五卷、易象圖說內篇三卷外篇三卷、大易象數
鈎深圖三卷、周易參義十二卷、合訂刪補大易
集義粹言八十卷、書古文訓十六卷、尚書全解
四十卷、禹貢論二卷後論一卷山川地理圖二
卷、尚書說七卷、增修東萊書說三十五卷首一
卷、書疑九卷、書集傳或問二卷、禹貢集解二
卷、尚書詳解一至三、毛詩指說一卷、毛詩本
義十五卷、春秋尊王發微十二卷附錄一卷、春
秋皇綱論五卷、春秋傳一至五、石林春秋傳二
十卷、春秋後傳十二卷、春秋集解三十卷、春
秋左氏傳說二十卷、春秋左氏傳事類始末五
卷附錄一卷、春秋提綱十卷、春秋王霸列國世
紀編三卷、春秋通說十三卷、春秋集註十一卷
綱領一卷、春秋或問二十卷、春秋五論一卷、
春秋詳說三十卷綱領一卷、春秋類對賦一卷、
春秋諸國統紀六卷、春秋本義三十卷首一卷、
春秋或問十卷、春秋集傳十五卷、春秋屬辭十
五卷、春秋師說三卷附錄二卷、春秋左氏傳補
注十卷、春秋諸傳會通二十四卷首一卷、春秋
集傳釋義大成十二卷首一卷、讀春秋編十二
卷、春王正月考一卷辨疑一卷、三禮圖二十
卷、周禮訂義八十卷、考工記解二卷、
儀禮圖十七卷旁通圖一卷附儀禮本經十七
卷、禮記集說一百六十卷、禮經會元四卷、太

平經國之書十一卷首一卷、夏小正解四卷、儀禮集說十七卷、儀禮逸經傳一卷、經禮補逸九卷附錄一卷、禮記陳氏集說補正三十八卷）

500000－8702－0000165　F/26/42

[乾隆]口北三廳志十六卷首一卷　（清）金志章稿　（清）黃可潤纂修　清乾隆二十三年（1758）刻本　六冊

500000－8702－0000166　F/25/35

[乾隆]宣化府志四十二卷首一卷　（清）金志章　（清）王畹修　（清）吳廷華纂　（清）黃可潤補　清乾隆八年（1743）修二十二年（1757）續修刻本　十六冊

500000－8702－0000167　F/26/17

[乾隆]直隸遵化州志二十卷　（清）傅修　（清）陳瑛等纂修　清乾隆五十九年（1794）刻本　八冊

500000－8702－0000168　F/26/1

[乾隆]永清縣志二十五篇附文徵五卷　（清）周震榮修　（清）章學誠纂　清乾隆四十四年（1779）刻嘉慶十八年（1813）宋奇年補刻本　四冊

500000－8702－0000169　F/26/15

[乾隆]滄州志十六卷　（清）徐時作　（清）胡淦修　（清）莊日榮　（清）荊錫疇纂　清乾隆八年（1743）刻本　十二冊

500000－8702－0000170　F/26/4

[乾隆]河間府新志二十卷首一卷　（清）杜甲　（清）周嘉露修　（清）黃文蓮　（清）胡天游纂　清乾隆二十五年（1760）刻本　十冊

500000－8702－0000171　F/25/29

[乾隆]任邱縣志十二卷首一卷　（清）劉統修　（清）劉炳　（清）王應鯨纂　清乾隆二十七年（1762）刻本　十冊

500000－8702－0000172　F/25/32

[乾隆]獻縣志二十卷圖一卷表一卷　（清）萬廷蘭　（清）戈濤纂修　清乾隆二十六年（1761）刻本　十冊

500000－8702－0000173　F/25/27

[乾隆]衡水縣志十四卷　（清）陶淑　（清）王希曾纂修　清乾隆三十二年（1767）刻本　五冊

500000－8702－0000174　F/10/17

[雍正]山西通志二百三十卷　（清）覺羅石麟修　（清）儲大文等纂　（清）衡齡增補　清雍正十二年（1734）刻嘉慶十六年（1811）增刻本　一百冊

500000－8702－0000175　F/11/11

[乾隆]直隸代州志六卷　（清）吳重光纂修　清乾隆五十年（1785）刻本　八冊

500000－8702－0000176　F/11/6

[康熙]重修平遙縣志八卷圖考一卷　（清）王授修　（清）康乃心纂　清康熙四十六年（1707）刻本　四冊

500000－8702－0000177　F/11/20

[乾隆]汾州府志三十四卷首一卷　（清）孫和相　（清）戴震纂修　清乾隆三十六年（1771）刻本　十六冊

500000－8702－0000178　F/11/21

[乾隆]汾陽縣志十四卷首一卷　（清）李文起　（清）戴震纂修　清乾隆三十七年（1772）刻本　八冊

500000－8702－0000179　F/23/1

[乾隆]鎮江府志五十五卷首一卷　（清）高龍光等修　（清）朱霖等纂　清康熙二十四年（1685）刻乾隆十五年（1750）增刻本　六十冊

500000－8702－0000180　F/11/27

[乾隆]蒲州府志二十四卷圖一卷　（清）喬光烈修　（清）周景柱纂　清乾隆二十年（1755）刻本　十冊

500000－8702－0000181　F/11/12

[乾隆]解州夏縣志十六卷首一卷　（清）言如泗　（清）李遵唐纂修　清乾隆二十九年（1764）刻本　四冊

500000－8702－0000182　F/43/3

[乾隆]盛京通志四十八卷首一卷 （清）呂耀曾等修 （清）魏樞等纂 清乾隆元年(1736)刻本 二十冊

500000－8702－0000183　F/11/13

[乾隆]解州夏縣志十六卷首一卷 （清）言如泗 （清）李遵唐纂修 清乾隆二十九年(1764)刻本 四冊

500000－8702－0000184　F/19/22

[乾隆]婁縣志三十卷首二卷 （清）謝庭薰修 （清）陸錫熊纂 清乾隆五十三年(1788)刻本 六冊

500000－8702－0000185　F/20/1

[康熙]江南通志七十六卷 （清）王新命等修 （清）張九徵等纂 清康熙二十三年(1684)刻本 三十六冊

500000－8702－0000186　F/22/12

[雍正]揚州府志四十卷 （清）尹會一等修 （清）程夢星纂 清雍正十一年(1733)刻本 十二冊

500000－8702－0000187　F/22/27

[乾隆]鎮江府志五十五卷首一卷 （清）高龍光等修 （清）朱霖等纂 清康熙二十四年(1685)刻乾隆十五年(1750)增刻本 六十四冊

500000－8702－0000188　F/11/29

[乾隆]孝義縣志二十卷 （清）鄧必安修 （清）鄧常纂 清乾隆三十五年(1770)刻本 八冊

500000－8702－0000189　F/43/4

[乾隆]盛京通志四十八卷首圖一卷 （清）宋筠等修 （清）魏樞等纂 清乾隆元年(1736)刻咸豐二年(1852)雷以誠補刻本 二十冊

500000－8702－0000190　F/36/5

[雍正]寧波府志三十六卷首一卷 （清）孫詔 （清）曹秉仁修 （清）萬經 （清）柴世堂纂 清雍正十一年(1733)刻本 二十冊

500000－8702－0000191　F/33/10

[雍正]勅修浙江通志二百八十卷首三卷 （清）李衛 （清）嵇曾筠修 （清）傅王露 （清）沈翼機纂 清乾隆元年(1736)刻本 八十冊

500000－8702－0000192　F/36/1

[乾隆]紹興府志八十卷首一卷 （清）李亨特修 （清）平恕 （清）徐嵩纂 清乾隆五十七年(1792)刻本 三十二冊 存七十九卷(一至十二、十四至七十一、七十三至八十,首一卷)

500000－8702－0000193　F/39/3

[雍正]慈谿縣志十六卷 （清）楊正筍修 （清）馮鴻模纂 （清）許炳校 清雍正九年(1731)刻本 八冊

500000－8702－0000194　F/38/6

[康熙]青田縣志十二卷圖一卷 （清）張皇輔 （清）錢喜選 （清）萬里 （清）沈淵懿增補 清康熙二十五年(1686)刻雍正六年(1728)增補刻本 六冊

500000－8702－0000195　F/15/12

[康熙]休寧縣志八卷 （清）廖勝煃修 （清）汪晉徵纂 清康熙三十二年(1693)刻本 五冊

500000－8702－0000196　F/30/1

[乾隆]福建通志七十八卷首一卷 （清）郝玉麟 （清）盧焯修 （清）謝道承等纂 清乾隆二年(1737)刻本 七十二冊

500000－8702－0000197　F/32/9

[乾隆]福州府志七十六卷首一卷 （清）徐景熹修 （清）魯曾煜 （清）施廷樞纂 清乾隆十九年(1754)刻本 三十冊

500000－8702－0000198　F/30/2

[乾隆]福建續志九十二卷首四卷補圖一卷 （清）楊廷璋 （清）王傑修 （清）沈廷芳 （清）吳嗣富纂 清乾隆三十三年(1768)刻本 四十八冊

500000－8702－0000199　F/12/5

[雍正]齊河縣志十卷首一卷 （清）上官有儀

修 （清）許琰纂 清乾隆元年(1736)刻本 五冊

500000－8702－0000200 F/13/21

[乾隆]蒲臺縣志四卷首一卷 （清）嚴文典修 （清）任相纂 清乾隆二十八年(1763)刻本 四冊

500000－8702－0000201 F/13/24

[乾隆]萊州府志十六卷首一卷 （清）嚴有禧 （清）張桐修 （清）趙聲武纂 清乾隆五年(1740)刻本 八冊

500000－8702－0000202 F/13/27

[乾隆]掖縣志八卷首一卷 （清）張思勉修 （清）于始瞻纂 清乾隆二十三年(1758)刻二十六年(1761)鄭璽增刻本 八冊

500000－8702－0000203 F/32/26

[康熙]甌寧縣志十三卷 （清）鄧其文纂修 清康熙三十三年(1694)刻本 八冊

500000－8702－0000204 F/13/9

[康熙]續修汶上縣志六卷 （清）聞元炅纂 清康熙五十六年(1717)刻本 二冊

500000－8702－0000205 F/16/11

[雍正]江西通志一百六十二卷首三卷圖一卷 （清）高其倬 （清）謝旻修 （清）陶成 （清）惲鶴生纂 清雍正十年(1732)刻本 六十冊

500000－8702－0000206 F/13/34

[乾隆]曲阜縣志一百卷 （清）潘相撰 清乾隆三十九年(1774)新修聖化堂刻本 十二冊

500000－8702－0000207 F/13/11

[乾隆]沂州府志三十六卷首一卷 （清）李希賢等修 （清）潘遇莘等纂 清乾隆二十五年(1760)刻本 十二冊

500000－8702－0000208 F/29/26

[乾隆]杞縣志二十四卷 （清）周璣修 （清）徐嵩 （清）朱璿纂 清乾隆五十三年(1788)刻本 十二冊

500000－8702－0000209 F/29/4

[乾隆]祥符縣志二十二卷 （清）張淑載修 （清）魯曾煜纂 清乾隆四年(1739)刻本 十一冊

500000－8702－0000210 F/29/35

[康熙]開封府志四十卷 （清）管竭忠修 （清）張沐等纂 清康熙三十四年(1695)刻本 十冊

500000－8702－0000211 F/29/5

[乾隆]祥符縣志二十二卷 （清）張淑載修 （清）魯曾煜纂 清乾隆四年(1739)刻本 十二冊

500000－8702－0000212 F/28/1

[乾隆]新鄭縣志三十一卷首一卷 （清）黃本誠纂修 清乾隆四十一年(1776)刻本 十二冊

500000－8702－0000213 F/27/18

[乾隆]新鄉縣志三十四卷首一卷 （清）趙開元 （清）暢俊纂修 清乾隆十二年(1747)刻本 十二冊

500000－8702－0000214 F/28/14

[乾隆]孟縣志十卷 （清）仇汝瑚修 （清）馮敏昌纂 清乾隆五十五年(1790)刻本 十冊

500000－8702－0000215 F/29/17

[順治]封邱縣志九卷首一卷 （清）余縉 （清）李嵩陽纂修 清順治十六年(1659)刻康熙三十六年(1697)印本 五冊

500000－8702－0000216 F/29/18

[康熙]封邱縣續志五卷 （清）王賜魁 （清）李會生纂修 清康熙十九年(1680)刻三十六年(1697)印本 一冊

500000－8702－0000217 F/28/8

[乾隆]登封縣志三十二卷 （清）洪亮吉 （清）陸繼萼纂修 清乾隆五十二年(1787)刻本 八冊

500000－8702－0000218 F/29/19

[康熙]封邱縣續志五卷 （清）孟鏐 （清）

耿絋祚修　(清)李承綏纂　清康熙三十六年(1697)刻本　二冊

500000－8702－0000219　F/42/19
[乾隆]桑植縣志四卷首一卷　(清)顧奎光纂修　清乾隆二十九年(1764)修清抄本　六冊

500000－8702－0000220　F/41/6
[乾隆]羅田縣志十二卷首一卷末一卷　(清)姜廷銘修　(清)李一鴻　(清)秦杏林纂　清乾隆五十七年(1792)修清木活字印本　八冊

500000－8702－0000221　F/29/8
[乾隆]南召縣志四卷　(清)陳之焴　(清)曹哲纂修　清乾隆十一年(1746)刻本　四冊

500000－8702－0000222　F/28/6
[乾隆]西華縣志十卷首一卷　(清)宋恂修　(清)于大猷纂　清乾隆十九年(1754)刻本　六冊

500000－8702－0000223　F/29/39
[乾隆]懷慶府志三十二卷首二卷圖經二卷　(清)唐侍陞等纂　清乾隆五十四年(1789)刻本　十六冊

500000－8702－0000224　F/47/6
[雍正]四川通志四十七卷首一卷　(清)查郎阿　(清)黃廷桂修　(清)張晉生　(清)王一正纂　清雍正十一年(1733)刻乾隆元年(1736)補刻本　四十九冊

500000－8702－0000225　F/47/7
[雍正]四川通志四十七卷首一卷　(清)查郎阿　(清)黃廷桂修　(清)張晉生　(清)王一正纂　清雍正十一年(1733)刻乾隆元年(1736)補刻本　四十八冊

500000－8702－0000226　F/28/44
[乾隆]湯陰縣志十卷圖一卷　(清)楊世達纂修　清乾隆三年(1738)刻本　六冊

500000－8702－0000227　F/47/8
[雍正]四川通志四十七卷首一卷　(清)查郎阿　(清)黃廷桂修　(清)張晉生　(清)王一正纂　清雍正十一年(1733)刻乾隆元年(1736)補刻本　八十冊

500000－8702－0000228　F/47/9
[雍正]四川通志四十七卷首一卷　(清)查郎阿　(清)黃廷桂修　(清)張晉生　(清)王一正纂　清雍正十一年(1733)刻乾隆元年(1736)補刻本　八十冊

500000－8702－0000229　S/14/18
[雍正]陝西通志一百卷首一卷　(清)劉於義等修　(清)沈青崖纂　清雍正十三年(1735)刻本　一百冊

500000－8702－0000230　F/68/9
[正德]武功縣志三卷首一卷　(明)康海纂　(清)孫景烈評註　清乾隆二十六年(1761)瑪星珂刻本　四冊

500000－8702－0000231　F/68/11
[正德]武功縣志三卷首一卷　(明)康海纂　(清)孫景烈評註　清乾隆二十六年(1761)瑪星阿刻光緒十三年(1887)張世英補刻本　一冊

500000－8702－0000232　F/68/10
[正德]武功縣志三卷首一卷　(明)康海纂　(清)孫景烈評註　清道光十一年(1831)來鹿堂刻本　二冊

500000－8702－0000233　F/68/12
[正德]武功縣志三卷首一卷　(明)康海纂　(清)孫景烈評註　清乾隆二十六年(1761)瑪星阿刻光緒十三年(1887)張世英補刻本　一冊

500000－8702－0000234　F/54/25
[乾隆]潼川府志十二卷首一卷　(清)張松孫修　(清)李芳穀纂　清乾隆五十一年(1786)刻本　十二冊

500000－8702－0000235　F/66/5
[雍正]陝西通志一百卷首一卷　(清)劉於義等修　(清)沈青崖纂　清雍正十三年(1735)刻本　一百冊

500000－8702－0000236　S/14/17

衛藏圖識五卷　（清）馬少雲　（清）盛繩祖纂
　清乾隆抄本　四冊

500000－8702－0000237　F/68/14

[乾隆]鄠縣新志六卷　（清）汪以誠修
（清）孫景烈纂　清乾隆四十二年(1777)刻本
　四冊

500000－8702－0000238　F/68/8

[康熙]延長縣志十卷首一卷　（清）孫芳馨修
　（清）樊鍾秀纂　（清）郭境阜增　清康熙五
十三年(1714)修清乾隆增補抄本　四冊

500000－8702－0000239　F/67/15

[乾隆]三原縣志十八卷首一卷　（清）劉紹攽
纂修　清乾隆四十八年(1783)刻本　六冊

500000－8702－0000240　F/69/41

[乾隆]盩厔縣志十四卷　（清）楊儀修
（清）王開沃　（清）李登衡纂　清乾隆五十年
(1785)刻五十八年(1793)鄧秉綸修補印本
六冊

500000－8702－0000241　F/69/39

[萬曆]續朝邑縣志八卷　（明）郭實修
（明）王學謨纂　明萬曆十二年(1584)修清康
熙五十一年(1712)王兆鰲刻本　二冊

500000－8702－0000242　F/68/23

[乾隆]白水縣志四卷首一卷　（清）梁善長纂
修　清乾隆十九年(1754)刻本　四冊

500000－8702－0000243　F/67/4

[乾隆]續商州志十卷　（清）羅文思纂修　清
乾隆二十三年(1758)刻本　四冊

500000－8702－0000244　F/44/9

[乾隆]隴西縣志十二卷　（清）魯廷琰修
（清）田呂葉纂　清乾隆三年(1738)刻三十七
年(1772)增刻本　六冊

500000－8702－0000245　F/43/34

[乾隆]皋蘭縣志二十卷　（清）吳鼎新修
（清）黃建中纂　清乾隆四十三年(1778)刻本
　十二冊

500000－8702－0000246　F/43/36

[康熙]寧遠縣志六卷　（清）馮同憲修
（清）李樟纂　清康熙四十八年(1709)修清抄
本　三冊

500000－8702－0000247　F/43/28

[乾隆]兩當縣志四卷拾遺一卷　（清）秦武域
　（清）屠文焯纂修　清乾隆三十二年(1767)
修清抄本　二冊

500000－8702－0000248　F/43/37

[乾隆]清水縣志十六卷　（清）朱超纂修　清
乾隆六十年(1795)刻本　四冊

500000－8702－0000249　F/44/5

[乾隆]直隸秦州新志十二卷首一卷末一卷
（清）費廷珍修　（清）胡釴　（清）陶奕曾纂
　（清）屠文焯參訂　清乾隆二十九年(1764)
刻本　十六冊

500000－8702－0000250　F/44/8

[乾隆]成縣新志四卷　（清）吳浩　（清）黃
泳修　（清）黃沛　（清）汪于雍纂　清乾隆七
年(1742)刻本　四冊

500000－8702－0000251　F/44/2

[乾隆]甘州府志十六卷首一卷末一卷　（清）
鍾賡起等纂修　清乾隆四十五年(1780)刻五
十五年(1790)劉炳增圖印本　十冊

500000－8702－0000252　F/43/27

[乾隆]玉門縣志一卷　（□）□□纂　清乾隆
修清抄本　一冊

500000－8702－0000253　F/44/15

[乾隆]西寧府新志四十卷　（清）楊應琚纂修
　清乾隆二十七年(1762)刻民國二十四年
(1935)青海省政府印本　十二冊

500000－8702－0000254　F/71/46

清涼山志十卷　（清）釋阿王老藏撰　清乾隆
二十年(1755)刻三十一年(1766)印本　四冊

500000－8702－0000255　F/71/26

重修虎丘山志十卷首一卷　（清）顧湄撰　清
康熙四十一年(1702)張罿刻本　一冊

500000－8702－0000256　F/72/10

黃山志二卷　（清）張佩芳撰　（清）許嶸圖
清乾隆三十六年(1771)刻本　二冊

500000－8702－0000257　F/72/18

泰山述記十卷　（清）宋思仁撰　清乾隆五十
五年(1790)泰安縣署刻本　八冊

500000－8702－0000258　F/72/21

金山志十卷首一卷　（清）盧見曾撰　清乾隆
二十七年(1762)盧氏雅雨堂刻本　四冊

500000－8702－0000259　F/72/36

行水金鑑一百七十五卷首一卷　（清）傅澤洪
（清）鄭元慶撰　清雍正三年(1725)淮揚道
署刻本　三十六冊

500000－8702－0000260　S/15/2

水經註釋四十卷附錄二卷註箋刊誤十二卷
（清）趙一清撰　清乾隆五十九年(1794)趙氏
小山堂刻本　十六冊

500000－8702－0000261　F/72/26

西湖志四十八卷　（清）李衛等修　（清）傅王
露等纂　清雍正十三年(1735)刻本　二十
四冊

500000－8702－0000262　F/73/14

太湖備考十六卷首一卷附湖程紀略一卷
（清）金友理　（清）吳曾撰　清乾隆十五年
(1750)藝蘭小圃刻本　八冊

500000－8702－0000263　S/15/3

行水金鑑一百七十五卷首一卷　（清）傅澤洪
（清）鄭元慶撰　清雍正三年(1725)淮揚道
署刻本　十八冊

500000－8702－0000264　S/15/7

隸釋二十七卷隸續二十一卷　（宋）洪适撰
清乾隆四十三年(1778)汪日秀樓松書屋刻本
　十二冊

500000－8702－0000265　S/15/8

隸釋二十七卷隸續二十一卷　（宋）洪适撰
清乾隆四十三年(1778)汪日秀樓松書屋刻本
　十冊

500000－8702－0000266　F/72/27

西湖志四十八卷　（清）李衛等修　（清）傅王
露等纂　清雍正十三年(1735)刻本　二十
四冊

500000－8702－0000267　S/15/5

兩漢金石記二十二卷　（清）翁方綱撰　清乾
隆五十一年(1786)翁方綱刻本　八冊

500000－8702－0000268　F/72/25

勅修兩浙海塘通志二十卷首一卷　（清）方觀
承修　（清）杭世駿纂　清乾隆十六年(1751)
刻本　十二冊

500000－8702－0000269　S/15/9

經義考三百卷目錄二卷　（清）朱彝尊撰
（清）盧見曾編　清乾隆二十年(1755)盧氏刻
四十二年(1777)印本　四十八冊

500000－8702－0000270　S/15/10

經義考補正十二卷　（清）翁方綱撰　清乾隆
五十七年(1792)翁氏刻本　二冊

500000－8702－0000271　S/15/12

荀子二十卷　（戰國）荀況撰　（唐）楊倞注
清乾隆五十一年(1786)嘉善謝氏安雅堂刻本
　三冊

500000－8702－0000272　S/15/13

慈溪黃氏日鈔分類九十七卷附古今紀要十九
卷　（宋）黃震撰　清乾隆三十二年(1767)新
安汪佩鍔刻本　三十冊

500000－8702－0000273　S/15/24

義門讀書記五十八卷　（清）何焯撰　清乾隆
三十四年(1769)蔣維鈞刻本　十二冊

500000－8702－0000274　S/15/18

佩文齋書畫譜一百卷　（清）孫岳頒等纂　清
康熙刻本　六十四冊

500000－8702－0000275　S/15/11

近思錄集解十四卷　（宋）朱熹　（宋）呂祖謙
撰　（宋）葉采集解　清乾隆元年(1736)桂林
陳弘謀刻本　四冊

500000－8702－0000276　S/15/25

呂氏春秋二十六卷　（秦）呂不韋撰　（漢）高

誘注　清乾隆五十四年(1789)畢沅靈巖山館刻本　十六冊

500000－8702－0000277　S/16/3
天文大成管窺輯要八十卷　（清）黃鼎纂輯　清順治十二年(1655)黃氏刻本　二十冊

500000－8702－0000278　S/6/13
餘冬敘錄六十五卷　（明）何孟春撰　清乾隆二十三年(1758)何氏世讀軒刻本　十三冊

500000－8702－0000279　S/16/2
通雅五十二卷首三卷　（清）方以智撰　（清）姚文爕校　清康熙五年(1666)姚氏刻本　二十冊

500000－8702－0000280　S/16/5
小學紺珠十卷　（宋）王應麟輯　（清）陳守誠校　清乾隆十七年(1752)恕堂刻本　五冊

500000－8702－0000281　S/16/4
冊府元龜一千卷目錄十卷　（宋）王欽若等纂修　清康熙十一年(1672)五繡堂刻本　二百三冊

500000－8702－0000282　S/16/7
佩文韻府一百六卷韻府拾遺一百六卷　（清）張玉書纂修　（清）蔣廷錫等續修　清康熙五十年至五十九年(1711－1720)內府刻本　一百六冊

500000－8702－0000283　S/16/6
分類字錦六十四卷　（清）張廷玉等纂修　清康熙六十一年(1722)內府刻本　六十四冊

500000－8702－0000284　S/7/1
六臣註文選六十集　（南朝梁）蕭統輯　（唐）李善等注　清康熙二十四年(1685)蔣先庚梅墅石渠閣刻本　三十二冊

500000－8702－0000285　S/15/19
佩文齋書畫譜一百卷　（清）孫岳頒等纂　清康熙刻本　八十冊

500000－8702－0000286　S/7/3
新刊文選考註前集十五卷後集十二卷　（南朝梁）蕭統輯　（唐）李善等注　（明）張鳳翼

考注　清康熙二十七年(1688)刻本　二十六冊

500000－8702－0000287　S/17/2
唐宋八大家文鈔一百四十四卷附五代史鈔二十卷　（明）茅坤輯　（清）何焯校　清康熙四十五年(1706)雲林大盛堂刻本　四十冊

500000－8702－0000288　S/17/5
古文淵鑒六十四卷　（清）徐乾學等輯　清康熙五色套印本　二十八冊

500000－8702－0000289　S/17/4
古文淵鑒六十四卷　（清）徐乾學等輯　清康熙二十四年(1685)內府刻本　二十六冊

500000－8702－0000290　S/17/1
玉臺新詠十卷　（南朝陳）徐陵編　（清）吳兆宜注　（清）程琰刪補　清乾隆三十九年(1774)程氏稻香樓刻本　四冊

500000－8702－0000291　S/11/3
易學綱領八種八卷　（清）李貞一輯撰　（清）畢世光編校　清同治十三年(1874)畢世光雙色寫本　四冊

500000－8702－0000292　S/11/6
毛詩稽古編三十卷　（清）陳啟源撰　清嘉慶十八年(1813)麗佑清刻本　八冊

500000－8702－0000293　S/11/7
毛詩稽古編三十卷　（清）陳啟源撰　清嘉慶十八年(1813)麗佑清刻本　八冊

500000－8702－0000294　S/11/8
毛詩異義四卷附詩譜序一卷　（清）汪龍撰　清道光五年(1825)絜齋鮑氏刻本　四冊

500000－8702－0000295　S/12/1
春秋左傳釋人十二卷世系一卷年表一卷附錄一卷　（清）范照藜撰　清嘉慶八年(1803)如不及齋刻本　六冊

500000－8702－0000296　S/12/6
爾雅郭註義疏二十卷　（清）郝懿行撰　清咸豐六年(1856)刻本　八冊

500000－8702－0000297　S/12/11

經籍纂詁一百六卷序目一卷　（清）阮元撰集
　（清）臧鏞堂等編　清嘉慶四年(1799)阮氏
琅環仙館刻本　四十八冊

500000－8702－0000298　S/12/16

說文繫傳四十卷附校勘記三卷　（五代）徐鍇
撰　（清）承培元等校　清道光十九年(1839)
祁藻刻本　八冊

500000－8702－0000299　S/12/15

說文新附考六卷續考一卷　（清）鈕樹玉撰
清嘉慶六年(1801)非石居刻本　二冊

500000－8702－0000300　S/12/14

段氏說文註訂八卷　（清）鈕樹玉撰　清道光
十年(1830)鈕氏刻本　二冊

500000－8702－0000301　S/12/13

歷代鐘鼎彞器欵識法帖二十卷　（宋）薛尚功
撰　（清）阮元校　清嘉慶二年(1797)阮氏小
琅環仙館刻本　四冊

500000－8702－0000302　S/12/23

隸韻十卷考證二卷　（宋）劉球撰輯　（清）翁
方綱考證　清嘉慶十五年(1810)秦恩復刻本
　十二冊

500000－8702－0000303　S/12/25

集韻十卷　（宋）丁度等撰　清嘉慶十九年
(1814)顧廣圻刻本　十冊

500000－8702－0000304　S/12/26

舊唐書二百卷逸文十二卷　（五代）劉昫等撰
　（清）岑建功輯　（清）劉文淇校　校勘記六
十六卷　（清）羅士琳等撰　清道光二十二年
至二十九年(1842－1849)岑氏懼盈齋刻本
八十四冊

500000－8702－0000305　S/12/27

唐書合鈔二百六十卷宰相世系表訂譌十二卷
補正六卷　（清）沈炳震撰　（清）丁小鶴補正
　清嘉慶十八年(1813)刻本　八十冊

500000－8702－0000306　S/13/1

資治通鑑二百九十四卷附釋文辨誤十二卷
（宋）司馬光撰　（元）胡三省音註　清嘉慶二

十一年(1816)鄱陽胡克家刻本　一百二十冊

500000－8702－0000307　S/13/2

資治通鑑二百九十四卷附釋文辨誤十二卷
（宋）司馬光撰　（元）胡三省音註　清嘉慶二
十一年(1816)鄱陽胡克家刻本　一百二十冊

500000－8702－0000308　S/13/3

續資治通鑑二百二十卷　（清）畢沅撰　清嘉
慶六年(1801)馮氏德裕堂刻本　六十四冊

500000－8702－0000309　S/13/4

續資治通鑑長編五百二十卷序目二卷　（宋）
李燾撰　清嘉慶二十五年(1820)海虞張氏愛
日精廬木活字印本　一百冊

500000－8702－0000310　S/14/1

國語二十二卷　（三國吳）韋昭註　札記一卷
　（清）黃丕烈撰　清嘉慶五年(1800)吳門黃
氏讀未見書齋刻本　二冊

500000－8702－0000311　S/14/2

國語校註本三種二十九卷　（清）汪遠孫撰輯
　清道光二十六年(1846)汪氏振綺堂刻本
六冊

500000－8702－0000312　S/14/3

國語發正二十一卷　（清）汪遠孫撰　清道光
汪氏振綺堂刻本　五冊

500000－8702－0000313　S/14/4

荊駝逸史五十種八十九卷　題（清）陳湖逸士
輯　清道光古槐山房木活字印本　三十二冊

500000－8702－0000314　S/14/7

綏寇紀略十二卷補遺三卷　（清）吳偉業撰
（清）張海鵬校　清嘉慶張氏照曠閣刻本　十
二冊

500000－8702－0000315　S/14/5

文獻徵存錄十卷　（清）錢林撰　（清）王藻編
　清咸豐八年(1858)王氏有嘉樹軒刻本
十冊

500000－8702－0000316　S/14/6

晏子春秋內篇六卷外篇二卷　（春秋）晏嬰撰
　清嘉慶二十一年(1816)全椒吳氏刻本

一冊

500000－8702－0000317　S/14/8

邵陵劉氏譜書不分卷　（清）劉援等纂修　清
同治七年(1868)劉清榮抄本　一冊

500000－8702－0000318　S/14/11

乾隆大清一統志三百五十六卷目錄一卷
（清）弘晝等修　（清）王安國等纂　清道光二
十九年(1849)薛子瑜木活字印本　二百五十
六冊

500000－8702－0000319　S/14/12

讀史方輿紀要歷代州域形勢九卷附統論一卷
　（清）顧祖禹撰　（清）朱棠統論　清嘉慶十
年(1805)友蘭堂刻本　十二冊

500000－8702－0000320　S/14/13

讀史方輿紀要歷代州域形勢九卷　（清）顧祖
禹撰　（清）朱棠統論　清嘉慶十年(1805)友
蘭堂刻本　九冊

500000－8702－0000321　S/14/15

大清中外一統輿圖三十一卷首一卷　（清）胡
林翼等修　（清）鄒士詒等纂　（清）李玉簫
（清）汪士鐸續　清同治二年(1863)湖北撫署
景桓樓刻本　三十二冊

500000－8702－0000322　F/26/14

[咸豐]深澤縣志十卷　（清）王肇晉纂修　清
咸豐十年(1860)修同治元年(1862)刻本
四冊

500000－8702－0000323　F/25/21

[道光]承德府志六十卷首二十六卷　（清）成
格等修　（清）海忠纂　清道光十一年(1831)
刻本　十八冊　存六十三卷(十八至六十、首
一至二十)

500000－8702－0000324　F/11/17

[乾隆]渾源州志十卷　（清）桂敬順纂修　清
乾隆二十八年(1763)州署刻本　五冊

500000－8702－0000325　F/11/42

[道光] 繁峙縣志六卷　（清）周人甲稿
(清)吳其均纂修　清道光十六年(1836)刻本

六冊

500000－8702－0000326　F/19/20

[嘉慶]松江府志八十四卷首二卷圖一卷
（清）宋如林修　（清）孫星衍　（清）莫晉纂
　清嘉慶二十三年(1818)松江府學刻本　七
十二冊

500000－8702－0000327　F/21/14

[嘉慶]新修江寧府志五十六卷　（清）呂燕昭
修　（清）姚鼐纂　清嘉慶十六年(1811)刻本
　十二冊

500000－8702－0000328　F/20/20

[同治]山陽縣志二十一卷圖一卷　（清）張兆
棟　（清）孫雲修　（清）何紹基　（清）丁晏
纂　清同治十二年(1873)刻本　八冊

500000－8702－0000329　F/20/27

[光緒]阜寧縣志二十四卷首一卷　（清）阮本
焱等修　（清）殷自芳等纂　清光緒十二年
(1886)刻本　十冊

500000－8702－0000330　F/38/18

[咸淳]臨安志一百卷　（宋）潛說友撰　附札
記三卷　（清）黃士珣撰　宋咸淳四年(1268)
修清道光十年(1830)汪氏振綺堂刻本　二十
四冊　存九十九卷(一至八十九、九十一至九
十七，札記三卷)

500000－8702－0000331　F/32/11

[嘉慶]新修浦城縣志四十卷首一卷　（清）黃
恬修　（清）祖之望　（清）梁章鉅　（清）朱
秉鑑纂　清嘉慶十八年(1813)刻本　十六冊

500000－8702－0000332　F/18/20

[嘉慶]東鄉縣志二十一卷首一卷末一卷
(清)周軾　（清）周鍾泰修　（清）吳嵩梁
(清)黎中輔纂　清嘉慶十年(1805)刻本　十
二冊

500000－8702－0000333　F/13/1

[道光]濟寧直隸州志十卷首一卷末一卷
（清）徐宗幹　（清）許翰纂修　清道光修咸豐
九年(1859)盧朝安刻本　二十冊

500000 – 8702 – 0000334　F/13/2

[道光]濟寧直隸州志十卷首一卷末一卷
（清）徐宗幹　（清）許翰纂修　清道光修咸豐
九年(1859)盧朝安刻本　二十冊

500000 – 8702 – 0000335　F/13/3

[咸豐]濟寧直隸州續志四卷　（清）盧朝安纂
修　清咸豐九年(1859)刻本　四冊

500000 – 8702 – 0000336　F/13/4

[咸豐]濟寧直隸州續志四卷　（清）盧朝安纂
修　清咸豐九年(1859)刻本　四冊

500000 – 8702 – 0000337　F/40/13

[同治]宜昌府志十六卷首一卷　（清）聶光鑾
等修　（清）王柏心纂　清同治四年(1865)刻
本　十六冊

500000 – 8702 – 0000338　F/41/25

[嘉慶]湖南通志二百十九卷首三卷末六卷
（清）馬裕慧　（清）翁元圻等修　（清）王煦
　（清）羅廷彥　（清）黃本驥等纂　清嘉慶二
十五年(1820)刻本　八十冊

500000 – 8702 – 0000339　F/42/13

[同治]桂陽直隸州志二十七卷首一卷　（清）
汪學灝等修　王闓運等纂　（清）左樞作圖
清同治八年(1869)刻本　十二冊

500000 – 8702 – 0000340　F/3/15

[道光]廣東通志三百三十四卷首一卷　（清）
阮元等修　（清）陳昌齊等纂　清道光二年
(1822)刻本　一百六十冊

500000 – 8702 – 0000341　F/5/2

[道光]新會縣志十四卷首一卷　（清）林星章
修　（清）黃培芳　（清）曾釗纂　清道光二十
一年(1841)刻本　十二冊

500000 – 8702 – 0000342　F/5/4

[嘉慶]石城縣志六卷首一卷　（清）張大凱等
纂修　清嘉慶二十四年(1819)刻本　六冊

500000 – 8702 – 0000343　F/3/6

[嘉慶]龍州紀略二卷　（清）黃譽撰　清嘉慶
八年(1803)刻本　二冊

500000 – 8702 – 0000344　F/48/1

[嘉慶]四川通志二百四卷首二十二卷　（清）
常明等修　（清）楊芳燦等纂　清嘉慶二十年
(1815)刻本　一百十冊

500000 – 8702 – 0000345　F/48/2

[嘉慶]四川通志二百四卷首二十二卷　（清）
常明等修　（清）楊芳燦等纂　清嘉慶二十年
(1815)刻本　一百四十冊

500000 – 8702 – 0000346　F/48/3

[嘉慶]四川通志二百四卷首二十二卷　（清）
常明等修　（清）楊芳燦等纂　清嘉慶二十年
(1815)刻本　一百六十冊

500000 – 8702 – 0000347　F/49/7

華陽國志十二卷　（晉）常璩撰　（清）顧廣圻
校　清嘉慶十九年(1814)隣水廖寅題襟館刻
本　四冊

500000 – 8702 – 0000348　F/49/9

華陽國志十二卷　（晉）常璩撰　（清）顧廣圻
校　清嘉慶十九年(1814)隣水廖寅題襟館刻
本　四冊

500000 – 8702 – 0000349　F/49/8

華陽國志十二卷　（晉）常璩撰　（清）顧廣圻
校　清嘉慶十九年(1814)隣水廖寅題襟館刻
本　六冊

500000 – 8702 – 0000350　F/49/17

錦里新編十六卷首一卷　（清）張邦伸纂輯
清嘉慶五年(1800)敦彝堂刻本　八冊

500000 – 8702 – 0000351　F/60/39

[嘉慶]成都縣志六卷首一卷　（清）王泰雲
（清）魯鳳輝修　（清）衷以壎　（清）向大溟
纂　（清）楊芳燦訂補　清嘉慶二十年至二十
一年(1815 – 1816)刻本　六冊

500000 – 8702 – 0000352　F/60/40

[嘉慶]成都縣志六卷首一卷　（清）王泰雲
（清）魯鳳輝修　（清）衷以壎　（清）向大溟
纂　（清）楊芳燦訂補　清嘉慶二十年至二十
一年(1815 – 1816)刻本　六冊

500000－8702－0000353　F/60/41
[嘉慶]成都縣志六卷首一卷　(清)王泰雲　(清)魯鳳輝修　(清)衷以壎　(清)向大溟纂　(清)楊芳燦訂補　清嘉慶二十年至二十一年(1815－1816)刻本　六册

500000－8702－0000354　F/60/5
[嘉慶]華陽縣志四十四卷首一卷　(清)吴鞏等修　(清)潘時彤等纂　清嘉慶二十一年(1816)刻本　十六册

500000－8702－0000355　F/50/22
[嘉慶]三臺縣志八卷　(清)沈昭興纂修　清嘉慶二十年(1815)刻本　八册

500000－8702－0000356　F/50/23
[嘉慶]三臺縣志八卷　(清)沈昭興纂修　清嘉慶二十年(1815)刻本　八册

500000－8702－0000357　F/58/15
[嘉慶]南溪縣志十卷首一卷　(清)胡之富　(清)包字纂修　清嘉慶十八年(1813)刻本　四册

500000－8702－0000358　F/62/2
[同治]隆昌縣志四十二卷首一卷　(清)魏元燮　(清)花映均修　(清)耿光祜　(清)王裕緒纂　清同治元年(1862)刻本　六册

500000－8702－0000359　F/61/6
[光緒]井研志四十二卷首一卷　(清)葉桂年　(清)高承瀛修　廖平　(清)龔煦春纂　清光緒二十六年(1900)刻本　十二册

500000－8702－0000360　F/52/16
[同治]仁壽縣志十五卷首一卷　(清)羅廷權修　(清)馬凡若纂　清同治五年(1866)刻本　十六册

500000－8702－0000361　F/62/31
[咸豐]閬中縣志八卷　(清)徐繼鏞修　(清)李惺纂　清咸豐元年(1851)刻本　八册

500000－8702－0000362　F/62/32
[咸豐]閬中縣志八卷　(清)徐繼鏞修　(清)李惺纂　清咸豐元年(1851)刻本　四册

500000－8702－0000363　F/62/33
[咸豐]閬中縣志八卷　(清)徐繼鏞修　(清)李惺纂　清咸豐元年(1851)刻本　四册

500000－8702－0000364　F/54/17
[同治]儀隴縣志十卷　(清)曹紹樾　(清)胡晉熙修　(清)胡輯瑞　(清)彭鶴齡纂　清同治十年(1871)刻本　六册

500000－8702－0000365　F/62/27
[道光]巴州志十卷首一卷　(清)朱錫穀修　(清)陳一津纂　清道光十三年(1833)刻本　八册

500000－8702－0000366　F/62/28
[道光]巴州志十卷首一卷　(清)朱錫穀修　(清)陳一津纂　清道光十三年(1833)刻本　四册

500000－8702－0000367　F/57/16
[嘉慶]清溪縣志四卷圖考一卷　(清)劉傳經　(清)楊楫　(清)陳一沺纂修　清嘉慶五年(1800)刻本　四册

500000－8702－0000368　F/51/14
[咸豐]天全州志八卷首一卷　(清)陳松齡　(清)楊甲秀纂修　清咸豐八年(1858)刻本　八册

500000－8702－0000369　F/45/17
[道光]遵義府志四十八卷首一卷　(清)平翰　(清)黄樂之修　(清)鄭珍　(清)莫友芝纂　清道光二十一年(1841)刻本　二十册

500000－8702－0000370　F/10/1
[道光]昆明縣志十卷　(清)戴絅孫撰　清道光二十一年(1841)修光緒二十七年(1901)刻本　十二册

500000－8702－0000371　F/10/2
[道光]昆明縣志十卷　(清)戴絅孫撰　清道光二十一年(1841)修光緒二十七年(1901)刻本　六册

500000－8702－0000372　F/10/4
[道光]昆陽州志十六卷　(清)朱慶椿

（清）李彦纂修　清道光二十年（1840）刻本
八册

500000－8702－0000373　F/66/6

［雍正］陕西通志一百卷首一卷　（清）刘於义
等修　（清）沈青崖纂　清雍正十三年（1735）
刻本　一百册

500000－8702－0000374　F/70/3

［嘉庆］咸宁县志二十六卷首一卷　（清）高廷
法修　（清）陆耀遹纂　清嘉庆二十四年
（1819）刻本　八册

500000－8702－0000375　F/67/10

［光绪］靖边志稿四卷　（清）丁锡奎修
（清）白翰章　（清）辛居乾纂　清光绪二十五
年（1899）刻本　四册

500000－8702－0000376　F/68/30

［道光］宁陕厅志四卷　（清）林一铭　（清）
白受采修　（清）焦世官　（清）胡官清纂　清
道光九年（1829）刻本　四册

500000－8702－0000377　F/7/1

西陲总统事略十二卷　（清）汪廷楷稿　（清）
松筠修　（清）祁韵士纂　清嘉庆十四年
（1809）程振甲刻本　六册

500000－8702－0000378　S/15/1

全台舆图二卷　（清）王元樨撰　（清）夏献纶
审定　清光绪六年（1880）福建台湾道库刻本
二册

500000－8702－0000379　F/14/19

［道光］彰化县志十二卷首一卷　（清）李廷璧
（清）贾懋功修　（清）周玺　（清）廖春波
纂　清道光十六年（1836）刻本　二十四册

500000－8702－0000380　F/14/20

［同治］淡水厅志十六卷　（清）郑用锡
（清）严金清稿　（清）陈培桂　（清）杨承藩
纂修　清同治十年（1871）刻本　八册

500000－8702－0000381　F/73/15

太湖备考十六卷首一卷附湖程纪略一卷
（清）金友理　（清）吴曾撰　清乾隆十五年

（1750）艺兰小圃刻本　八册

500000－8702－0000382　S/15/4

海东金石苑四卷　（清）刘喜海辑　清光绪七
年（1881）张氏二铭草堂刻本　四册

500000－8702－0000383　S/15/6

四库简明目录标注二十卷附录一卷　（清）邵
懿辰撰　（清）孙诒让等校　清宣统三年
（1911）邵氏刻本　六册

500000－8702－0000384　S/15/14

列子卢重元注八卷　（战国）列御寇撰　（唐）
卢重元注　清嘉庆九年（1804）江都秦氏石研
斋刻本　二册

500000－8702－0000385　S/15/15

登坛必究四十卷　（明）王鸣鹤辑　清道光木
活字印本　二十九册

500000－8702－0000386　S/15/16

武备志二百四十卷　（明）茅元仪辑　清道光
木活字印本　六十册

500000－8702－0000387　S/15/17

脉经十卷　（晋）王叔和撰　（宋）林亿校　清
光绪十九年（1893）杨守敬刻本　六册

500000－8702－0000388　S/15/21

对山印稿八卷　（清）杨燮篆刻　（清）杨森编
集　清道光七年（1827）杨氏嗜书斋钤印本
八册

500000－8702－0000389　S/15/22

对山印稿八卷　（清）杨燮篆刻　（清）杨森编
集　清道光七年（1827）杨氏嗜书斋钤印本
八册

500000－8702－0000390　S/16/1

十六金符斋印存不分卷　（清）吴大澂藏　清
宣统元年（1909）西泠印社钤印本　三十册

500000－8702－0000391　S/15/20

缶庐印存四集　吴昌硕篆刻　清光绪二十六
年至民国三年（1900－1914）西泠印社钤印本
十二册

500000－8702－0000392　S/15/23

槐廳載筆二十卷 （清）法式善撰 清嘉慶四年(1799)法式善刻本 六冊

500000－8702－0000393 S/17/3

唐宋八大家文鈔一百四十四卷附五代史鈔二十卷 （明）茅坤輯 （清）何焯校 清康熙四十五年(1706)雲林大盛堂刻本 四十八冊 存七種一百五十四卷（韓文公文鈔十六卷、柳柳州文鈔十二卷、歐陽文忠公文鈔三十二卷附五代史鈔二十卷、王文公文鈔十六卷、曾文定公文鈔十卷、蘇文忠公文鈔二十八卷、蘇文定公文鈔二十卷）

500000－8702－0000394 S/17/6

御定歷代賦類正集一百四十卷外集二十卷附補遺二十二卷 （清）陳元龍等輯 清康熙四十五年(1706)刻本 六十四冊

500000－8702－0000395 S/17/7

御選唐宋文醇五十八卷 （清）高宗弘曆選 清乾隆三年(1738)內府四色套印本 二十四冊

500000－8702－0000396 S/17/8

本事詩十二卷 （清）徐釚輯 清乾隆二十二年(1757)汪肯堂刻本 四冊

500000－8702－0000397 S/17/9

古詩箋三十二卷 （清）王士禎輯 （清）聞人倓箋 清乾隆三十一年(1766)芷蘭堂刻本 十二冊

500000－8702－0000398 S/17/10

全上古三代秦漢三國六朝文七百四十六卷 （清）嚴可均輯 清光緒二十年(1894)黃岡王氏刻本 一百冊

500000－8702－0000399 S/18/2

列朝詩集八十一卷 （清）錢謙益輯 清順治九年(1652)毛氏汲古閣刻本 五十六冊

500000－8702－0000400 S/18/1

列朝詩集八十一卷 （清）錢謙益輯 清順治九年(1652)毛氏汲古閣刻本 四十二冊 存八十卷(一至八十)

500000－8702－0000401 S/18/3

中晚唐詩叩彈集十二卷續集三卷 （清）杜詔 （清）杜庭珠輯 清康熙四十三年(1704)采山亭刻本 五冊

500000－8702－0000402 S/18/4

宋詩鈔初集八十五家九十五種 （清）吳之振等編輯 清康熙吳氏鑑古堂刻本 四十冊

500000－8702－0000403 S/18/5

明詩別裁集十二卷 （清）沈德潛 （清）周準輯 清乾隆四年(1739)刻本 四冊

500000－8702－0000404 S/18/6

宋百家詩存一百種 （清）曹庭棟輯 清乾隆六年(1741)曹氏二六書堂刻本 二十冊

500000－8702－0000405 S/18/7

漁洋山人感舊集十六卷 （清）王士禎輯 清乾隆十七年(1752)盧氏雅雨堂刻本 十六冊

500000－8702－0000406 S/18/8

漁洋山人感舊集十六卷 （清）王士禎輯 清乾隆十七年(1752)盧氏雅雨堂刻本 八冊

500000－8702－0000407 S/18/9

明人詩鈔正集十四卷 （清）朱琰輯 清乾隆二十五年(1760)樊桐山房刻本 四冊

500000－8702－0000408 S/18/10

全唐文一千卷目錄三卷 （清）董誥等纂修 清嘉慶十九年(1814)內府刻本 一百十一冊

500000－8702－0000409 S/19/3

淮海英靈集二十二卷 （清）阮元輯 清嘉慶三年(1798)儀徵阮氏小琅嬛仙館刻本 十六冊

500000－8702－0000410 S/19/2

杜工部集二十卷首一卷附唱酬題詠一卷諸家詩話一卷 （唐）杜甫撰 （清）鄭澐校 清乾隆鄭氏玉勾草堂刻本 十一冊 存二十一卷(二至二十、唱酬題詠一卷、諸家詩話一卷)

500000－8702－0000411 S/19/1

杜工部集二十卷首一卷 （唐）杜甫撰 （明）王世貞等評 （清）盧坤輯 清道光十四年

（1834）盧氏芸葉庵六色套印本　七冊　存十
九卷（一至五、八至二十，首一卷）

500000－8702－0000412　S/8/5

**昌黎先生集四十卷外集十卷遺文一卷集傳一
卷**　（唐）韓愈撰　（唐）李漢編　（宋）廖瑩
中集注　明萬曆東吳徐時泰東雅堂刻本　十
六冊

500000－8702－0000413　S/19/4

李義山文集箋註十卷　（清）徐樹穀箋　（清）
徐炯注　清康熙四十七年（1708）徐氏花溪草
堂刻本　四冊

500000－8702－0000414　S/19/6

李義山詩集箋註十六卷　（清）姚培謙箋註
清乾隆四年（1739）松桂讀書堂刻本　八冊

500000－8702－0000415　S/19/5

李義山詩集箋註十六卷　（清）姚培謙箋註
清乾隆四年（1739）松桂讀書堂刻本　四冊

500000－8702－0000416　S/19/7

溫飛卿詩集九卷　（唐）溫庭筠著　（明）曾益
注　（清）顧予咸補注　清康熙三十六年
（1697）顧嗣立秀野草堂刻本　四冊

500000－8702－0000417　S/19/8

宋王黃州小畜集三十卷　（宋）王禹偁撰　清
乾隆二十五年（1760）趙熟典愛日堂刻本
十冊

500000－8702－0000418　S/19/11

**施註蘇詩四十二卷目錄二卷年譜一卷王注正
譌一卷**　（宋）施元之注　（清）邵長蘅補注
清康熙三十八年（1699）商丘宋氏刻本　十
二冊

500000－8702－0000419　S/19/12

**宋黃文節公文集三十二卷外集二十四卷別集
十九卷首六卷**　（宋）黃庭堅撰　（清）宋調元
重輯　清乾隆三十年（1765）江西寧州緝香堂
刻本　三十冊

500000－8702－0000420　S/19/9

山谷詩集註內集二十卷外集十七卷別集二卷

（宋）黃庭堅撰　（宋）任淵等注　清光緒二
十五年（1899）陳氏四覺草堂刻宣統二年
（1910）傅春官南昌印本　二十冊

500000－8702－0000421　S/19/10

山谷詩集註內集二十卷外集十七卷別集二卷
（宋）黃庭堅撰　（宋）任淵等注　清光緒二
十五年（1899）陳氏四覺草堂刻宣統二年
（1910）傅春官南昌印本　二十冊

500000－8702－0000422　S/19/13

宋宗忠簡公集八卷　（宋）宗澤撰　（清）王廷
曾重編　清康熙三十年（1691）王氏刻乾隆二
十六年（1761）趙弘信增補刻本　六冊

500000－8702－0000423　S/19/15

荊川文集十八卷　（明）唐順之撰　清康熙五
十一年（1712）唐執玉刻本　二十四冊

500000－8702－0000424　S/19/14

呂明德先生文集二十六卷　（明）呂維祺撰
清康熙二年（1663）呂氏刻本　十冊　存二十
三卷（一至二十三）

500000－8702－0000425　S/19/16

李介立詩稿十二卷　（清）李寄撰　清凝香居
藍格抄本　一冊

500000－8702－0000426　S/19/18

**吳詩集覽二十卷附談藪二卷談藪拾遺一卷吳
詩補注一卷**　（清）吳偉業撰　（清）顧湄編
（清）靳榮藩集注　清乾隆四十六年（1781）凌
雲亭刻本　十二冊

500000－8702－0000427　S/19/17

蒿庵集三卷　（清）張爾岐撰　清道光至咸豐
抄本　一冊

500000－8702－0000428　S/19/19

堯峰文鈔五十卷　（清）汪琬撰　（清）林佶編
清康熙三十二年（1693）林佶刻本　四冊
存十卷（一至十）

500000－8702－0000429　S/19/20

曝書亭集八十卷附錄一卷　（清）朱彝尊撰
清康熙四十七年（1708）刻本　二十四冊

500000－8702－0000430　S/19/22

曝書亭詩集註二十二卷補遺二卷 （清）朱彝
尊撰 （清）楊謙注 **年譜一卷** （清）楊謙撰
清乾隆木山閣刻本 八冊

500000－8702－0000431　S/19/23

曝書亭集外稿詩五卷詞一卷文二卷 （清）朱
彝尊撰 （清）馮登府 （清）朱墨林輯 清嘉
慶朱氏潛采堂刻本 一冊

500000－8702－0000432　S/19/21

日觀集文稿不分卷 （清）朱爾邁撰 清嘉慶
二十二年(1817)朱二銘抄本 一冊

500000－8702－0000433　S/19/24

蠶尾集十卷續集二卷後集二卷 （清）王士禛
撰 清康熙四十七年(1708)王氏刻本 十
二冊

500000－8702－0000434　S/19/25

午亭文編五十卷午亭山人二集三卷 （清）陳
廷敬撰 （清）林佶輯錄 清康熙四十七年
(1708)刻乾隆四十三年(1778)重印本 十
七冊

500000－8702－0000435　S/19/26

敬業堂詩集正集五十卷續集六卷 （清）查慎
行撰 清康熙海寧查氏刻本 十六冊

500000－8702－0000436　S/19/27

金粟詩草二十卷 （清）屈復撰 （清）馬璞等
評 清屈氏抄本 二十四冊

500000－8702－0000437　S/19/28

王己山先生文集十卷別集四卷 （清）王步青
撰 清乾隆十七年(1752)敦復堂刻本 八冊

500000－8702－0000438　S/19/30

尹文端公詩集十卷 （清）尹繼善撰 （清）袁
枚編 清嘉慶尹氏刻本 五冊

500000－8702－0000439　S/19/31

小倉山房文集二十四卷 （清）袁枚撰 清乾
隆刻本 六冊

500000－8702－0000440　S/19/32

袁文箋正十六卷補注一卷 （清）袁枚撰

（清）石韞玉箋 清嘉慶十七年(1812)刻本
十六冊

500000－8702－0000441　S/19/35

小萬卷齋經進稿四卷詩稿三十二卷詩續稿四卷
（清）朱琦撰 清道光六年至九年(1826－
1829)江寧顧晴崖刻本 十冊

500000－8702－0000442　S/19/36

小萬卷齋經進稿四卷詩稿三十二卷詩續稿四卷
（清）朱琦撰 清道光六年至九年(1826－
1829)江寧顧晴崖刻本 十冊

500000－8702－0000443　S/19/29

味經山館文鈔不分卷 （清）戴鈞衡撰 清抄
本 四冊

500000－8702－0000444　S/19/34

澗䓤先生集不分卷 （清）吳曾貫撰 清咸豐
抄本 一冊

500000－8702－0000445　S/19/33

漢鷺生詩鈔不分卷 （清）□□抄 清光緒抄
本 一冊

500000－8702－0000446　S/19/40

詞律二十卷 （清）萬樹撰 清康熙二十六年
(1687)萬氏堆絮園刻本 八冊

500000－8702－0000447　S/19/37

紅雪樓九種曲十四卷 （清）蔣士銓撰 清乾
隆三十六年至四十六年(1771－1781)常熟席
氏紅雪樓刻本 二十冊

500000－8702－0000448　S/19/38

審音鑑古錄九種六十六齣 （清）王繼善編
清道光十四年(1834)王氏刻本 八冊

500000－8702－0000449　S/19/41

世說新語補二十卷 （南朝宋）劉義慶撰
（南朝梁）劉峻注 （清）黃汝琳補 清乾隆二
十七年(1762)黃氏茂清書屋刻本 八冊

500000－8702－0000450　S/19/39

重訂西青散記六卷 （清）史震林撰 清道光
抄本 四冊

500000－8702－0000451　S/19/43

黝瘮廎景不分卷 （清）朱錫綬撰　詩品一卷
書品一卷畫品一卷賦品一卷 （清）榮祿續
清光緒七年（1881）古濮鐵嶺天鶴子抄本
二冊

500000 – 8702 – 0000452　S/19/42

紅樓夢一百二十卷一百二十回圖像一卷
（清）曹霑撰　（清）高鶚續　（清）王希廉評
清道光十二年（1832）王氏雙清仙館刻本
二十四冊

500000 – 8702 – 0000453　S/19/44

漁隱叢話後集四十卷　（宋）胡仔撰　清乾隆
楊佑啟耘經樓刻本　四冊

500000 – 8702 – 0000454　S/9/1

稗海七十種　（明）商濬輯　明萬曆商氏半埜
堂刻清乾隆重修本　六十冊　存四十三種二
百二十九卷（西京雜記六卷、王子年拾遺記十
卷、搜神記八卷、述異記二卷、摭言一卷、小名
錄二卷、雲溪友議十二卷、玉泉子一卷、北夢
瑣言二十卷、東善錄二卷、蠡海集一卷、過庭
錄一卷、泊宅編三卷、閑窗括異志一卷、搜採
異聞錄五卷、東軒筆錄十五卷、青箱雜記十
卷、蒙齋筆談二卷、游宦紀聞十卷、夢溪筆談
二十六卷補筆談一卷、學齋佔畢纂一卷、祛疑
說纂一卷、墨莊漫錄十卷、侍兒小名錄拾遺一
卷、補侍兒小名錄一卷、續補侍兒小名錄一
卷、雲麓漫抄四卷、石林燕語十卷、避暑錄話
二卷、清波雜志三卷、墨客揮犀十卷、異聞總
錄四卷、遂昌雜錄一卷、桯史十五卷、隨隱漫
錄五卷、楓窗小牘二卷、耕祿藁一卷、厚德錄
四卷、西溪叢語二卷、螢雪叢說二卷、孫公談
圃三卷、癸辛雜識前集一卷後集一卷續集二
卷別集二卷、山房隨筆一卷）

500000 – 8702 – 0000455　S/19/61

說郛八百八十六種一百弓　（明）陶宗儀編纂
（明）陶珽重輯　清順治四年（1647）周南李
際期宛委山堂刻本　二百四十冊

500000 – 8702 – 0000456　S/20/1

續說郛三十二弓　（明）陶珽輯　清順治四年
（1647）周南李際期宛委山堂刻本　八十冊

500000 – 8702 – 0000457　S/20/2

知不足齋叢書二十集一百五十四種　（清）鮑
廷博輯　清乾隆三十四年至嘉慶三年（1769 –
1798）長塘鮑氏刻本　一百六十冊

500000 – 8702 – 0000458　S/20/3

經訓堂叢書二十一種　（清）畢沅輯　清乾隆
畢氏刻本　六十三冊

500000 – 8702 – 0000459　S/20/5

雅雨堂叢書十五種　（清）盧見曾輯　清乾隆
盧氏雅雨堂刻本　四十一冊

500000 – 8702 – 0000460　S/20/4

雅雨堂叢書十五種　（清）盧見曾輯　清乾隆
盧氏雅雨堂刻本　二十八冊

500000 – 8702 – 0000461　S/20/6

岱南閣叢書二十四種　（清）孫星衍輯　清乾
隆五十年至嘉慶十四年（1785 – 1809）蘭陵孫
氏刻本　八十冊

500000 – 8702 – 0000462　S/20/7

平津館叢書三十五種　（清）孫星衍輯　清嘉
慶蘭陵孫氏平津館刻本　三十三冊　缺七種
六十四卷（六韜六卷附逸文一卷、琴操二卷附
補遺一卷、穆天子傳六卷附錄一卷、華氏中藏
經三卷、寰宇訪碑錄十二卷、說文解字十五
卷、孔子集語十七卷）

500000 – 8702 – 0000463　S/21/1

問經堂叢書十八種　（清）孫馮翼輯　清嘉慶
承德孫氏問經堂刻本　二十冊

500000 – 8702 – 0000464　S/21/2

粵雅堂叢書初編十集六十三種　（清）伍崇曜
輯　（清）譚瑩校　清道光三十年至咸豐三年
（1850 – 1853）刻本　一百八十四冊

500000 – 8702 – 0000465　S/21/3

古逸叢書二十六種　（清）黎庶昌輯　楊守敬
校　清光緒刻本　六十四冊

500000 – 8702 – 0000466　S/21/5

隨盫徐氏叢書十種四十三卷　徐乃昌輯　清
光緒二十九年至民國五年（1903 – 1916）南陵

徐氏刻本　二十四冊

500000－8702－0000467　S/21/4
江都汪氏叢書六種　（清）汪中　（清）汪喜孫
撰　清嘉慶至道光刻本　十二冊

500000－8702－0000468　S/21/7
王漁洋遺書三十八種　（清）王士禎撰　清康
熙刻本　六十冊　缺四種四十九卷（古懽錄
八卷、古夫于亭雜錄六卷、漁洋詩話三卷、阮
亭選古詩三十二卷）

500000－8702－0000469　S/21/9
鹿洲全集八種　（清）藍鼎元撰　（清）王者輔
　（清）曠敏本評　清雍正六年至十年（1728－
1732）藍氏刻本　十二冊　存六種二十二卷
（平臺紀略一卷、東征集六卷、鹿洲公案二卷、
脩史試筆二卷、棉陽學準五卷、女學六卷）

500000－8702－0000470　S/21/10
十三經注疏三百三十三卷　（明）毛晉校訂
明末毛氏汲古閣刻清修補印本　一百二十冊

500000－8702－0000471　S/21/11
五經六十卷　（清）□□輯　清嘉慶十年
（1805）江寧王氏刻本　三十七冊

500000－8702－0000472　S/21/12
五經六十卷　（清）□□輯　清嘉慶十年
（1805）江寧王氏刻本　三十六冊

500000－8702－0000473　S/22/1
增訂四經精華三十六卷　（清）魏朝俊輯　清
光緒十一年（1885）新都魏氏古書閣刻本　十
八冊

500000－8702－0000474　S/22/2
毛詩故訓傳十卷　（清）段玉裁訂　清道光刻
本　四冊

500000－8702－0000475　S/22/3
檀弓論文二篇　（清）孫濩孫評訂　（清）林中
枏參閱　清康熙六十一年（1722）孫氏刻本
一冊

500000－8702－0000476　S/22/4
春秋胡傳三十卷　（宋）胡安國撰　清乾隆怡

府明善堂刻本　八冊

500000－8702－0000477　S/22/5
爾雅新義二十卷　（宋）陸佃撰　清抄本
四冊

500000－8702－0000478　S/22/7
康熙字典四十二卷附考証十二卷　（清）張玉
書等纂修　清道光七年至十年（1827－1830）
刻本　四十四冊

500000－8702－0000479　S/22/11
新增說文韻府群玉二十卷　（元）陰時夫撰
（元）陰中夫注　（明）王元貞校　清乾隆謙益
堂刻本　二十冊

500000－8702－0000480　S/22/15
集韻十卷　（清）丁度等撰　清光緒二年
（1876）歸安姚觀元刻本　十冊

500000－8702－0000481　S/22/17
前漢書一百二十卷　（漢）班固撰　清同治八
年（1869）金陵書局刻本　十六冊

500000－8702－0000482　S/22/18
後漢書一百三十卷　（南朝宋）范曄撰　（唐）
李賢注　（南朝梁）劉昭補志並注　清同治八
年（1869）金陵書局刻本　十六冊

500000－8702－0000483　S/23/1
晉書一百三十卷　（唐）房玄齡撰　清同治十
年（1871）金陵書局刻本　二十冊

500000－8702－0000484　S/23/2
宋書一百卷　（南朝梁）沈約撰　清同治十一
年（1872）金陵書局刻本　十六冊

500000－8702－0000485　S/23/3
南齊書五十九卷　（南朝梁）蕭子顯撰　清同
治十三年（1874）金陵書局刻本　六冊

500000－8702－0000486　S/23/4
梁書五十六卷　（唐）姚思廉撰　清同治十年
（1871）金陵書局刻本　六冊

500000－8702－0000487　S/23/5
陳書三十六卷　（唐）姚思廉撰　清同治十一
年（1872）金陵書局刻本　四冊

500000－8702－0000488　S/23/6

魏書一百十四卷　（北齊）魏收撰　清同治十一年(1872)金陵書局刻本　二十冊

500000－8702－0000489　S/23/7

北齊書五十卷　（唐）李百藥撰　清同治十三年(1874)金陵書局刻本　四冊

500000－8702－0000490　S/23/8

周書五十卷　（唐）令狐德棻等撰　清同治十三年(1874)金陵書局刻本　四冊

500000－8702－0000491　S/23/10

資治通鑑後編一百八十卷　（清）徐乾學撰　清光緒浙江富陽夏氏刻本　四十八冊

500000－8702－0000492　S/23/11

通鑑地理通釋十四卷　（宋）王應麟撰　明崇禎毛氏汲古閣刻本　三冊　存十卷(一至三、八至十四)

500000－8702－0000493　S/23/12

尚史七十卷　（清）李鍇撰　清乾隆三十八年(1773)悅道樓刻本　二十冊

500000－8702－0000494　S/23/13

尚史七十卷　（清）李鍇撰　清乾隆三十八年(1773)悅道樓刻本　二十四冊

500000－8702－0000495　S/23/14

弘簡錄二百五十四卷　（明）邵經邦撰　清康熙二十七年(1688)邵遠平刻本　六十四冊

500000－8702－0000496　S/24/1

續弘簡錄元史類編四十二卷　（清）邵遠平撰　清康熙三十八年(1699)刻乾隆修補印本　十六冊

500000－8702－0000497　S/24/3

蜀渝黃氏族譜五卷　（清）□□撰　清光緒六年(1880)重慶刻本　十冊

500000－8702－0000498　S/24/5

史姓韻編六十四卷　（清）汪輝祖撰　清同治九年(1870)金陵書局木活字印本　二十四冊

500000－8702－0000499　S/24/6

欽定大清會典一百卷　（清）顧汝修等撰　清乾隆二十九年(1764)刻本　三十二冊

500000－8702－0000500　S/24/7

欽定大清會典一百卷首一卷會典事例一千二百二十卷目錄八卷圖二百七十卷　（清）崑岡等纂修　清光緒二十五年(1899)石印本　四百九十四冊

500000－8702－0000501　S/25/4

彭剛直公遺札一卷　（清）彭玉麟書　清刻本　一冊

500000－8702－0000502　S/25/1

京張路工攝影集二卷　（清）□□輯　清光緒三十一年至宣統元年(1905－1909)影印本　二冊

500000－8702－0000503　S/25/6

輿地紀勝二百卷補缺十卷校勘記五十二卷　(宋)王象之撰　（清）岑建功補　（清）劉文淇等校　清道光二十九年(1849)岑氏懼盈齋刻同治李韻廷補刻本　五十冊　存二百五十二卷(一至七、九至一百九十一，補缺十卷，校勘記五十二卷)

500000－8702－0000504　S/25/5

雍正硃批諭旨三百六十卷　（清）世宗胤禛撰　清乾隆三年(1738)內府刻朱墨套印本　一冊　存三卷(柏之蕃、陳玉章、劉章)

500000－8702－0000505　S/25/7

南蠻志六卷　（清）阮元等修　（清）王崧等纂　清道光刻宣統三年(1911)楊復彩繪本　六冊

500000－8702－0000506　S/25/14

中俄交界全圖不分卷　（清）洪鈞原著　清光緒十六年(1890)石印本　一冊

500000－8702－0000507　S/25/25

寒山堂金石林時地考二卷　（明）趙均撰　清咸豐抄本　一冊

500000－8702－0000508　S/25/26

小蓬萊閣金石文字不分卷　（清）黃易撰　清道光刻本　四冊

500000－8702－0000509　S/25/27

殷商貞卜文字玫一卷　羅振玉著　清宣統二
年(1910)玉簡齋石印本　一冊

500000－8702－0000510　S/25/28

鐵雲藏龜不分卷　(清)劉鐵雲編　清光緒二
十九年(1903)抱殘守缺齋石印本　六冊

500000－8702－0000511　S/25/31

殷虛書契後編二卷　羅振玉類次　清宣統影
印本　一冊

500000－8702－0000512　S/26/5

奇觚室吉金文述二十卷　(清)劉幼丹撰　清
光緒二十八年(1902)石印本　十冊

500000－8702－0000513　S/26/29

陶齋吉金錄八卷　(清)郝萬亮編　清光緒三
十四年(1908)石印本　八冊

500000－8702－0000514　S/26/30

陶齋吉金續錄二卷　(清)郝萬亮編　清宣統
元年(1909)石印本　二冊

500000－8702－0000515　S/26/41

皕宋樓藏書源流考一卷附題詞一卷　(日本)
島田翰撰　(清)王儀通題詞　清光緒三十三
年(1907)董康刻朱印本　一冊

500000－8702－0000516　S/26/43

留真譜不分卷　楊守敬輯　清光緒刻本
四冊

500000－8702－0000517　S/27/1

二程全書七種六十四卷附錄三卷　(宋)程顥
(宋)程頤撰　清康熙刻本　八冊

500000－8702－0000518　S/27/5

千金翼方三十卷　(唐)孫思邈撰　清光緒四
年(1878)影印本　八冊

500000－8702－0000519　S/27/4

備急千金要方三十卷　(唐)孫思邈撰　清光
緒四年(1878)蘇州振新書社影印本　十二冊

500000－8702－0000520　S/27/7

治平勝算全書二十八卷　(清)年羹堯撰　清
雍正寫本　二十冊　存二十四卷(一至十六、

二十一至二十八)

500000－8702－0000521　S/31/3

古香齋新刻袖珍淵鑑類函四百五十卷目錄四
卷　(清)張英等纂修　清乾隆古香齋刻本
一百六十冊

500000－8702－0000522　S/31/5

名原二卷　(清)孫詒讓記　清光緒三十一年
(1905)刻本　一冊

500000－8702－0000523　S/31/6

五知齋琴譜八卷　(清)周魯封匯纂　清雍正
二年(1724)刻本　七冊

500000－8702－0000524　S/31/4

白虎通疏證十二卷　(清)陳立撰　清光緒元
年(1875)淮南書局刻本　四冊

500000－8702－0000525　S/31/7

子史精華一百六十卷　(清)吳襄等纂輯　清
雍正五年(1727)蘇州刻本　六十四冊

500000－8702－0000526　S/31/8

琴鶴堂印譜八集　(清)繼良輯藏　清光緒二
十七年(1901)鈐印本　七冊　存七集(元、
亨、利、貞、仁、禮、智)

500000－8702－0000527　S/31/9

全唐文一千卷　(清)董誥等纂修　清嘉慶二
十三年(1818)揚州刻本　三百二十二冊

500000－8702－0000528　S/32/1

明詩綜一百卷　(清)朱彝尊輯　(清)汪森等
輯評　清乾隆吳氏清來堂刻本　三十二冊

500000－8702－0000529　S/32/2

古文辭類纂正集七十四卷續集三十四卷
(清)姚鼐編　王先謙續　清光緒二十八年
(1902)蜀東善成堂刻本　十六冊

500000－8702－0000530　S/32/3

李太白集三十卷　(唐)李白撰　清光緒十四
年(1888)湖北官書局刻本　四冊

500000－8702－0000531　S/32/4

唐文粹一百卷補遺二十六卷　(宋)姚鉉編
(清)郭麐補遺　清光緒九年(1883)江蘇書局

刻本　二十冊

500000 - 8702 - 0000532　S/32/5

梧溪集七卷補遺一卷　（元）王逢撰　（清）顧
廣圻校　清同治十三年（1874）思補樓木活字
印本　八冊

500000 - 8702 - 0000533　S/32/6

揮塵前錄四卷後錄十一卷　（宋）王明清輯
（明）毛晉訂　明崇禎毛氏汲古閣刻本　四冊
　存十一卷（前錄四卷、後錄一至七）

500000 - 8702 - 0000534　S/32/7

白香山詩集四十二卷　（唐）白居易撰　（清）
汪立名訂　清康熙四十一年（1702）一隅草堂
刻本　十三冊　存三十三卷（長慶集一至七、
十七至二十，後集十七卷，別集一卷，補遺二
卷，年譜一卷，年譜舊本一卷）

500000 - 8702 - 0000535　S/32/10

六如居士全集七卷附補遺六卷　（明）唐寅撰
　清嘉慶六年（1801）唐氏果克山房刻本
十冊

500000 - 8702 - 0000536　S/32/11

寶綸堂集十卷拾遺一卷　（清）陳洪綬著　清
光緒十四年（1888）浙江董氏取斯家塾木活字
印本　八冊

500000 - 8702 - 0000537　S/32/12

郘亭詩鈔六卷　（清）莫友芝撰　清咸豐二年
（1852）刻同治五年（1866）莫氏修補刻本
四冊

500000 - 8702 - 0000538　S/32/13

夏赤城文集二十三卷首一卷　（明）夏鍭撰
清光緒十九年（1893）夏氏映南軒木活字印本
六冊

500000 - 8702 - 0000539　S/32/14

日知錄集釋三十二卷　（清）顧炎武撰　（清）
黃汝成集釋　清同治七年（1868）朝宋書室木
活字印本　十六冊

500000 - 8702 - 0000540　S/32/16

第一才子書六十一卷一百二十回　（明）羅貫

中撰　清咸豐三年（1853）善成堂朱墨套印本
十二冊

500000 - 8702 - 0000541　S/32/17

後知不足齋叢書二十五種七十三卷　（清）鮑
廷爵編輯　清光緒七年至十年（1881 - 1884）
刻本　三十二冊

500000 - 8702 - 0000542　S/32/18

麗廔叢書八種十一卷　葉德輝輯　清光緒三
十三年（1907）長沙葉氏刻本　三冊

500000 - 8702 - 0000543　S/34/30

欽定同文韻統六卷　（清）允祿等撰　清宣統
二年（1910）理藩部刻本　五冊

500000 - 8702 - 0000544　S/32/20

欽定武英殿聚珍版全書三十九種　清乾隆浙
江刻本　一百冊

500000 - 8702 - 0000545　S/19/48

爾雅釋地四篇考不分卷　方勇初撰　清稿本
　一冊

500000 - 8702 - 0000546　S/19/49

中國白話史不分卷　（清）□□纂　清光緒稿
本　一冊

500000 - 8702 - 0000547　S/19/52

張忠烈士遺稿不分卷　（明）張同敬撰　清稿
本　一冊

500000 - 8702 - 0000548　S/19/53

養雲山館詩一卷　（清）許球撰　（清）許長怡
注　清同治初稿本　一冊

500000 - 8702 - 0000549　S/19/56

鄭塈生詩草不分卷　（清）鄭塈生撰　清宣統
元年（1909）朱墨抄本　一冊

500000 - 8702 - 0000550　S/35/7

貴州百苗圖不分卷　（□）□□撰　清光緒彩
色石印本　一冊

500000 - 8702 - 0000551　F/1/2

方岳采風錄二卷　（清）卞寶第著　清光緒八
年（1882）刻本　一冊

500000 – 8702 – 0000552　F/1/12

元和郡縣圖志四十卷目錄一卷附逸文一卷
（唐）李吉甫纂　清光緒六年（1880）金陵書局
刻本　六冊

500000 – 8702 – 0000553　F/1/13

元和郡縣補志六卷　（清）嚴觀纂　清光緒八
年（1882）金陵書局刻本　二冊

500000 – 8702 – 0000554　F/1/10

元豐九域志十卷　（宋）王存纂　清光緒金陵
書局刻本　八冊

500000 – 8702 – 0000555　F/1/11

元豐九域志十卷　（宋）王存纂　清刻本
六冊

500000 – 8702 – 0000556　F/2/14

輿地廣記三十八卷　（宋）歐陽忞纂　清光緒
福建刻本　八冊

500000 – 8702 – 0000557　F/2/15

輿地廣記三十八卷　（宋）歐陽忞纂　校勘記
二卷　（清）黃丕烈撰　清光緒二十一年
（1895）刻本　七冊

500000 – 8702 – 0000558　F/3/1

輿地紀勝二百卷　（宋）王象之纂　（清）伍崇
曜校勘　清咸豐十年（1860）粵雅堂刻本　二
十四冊

500000 – 8702 – 0000559　F/2/3

［乾隆］大清一統志表不分卷　（清）陳蘭森纂
（清）徐斗垣校　清乾隆五十八年（1793）刻
本　十冊

500000 – 8702 – 0000560　F/2/4

［乾隆］大清一統志五百卷　（清）和坤等編
清光緒二十八年（1902）上海寶善齋石印本
六十冊

500000 – 8702 – 0000561　F/2/5

大清中外一統輿圖三十一卷首一卷　（清）嚴
樹森輯　清同治二年（1863）湖北撫署景桓樓
刻本　十二冊

500000 – 8702 – 0000562　F/1/7

讀史方輿紀要一百三十卷　（清）顧祖禹編
清光緒二十七年（1901）圖書集成局鉛印本
二十八冊

500000 – 8702 – 0000563　F/1/6

讀史方輿紀要一百三十卷　（清）顧祖禹編
清光緒二十九年（1903）上海益吾齋石印本
二十四冊

500000 – 8702 – 0000564　F/1/8

讀史方輿紀要一百三十卷輿圖要覽四卷
（清）顧祖禹編　清嘉慶十六年（1811）刻本
八十二冊

500000 – 8702 – 0000565　F/1/9

三省邊防備覽十八卷　（清）嚴如熤輯　清道
光十年（1830）來鹿堂刻本　十冊

500000 – 8702 – 0000566　F/1/14

天下郡國利病書一百二十卷　（清）顧炎武編
清光緒五年（1879）蜀南桐華書屋刻本　八
十冊

500000 – 8702 – 0000567　F/1/15

天下郡國利病書一百二十卷　（清）顧炎武編
清光緒二十五年（1899）上海二林齋石印本
二十八冊

500000 – 8702 – 0000568　F/1/5

新斠註地理志十六卷　（清）錢坫著　清乾隆
四十三年（1778）會稽章氏刻本　八冊

500000 – 8702 – 0000569　F/1/17

李氏五種合刊五種　（清）李兆洛撰　清光緒
十八年（1892）長沙草素書局刻本　十八冊

500000 – 8702 – 0000570　F/2/7

乾隆府廳州縣圖志五十卷　（清）洪亮吉撰
清光緒二十三年（1897）三味書室刻本　十
六冊

500000 – 8702 – 0000571　F/2/8

乾隆府廳州縣圖志五十卷　（清）洪亮吉撰
清光緒二十三年（1897）三味書室刻本　二
十冊

500000 – 8702 – 0000572　F/2/12

東三省政略十二卷　徐世昌編　清宣統三年
(1911)刻本　四十冊

500000－8702－0000573　F/2/13

東三省政略十二卷　徐世昌編　清宣統三年
(1911)刻本　四十冊

500000－8702－0000574　F/23/7

[光緒]順天府志一百三十卷首一卷　(清)李
鴻章等修　(清)張之洞等纂　清光緒二十八
年(1902)陳璧刻本　六十四冊

500000－8702－0000575　F/23/16

[同治]續天津縣志二十卷首一卷　(清)蔣玉
虹稿　(清)崇厚　(清)沈兆澐修　(清)吳
惠元　(清)俞樾纂　清同治九年(1870)刻本
八冊

500000－8702－0000576　F/23/19

[同治]靜海縣志八卷　(清)鄭士蕙纂修　清
同治十二年(1873)刻本　四冊

500000－8702－0000577　F/23/21

[同治]畿輔通志三百卷首一卷　(清)李鴻章
等修　(清)黃彭年等纂　清同治十年(1871)
修宣統二年(1910)石印本　二百四十冊

500000－8702－0000578　F/25/11

[康熙]靈壽縣志十卷末一卷　(清)陸隴其
(清)傅維枟纂修　清康熙二十五年(1686)刻
本　四冊

500000－8702－0000579　F/26/35

[嘉慶]束鹿縣志十卷　(清)李符清　(清)
裴顯相　(清)沈樂善纂修　清嘉慶四年
(1799)刻本　四冊

500000－8702－0000580　F/26/27

[康熙]藁城縣志十二卷　(清)賴於宣修
(清)張丙宿纂　(清)閻堯熙增續　清康熙三
十七年(1698)刻五十九年(1720)增刻光緒七
年(1881)修補重印本　三冊

500000－8702－0000581　F/26/28

[光緒]藁城縣志續補十一卷　(清)朱紹穀修
(清)張毓溫纂　清光緒七年(1881)刻本

一冊

500000－8702－0000582　F/26/32

[光緒]直隸趙州志十六卷首一卷末一卷
(清)孫傳栻等修　(清)王景美等纂　清光緒
二十三年(1897)刻本　六冊

500000－8702－0000583　F/26/33

[光緒]趙州屬邑志八卷　(清)孫傳栻等纂修
清光緒二十三年(1897)刻本　四冊

500000－8702－0000584　F/26/40

[雍正]井陘縣志八卷　(清)鍾文英修
(清)吳觀白纂　清雍正八年(1730)刻光緒元
年(1875)印本　四冊

500000－8702－0000585　F/26/41

[光緒]續修井陘縣志三十六卷　(清)常善修
(清)趙文濂纂　清光緒元年(1875)刻本
二冊

500000－8702－0000586　F/26/26

[光緒]獲鹿縣志十四卷首一卷末一卷　(清)
俞錫綱　(清)錢慶培修　(清)曹鑠纂　清光
緒七年(1881)刻本　十冊

500000－8702－0000587　F/25/9

[光緒]正定縣志四十六卷首一卷末一卷
(清)慶之金　(清)賈孝彰修　(清)趙文濂
纂　清光緒元年(1875)刻本　十四冊

500000－8702－0000588　F/25/15

[咸豐]平山縣志八卷　(清)王滌心修
(清)郭程先纂　清咸豐四年(1854)刻本
六冊

500000－8702－0000589　F/25/14

[光緒]元氏縣志十四卷首一卷末一卷　(清)
胡嶽修　(清)趙文濂　(清)王鈞如纂　清光
緒元年(1875)刻本　八冊

500000－8702－0000590　F/25/31

[同治]欒城縣志十四卷首一卷末一卷　(清)
陳詠修　(清)張淳德　(清)韓耿光纂　清同
治十二年(1873)刻本　六冊

500000－8702－0000591　F/26/2

[光緒]永年縣志四十卷首一卷 （清）夏詒鈺
等纂修　清光緒三年(1877)刻本　八冊

500000－8702－0000592　F/26/21

[康熙]大名府志三十二卷 （清）周邦彬修
（清）郜煥元纂　清康熙十一年(1672)刻本
十冊

500000－8702－0000593　F/25/13

[同治]元城縣志六卷首一卷 （清）吳大鏞修
（清）王仲甡纂　清同治十一年(1872)刻本
六冊

500000－8702－0000594　F/26/3

[嘉慶]涉縣志八卷 （清）戚學標修 （清）
周維翰 （清）李文元纂　清嘉慶四年(1799)
刻本　四冊

500000－8702－0000595　F/26/29

[乾隆]邯鄲縣志十二卷首一卷 （清）王炯纂
修　清乾隆二十一年(1756)刻本　六冊

500000－8702－0000596　F/25/4

[光緒]廣平府志六十三卷首一卷 （清）吳中
彥修 （清）胡景桂纂　清光緒二十年(1894)
刻本　二十四冊

500000－8702－0000597　F/27/1

[光緒]臨漳縣志十八卷首一卷 （清）周秉彝
修 （清）周壽梓 （清）李耀中纂　清光緒三
十一年(1905)刻本　十二冊

500000－8702－0000598　F/24/2

[光緒]臨漳縣志十八卷首一卷 （清）周秉彝
修 （清）周壽梓 （清）李耀中纂　清光緒三
十一年(1905)刻本　十二冊

500000－8702－0000599　F/25/23

[康熙]磁州志十八卷 （清）蔣擢修 （清）
樂玉聲纂　清康熙四十二年(1703)刻同治十
三年(1874)修補印本　四冊

500000－8702－0000600　F/25/24

[同治]磁州續志六卷首一卷 （清）程光瀅纂
修　清同治十三年(1874)刻本　四冊

500000－8702－0000601　F/25/25

[同治]磁州續志六卷首一卷 （清）程光瀅纂
修　清同治十三年(1874)刻本　四冊

500000－8702－0000602　F/25/19

[光緒]續修邢臺縣志八卷首一卷 （清）戚朝
卿修 （清）周祐纂　清光緒三十一年(1905)
刻本　六冊

500000－8702－0000603　F/27/5

[光緒]鉅鹿縣志十二卷首一卷 （清）凌燮
（清）張春熙修 （清）赫慎修纂　清光緒十二
年(1886)刻本　十冊

500000－8702－0000604　F/25/39

[光緒]定興縣志二十六卷首一卷 （清）張諧
之 （清）李傳棣修　清光緒十七年(1891)刻
本　十二冊

500000－8702－0000605　F/25/38

[道光]定州志二十二卷首一卷 （清）寶琳修
（清）勞沅恩纂　清道光二十九年(1849)修
咸豐元年(1851)刻本　十二冊

500000－8702－0000606　F/25/2

[光緒]唐縣志十二卷首一卷 （清）陳詠修
（清）張惇德纂　清光緒四年至六年(1878－
1880)刻本　八冊

500000－8702－0000607　F/25/3

[光緒]唐縣志十二卷首一卷 （清）陳詠修
（清）張惇德纂　清光緒四年至六年(1878－
1880)刻本　八冊

500000－8702－0000608　F/25/7

[道光]新城縣志十八卷首一卷 （清）李廷棨
修 （清）王振鐘 （清）謝寶壇纂　清道光十
八年(1838)刻光緒二十一年(1895)印本　十
二冊

500000－8702－0000609　F/25/8

[光緒]續修新城縣志十卷 （清）張丙矗修
（清）王鍔纂　清光緒二十一年(1895)紫泉書
院刻本　四冊

500000－8702－0000610　F/26/10

[乾隆]滿城縣志十二卷 （清）張煥纂修

(清)賈永宗　(清)皮殿選增修　清康熙修乾隆至道光增刻本　六冊

500000－8702－0000611　F/26/25

[光緒]蔚州志二十卷首一卷　(清)慶之金修　(清)楊篤纂　清光緒三年(1877)刻本　八冊

500000－8702－0000612　F/27/6

[光緒]懷安縣志八卷首一卷末一卷　(清)蔭祿修　(清)程燮奎　(清)劉鳳鳴纂　清光緒二年(1876)刻本　四冊

500000－8702－0000613　F/26/23

[道光]萬全縣志十卷首一卷　(清)左承業等原修　(清)施彥士等續修　清乾隆修道光十四年(1834)增刻本　四冊

500000－8702－0000614　F/25/40

[光緒]永平府志七十二卷首一卷末一卷　(清)遊智開修　(清)史夢蘭纂　清光緒五年(1879)敬勝書院刻本　三十二冊

500000－8702－0000615　F/27/3

[光緒]臨榆縣志二十四卷首一卷　(清)趙永祐修　(清)高錫疇纂　清光緒四年(1878)刻本　十冊

500000－8702－0000616　F/26/7

[同治]遷安縣志十八卷首一卷末一卷　(清)韓耀光修　(清)史夢蘭　(清)韓玉成纂　清同治十二年(1873)文峰書院刻本　八冊

500000－8702－0000617　F/25/12

[光緒]玉田縣志三十卷首一卷　(清)夏子鎏修　(清)李昌時纂　(清)丁維續纂　清光緒十五年(1889)刻本　六冊

500000－8702－0000618　F/25/30

[光緒]樂亭縣志十五卷首一卷末一卷　(清)史夢蘭稿　(清)遊智開　(清)顧肇埔纂修　清光緒三年(1877)刻本　六冊

500000－8702－0000619　F/25/10

[乾隆]三河縣志十六卷首一卷　(清)陳詠修　(清)王大倫纂　清乾隆二十五年(1760)刻

光緒印本　四冊

500000－8702－0000620　F/25/26

[康熙]香河縣志十一卷　(清)劉深纂修　清康熙十七年(1678)黃良佐刻本　四冊

500000－8702－0000621　F/25/34

[光緒]吳橋縣志十二卷　(清)倪昌燮修　(清)馮慶楊　(清)季調元纂　清光緒元年(1875)潤陽書院刻本　八冊

500000－8702－0000622　F/26/39

[光緒]東光縣志十二卷首一卷末一卷　(清)馬德潛稿　(清)周植嬴修　(清)吳潯源纂　清光緒十四年(1888)刻本　十冊

500000－8702－0000623　F/26/34

[嘉慶]青縣志八卷　(清)沈聯芳修　(清)倪鑠纂　清嘉慶八年(1803)刻同治五年(1866)劉傑補刻本　四冊

500000－8702－0000624　F/26/37

[嘉慶]棗強縣志二十卷　(清)任衛蕙修　(清)楊元錫纂　清嘉慶八年(1803)刻本　六冊

500000－8702－0000625　F/26/38

[光緒]棗強縣志補正五卷　(清)方宗誠纂修　清光緒二年(1876)縣署刻本　二冊

500000－8702－0000626　F/26/13

[光緒]深州風土記二十二卷　(清)吳汝綸纂　(清)朱璋達　(清)張廷楨續纂　清光緒二十六年(1900)文瑞書院刻本　六冊

500000－8702－0000627　F/25/20

[同治]武邑縣志十卷首一卷　(清)彭美修　(清)龍文彬　(清)袁珣纂　清同治十一年(1872)刻本　四冊　存八卷(一至七、首一卷)

500000－8702－0000628　F/26/30

[光緒]續修故城縣志十二卷首一卷　(清)丁燦　(清)張烺修　清光緒十一年(1885)續修刻本　八冊

500000－8702－0000629　F/11/1

[乾隆]山西志輯要十卷首一卷附清涼山志輯要二卷 （清）雅德修 （清）汪本直纂 清乾隆四十五年(1780)刻本 八册 存九卷(一、五至七、九至十,首一卷,附二卷)

500000-8702-0000630 F/10/18
[光緒]山西通志一百八十四卷首一卷 （清）曾國荃等修 （清）王軒纂 清光緒十八年(1892)刻本 九十六册

500000-8702-0000631 F/11/2
[乾隆]廣靈縣志十卷首一卷末一卷 （清）郭磊纂修 清乾隆十九年(1754)刻本 四册

500000-8702-0000632 F/11/4
[乾隆]五臺縣志八卷首一卷 （清）王秉韜纂修 清乾隆四十五年(1780)刻本 四册

500000-8702-0000633 F/11/31
[同治]榆次縣志十六卷首一卷 （清）俞世銓 （清）陶良駿修 （清）王平格 （清）王序賓纂 清同治二年(1863)鳳鳴書院刻本 八册

500000-8702-0000634 F/11/32
[光緒]榆次縣續志四卷 （清）吳師祁 （清）張承熊修 （清）黄汝梅 （清）王效纂 清光緒十一年(1885)鳳鳴書院刻本 二册

500000-8702-0000635 F/11/5
[光緒]盂縣志二十二卷首一卷終一卷 （清）張嵐奇 （清）劉鳴逵纂修 清光緒七年至八年(1881-1882)本縣試院刻本 十册

500000-8702-0000636 F/11/25
[乾隆]太谷縣志八卷 （清）郭晉修 （清）管粵秀纂 清乾隆六十年(1795)刻本 八册

500000-8702-0000637 F/11/33
[光緒]壽陽縣志十三卷首一卷 （清）馬家鼎 （清）白昶修 （清）張嘉言 （清）祁世長纂 清光緒八年(1882)壽川書院刻本 六册

500000-8702-0000638 F/11/19
[光緒]祁縣志十六卷 （清）劉發岏修 （清）李芬纂 清光緒八年(1882)刻本 十册

500000-8702-0000639 F/11/40
[嘉慶]介休縣志十四卷首一卷 （清）徐品山修 （清）陸元鏸纂 清嘉慶二十四年(1819)刻本 八册

500000-8702-0000640 F/11/36
[光緒]長治縣志八卷首一卷 （清）李楨 （清）馬鑑修 （清）楊篤纂 清光緒二十年(1894)刻本 十册

500000-8702-0000641 F/11/26
[道光]壺關縣志十卷首一卷 （清）茹金等纂修 清道光十四年(1834)刻本 六册

500000-8702-0000642 F/11/18
[光緒]潞城縣志四卷首一卷 （清）崔曉然 （清）曾雲章修 （清）楊篤纂 清光緒十一年(1885)刻本 八册

500000-8702-0000643 F/11/9
[光緒]翼城縣志二十八卷 （清）王耀章修 （清）龔履坦纂 清光緒七年(1881)刻本 八册

500000-8702-0000644 F/11/34
[光緒]續修曲沃縣志三十二卷 （清）張鴻逵 （清）茅丕熙修 （清）韓子泰纂 清光緒六年(1880)刻本 六册

500000-8702-0000645 F/11/16
[雍正]洪洞縣志九卷首一卷 （清）余世堂修 （清）蔡行仁纂 清雍正八年(1730)刻同治十一年(1872)艾紹濂補刻本 八册

500000-8702-0000646 F/11/22
[道光]太平縣志十六卷首一卷 （清）李炳彦修 （清）梁棲鸞纂 清道光五年(1825)刻本 八册

500000-8702-0000647 F/11/23
[光緒]太平縣志十四卷首一卷 （清）勞文慶 （清）朱光綬修 （清）婁道南纂 清光緒八年(1882)刻本 十册

500000-8702-0000648 F/11/38
[乾隆]聞喜縣志十二卷首一卷 （清）李遵唐

等纂修　清乾隆三十年(1765)刻本　六冊

500000－8702－0000649　F/11/14

[乾隆]直隸絳州志二十卷首一卷　(清)張成德修　(清)李友洙　(清)張我觀纂　清乾隆三十年(1765)刻本　八冊

500000－8702－0000650　F/43/14

[光緒]綏遠旗志十卷首一卷　(清)貽穀(清)胡孚辰修　高賡恩纂　清光緒三十四年(1908)刻本　六冊

500000－8702－0000651　F/43/5

[乾隆]盛京通志四十八卷首圖一卷　(清)宋筠等修　(清)魏樞等纂　清乾隆元年(1736)刻咸豐二年(1852)雷以諴補刻本　二十冊

500000－8702－0000652　F/43/17

[光緒]吉林通志一百二十二卷圖一卷　(清)長順　(清)訥欽等修　(清)李桂林　(清)顧雲等纂　清光緒十七年(1891)刻本　四十九冊

500000－8702－0000653　F/43/18

[光緒]吉林通志一百二十二卷圖一卷　(清)長順　(清)訥欽等修　(清)李桂林　(清)顧雲等纂　清光緒十七年(1891)刻本　四十九冊

500000－8702－0000654　F/43/19

吉林外紀十卷　(清)薩英額纂　清光緒二十一年(1895)袁昶刻本　四冊

500000－8702－0000655　F/43/20

[宣統]西安縣志略十一卷　雷飛鵬修　段盛梓纂　清宣統三年(1911)石印本　二冊

500000－8702－0000656　F/66/2

黑龍江外紀八卷　(清)西清纂　清光緒桐廬袁氏刻本　二冊

500000－8702－0000657　F/66/3

黑龍江外紀八卷　(清)西清纂　清光緒桐廬袁氏刻本　四冊

500000－8702－0000658　F/19/3

[同治]上海縣志三十二卷首一卷末一卷補遺一卷　(清)應寶時　(清)王宗濂修　(清)俞樾　(清)方宗誠纂　清同治十一年(1872)上海文廟南園志局刻本　十六冊

500000－8702－0000659　F/19/16

[光緒]嘉定縣志三十二卷首一卷附勘誤一卷補遺一卷　(清)程其珏修　(清)楊震福(清)諸維銓纂　清光緒七年至八年(1881－1882)尊經閣刻本　十六冊

500000－8702－0000660　F/19/17

[光緒]嘉定縣志三十二卷首一卷附勘誤一卷補遺一卷　(清)程其珏修　(清)楊震福(清)諸維銓纂　清光緒七年至八年(1881－1882)尊經閣刻本　十六冊

500000－8702－0000661　F/19/12

[光緒]寶山縣志十四卷首一卷　(清)梁蒲貴　(清)吳康壽修　(清)朱延射　(清)潘履祥纂　(清)王樹棻校訂　清光緒八年(1882)學海書院刻本　八冊

500000－8702－0000662　F/19/13

[光緒]寶山縣志十四卷首一卷　(清)梁蒲貴　(清)吳康壽修　(清)朱延射　(清)潘履祥纂　(清)王樹棻校訂　清光緒八年(1882)學海書院刻本　八冊

500000－8702－0000663　F/19/14

[光緒]南匯縣志二十二卷首一卷末一卷(清)金福曾　(清)顧思賢修　(清)張文虎纂　清光緒三十一年(1905)刻民國三年(1914)印本　十二冊

500000－8702－0000664　F/19/7

[光緒]川沙廳志十四卷首一卷末一卷　(清)陳方瀛修　(清)俞樾　(清)沈咸喜纂　清光緒五年(1879)刻本　六冊

500000－8702－0000665　F/19/23

[光緒]重修奉賢縣志二十卷首一卷末一卷(清)韓佩修　(清)張文虎纂　清光緒四年(1878)志局刻本　六冊

500000－8702－0000666　F/19/19

[光緒]重修華亭縣志二十四卷首一卷末一卷

(清)楊開第修 (清)姚光發 (清)張文虎 (清)仇炳臺纂 清光緒五年(1879)刻本 十冊

500000－8702－0000667 F/19/21

[光緒]青浦縣志三十卷首二卷末一卷 (清)陳其元 (清)張庭蘭修 (清)熊其英 (清)沈誠燾纂 清光緒五年(1879)尊經閣刻本 十二冊

500000－8702－0000668 F/19/11

[光緒]崇明縣志十八卷 (清)林達泉 (清)陶清安修 (清)李聯琇 (清)葉裕仁纂 清光緒七年(1881)刻本 十二冊

500000－8702－0000669 F/21/15

[嘉慶]新修江寧府志五十六卷附校勘記一卷 (清)呂燕昭修 (清)姚鼐纂 清嘉慶修光緒六年(1880)刻本 十二冊

500000－8702－0000670 F/21/16

[嘉慶]新修江寧府志五十六卷附校勘記一卷 (清)呂燕昭修 (清)姚鼐纂 清嘉慶修光緒六年(1880)刻本 十冊 存四十六卷(一至三十、三十五至三十八、四十六至五十六，校勘記一卷)

500000－8702－0000671 F/21/17

[光緒]續纂江寧府志十五卷首一卷附勘誤一卷 (清)蔣啟勛 (清)趙佑宸修 (清)汪士鐸纂 清光緒六年(1880)刻十年(1884)印本 十二冊

500000－8702－0000672 F/20/15

[同治]上江兩縣志二十九卷首一卷 (清)莫祥芝 (清)甘紹盤修 (清)汪士鐸 (清)劉壽曾纂 清同治十三年(1874)刻本 十二冊

500000－8702－0000673 F/20/16

[同治]上江兩縣志二十九卷首一卷 (清)莫祥芝 (清)甘紹盤修 (清)汪士鐸 (清)劉壽曾纂 清同治修光緒二年(1876)刻本 十二冊

500000－8702－0000674 F/20/5

[光緒]六合縣志八卷圖說一卷附錄一卷 (清)謝延庚 (清)呂憲秋修 (清)賀廷壽 (清)唐毓和纂 清光緒十年(1884)刻本 十冊

500000－8702－0000675 F/20/6

[光緒]六合縣志八卷圖說一卷附錄一卷 (清)謝延庚 (清)呂憲秋修 (清)賀廷壽 (清)唐毓和纂 清光緒十年(1884)刻本 十冊

500000－8702－0000676 F/20/31

[同治]徐州府志二十五卷 (清)吳世熊 (清)朱忻修 (清)劉庠 (清)方駿謨纂 清同治十三年(1874)刻本 十六冊

500000－8702－0000677 F/21/1

[同治]徐州府志二十五卷 (清)吳世熊 (清)朱忻修 (清)劉庠 (清)方駿謨纂 清同治十三年(1874)刻本 十二冊

500000－8702－0000678 F/21/27

[光緒]通州直隸州志十六卷首一卷末一卷 (清)梁悅馨 (清)莫祥芝修 (清)季念詒 (清)沈鎔纂 清光緒二年(1876)刻本 十六冊

500000－8702－0000679 F/21/28

[光緒]通州直隸州志十六卷首一卷末一卷 (清)梁悅馨 (清)莫祥芝修 (清)季念詒 (清)沈鎔纂 清光緒二年(1876)刻本 十六冊

500000－8702－0000680 F/21/33

[光緒]蘇州府志一百五十卷首三卷 (清)李銘皖 (清)譚鈞培修 (清)馮桂芬纂 清光緒八年(1882)江蘇書局刻本 八十冊

500000－8702－0000681 F/22/26

[光緒]無錫金匱縣志四十卷首一卷附六卷 (清)裴大中 (清)殷如珠修 (清)秦緗業 (清)秦賡彤纂 清光緒七年(1881)刻本 十八冊

500000－8702－0000682 F/23/3

常郡八邑藝文志十二卷 (清)盧文弨纂

（清）莊翊昆校補　清光緒十六年（1890）莊毓鋐刻本　十六冊

500000－8702－0000683　F/20/7
[光緒]贛榆縣志十八卷　（清）王文炳稿（清）王豫熙修　（清）張謇纂　清光緒十四年（1888）刻本　四冊

500000－8702－0000684　F/20/8
[光緒]贛榆縣志十八卷　（清）王文炳稿（清）王豫熙修　（清）張謇纂　清光緒十四年（1888）刻本　四冊

500000－8702－0000685　F/20/9
[光緒]贛榆縣志十八卷　（清）王文炳稿（清）王豫熙修　（清）張謇纂　清光緒十四年（1888）刻本　四冊

500000－8702－0000686　F/20/13
[咸豐]邳州志二十卷首一卷　（清）董用威（清）馬軼群修　（清）魯一同纂　清咸豐元年（1851）魯氏雙梧軒刻本　四冊

500000－8702－0000687　F/22/15
[光緒]睢寧縣志稿十八卷　（清）侯紹瀛修（清）丁顯　（清）昔慶昌纂　清光緒十二年（1886）刻本　八冊

500000－8702－0000688　F/22/16
[光緒]睢寧縣志稿十八卷　（清）侯紹瀛修（清）丁顯　（清）昔慶昌纂　清光緒十二年（1886）刻本　六冊

500000－8702－0000689　F/21/7
[乾隆]淮安府志三十二卷　（清）衛哲治（清）阮學浩修　（清）葉長揚　（清）顧棟高纂　清乾隆修咸豐二年（1852）刻本　十六冊

500000－8702－0000690　F/21/8
[光緒]淮安府志四十卷首一卷　（清）孫雲錦修　（清）吳昆田　（清）高延第纂　清光緒十年（1884）刻本　十六冊

500000－8702－0000691　F/22/17
[光緒]盱眙縣志稿十七卷首一卷補遺一卷附校勘記一卷　（清）王錫元等纂修　清光緒十

七年（1891）刻本　八冊

500000－8702－0000692　F/22/18
[光緒]盱眙縣志稿十七卷首一卷　（清）王錫元等纂修　清光緒二十九年（1903）刻本八冊

500000－8702－0000693　F/21/10
[光緒]安東縣志十五卷首一卷　（清）金元烺修　（清）吳昆田　（清）魯賁纂　清光緒元年（1875）刻本　四冊

500000－8702－0000694　F/21/24
[光緒]清河縣志二十六卷　（清）文彬（清）萬青選修　（清）吳昆田　（清）魯賁纂　清光緒五年（1879）刻本　六冊

500000－8702－0000695　F/21/25
[光緒]清河縣志二十六卷　（清）文彬（清）萬青選修　（清）吳昆田　（清）魯賁纂　清光緒五年（1879）刻本　六冊

500000－8702－0000696　F/22/25
[光緒]鹽城縣志十七卷首一卷　（清）劉崇照修　（清）龍繼棟　（清）陳玉樹纂　清光緒二十一年（1895）刻本　八冊

500000－8702－0000697　F/22/4
[道光]如皋縣續志十二卷　（清）范仕義修（清）吳鎧纂　清道光十七年（1837）刻本四冊

500000－8702－0000698　F/22/13
[嘉慶]重修揚州府志七十二卷首一卷　（清）阿克當阿修　（清）姚文田　（清）張世浣纂清嘉慶十五年（1810）刻本　四十八冊

500000－8702－0000699　F/22/14
[嘉慶]重修揚州府志七十二卷首一卷　（清）阿克當阿修　（清）姚文田　（清）張世浣纂清嘉慶十五年（1810）刻本　七冊　存十三卷（一至十三）

500000－8702－0000700　F/21/12
[道光]重修寶應縣志二十八卷首一卷　（清）孟毓蘭修　（清）喬載繇纂　清道光二十一年

(1841)湯氏沐華堂刻本　八冊

500000－8702－0000701　F/22/23

[咸豐]重修興化縣志十卷　（清）梁園棣修
（清）鄭之僑　（清）趙彥俞纂　清咸豐二年
(1852)刻本　八冊

500000－8702－0000702　F/22/24

[咸豐]重修興化縣志十卷　（清）梁園棣修
（清）鄭之僑　（清）趙彥俞纂　清咸豐二年
(1852)刻本　八冊

500000－8702－0000703　F/20/2

[道光]續增高郵州志六卷　（清）左輝春
（清）張用熙修　（清）宋茂初　（清）高鴻飛
纂　清道光二十三年(1843)刻本　六冊

500000－8702－0000704　F/22/8

[道光]泰州志三十六卷首一卷　（清）王有慶
（清）劉鉿修　（清）陳世鎔等纂　清道光七
年(1827)刻光緒三十四年(1908)胡維藩補刻
本　十冊

500000－8702－0000705　F/22/9

[道光]泰州志三十六卷首一卷　（清）王有慶
（清）劉鉿修　（清）陳世鎔等纂　清道光七
年(1827)刻光緒三十四年(1908)胡維藩補刻
本　十二冊

500000－8702－0000706　F/22/7

[道光]泰州新志刊謬二卷首一卷　（清）任玉
纂　清道光十年(1830)刻本　二冊

500000－8702－0000707　F/22/10

[光緒]泰興縣志二十六卷首一卷末一卷
（清）楊激雲修　（清）顧曾烜纂　清光緒十三
年(1887)刻本　十冊

500000－8702－0000708　F/22/11

[光緒]泰興縣志二十六卷首一卷末一卷
（清）楊激雲修　（清）顧曾烜纂　清光緒十三
年(1887)刻本　十冊

500000－8702－0000709　F/22/2

[咸豐]甘棠小志四卷首一卷末一卷　（清）董
醇纂修　清咸豐五年(1855)甘棠董氏刻本

四冊

500000－8702－0000710　F/22/3

[咸豐]甘棠小志四卷首一卷末一卷　（清）董
醇纂修　清咸豐五年(1855)甘棠董氏刻本
四冊

500000－8702－0000711　F/22/19

[光緒]丹徒縣志六十卷首四卷　（清）何紹章
（清）馮壽鏡修　（清）呂耀斗　（清）楊履
泰纂　清光緒五年(1879)刻本　三十四冊

500000－8702－0000712　F/22/20

[光緒]丹徒縣志六十卷首四卷　（清）何紹章
（清）馮壽鏡修　（清）呂耀斗　（清）楊履
泰纂　清光緒五年(1879)刻本　三十一冊

500000－8702－0000713　F/22/21

[光緒]丹陽縣志三十六卷首一卷　（清）凌焯
（清）陳炳泰修　（清）徐錫麟　（清）林福
源等纂　清光緒十一年(1885)鳴鳳書院刻本
十六冊

500000－8702－0000714　F/22/22

[光緒]丹陽縣志三十六卷首一卷　（清）凌焯
（清）陳炳泰修　（清）徐錫麟　（清）林福
源等纂　清光緒十一年(1885)鳴鳳書院刻本
十六冊

500000－8702－0000715　F/20/11

[光緒]武進陽湖縣志三十卷首一卷　（清）張
球　（清）吳康壽修　（清）湯成烈纂　清光緒
五年(1879)刻本　二十冊

500000－8702－0000716　F/20/12

[光緒]武進陽湖縣志三十卷首一卷　（清）張
球　（清）吳康壽修　（清）湯成烈纂　清光緒
五年(1879)刻本　二十冊

500000－8702－0000717　F/21/2

[嘉慶]增修宜興縣舊志十卷首一卷末一卷
（清）李先榮　（清）徐鳳原修　（清）阮升基
（清）寧楷增修　清嘉慶修光緒八年(1882)
刻宜興荊溪舊志五種本　十冊

500000－8702－0000718　F/21/3

[嘉慶]新修宜興縣志四卷首一卷　（清）阮升基修　（清）寧楷纂　清嘉慶修光緒八年(1882)刻宜興荊溪舊志五種本　二冊

500000－8702－0000719　F/21/32
[嘉慶]新修荊溪縣志四卷首一卷　（清）唐仲冕修　（清）寧楷纂　清嘉慶修光緒八年(1882)刻宜興荊溪舊志五種本　二冊

500000－8702－0000720　F/21/5
[道光]重刊續纂宜荊縣志十卷首一卷　（清）顧名　（清）龔潤森修　（清）吳德旋纂　清道光修同治八年(1869)木活字印本　四冊

500000－8702－0000721　F/21/4
[道光]重刊續纂宜荊縣志十卷首一卷　（清）顧名　（清）龔潤森修　（清）吳德旋纂　清道光修光緒八年(1882)刻宜興荊溪縣志本　四冊

500000－8702－0000722　F/21/6
[光緒]宜興荊溪縣新志十卷首一卷末一卷　（清）施惠　（清）錢志澄修　（清）周家楣　（清）吳景墻纂　清光緒八年(1882)刻本　八冊

500000－8702－0000723　F/21/22
[嘉慶]溧陽縣志十六卷　（清）李景嶧　（清）陳鴻壽修　（清）史炳　（清）史津纂　清嘉慶修光緒二十二年(1896)刻本　十冊

500000－8702－0000724　F/20/29
[乾隆]句容縣志十卷首一卷末一卷附斠勘記略一卷　（清）曹襲先纂修　清乾隆修光緒二十六年(1900)楊世沅刻本　八冊

500000－8702－0000725　F/23/4
[光緒]常昭合志稿四十八卷首一卷末一卷　（清）鄭鍾祥　（清）張瀛修　（清）龐鴻文　邵松年纂　清光緒三十年(1904)木活字印本　二十冊

500000－8702－0000726　F/20/17
[光緒]崑新兩縣續修合志五十二卷首一卷末一卷　（清）金吳瀾修　（清）汪堃　（清）朱成熙纂　清光緒六年(1880)敦善堂刻本　二

十四冊

500000－8702－0000727　F/20/10
[乾隆]震澤縣志三十八卷首一卷　（清）陳和志修　（清）沈彤　（清）倪師孟纂　清乾隆修光緒十九年(1893)吳郡徐元圃刻本　八冊

500000－8702－0000728　F/20/25
黎里志十六卷首一卷　（清）徐達源纂修　清嘉慶十年(1805)刻光緒二十五年(1899)印本　四冊

500000－8702－0000729　F/20/26
[光緒]黎里續志十六卷首一卷　（清）蔡丙圻纂修　清光緒二十五年(1899)禊湖書院刻本　五冊　存十四卷(一至八、十二至十六,首一卷)

500000－8702－0000730　F/33/11
[雍正]浙江通志二百八十卷首三卷　（清）李衛　（清）嵇曾筠修　（清）沈翼機　（清）傅王露纂　清雍正十三年(1735)修光緒二十五年(1899)浙江書局刻本　一百二十冊

500000－8702－0000731　F/38/17
[乾道]臨安志十五卷　（宋）周淙纂修　清光緒二十年(1894)孫氏壽松堂刻本　一冊　存三卷(一至三)

500000－8702－0000732　F/34/20
[嘉靖]仁和縣志十四卷　（明）沈朝宣纂修　明嘉靖二十八年(1549)修清光緒十九年(1893)刻武林掌故叢編本　六冊

500000－8702－0000733　F/36/8
[光緒]富陽縣志二十四卷首一卷　（清）汪文炳　（清）董鳳來纂修　清光緒二十八年(1902)刻本　十三冊　缺七卷(一至二、十、十三至十五,首一卷)

500000－8702－0000734　F/39/10
[嘉慶]餘杭縣志四十卷　（清）張吉安修　（清）朱文藻纂　（清）崔應榴　（清）董作棟續　清嘉慶十年(1805)修十三年(1808)刻光緒六年(1880)王楛辰活字印本　十二冊

500000－8702－0000735　F/38/12

景定嚴州續志十卷　(宋)錢可則修　(宋)鄭瑤　(宋)方仁榮纂　清光緒袁昶刻本　二冊

500000－8702－0000736　F/38/13

景定嚴州續志十卷　(宋)錢可則修　(宋)鄭瑤　(宋)方仁榮纂　清光緒袁昶刻本　二冊

500000－8702－0000737　F/38/14

[光緒]嚴州府志三十八卷首一卷　(清)吳士榮等增修　清光緒九年(1883)刻本　二十八冊

500000－8702－0000738　F/34/1

[嘉慶]於潛縣志十六卷末一卷　(清)何太青　(清)蔣光弼修　(清)張燮纂　清嘉慶十七年(1812)活字印本　八冊

500000－8702－0000739　F/38/23

[光緒]分水縣志十卷首一卷末一卷　(清)陳常鑴　(清)馮圻修　(清)臧承宣纂　清光緒三十二年(1906)刻本　六冊

500000－8702－0000740　F/38/24

[光緒]分水縣志十卷首一卷末一卷　(清)陳常鑴　(清)馮圻修　(清)臧承宣纂　清光緒三十二年(1906)刻本　六冊

500000－8702－0000741　F/38/25

[光緒]分水縣志十卷首一卷末一卷　(清)陳常鑴　(清)馮圻修　(清)臧承宣纂　清光緒三十二年(1906)刻本　六冊

500000－8702－0000742　F/36/3

[光緒]淳安縣志十六卷首一卷　(清)劉士寧　(清)方榮如原本　(清)李詩續纂　(清)陳中元協纂　清光緒十年(1884)刻本　八冊

500000－8702－0000743　F/36/4

[光緒]淳安縣志十六卷首一卷　(清)劉士寧　(清)方榮如原本　(清)李詩續纂　(清)陳中元協纂　清光緒十年(1884)刻本　八冊

500000－8702－0000744　F/36/6

[雍正]寧波府志三十六卷首一卷　(清)曹秉仁等纂　清雍正修道光二十六年(1846)刻本

十六冊

500000－8702－0000745　F/36/21

[乾隆]溫州府志三十卷首一卷　(清)李琬修　(清)齊石南　(清)閔昌祚纂　清乾隆二十七年(1762)刻同治四年(1865)周開錫等修補印本　二十冊

500000－8702－0000746　F/37/1

[同治]湖州府志九十六卷首一卷　(清)宗源瀚　(清)郭式昌修　(清)周學濬　(清)陸心源　(清)汪曰楨纂　清同治十三年(1874)愛山書院刻本　四十冊

500000－8702－0000747　F/35/16

[光緒]烏程縣志三十六卷　(清)潘玉璿　(清)馮健修　(清)周學濬　(清)汪曰楨纂　清光緒七年(1881)刻本　十二冊

500000－8702－0000748　F/35/14

[光緒]歸安縣志五十二卷首一卷　(清)李昱修　(清)陸心源　(清)丁寶書纂　清光緒八年(1882)刻本　十二冊

500000－8702－0000749　F/35/15

[光緒]歸安縣志五十二卷首一卷　(清)李昱修　(清)陸心源　(清)丁寶書纂　清光緒八年(1882)刻本　十二冊

500000－8702－0000750　F/34/4

[光緒]平湖縣志二十五卷首一卷末一卷附殉難錄一卷　(清)彭潤章修　(清)葉廉鍔纂　清光緒十二年(1886)刻本　十三冊

500000－8702－0000751　F/34/5

[光緒]平湖縣志二十五卷首一卷末一卷附殉難錄一卷　(清)彭潤章修　(清)葉廉鍔纂　清光緒十二年(1886)刻本　十二冊

500000－8702－0000752　F/37/5

[光緒]嘉興府志八十八卷首二卷　(清)許瑤光修　(清)吳仰賢纂　清光緒四年(1878)鴛湖書院刻本　四十八冊

500000－8702－0000753　F/38/5

[光緒]桐鄉縣志二十四卷首四卷附楊園淵源

錄四卷 （清）嚴辰纂修 清光緒十三年
(1887)刻本 二十四冊

500000－8702－0000754 F/34/7

[光緒]石門縣志十一卷首一卷 （清）余麗元
纂修 （清）譚逢仕 （清）吳學浚分纂 清光
緒五年(1879)傳貽書院刻本 十二冊

500000－8702－0000755 F/34/8

[光緒]石門縣志十一卷首一卷 （清）余麗元
纂修 （清）譚逢仕 （清）吳學浚分纂 清光
緒五年(1879)傳貽書院刻本 十二冊

500000－8702－0000756 F/36/7

[同治]安吉縣志十八卷首一卷 （清）汪榮
（清）劉蘭敏修 （清）張行孚纂 清同治十三
年(1874)刻本 十六冊

500000－8702－0000757 F/37/11

[光緒]孝豐縣志十卷首一卷 （清）劉濬修
（清）潘宅仁纂 清光緒五年(1879)刻本 九
冊 缺一卷(首一卷)

500000－8702－0000758 F/37/2

[光緒]海鹽縣志二十二卷首一卷末一卷
（清）王彬修 （清）徐用儀纂 清光緒三年
(1877)刻本 十六冊

500000－8702－0000759 F/38/15

[光緒]長興縣志三十二卷 （清）趙定邦修
（清）周學濬 （清）丁寶書纂 清光緒元年
(1875)刻本 十六冊

500000－8702－0000760 F/38/16

[光緒]長興縣志三十二卷 （清）趙定邦修
（清）周學濬 （清）丁寶書纂 清光緒十八年
(1892)邵同珩等補刻本 十六冊

500000－8702－0000761 F/36/11

[光緒]定海廳志三十卷首一卷 （清）史致馴
修 （清）陳重威 （清）黃以恭 （清）黃以
周纂 清光緒三年(1877)修二十八年(1902)
補刻本 十冊

500000－8702－0000762 F/38/3

[同治]新修鄞縣志七十五卷 （清）戴枚修

（清）張恕 （清）徐時棟等纂 清同治十三年
(1874)修光緒三年(1877)刻本 三十四冊

500000－8702－0000763 F/38/10

[光緒]奉化縣志四十卷首一卷 （清）李前泮
修 （清）張美翊纂 清光緒三十四年(1908)
刻本 十二冊

500000－8702－0000764 F/39/8

[光緒]鎮海縣志四十卷 （清）于萬川修
（清）劉鳳章纂 （清）俞樾審定 清光緒五年
(1879)鯤池書院刻本 十六冊

500000－8702－0000765 F/39/11

[光緒]餘姚縣志二十七卷首一卷末一卷
（清）周炳麟修 （清）邵友濂 （清）孫德祖
纂 清光緒二十五年(1899)刻本 十六冊

500000－8702－0000766 F/39/12

[光緒]餘姚縣志二十七卷首一卷末一卷
（清）周炳麟修 （清）邵友濂 （清）孫德祖
纂 清光緒二十五年(1899)刻本 十六冊

500000－8702－0000767 F/39/13

[光緒]餘姚縣志二十七卷首一卷末一卷
（清）周炳麟修 （清）邵友濂 （清）孫德祖
纂 清光緒二十五年(1899)刻本 十六冊

500000－8702－0000768 F/34/15

[光緒]上虞縣志四十八卷首一卷末一卷附錄
一卷 （清）唐煦春修 （清）朱士黻纂 清光
緒十七年(1891)刻本 二十冊

500000－8702－0000769 F/34/16

[光緒]上虞縣志四十八卷首一卷末一卷附錄
一卷 （清）唐煦春修 （清）朱士黻纂 清光
緒十七年(1891)刻本 二十冊

500000－8702－0000770 F/34/17

[光緒]上虞縣志校續五十卷首一卷末一卷
（清）儲家藻修 （清）徐致靖纂 清光緒二十
四年(1898)刻本 二十冊

500000－8702－0000771 F/35/5

[同治]嵊縣志二十六卷首一卷末一卷 （清）
嚴思忠 （清）陳仲麟修 （清）蔡以瑺

（清）朱彭年纂　清同治九年(1870)刻本　十二册

500000－8702－0000772　F/38/19

[康熙]臨海縣志十五卷首一卷　（清）洪若皋纂修　清康熙十二年(1673)修二十二年(1683)刻同治印本　八册

500000－8702－0000773　F/37/4

[光緒]太平續志十八卷首一卷　（清）陳汝霖修　（清）王棻纂　清光緒二十二年(1896)刻本　八册

500000－8702－0000774　F/34/23

[光緒]仙居志二十四卷首一卷附仙居集二十四卷　（清）王壽頤　（清）潘紀恩修　（清）王棻　（清）李仲昭纂　清光緒二十年(1894)木活字印本　十七册

500000－8702－0000775　F/34/9

[康熙]天台縣志十五卷　（清）李德燿（清）黃執中修　（清）袁日筆　（清）許居羅纂　清康熙二十三年(1684)刻咸豐六年(1856)補刻本　六册

500000－8702－0000776　F/38/1

[光緒]黃巖縣志四十卷首一卷　（清）曾元澄等創稿　（清）陳鍾英　（清）陳寶善修（清）王詠霓纂　清光緒三年至五年(1877－1879)刻本　十六册

500000－8702－0000777　F/38/2

[光緒]黃巖縣志四十卷首一卷　（清）曾元澄等創稿　（清）陳鍾英　（清）陳寶善修（清）王詠霓纂　清光緒三年至五年(1877－1879)刻本　十六册

500000－8702－0000778　F/34/2

[光緒]玉環廳志十四卷首一卷　（清）杜冠英（清）胥壽榮修　（清）呂鴻燾　（清）陳誦纂　清光緒六年(1880)本廳刻本　八册

500000－8702－0000779　F/34/3

[光緒]玉環廳志十六卷首一卷　（清）杜冠英（清）胥壽榮修　（清）呂鴻燾　（清）陳誦纂　（清）胡鍾駿續纂　清光緒六年(1880)刻

十四年(1888)胡鍾駿續增刻本　七册　存十五卷(一至七、十至十六,首一卷)

500000－8702－0000780　F/36/14

[光緒]永嘉縣志三十八卷首一卷　（清）張寶琳修　（清）王棻　（清）戴咸弼　（清）孫詒讓纂　清光緒八年(1882)刻本　二十四册

500000－8702－0000781　F/36/15

[光緒]永嘉縣志三十八卷首一卷　（清）張寶琳修　（清）王棻　（清）戴咸弼　（清）孫詒讓纂　清光緒八年(1882)刻本　二十四册

500000－8702－0000782　F/35/7

[光緒]樂清縣志十六卷首一卷　（清）李登雲（清）錢寶鎔修　（清）陳坤纂　清光緒二十七年(1901)刻本　十六册

500000－8702－0000783　F/34/21

[光緒]處州府志三十卷首一卷末一卷　（清）潘紹詒修　（清）周榮椿纂　清光緒三年(1877)刻本　二十八册

500000－8702－0000784　F/34/22

[光緒]處州府志三十卷首一卷末一卷　（清）潘紹詒修　（清）周榮椿纂　清光緒三年(1877)刻本　二十八册

500000－8702－0000785　F/38/7

[光緒]青田縣志十八卷首一卷　（清）雷詵修（清）王棻纂　清光緒二年(1876)刻本　十四册

500000－8702－0000786　F/38/8

[光緒]青田縣志十八卷首一卷　（清）雷詵修（清）王棻纂　清光緒二年(1876)刻本八册

500000－8702－0000787　F/33/13

[光緒]龍泉縣志十二卷首一卷　（清）顧國詔（清）張世塏纂修　清光緒三年(1877)刻本六册

500000－8702－0000788　F/33/14

[光緒]龍泉縣志十二卷首一卷　（清）顧國詔（清）張世塏纂修　清光緒三年(1877)刻本

六冊

500000－8702－0000789　F/36/17

[同治]江山縣志十二卷首一卷末一卷　（清）
王彬　（清）孫晉梓修　（清）朱寶慈　（清）
陳鶴翔纂　清同治十二年(1873)文谿書院刻
本　八冊

500000－8702－0000790　F/36/18

[同治]江山縣志十二卷首一卷末一卷　（清）
王彬　（清）孫晉梓修　（清）朱寶慈　（清）
陳鶴翔纂　清同治十二年(1873)文谿書院刻
本　八冊

500000－8702－0000791　F/37/10

[光緒]蘭谿縣志八卷首一卷　（清）秦簧
（清）邵秉經修　（清）唐壬森纂　清光緒十五
年(1889)刻本　十冊

500000－8702－0000792　F/36/13

[光緒]永康縣志十六卷首一卷　（清）李汝爲
（清）郭文翹修　（清）潘樹棠　（清）陳汝
平纂　清光緒十八年(1892)刻本　十二冊

500000－8702－0000793　F/34/18

[康熙]衢州府志四十卷首一卷　（清）楊庭望
纂修　清康熙修光緒八年(1882)劉國光刻本
十二冊

500000－8702－0000794　F/34/6

[嘉慶]西安縣志四十八卷首一卷　（清）姚寶
煃修　（清）范崇楷纂　清嘉慶十六年(1811)
刻本　十冊

500000－8702－0000795　F/39/14

[光緒]常山縣志六十八卷首一卷末一卷
（清）李瑞鍾纂修　清光緒十二年(1886)縣署
刻本　十二冊

500000－8702－0000796　F/14/25

[道光]皖省志略四卷　（清）朱雲錦纂　清道
光元年(1821)金閶傳書齋毛上珍刻本　四冊

500000－8702－0000797　F/14/26

[光緒]重修安徽通志三百五十卷補遺十卷
（清）沈葆楨等修　（清）何紹基等纂　清光緒

四年(1878)刻本　一百十八冊

500000－8702－0000798　F/15/1

[光緒]重修安徽通志三百五十卷補遺十卷
（清）沈葆楨等修　（清）何紹基等纂　清光緒
四年(1878)刻七年(1881)馮焞等補刻本　一
百二十冊

500000－8702－0000799　F/15/3

[光緒]續修廬州府志一百卷首一卷末一卷
（清）黃雲修　（清）林之望　（清）汪宗沂
（清）胡廷琛纂　清光緒十一年(1885)刻三十
四年(1908)印本　四十八冊

500000－8702－0000800　F/16/3

[光緒]鳳臺縣志二十五卷首一卷　（清）李師
沆　（清）石成之修　（清）葛蔭南　（清）周
爾儀纂　清光緒十八年(1892)木活字印本
十冊

500000－8702－0000801　F/15/21

[光緒]泗虹合志十九卷　（清）方瑞蘭修
（清）江殿颺　（清）許湘纂　清光緒十四年
(1888)刻本　八冊

500000－8702－0000802　F/16/5

[光緒]鳳陽府志二十一卷　（清）馮煦
（清）張成勳修　魏家驊　（清）張德霑纂　清
光緒三十四年(1908)木活字印本　二十四冊

500000－8702－0000803　F/16/4

[乾隆]鳳陽縣志十六卷首一卷　（清）于萬培
原修　（清）謝永泰增修　（清）馮焞　（清）
王汝琛增纂　清乾隆刻光緒二年(1876)增刻
本　十冊

500000－8702－0000804　F/15/4

[淳熙]新安志十卷　（宋）羅願纂修　宋淳熙
二年(1175)修清光緒十四年(1888)刻本
四冊

500000－8702－0000805　F/15/5

[淳熙]新安志十卷　（宋）羅願纂修　宋淳熙
二年(1175)修清光緒十四年(1888)刻本
四冊

500000－8702－0000806　F/16/1

[同治]黟縣三志十六卷首一卷末一卷　（清）謝永泰修　（清）程鴻詔纂　清同治九年(1870)刻本　十六冊

500000－8702－0000807　F/15/22

[同治]太湖縣志四十六卷首一卷末一卷（清）符兆鵬修　（清）趙繼元纂　清同治十一年(1872)熙湖書院刻本　十二冊

500000－8702－0000808　F/15/24

[光緒]壽州志三十六卷首一卷末一卷　（清）曾道唯修　（清）葛蔭南　（清）孫恩詒纂　清光緒十六年(1890)木活字印本　十六冊

500000－8702－0000809　F/33/4

[萬曆]閩都記三十三卷　（明）王應山纂　明萬曆四十年(1612)修清道光十一年(1831)求放心齋刻本　六冊

500000－8702－0000810　F/31/1

[道光]廈門志十六卷　（清）周凱修　（清）凌翰（清）林焜熿纂　清道光十九年(1839)玉屏書院刻本　十六冊

500000－8702－0000811　F/31/2

[道光]廈門志十六卷　（清）周凱修　（清）凌翰（清）林焜熿纂　清道光十九年(1839)玉屏書院刻本　十二冊

500000－8702－0000812　F/32/13

[嘉慶]南平縣志三十六卷首三卷　（清）楊桂森修　（清）應丹詔纂　清嘉慶十五年(1810)刻同治十一年(1872)潘文鳳補刻本　二十二冊

500000－8702－0000813　F/32/16

[康熙]壽寧縣志八卷　（清）畢九皋稿（清）趙廷璣修　（清）柳上芝　（清）范大廷纂　清康熙二十五年(1686)刻本　二冊

500000－8702－0000814　F/32/10

[乾隆]福清縣志二十卷圖一卷　（清）姚安鼎（清）邵應能修　（清）林昂　（清）李修卿纂　清乾隆修光緒二十四年(1898)劉玉璋刻本　十二冊

500000－8702－0000815　F/31/25

[乾隆]泉州府志七十六卷首一卷　（清）懷蔭布修　（清）黃任　（清）郭賡武纂　清乾隆二十八年(1763)刻同治九年(1870)章倬標補刻本　五十冊

500000－8702－0000816　F/31/4

[乾隆]龍巖縣志二十四卷首一卷　（清）吳宜燮修　（清）黃惠　（清）李疇纂　（清）吳聯薰增補　清乾隆修光緒五年(1879)刻本　十二冊

500000－8702－0000817　F/31/5

[乾隆]龍巖縣志二十四卷首一卷　（清）吳宜燮修　（清）黃惠　（清）李疇纂　（清）吳聯薰增補　清乾隆修光緒五年(1879)刻本　七冊　存十四卷(九至十七、二十二至二十四，增二卷)

500000－8702－0000818　F/31/21

[乾隆]上杭縣志十二卷首一卷末一卷　（清）顧人驥　（清）潘廷修　（清）沈成國纂　清乾隆二十五年(1760)刻同治三年(1864)增補印本　五冊　存九卷(二至三、八至十二，首一卷，末一卷)

500000－8702－0000819　F/31/28

[同治]寧化縣志七卷　（清）王之佐　（清）祝文郁修　（清）李世熊纂　清同治八年(1869)蔣澤沄刻本　八冊

500000－8702－0000820　F/32/3

[同治]寧化縣志七卷　（清）王之佐　（清）祝文郁修　（清）李世熊纂　清同治八年(1869)蔣澤沄刻本　七冊

500000－8702－0000821　F/16/12

[雍正]江西通志一百六十二卷首三卷圖一卷　（清）高其倬　（清）謝旻修　（清）陶成（清）惲鶴生纂　清雍正十年(1732)刻本　六冊　存十六卷(一至十三、首三卷)

500000－8702－0000822　F/16/13

[光緒]江西通志一百八十卷首五卷　（清）劉坤一　（清）李文敏修　（清）劉繹　（清）趙

之謙纂　清光緒六年(1880)刻本　一百二十冊

500000－8702－0000823　F/17/2
[同治]新建縣志九十九卷首一卷末一卷
(清)承霈修　(清)杜友棠　(清)楊兆崧纂
清同治十年(1871)縣署刻本　四十冊

500000－8702－0000824　F/18/7
[同治]九江府志五十四卷首一卷末一卷
(清)達春布修　(清)黃鳳樓　(清)歐陽燾
纂　清同治十三年(1874)九江府學刻本　二十四冊

500000－8702－0000825　F/18/1
[同治]德化縣志五十四卷首一卷　(清)陳黼修　(清)吳彬　(清)胡鍾嶽纂　清同治十一年(1872)本縣尊經閣刻本　十五冊

500000－8702－0000826　F/17/1
[同治]廣信府志十二卷首一卷　(清)蔣繼洙修　(清)李樹藩　(清)周鼎元纂　清同治十二年(1873)刻本　四十八冊

500000－8702－0000827　F/17/14
[同治]上饒縣志二十六卷首一卷　(清)王思溥修　(清)李樹藩纂　清同治十一年(1872)刻本　十八冊　存二十二卷(二至二十二、二十三之二至二十六)

500000－8702－0000828　F/17/8
[同治]玉山縣志十卷首一卷補遺一卷　(清)黃壽琪　(清)俞憲曾修　(清)吳華辰(清)章學緒等纂　清同治十二年(1873)尊經閣刻本　十冊

500000－8702－0000829　F/17/13
[光緒]婺源縣志六十四卷首一卷　(清)吳鶚修　(清)汪正元　(清)張貴良纂　清光緒九年(1883)刻本　二十四冊

500000－8702－0000830　F/19/1
[同治]鉛山縣志三十卷首一卷　(清)張廷衍(清)楊輔宜修　(清)華祝三　(清)饒佩勳纂　清同治十二年(1873)本縣文昌宮刻本　十六冊

500000－8702－0000831　F/18/2
[同治]安仁縣志三十六卷首一卷末一卷
(清)朱潼修　(清)徐彥楠　(清)劉兆傑纂　清同治十一年(1872)刻本　十冊

500000－8702－0000832　F/18/18
[同治]萬年縣志十二卷首一卷　(清)項珂修　(清)劉馥桂　(清)凌文明纂　清同治十年(1871)刻本　十二冊

500000－8702－0000833　F/17/15
[同治]樂平縣志十卷首一卷　(清)董萼榮(清)梅毓翰修　(清)汪元祥　(清)陳謨纂　清同治九年(1870)刻本　十二冊

500000－8702－0000834　F/18/24
[同治]饒州府志三十二卷首一卷　(清)錫惪修　(清)石景芬纂　清同治十一年(1872)府學刻本　十六冊

500000－8702－0000835　F/18/25
[同治]饒州府志三十二卷首一卷　(清)錫惪修　(清)石景芬纂　清同治十一年(1872)府學刻本　十六冊

500000－8702－0000836　F/15/23
[同治]臨江府志三十二卷首一卷　(清)德馨(清)鮑孝光修　(清)朱孫詒　(清)陳錫麟纂　清同治十年(1871)臨江府衙刻本六冊

500000－8702－0000837　F/18/4
[同治]清江縣志十卷首一卷　(清)潘懿(清)胡湛修　(清)朱孫詒纂　清同治九年(1870)本縣刻本　十冊

500000－8702－0000838　F/17/3
[同治]新喻縣志十六卷首一卷　(清)文聚奎(清)祥安修　(清)吳增逵纂　清同治十二年(1873)刻本　十二冊

500000－8702－0000839　F/17/12
[同治]建昌府志十卷首一卷　(清)邵子彝修(清)魯琪光纂　清同治十一年(1872)刻本二十四冊

500000 – 8702 – 0000840 F/18/15

[光緒]吉水縣志六十六卷首一卷 （清）彭際盛 （清）陳長吉修 （清）胡宗元纂 清光緒元年(1875)刻本 二十冊

500000 – 8702 – 0000841 F/18/17

[同治]萬安縣志二十卷首一卷末一卷 （清）歐陽駿修 （清）周之鏞纂 清同治十二年(1873)刻光緒三年(1877)周之鏞印本 十冊

500000 – 8702 – 0000842 F/17/4

[同治]贛州府志七十八卷首一卷 （清）魏瀛 （清）魯琪光修 （清）鍾音鴻 （清）藍拔奇纂 清同治十二年(1873)府學刻本 二十六冊

500000 – 8702 – 0000843 F/17/7

[同治]續修贛縣志五十四卷首一卷 （清）黃德溥修 （清）褚景昕纂 清同治十一年(1872)縣署刻本 十八冊

500000 – 8702 – 0000844 F/17/9

[同治]瑞金縣志十六卷首一卷 （清）張國英修 （清）陳芳纂 清同治十三年(1874)刻本 十六冊

500000 – 8702 – 0000845 F/18/9

[同治]南康縣志十四卷首一卷 （清）沈恩華修 （清）盧鼎峋 （清）張偉奇纂 清同治十一年(1872)縣署刻本 十二冊

500000 – 8702 – 0000846 F/18/12

[同治]南安府志三十二卷首一卷 （清）黃鳴珂修 （清）石景芬 （清）徐福炘纂 清同治七年(1868)南安府署刻本 二十冊

500000 – 8702 – 0000847 F/18/16

[同治]大庾縣志二十六卷首一卷 （清）陳蔭昌修 （清）石景芬纂 清同治十三年(1874)刻本 十四冊

500000 – 8702 – 0000848 F/12/2

山東考古錄一卷續三十二卷首一卷 （清）顧炎武 （清）葉圭綬著 清光緒八年(1882)山東書局刻本 七冊

500000 – 8702 – 0000849 F/13/41

[乾隆]歷城縣志五十卷首一卷 （清）胡德琳修 （清）李文藻 （清）周永年 （清）萬福纂 清乾隆三十八年(1773)刻本 十六冊

500000 – 8702 – 0000850 F/14/2

[道光]長清縣志十六卷首四卷附靈巖志略二卷 （清）舒化民修 （清）徐德城纂 清道光十五年(1835)刻本 八冊

500000 – 8702 – 0000851 F/14/3

[道光]長清縣志十六卷首四卷附靈巖志略二卷 （清）舒化民修 （清）徐德城纂 清道光十五年(1835)刻本 八冊

500000 – 8702 – 0000852 F/12/8

[道光]章邱縣志十六卷首一卷末一卷 （清）吳璋修 （清）曹楙堅纂 清道光十三年(1833)刻本 八冊

500000 – 8702 – 0000853 F/13/10

[光緒]寧津縣志十二卷首一卷 （清）祝嘉庸修 （清）吳潯源纂 清光緒二十六年(1900)刻本 八冊

500000 – 8702 – 0000854 F/12/16

[乾隆]樂陵縣志八卷首一卷末一卷 （清）王謙益修 （清）莊肇奎 （清）鄭成中纂 清乾隆二十七年(1762)刻本 八冊

500000 – 8702 – 0000855 F/12/4

[道光]商河縣志八卷首一卷 （清）龔廷煌（清）張楷等纂修 （清）錢普澐校訂 清道光十五年(1835)刻本 六冊 存八卷(一至七、八下)

500000 – 8702 – 0000856 F/13/7

[乾隆]濟陽縣志十四卷首一卷 （清）胡德琳修 （清）何明禮 （清）章承茂纂 清乾隆三十年(1765)刻本 九冊

500000 – 8702 – 0000857 F/12/12

[乾隆]夏津縣志十卷首一卷 （清）方學成修 （清）梁大鯤纂 清乾隆六年(1741)刻本 六冊

500000 - 8702 - 0000858　F/13/39

[宣統]恩縣志十卷首一卷　（清）汪鴻孫修
（清）劉儒臣　（清）王金階纂　清宣統元年
(1909)縣署刻本　四冊

500000 - 8702 - 0000859　F/12/7

[咸豐]慶雲縣志三卷首一卷末一卷　（清）戴
絅孫纂修　（清）崔光笏參訂　清咸豐五年
(1855)崔氏海雲堂刻本　三冊

500000 - 8702 - 0000860　F/14/10

[同治]臨邑縣志十六卷首一卷末一卷　（清）
陳鴻翽　（清）趙敏功修　（清）翟振慶
（清）王善澤纂　清同治十三年(1874)縣署刻
本　八冊

500000 - 8702 - 0000861　F/12/15

[雍正]樂安縣志二十卷　（清）李方膺纂修
清雍正十一年(1733)刻本　四冊

500000 - 8702 - 0000862　F/12/6

[康熙]新修齊東縣志八卷圖一卷志續一卷
（清）余爲霖等纂修　清康熙二十四年(1685)
刻光緒六年(1880)惠廷魁增刻　六冊

500000 - 8702 - 0000863　F/12/9

[康熙]新城縣志十四卷首一卷　（清）崔懋纂
修　清康熙三十二年(1693)刻本　五冊

500000 - 8702 - 0000864　F/14/1

[嘉慶]長山縣志十六卷首一卷　（清）倪企望
修　（清）鍾廷瑛　（清）徐果行纂　清嘉慶六
年(1801)刻本　十一冊

500000 - 8702 - 0000865　F/12/21

[乾隆]濰縣志六卷首一卷末一卷　（清）張耀
璧修　（清）王誦芬纂　清乾隆二十五年
(1760)刻本　六冊

500000 - 8702 - 0000866　F/12/10

[道光]諸城縣續志二十三卷　（清）劉光斗
（清）汪封渭修　（清）朱學海纂　清道光十五
年(1835)刻本　四冊

500000 - 8702 - 0000867　F/14/13

[光緒]臨朐縣志十六卷首一卷　（清）姚廷福

修　（清）鄧嘉緝　（清）蔣師轍纂　清光緒十
一年(1885)刻本　六冊

500000 - 8702 - 0000868　F/13/28

[咸豐]青州府志六十四卷　（清）覺羅崇恩
（清）毛永柏修　（清）李圖　（清）劉耀椿纂
清咸豐九年(1859)刻本　十六冊

500000 - 8702 - 0000869　F/14/16

[光緒]益都縣圖志五十四卷首一卷　（清）張
承燮　（清）李祖年修　（清）法偉堂　（清）
孫文楷纂　清光緒三十三年(1907)刻本　十
六冊

500000 - 8702 - 0000870　F/13/26

[同治]黃縣志十四卷首一卷末一卷　（清）尹
繼美修　（清）王棠　（清）王漸鴻纂　清同治
十年(1871)本縣刻本　四冊

500000 - 8702 - 0000871　F/13/23

[道光]重修蓬萊縣志十四卷　（清）王文燾修
（清）張本　（清）葛元昶纂　清道光十九年
(1839)縣署刻本　八冊

500000 - 8702 - 0000872　F/13/38

[光緒]日照縣志十二卷首一卷末一卷　（清）
陳懋修　（清）張庭詩等纂　清光緒十二年
(1886)刻本　二冊

500000 - 8702 - 0000873　F/13/37

[康熙]費縣志十卷　（清）黃學勤纂修　清康
熙二十八年(1689)刻本　四冊

500000 - 8702 - 0000874　F/13/29

[道光]泰安縣志十二卷首一卷末一卷　（清）
徐宗幹修　（清）唐鑑　（清）蔣大慶纂　清道
光八年(1828)刻同治六年(1867)楊寶賢補刻
本　十四冊

500000 - 8702 - 0000875　F/14/9

[光緒]肥城縣志十卷首一卷　（清）凌紱曾修
（清）邵承照　（清）張宗翰等纂　清光緒十
七年(1891)刻本　六冊

500000 - 8702 - 0000876　F/13/16

[光緒]滋陽縣志十四卷首一卷　（清）李兆林

（清）周衍恩修　（清）黃師闇　（清）蔣繼洙纂　清光緒十四年(1888)尊經閣刻本　十冊

500000－8702－0000877　F/13/15

[光緒]泗水縣志十五卷首一卷　（清）趙英祚修　（清）黃承觴纂　清光緒十八年(1892)刻本　八冊

500000－8702－0000878　F/12/20

[康熙]鄒縣志三卷　（清）婁一均纂修　清康熙五十五年(1716)刻本　四冊

500000－8702－0000879　F/14/15

[咸豐]金鄉縣志略十二卷首一卷　（清）宗稷辰修　（清）李璵纂　清咸豐十年(1860)修同治元年(1862)刻本　四冊

500000－8702－0000880　F/13/35

[乾隆]曹州府志二十二卷　（清）周尚質（清）何文炅修　（清）劉藻　（清）謝冠（清）李登明纂　清乾隆二十一年(1756)刻本　十二冊

500000－8702－0000881　F/13/20

[光緒]新修荷澤縣志十八卷首一卷　（清）凌壽柏修　（清）葉道源纂　清光緒十一年(1885)刻本　六冊

500000－8702－0000882　F/13/36

[光緒]曹縣志十八卷首一卷　（清）陳嗣良（清）馮躍南修　（清）孟廣來　（清）賈廼延纂　清光緒十年(1884)居敬書院刻本　十二冊

500000－8702－0000883　F/13/32

[道光]東阿縣志二十四卷首一卷　（清）李賢書修　（清）吳怡纂　清道光九年(1829)刻本　十二冊

500000－8702－0000884　F/14/17

[光緒]館陶縣志十二卷　（清）趙知希纂修（清）張興宗校增　清光緒十九年(1893)劉家善刻本　四冊

500000－8702－0000885　F/13/22

[康熙]荏平縣志五卷　（清）王世臣修（清）孫克緒纂　清康熙四十九年(1710)刻本　五冊

500000－8702－0000886　F/12/13

[乾隆]平原縣志十卷首一卷　（清）黃懷祖纂修　清乾隆十四年(1749)刻本　四冊

500000－8702－0000887　F/13/17

[光緒]壽張縣志十卷首一卷　（清）莊洪烈修（清）劉文煒　（清）王守謙纂　清光緒二十六年(1900)刻本　六冊

500000－8702－0000888　F/27/7

[雍正]河南通志八十卷　（清）田文鏡（清）鄒升恆修　（清）孫灝　（清）夏兆豐纂　（清）王士俊增續　清雍正十三年(1735)刻光緒二十八年(1902)補刻本　四十冊

500000－8702－0000889　F/27/8

[乾隆]續河南通志八十卷首四卷　（清）阿思哈　（清）嵩貴等纂修　清乾隆三十二年(1767)刻光緒二十八年(1902)補刻本　二十冊

500000－8702－0000890　F/29/37

[乾隆]鄭州志十二卷首一卷　（清）何源洙（清）張鉞修　（清）毛如詵　（清）羅炳纂　清乾隆十三年(1748)刻本　六冊

500000－8702－0000891　F/29/41

[乾隆]滎陽縣志十二卷　（清）李煦修（清）李清纂　清乾隆十一年(1746)刻本　四冊

500000－8702－0000892　F/29/6

[光緒]祥符縣志二十四卷首一卷　（清）沈傳義　（清）孫壽彭修　（清）黃舒昺纂　清光緒二十四年(1898)刻本　十二冊

500000－8702－0000893　F/29/3

[乾隆]通許縣志十卷　（清）阮龍光等修（清）邵自佑等纂　清乾隆三十五年(1770)刻本　六冊

500000－8702－0000894　F/29/27

[同治]中牟縣志十二卷首一卷末一卷　（清）
吳若烺修　（清）焦子蕃　（清）路春林
(清)邢爲翰纂　清同治十年(1871)刻本
六冊

500000－8702－0000895　F/28/32
[嘉慶]密縣志十六卷首一卷　（清）景綸修
(清)謝增纂　清嘉慶二十二年(1817)縣署刻
本　四冊

500000－8702－0000896　F/28/19
[乾隆]鞏縣志二十卷首一卷　（清）李述武修
　（清）張紫峴纂　清乾隆五十四年(1789)刻
本　六冊

500000－8702－0000897　F/29/16
[康熙]汝城縣志四卷　（清）陳憙敏修
(清)王貫三纂　清康熙三十七年(1698)刻本
四冊

500000－8702－0000898　F/28/46
[乾隆]汲縣志十四卷首一卷末一卷　（清）徐
汝瓚修　（清）杜峴纂　清乾隆二十年(1755)
縣署刻本　六冊

500000－8702－0000899　F/29/20
[乾隆]獲嘉縣志十六卷首一卷　（清）吳喬齡
修　（清）李棟纂　清乾隆二十一年(1756)刻
道光二十五年(1845)補刻本　六冊

500000－8702－0000900　F/29/21
[乾隆]獲嘉縣志十六卷首一卷　（清）吳喬齡
修　（清）李棟纂　清乾隆二十一年(1756)刻
道光二十五年(1845)補刻本　六冊

500000－8702－0000901　F/28/42
[乾隆]溫縣志十二卷首一卷　（清）王其華修
　（清）苗於京纂　清乾隆二十四年(1759)刻
本　四冊

500000－8702－0000902　F/28/29
[乾隆]濟源縣志十六卷首一卷末一卷　（清）
蕭應植修　（清）沈樗莊纂　清乾隆二十六年
(1761)刻本　六冊

500000－8702－0000903　F/29/40

[道光]輝縣志二十卷首一卷末一卷　（清）周
際華修　（清）戴銘纂　清道光十五年(1835)
刻光緒二十一年(1895)印本　八冊

500000－8702－0000904　F/28/9
[康熙]延津縣志十卷　（清）王一經修
(清)余心孺　（清）黃文輝纂　清康熙四十一
年(1702)刻光緒印本　四冊

500000－8702－0000905　F/29/31
[乾隆]陽武縣志十二卷　（清）談諟曾修
(清)楊仲震　（清）陳步青纂　清乾隆十年
(1745)刻本　六冊

500000－8702－0000906　F/28/10
[道光]武陟縣志三十六卷　（清）王榮陛修
清道光九年(1829)刻民國二十年(1931)印本
八冊

500000－8702－0000907　F/28/11
[道光]武陟縣志三十六卷　（清）王榮陛修
清道光九年(1829)刻民國二十年(1931)印本
八冊

500000－8702－0000908　F/28/34
[道光]河內縣志三十六卷　（清）袁通修
(清)方履籛　（清）吳育纂　清道光五年
(1825)刻本　十冊

500000－8702－0000909　F/28/35
[道光]河內縣志三十六卷　（清）袁通修
(清)方履籛　（清）吳育纂　清道光五年
(1825)刻本　十冊

500000－8702－0000910　F/28/27
[道光]修武縣志十卷首一卷　（清）馮繼照修
　（清）金皋　（清）袁俊纂　清道光二十年
(1840)縣署刻本　十冊

500000－8702－0000911　F/27/17
[乾隆]彰德府志三十二卷首一卷　（清）盧松
修　（清）江大鍵　（清）程煥纂　清乾隆五十
三年(1788)刻本　二十冊

500000－8702－0000912　F/28/36
[光緒]續濬縣志八卷附金石錄二卷　（清）黃

璟修 (清)李作霖 喬景濂纂 清光緒十三年(1887)刻本 三冊

500000－8702－0000913 F/28/41

[順治]淇縣志十卷 (清)王謙吉 (清)王南國修 (清)白龍躍 (清)關輝祚 (清)葛漢忠纂 清順治十七年(1660)刻光緒印本 四冊

500000－8702－0000914 F/29/10

[光緒]內黃縣志十八卷首一卷 (清)董慶恩等纂修 清光緒十六年(1890)刻本 二冊

500000－8702－0000915 F/29/11

[光緒]內黃縣志十九卷首一卷 (清)董慶恩 (清)龔獻功修 (清)陳熙春 (清)李鶴翔纂 清光緒十八年(1892)刻本 六冊

500000－8702－0000916 F/29/34

[光緒]開州志八卷首一卷 (清)陳兆麟修 (清)祁德昌纂 清光緒八年(1882)刻本 八冊

500000－8702－0000917 F/29/24

[乾隆]林縣志十卷首一卷末一卷 (清)楊潮觀纂修 清乾隆十七年(1752)黃華書院刻本 四冊

500000－8702－0000918 F/28/25

[乾隆]歸德府志三十六卷首一卷 (清)陳錫銘 (清)永泰修 (清)查岐昌纂 清乾隆修光緒十九年(1893)刻本 十冊

500000－8702－0000919 F/28/26

[乾隆]歸德府志三十六卷首一卷 (清)陳錫銘 (清)永泰修 (清)查岐昌纂 清乾隆修光緒十九年(1893)刻本 十冊

500000－8702－0000920 F/29/28

[光緒]扶溝縣志十六卷首一卷 (清)熊燦修 (清)張文楷 (清)路在茲纂 清光緒十九年(1893)本縣大程書院刻本 六冊

500000－8702－0000921 F/27/13

[光緒]鹿邑縣志十六卷首一卷 (清)于滄瀾 (清)馬家彥修 (清)蔣師轍纂 清光緒二

十二年(1896)刻本 六冊

500000－8702－0000922 F/29/7

[道光]太康縣志八卷 (清)戴鳳翔修 (清)高崧 (清)江練纂 清道光八年(1828)縣署刻本 八冊

500000－8702－0000923 F/28/7

[乾隆]項城縣志十卷首一卷 (清)碩色 (清)韓儀修 (清)張延福纂 清乾隆十一年(1746)刻本 六冊

500000－8702－0000924 F/28/18

[道光]鄢陵縣志十八卷 (清)何鄂聯修 (清)洪符孫纂 清道光十三年(1833)刻本 八冊

500000－8702－0000925 F/29/36

[乾隆]郾城縣志十八卷 (清)傅豫 (清)荊鵬展纂修 清乾隆十九年(1754)刻本 六冊

500000－8702－0000926 F/29/25

[咸豐]郟縣志十二卷 (清)姜篯修 (清)郭景泰纂 清咸豐九年(1859)刻本 八冊

500000－8702－0000927 F/29/22

[同治]葉縣志十卷首一卷 (清)歐陽霖 (清)杜鶴慈修 (清)倉景恬 (清)胡廷楨纂 清同治十一年(1872)刻本 八冊

500000－8702－0000928 F/29/23

[同治]葉縣志十卷首一卷 (清)歐陽霖 (清)杜鶴慈修 (清)倉景恬 (清)胡廷楨纂 清同治十一年(1872)刻本 八冊

500000－8702－0000929 F/28/20

[道光]禹州志二十六卷 (清)朱煒修 (清)姚椿 (清)洪符孫纂 清道光十五年(1835)刻本 十二冊

500000－8702－0000930 F/28/13

[乾隆]確山縣志四卷 (清)周之瑚修 (清)嚴克嶹纂 清乾隆十一年(1746)刻本 四冊

500000－8702－0000931 F/28/5

[康熙]西平縣志十卷 (清)沈荃原本 (清)李植增纂 清康熙九年(1670)刻三十一年(1692)續刻本 四冊

500000－8702－0000932 F/28/37
[道光]泌陽縣志十二卷首一卷 (清)倪明進修 (清)栗郢纂 清道光八年(1828)刻本 六冊

500000－8702－0000933 F/28/24
[嘉慶]息縣志八卷首一卷 (清)劉光輝修 (清)任鎮及纂 清嘉慶四年(1799)刻本 八冊

500000－8702－0000934 F/29/13
[康熙]南陽縣志六卷首一卷 (清)張光祖修 (清)李克廣 (清)宋景愈 (清)徐永蕙纂 清康熙三十二年(1693)刻本 六冊

500000－8702－0000935 F/29/14
[光緒]南陽縣志十二卷首一卷 (清)潘守廉 (清)于蔭霖修 (清)張鳳岡 (清)孫葆田纂 清光緒三十一年(1905)刻本 八冊

500000－8702－0000936 F/29/15
南陽人物志十卷明志八卷 (清)馬海峯稿 (清)劉沛然 (清)劉拱宸修 (清)馬至毅纂 清同治九年(1870)刻本 六冊

500000－8702－0000937 F/28/39
[道光]汝州全志十卷首一卷 (清)白明義修 (清)趙林成纂 清道光二十年(1840)刻本 十冊

500000－8702－0000938 F/28/40
[道光]汝州全志十卷首一卷 (清)白明義修 (清)趙林成纂 清道光二十年(1840)刻本 十冊

500000－8702－0000939 F/28/23
[乾隆]盧氏縣志十六卷首一卷 (清)李炘修 (清)侯眉復纂 清乾隆十二年(1747)刻本 七冊 存十三卷(一至十、十四至十六)

500000－8702－0000940 F/39/15
[嘉慶]湖北通志一百卷首五卷 (清)吳熊光 (清)吳烜修 (清)陳詩 (清)張承龍纂 清嘉慶九年(1804)刻本 二十七冊 存四十六卷(一至二、五至六、九至十四、十八至二十九、三十二至三十三、三十六至三十八、四十八至五十三、七十五、八十至八十三、八十六、八十九、九十五至九十八,首二至三)

500000－8702－0000941 F/40/14
[同治]江夏縣志八卷首一卷 (清)王庭楨修 (清)彭崧毓纂 清同治八年(1869)刻本 八冊

500000－8702－0000942 F/40/7
[光緒]武昌縣志二十六卷首一卷末一卷 (清)鍾桐山修 (清)柯逢時 (清)劉鳳華纂 清光緒十一年(1885)刻本 十冊

500000－8702－0000943 F/40/22
[同治]續輯漢陽縣志二十八卷 (清)黃式度 (清)王庭楨修 (清)王柏心纂 清同治七年(1868)刻本 二十冊

500000－8702－0000944 F/41/4
[同治]東湖縣志三十卷首一卷續補藝文一卷 (清)金大鏞修 (清)王柏心纂 清同治三年(1864)刻本 二十冊

500000－8702－0000945 F/40/30
[光緒]孝感縣志二十四卷續補志一卷 (清)朱希白 (清)亢廷鏞修 (清)沈用增纂 清光緒九年(1883)刻本 十二冊

500000－8702－0000946 F/40/5
[道光]雲夢縣志略十二卷首一卷末一卷附刻一卷 (清)張岳崧 (清)呂錫麟修 (清)程懷璟 (清)李秀發纂 清道光二十年(1840)刻光緒九年(1883)印本 六冊

500000－8702－0000947 F/40/6
[光緒]續雲夢縣志略十卷首一卷末一卷 (清)吳念椿修 (清)程壽昌 (清)曾廣濬纂 清光緒九年(1883)刻本 三冊 存十卷(一至九、首一卷)

500000－8702－0000948 F/39/19
[光緒]應城縣志十四卷首一卷 (清)奚大壯

稿　（清）羅緒　（清）陳豪修　（清）王承禧
纂　清光緒八年(1882)蒲陽書院刻本　八冊

500000－8702－0000949　F/39/20

[光緒]應城縣志十四卷首一卷　（清）奚大壯
稿　（清）羅緒　（清）陳豪修　（清）王承禧
纂　清光緒八年(1882)蒲陽書院刻本　八冊

500000－8702－0000950　F/40/9

[光緒]德安府志二十卷首一卷末一卷　（清）
庚音布　（清）汪元慶修　（清）劉國光
(清)李春澤纂　清光緒十五年(1889)刻本
二十冊

500000－8702－0000951　F/40/32

[光緒]黃州府志四十卷首一卷　（清）英啟修
（清）劉燡　（清）鄧琛　（清）錢崇柏纂
清光緒十年(1884)刻本　三十四冊

500000－8702－0000952　F/40/28

[光緒]蘄水縣志二十二卷首一卷末一卷
(清)多祺修　（清）王鴻舉　（清）郭光庭纂
清光緒六年(1880)刻本　二十冊

500000－8702－0000953　F/40/24

[同治]重修嘉魚縣志十二卷　（清）鍾傳益修
（清）俞焜　（清）王鼎元纂　清同治五年
(1866)刻本　十二冊

500000－8702－0000954　F/40/25

[光緒]荊州府志八十卷首一卷　（清）倪文蔚
（清）蔣銘勳修　（清）顧嘉蘅　（清）李廷
鉽纂　清光緒六年(1880)府署刻本　三十
二冊

500000－8702－0000955　F/40/26

[光緒]荊州府志八十卷首一卷　（清）倪文蔚
（清）蔣銘勳修　（清）顧嘉蘅　（清）李廷
鉽纂　清光緒六年(1880)府署刻本　三十
二冊

500000－8702－0000956　F/40/15

[光緒]江陵縣志六十五卷首一卷　（清）倪文
蔚　（清）蒯正昌　（清）枊正笏修　（清）胡
九皋　（清）黃詩笙纂　清光緒三年(1877)刻
本　二十四冊

500000－8702－0000957　F/41/15

[同治]鍾祥縣志二十卷補編藝二卷　（清）許
光曙　（清）孫福海纂修　清同治六年(1867)
縣署刻本　十四冊

500000－8702－0000958　F/41/11

[同治]監利縣志十二卷首一卷　（清）陳國棟
（清）徐兆英修　（清）王柏心　（清）朱崑
纂　清同治十一年(1872)刻本　十冊

500000－8702－0000959　F/41/12

[同治]監利縣志十二卷首一卷　（清）陳國棟
（清）徐兆英修　（清）王柏心　（清）朱崑
纂　清同治十一年(1872)刻本　十冊

500000－8702－0000960　F/40/18

[康熙]潛江縣志二十卷首一卷　（清）劉煥修
（清）朱載震纂　清康熙修光緒五年(1879)
傳經書院刻本　八冊

500000－8702－0000961　F/40/19

[光緒]潛江縣志續二十卷首一卷　（清）史致
謨修　（清）劉恭冕　（清）郭士元纂　清光緒
五年(1879)傳經書院刻本　八冊

500000－8702－0000962　F/40/20

[光緒]潛江縣志續二十卷首一卷　（清）史致
謨修　（清）劉恭冕　（清）郭士元纂　清光緒
五年(1879)傳經書院刻本　八冊

500000－8702－0000963　F/41/13

[同治]公安縣志八卷首一卷　（清）袁鳴珂稿
（清）周承弼修　（清）王慰纂　清同治十三
年(1874)南平書院刻本　十冊

500000－8702－0000964　F/41/3

[同治]松滋縣志十二卷首一卷　（清）呂緒雲
（清）李勛修　（清）羅有文　（清）朱美燮
纂　清同治八年(1869)刻本　十冊

500000－8702－0000965　F/40/12

[同治]宜都縣志四卷首一卷末一卷　（清）崔
培元　（清）朱甘霖修　（清）龔紹仁纂　清同
治五年(1866)清江書院刻本　四冊

500000－8702－0000966　F/40/10

[嘉慶]歸州志十卷　（清）李炘修　（清）陸仲連　（清）向國庠纂　（清）張敬典參訂　清嘉慶修道光二年(1822)刻本　六冊

500000－8702－0000967　F/40/11

[嘉慶]歸州志十卷　（清）李炘原本　（清）余思訓修　（清）陳鳳鳴纂　清嘉慶二十二年(1817)刻同治五年(1866)增刻本　四冊

500000－8702－0000968　F/40/3

[光緒]施南府志續編十卷附前志瑣言一卷　（清）王庭楨　（清）李謙修　（清）雷春沼　（清）尹壽衡纂　清光緒十一年(1885)刻本　四冊

500000－8702－0000969　F/40/8

[同治]建始縣志八卷首一卷　（清）熊啟詠纂修　（清）賀九如參校　清同治五年(1866)刻本　四冊

500000－8702－0000970　F/41/7

[嘉慶]鄖陽府志十卷首一卷　（清）王正常修　（清）謝攀雲纂　清嘉慶二年(1797)刻本　八冊

500000－8702－0000971　F/41/8

[同治]鄖陽志八卷首一卷　（清）吳葆儀修　（清）王嚴恭纂　清同治九年(1870)鄖山書院刻本　十二冊

500000－8702－0000972　F/41/9

[同治]鄖陽志八卷首一卷　（清）吳葆儀修　（清）王嚴恭纂　清同治九年(1870)鄖山書院刻本　十二冊

500000－8702－0000973　F/41/1

[光緒]續輯均州志十六卷首一卷　（清）馬雲龍　（清）湯炳堃修　（清）賈洪詔纂　清光緒十年(1884)均州志局刻本　八冊

500000－8702－0000974　F/41/2

[光緒]續輯均州志十六卷首一卷　（清）馬雲龍　（清）湯炳堃修　（清）賈洪詔纂　清光緒十年(1884)均州志局刻本　八冊

500000－8702－0000975　F/39/24

[同治]襄陽縣志七卷首一卷　（清）楊宗時（清）崔淦原稿　（清）吳耀斗　（清）李士彬續纂　清同治十三年(1874)刻本　八冊

500000－8702－0000976　F/41/10

[同治]隨州志三十二卷首一卷　（清）文齡（清）孫文瀶修　（清）史策先纂　清同治八年(1869)刻本　十五冊　存三十二卷(一至二十一、二十三至三十二,首一卷)

500000－8702－0000977　F/40/23

[同治]南漳縣志集鈔二十六卷首一卷　（清）胡正楷原本　（清）沈兆元修　（清）胡心悅纂　清同治四年(1865)東鶴山堂刻本　十冊

500000－8702－0000978　F/41/5

[同治]棗陽縣志三十卷首一卷末一卷　（清）張聲正修　（清）史策先纂　清同治四年(1865)刻本　八冊

500000－8702－0000979　F/41/27

湖南疆域驛傳總纂十卷　（清）慳硻山館纂　清光緒十四年(1888)刻本　十冊

500000－8702－0000980　F/41/26

湖南方物志八卷　（清）黃本驥纂　清道光二十六年(1846)知敬學齋刻本　四冊

500000－8702－0000981　F/42/16

[同治]長沙縣志三十六卷首一卷　（清）劉采邦　（清）王述恩修　（清）張延珂　（清）袁繼翰纂　清同治十年(1871)刻本　二十冊

500000－8702－0000982　F/42/17

[同治]長沙縣志三十六卷首一卷　（清）劉采邦　（清）王述恩修　（清）張延珂　（清）袁繼翰纂　清同治十年(1871)刻本　十四冊

500000－8702－0000983　F/42/23

[嘉慶]善化縣志三十卷首一卷末一卷　（清）王勳　（清）王餘英纂修　清嘉慶二十三年(1818)刻本　十冊

500000－8702－0000984　F/42/18

[同治]巴陵縣志三十卷首一卷　（清）嚴鳴琦（清）潘兆奎修　（清）吳敏樹　（清）方功

渤纂　清同治十二年(1873)刻本　十冊

500000－8702－0000985　F/42/6

[光緒]湘陰縣圖志三十四卷首一卷末一卷
(清)郭嵩燾纂修　清光緒六年(1880)本縣志
局刻本　十六冊

500000－8702－0000986　F/42/4

[光緒]湘潭縣志十二卷　(清)陳嘉榆修
(清)羅汝懷　王闓運纂　清光緒十五年
(1889)刻本　十冊

500000－8702－0000987　F/42/5

[光緒]湘潭縣志十二卷　(清)陳嘉榆修
(清)羅汝懷　王闓運纂　清光緒十五年
(1889)刻本　十冊

500000－8702－0000988　F/42/12

[同治]桂東縣志二十卷首一卷　(清)劉邦華
修　(清)郭岐勛纂　清同治五年(1866)刻本
八冊　存十七卷(一至十六、首一卷)

500000－8702－0000989　F/41/28

[道光]永州府志十八卷首一卷　(清)呂思湛
(清)李宗傳修　(清)宗績辰纂　清道光修
同治六年(1867)刻本　四十冊

500000－8702－0000990　F/42/1

[同治]沅州府志四十卷首一卷　(清)張官五
(清)龔琰纂修　(清)吳嗣仲　(清)周鯈
增續　清乾隆修同治十二年(1873)增刻本
十六冊

500000－8702－0000991　F/42/15

[乾隆]辰州府志五十卷首一卷　(清)席紹葆
修　(清)謝鳴謙　(清)謝鳴盛纂　清乾隆三
十年(1765)刻本　二十冊

500000－8702－0000992　F/42/7

[光緒]桃源縣志十七卷首一卷末一卷　(清)
余良棟修　(清)劉鳳苞纂　清光緒十八年
(1892)刻本　十六冊

500000－8702－0000993　F/42/8

[光緒]桃源縣志十七卷首一卷末一卷　(清)
余良棟修　(清)劉鳳苞纂　清光緒十八年

(1892)刻本　十四冊　存十八卷(一至十一、
十三至十七,首一卷,末一卷)

500000－8702－0000994　F/4/1

[道光]廣東通志三百三十四卷首一卷　(清)
阮元等修　(清)陳昌齊等纂　清道光修同治
三年(1864)刻本　一百二十冊

500000－8702－0000995　F/4/2

[道光]廣東通志三百三十四卷首一卷　(清)
阮元等修　(清)陳昌齊等纂　清道光修同治
三年(1864)刻本　一百二十冊

500000－8702－0000996　F/4/3

廣東新語二十八卷　(清)屈大均纂　清道光
文匯堂刻本　十冊

500000－8702－0000997　F/4/4

廣東新語二十八卷　(清)屈大均纂　清刻本
八冊

500000－8702－0000998　F/5/1

[光緒]廣州府志一百六十三卷　(清)戴肇辰
(清)蘇佩訓修　(清)史澄　(清)李光廷
纂　清光緒五年(1879)粵華書院刻本　六
十冊

500000－8702－0000999　F/5/9

[同治]番禺縣志五十四卷首一卷　(清)李福
泰修　(清)史澄　(清)何若瑤纂　清同治十
年(1871)光霽堂刻本　十六冊

500000－8702－0001000　F/6/16

[光緒]曲江縣志十六卷　(清)張希京修
(清)歐樾華　(清)馮翼之纂　清光緒元年
(1875)刻本　八冊

500000－8702－0001001　F/6/17

[光緒]曲江縣志十六卷　(清)張希京修
(清)歐樾華　(清)馮翼之纂　清光緒元年
(1875)刻本　八冊

500000－8702－0001002　F/6/5

[道光]直隸南雄州志三十四卷首一卷　(清)
黃其勤原本　(清)戴錫綸　(清)宋揚光纂修
清道光四年(1824)心簡齋刻本　十六冊

500000－8702－0001003　F/6/6

[道光]直隸南雄州志三十四卷首一卷　（清）
黃其勤原本　（清）戴錫綸　（清）宋揚光纂修
　清道光四年(1824)心簡齋刻本　十六冊

500000－8702－0001004　F/6/13

[光緒]惠州府志四十五卷首一卷　（清）劉溎
年　（清）張聯桂修　（清）鄧掄斌　（清）陳
新銓纂　清光緒七年(1881)廣州酌雅齋刻本
　二十冊

500000－8702－0001005　F/5/15

[乾隆]潮州府志四十二卷首一卷　（清）周碩
勳纂修　清乾隆修光緒十九年(1893)刻本
二十五冊

500000－8702－0001006　F/6/18

[乾隆]揭陽縣志八卷首一卷　（清）劉業勤修
　（清）凌魚　（清）陳子承纂　清乾隆四十四
年(1779)刻光緒補刻本　八冊

500000－8702－0001007　F/6/8

[光緒]嘉應州志三十三卷　（清）李慶榮等修
　清光緒二十七年(1901)刻本　十四冊

500000－8702－0001008　F/6/3

[同治]南海縣志二十六卷首一卷　（清）陳善
圻　（清）鄭夢玉修　（清）梁紹獻　（清）譚
瑩纂　清同治十一年至光緒二年（1872－
1876）刻本　十四冊

500000－8702－0001009　F/5/14

[道光]佛山忠義鄉志十四卷　（清）吳榮光纂
修　清道光十一年(1831)刻本　七冊

500000－8702－0001010　F/5/10

[咸豐]順德縣志三十二卷　（清）郭汝誠修
（清）梁廷枏　（清）馮奉初纂　清咸豐三年至
六年（1853－1856）縣署刻本　十六冊

500000－8702－0001011　F/5/6

[道光]瓊州府志四十四卷首一卷　（清）明誼
修　（清）張岳松纂　清道光二十一年(1841)
刻光緒十六年(1890)隆斌補刻本　二十四冊
　存四十三卷（一至二十二、二十五至四十
四,首一卷）

500000－8702－0001012　F/6/10

[光緒]茂名縣志八卷首一卷　（清）鄭業崇修
　（清）楊頤　（清）許汝韶纂　清光緒十四年
(1888)刻本　七冊

500000－8702－0001013　F/6/2

[道光]肇慶府志二十二卷首一卷　（清）王塏
時　（清）夏修恕　（清）屠英修　（清）胡森
　（清）江藩　（清）黃培芳纂　清道光修光緒
二年(1876)刻本　二十二冊

500000－8702－0001014　F/6/22

[同治]懷集縣志十卷　（清）孫汝霖　（清）
趙準修　（清）曾泒仁纂　（清）貴蒸增補　清
同治十二年(1873)刻光緒元年(1875)補刻本
　六冊

500000－8702－0001015　F/5/13

[光緒]德慶州志十五卷首一卷末一卷　（清）
楊文駿修　（清）朱一新　（清）黎佩蘭纂　清
光緒二十五年(1899)刻本　八冊

500000－8702－0001016　F/3/2

[嘉慶]廣西通志二百七十九卷首一卷　（清）
吉慶　（清）謝啟昆修　（清）胡虔纂　清嘉慶
六年(1801)刻同治四年(1865)補刻本　八
十冊

500000－8702－0001017　F/3/3

[光緒]廣西通志輯要十六卷首一卷　（清）蘇
宗經輯　（清）羊復禮　（清）夏敬頤增　清光
緒十六年(1890)刻本　二十一冊

500000－8702－0001018　F/3/4

[光緒]廣西通志輯要十六卷首一卷　（清）蘇
宗經輯　（清）羊復禮　（清）夏敬頤增　清光
緒十六年(1890)刻本　十三冊　存十六卷
（一至二、四至十六,首一卷）

500000－8702－0001019　F/3/12

[光緒]富川縣志十二卷　（清）顧國誥
（清）左秉壎修　（清）劉樹賢　（清）唐光奎
纂　清光緒十六年(1890)刻本　五冊

500000－8702－0001020　F/3/10

[光緒]平南縣志二十四卷首一卷　（清）裘彬

（清）江有燦修 （清）周壽祺纂 清光緒九年(1883)刻本 十冊

500000－8702－0001021 F/3/5
[道光]廉州府志二十六卷首一卷 （清）張堉春修 （清）陳治昌纂 清道光十三年(1833)刻本 二十冊

500000－8702－0001022 F/49/10
華陽國志十二卷附一卷 （晉）常璩撰 （清）廖寅補 清光緒十六年(1890)鄰水李氏刻本 四冊

500000－8702－0001023 F/49/15
蜀鑑十卷 （宋）郭允蹈撰 清光緒成都昌福公司鉛印本 四冊

500000－8702－0001024 F/49/16
蜀鑑十卷 （宋）郭允蹈撰 清光緒成都昌福公司鉛印本 四冊

500000－8702－0001025 F/49/14
蜀典十二卷 （清）張澍纂 清光緒二年(1876)尊經書院刻本 四冊

500000－8702－0001026 F/49/12
蜀故二十七卷 （清）彭遵泗撰 清光緒二年(1876)讀書堂刻本 六冊

500000－8702－0001027 F/49/13
蜀故二十七卷 （清）彭遵泗撰 清光緒二年(1876)讀書堂刻本 八冊

500000－8702－0001028 F/61/1
[嘉慶]成都縣志六卷首一卷 （清）王泰雲（清）魯鳳輝修 （清）衷以塤 （清）向大溟纂 （清）楊芳燦訂補 清嘉慶二十一年(1816)刻咸豐十年(1860)補刻本 六冊

500000－8702－0001029 F/61/2
[同治]重修成都縣志十六卷首一卷 （清）李玉宣修 （清）衷興鑒纂 清同治十二年(1873)刻本 十六冊

500000－8702－0001030 F/61/3
[同治]重修成都縣志十六卷首一卷 （清）李玉宣修 （清）衷興鑒纂 清同治十二年

(1873)刻本 十六冊

500000－8702－0001031 F/61/4
[同治]重修成都縣志十六卷首一卷 （清）李玉宣修 （清）衷興鑒纂 清同治十二年(1873)刻本 十六冊

500000－8702－0001032 F/61/5
成都通覽不分卷 （清）傅崇榘纂 清宣統元年(1909)成都通俗報社石印本 八冊

500000－8702－0001033 F/63/9
[嘉慶]金堂縣志九卷首一卷末一卷 （清）謝惟傑修 （清）黃烈 （清）陳一津纂 清嘉慶十六年(1811)刻同治六年(1867)印本 八冊

500000－8702－0001034 F/63/10
[嘉慶]金堂縣志九卷首一卷末一卷 （清）謝惟傑修 （清）黃烈 （清）陳一津纂 清嘉慶十六年(1811)刻同治六年(1867)印本 八冊

500000－8702－0001035 F/63/12
[同治]續金堂縣志八卷首一卷末一卷 （清）王樹桐 （清）徐璞玉修 （清）米繪裳纂 清同治六年(1867)刻本 二冊

500000－8702－0001036 F/63/13
[同治]續金堂縣志八卷首一卷末一卷 （清）王樹桐 （清）徐璞玉修 （清）米繪裳纂 清同治六年(1867)刻本 二冊

500000－8702－0001037 F/52/6
[光緒]雙流縣志四卷首一卷 （清）彭琬纂修 清光緒三年(1877)刻本 八冊

500000－8702－0001038 F/52/7
[光緒]雙流縣志四卷首一卷 （清）彭琬纂修 清光緒三年(1877)刻本 八冊

500000－8702－0001039 F/60/6
[嘉慶]華陽縣志四十四卷首一卷 （清）吳鞏原稿 （清）董淳修 （清）潘時彤纂 清嘉慶二十一年(1816)刻光緒十八年(1892)補刻本 十六冊

500000－8702－0001040 F/60/7
[嘉慶]華陽縣志四十四卷首一卷 （清）吳鞏

原稿　（清）董淳修　（清）潘時彤纂　清嘉慶
二十一年(1816)刻光緒十八年(1892)補刻本
十六冊

500000－8702－0001041　F/60/8
[嘉慶]華陽縣志四十四卷首一卷　（清）吳鞏
原稿　（清）董淳修　（清）潘時彤纂　清嘉慶
二十一年(1816)刻光緒十八年(1892)補刻本
十六冊

500000－8702－0001042　F/60/9
[嘉慶]華陽縣志四十四卷首一卷　（清）吳鞏
原稿　（清）董淳修　（清）潘時彤纂　清嘉慶
二十一年(1816)刻光緒二十七年(1901)馮煦
印本　十六冊

500000－8702－0001043　F/51/31
[道光]重慶府志九卷　（清）王夢庚修
（清）寇宗纂　清道光二十三年(1843)刻本
十二冊

500000－8702－0001044　F/52/1
[道光]重慶府志九卷　（清）王夢庚修
（清）寇宗纂　清道光二十三年(1843)刻本
十二冊

500000－8702－0001045　F/62/20
[乾隆]巴縣志十七卷首一卷　（清）王爾鑒修
（清）王世沿　（清）周開豐纂　清乾隆十六
年(1751)修嘉慶二十五年(1820)刻本　十
二冊

500000－8702－0001046　F/62/21
[乾隆]巴縣志十七卷首一卷　（清）王爾鑒修
（清）王世沿　（清）周開豐纂　清乾隆十六
年(1751)修嘉慶二十五年(1820)刻本　十
二冊

500000－8702－0001047　F/62/22
[乾隆]巴縣志十七卷首一卷　（清）王爾鑒修
（清）王世沿　（清）周開豐纂　清乾隆十六
年(1751)修嘉慶二十五年(1820)刻本　十
二冊

500000－8702－0001048　F/62/23
[同治]巴縣志四卷　（清）熊家彥修　（清）

霍爲棻纂　清同治六年(1867)刻本　十二冊

500000－8702－0001049　F/62/19
巴縣鄉土志二卷　（清）巴縣勸學所編　清光
緒三十三年(1907)鉛印本　二冊

500000－8702－0001050　F/55/25
[道光]江北廳志八卷首一卷　（清）福珠朗阿
修　（清）宋煊　（清）黃雲衢纂　清道光二十
四年(1844)刻本　八冊

500000－8702－0001051　F/55/26
[道光]江北廳志八卷首一卷　（清）福珠朗阿
修　（清）宋煊　（清）黃雲衢纂　清道光二十
四年(1844)刻本　八冊

500000－8702－0001052　F/55/27
[道光]江北廳志八卷首一卷　（清）福珠朗阿
修　（清）宋煊　（清）黃雲衢纂　清道光二十
四年(1844)刻本　八冊

500000－8702－0001053　F/60/15
[道光]綦江縣志十二卷首一卷　（清）宋灝修
（清）羅星纂　（清）鄧仁堃增修　清道光六
年(1826)刻同治二年(1863)楊銘等增刻本
十二冊

500000－8702－0001054　F/57/18
[嘉慶]溫江縣志三十六卷首一卷　（清）李紹
祖　（清）沈學詩修　（清）徐文貢　（清）車
西纂　清嘉慶二十年(1815)刻本　六冊

500000－8702－0001055　F/57/19
[嘉慶]溫江縣志三十六卷首一卷　（清）李紹
祖　（清）沈學詩修　（清）徐文貢　（清）車
西纂　清嘉慶二十年(1815)刻本　六冊

500000－8702－0001056　F/57/20
[嘉慶]溫江縣志三十六卷首一卷　（清）李紹
祖　（清）沈學詩修　（清）徐文貢　（清）車
西纂　清嘉慶二十年(1815)刻本　六冊

500000－8702－0001057　F/54/9
[同治]郫縣志四十四卷　（清）陳慶熙修
（清）高升之纂　清同治九年(1870)刻本　八
冊　存四十三卷(一至四十三)

500000－8702－0001058　F/54/10

[同治]郫縣志四十四卷　（清）陳慶熙修
（清）高升之纂　清同治九年(1870)刻本
十冊

500000－8702－0001059　F/54/8

[光緒]郫縣鄉土志二卷　（清）黃德潤修
（清）姜士諤纂　清光緒三十四年(1908)鉛印
本　一冊

500000－8702－0001060　F/56/21

[光緒]增修灌縣志十四卷首一卷　（清）莊思
恒修　（清）鄭珶山纂　清光緒十二年(1886)
刻本　十四冊

500000－8702－0001061　F/56/22

[光緒]增修灌縣志十四卷首一卷　（清）莊思
恒修　（清）鄭珶山纂　清光緒十二年(1886)
刻本　十冊

500000－8702－0001062　F/56/23

[光緒]增修灌縣志十四卷首一卷　（清）莊思
恒修　（清）鄭珶山纂　清光緒十二年(1886)
刻本　十冊

500000－8702－0001063　F/56/18

[光緒]灌縣鄉土志二卷　（清）鍾文虎修
（清）徐昱纂　清光緒三十三年(1907)刻本
二冊

500000－8702－0001064　F/56/19

[光緒]灌縣鄉土志二卷　（清）鍾文虎修
（清）徐昱纂　清光緒三十三年(1907)刻本
二冊

500000－8702－0001065　F/56/20

[光緒]灌縣鄉土志二卷　（清）鍾文虎修
（清）徐昱纂　清光緒三十三年(1907)刻本
二冊

500000－8702－0001066　F/59/14

[光緒]重修彭縣志十三卷首一卷末一卷補遺
一卷　（清）張龍甲修　（清）呂調陽　（清）
龔世瑩纂　清光緒六年(1880)刻本　八冊

500000－8702－0001067　F/59/15

[光緒]重修彭縣志十三卷首一卷末一卷補遺
一卷　（清）張龍甲修　（清）呂調陽　（清）
龔世瑩纂　清光緒六年(1880)刻本　十冊

500000－8702－0001068　F/59/16

[光緒]重修彭縣志十三卷首一卷末一卷補遺
一卷　（清）張龍甲修　（清）呂調陽　（清）
龔世瑩纂　清光緒六年(1880)刻本　十冊

500000－8702－0001069　F/52/35

[嘉慶]崇寧縣志四卷　（清）劉壇等纂修　清
嘉慶二十一年(1816)刻本　八冊

500000－8702－0001070　F/52/36

[嘉慶]崇寧縣志四卷　（清）劉壇等纂修　清
嘉慶二十一年(1816)刻本　四冊

500000－8702－0001071　F/53/15

[嘉慶]什邡縣志五十四卷　（清）紀大奎修
（清）林時春纂　清嘉慶十八年(1813)刻道光
十六年(1836)王之俊增刻本　十二冊　存五
十二卷(一至三、六至五十四)

500000－8702－0001072　F/56/30

[嘉慶]漢州志四十卷首一卷末一卷　（清）劉
長庚修　（清）侯肇元　（清）張懷泗纂　清嘉
慶二十二年(1817)刻同治八年(1869)印本
二十冊

500000－8702－0001073　F/56/31

[嘉慶]漢州志四十卷首一卷末一卷　（清）劉
長庚修　（清）侯肇元　（清）張懷泗纂　清嘉
慶二十二年(1817)刻同治八年(1869)印本
二十冊

500000－8702－0001074　F/56/32

[嘉慶]漢州志四十卷首一卷末一卷　（清）劉
長庚修　（清）侯肇元　（清）張懷泗纂　清嘉
慶二十二年(1817)刻同治八年(1869)印本
十二冊

500000－8702－0001075　F/57/2

[同治]續漢州志二十四卷首一卷末一卷
（清）張超修　（清）曾履中　（清）張敏行纂
　清同治八年(1869)刻本　八冊

500000－8702－0001076　F/57/3

[同治]續漢州志二十四卷首一卷末一卷
（清）張超修　（清）曾履中　（清）張敏行纂
　清同治八年(1869)刻本　八冊

500000－8702－0001077　F/57/4

[同治]續漢州志二十四卷首一卷末一卷
（清）張超修　（清）曾履中　（清）張敏行纂
　清同治八年(1869)刻本　八冊

500000－8702－0001078　F/50/10

[道光]新都縣志十八卷首一卷　（清）張奉書
修　（清）張懷洵纂　清道光二十四年(1844)
刻本　十二冊

500000－8702－0001079　F/50/12

[道光]新都縣志十八卷首一卷　（清）張奉書
修　（清）張懷洵纂　清道光二十四年(1844)
刻本　十二冊

500000－8702－0001080　F/50/11

[道光]新都縣志十八卷首一卷　（清）張奉書
修　（清）張懷洵纂　清道光二十四年(1844)
刻本　十冊

500000－8702－0001081　F/50/16

[同治]新繁縣志十六卷首一卷　（清）李應觀
修　（清）楊益豫纂　清同治十二年(1873)刻
本　八冊

500000－8702－0001082　F/50/17

[同治]新繁縣志十六卷首一卷　（清）李應觀
修　（清）楊益豫纂　清同治十二年(1873)刻
本　八冊

500000－8702－0001083　F/50/18

[同治]新繁縣志十六卷首一卷　（清）李應觀
修　（清）楊益豫纂　清同治十二年(1873)刻
本　八冊

500000－8702－0001084　F/50/19

[光緒]新繁縣鄉土志十卷　（清）余慎修
（清）陳彥升纂　清光緒三十三年(1907)鉛印
本　二冊

500000－8702－0001085　F/50/20

[光緒]新繁縣鄉土志十卷　（清）余慎修
（清）陳彥升纂　清光緒三十三年(1907)鉛印
本　二冊

500000－8702－0001086　F/50/7

[道光]新津縣志四十卷首一卷　（清）王夢庚
稿　（清）陳霽學修　（清）葉方模　（清）童
宗沛纂　清道光九年(1829)刻本　十二冊

500000－8702－0001087　F/50/8

[道光]新津縣志四十卷首一卷　（清）王夢庚
稿　（清）陳霽學修　（清）葉方模　（清）童
宗沛纂　清道光九年(1829)刻十九年(1839)
鄭安仁印本　六冊

500000－8702－0001088　F/50/9

[宣統]新津縣鄉土志二卷　（清）祿勳編纂
清宣統元年(1909)鉛印本　一冊

500000－8702－0001089　F/59/21

[光緒]蒲江縣志五卷　（清）孫清士　（清）
陸汝衡修　（清）解璜　（清）徐元善纂　清光
緒四年(1878)刻本　十冊

500000－8702－0001090　F/51/30

[嘉慶]邛州直隸州志四十六卷首一卷　（清）
吳鞏修　（清）王來遴纂　清嘉慶二十三年
(1818)刻本　十二冊

500000－8702－0001091　F/58/30

[同治]大邑縣志二十卷　（清）趙霦等纂修
清同治六年至七年(1867－1868)刻本　八冊

500000－8702－0001092　F/58/31

[同治]大邑縣志二十卷　（清）趙霦等纂修
清同治六年至七年(1867－1868)刻本　十冊

500000－8702－0001093　F/52/21

[光緒]崇慶州志十二卷首一卷　（清）沈恩培
修　（清）胡麟纂　清光緒三年(1877)刻本
十冊

500000－8702－0001094　F/53/37

[同治]直隸綿州志五十五卷　（清）文棨
（清）董貽清修　（清）伍肇齡　（清）何天祥
纂　清同治十二年(1873)刻本　二十冊

500000 – 8702 – 0001095　F/53/38

[同治]直隸綿州志五十五卷　（清）文棨
（清）董貽清修　（清）伍肇齡　（清）何天祥
纂　清同治十二年(1873)刻本　二十册

500000 – 8702 – 0001096　F/56/6

[光緒]江油縣志二十四卷　（清）武丕文修
（清）馮景文纂　清光緒二十九年(1903)刻本
六册

500000 – 8702 – 0001097　F/50/5

[同治]彰明縣志五十七卷首一卷　（清）何慶
恩修　（清）李朝棟纂　清同治十三年(1874)
刻本　十册

500000 – 8702 – 0001098　F/50/4

[道光]龍安府志十卷　（清）鄧存詠　（清）
張方覲等纂修　清道光二十二年(1842)刻本
八册

500000 – 8702 – 0001099　F/49/23

[乾隆]四川保寧府廣元縣志十三卷首一卷
（清）張賡謨纂修　（清）應德偉參訂　清乾隆
二十二年(1757)刻本　八册

500000 – 8702 – 0001100　F/61/18

[道光]重修昭化縣志四十八卷　（清）張紹齡
修　（清）馬玉瓛纂　清道光修同治三年
(1864)曾寅光刻本　六册

500000 – 8702 – 0001101　F/61/19

[道光]重修昭化縣志四十八卷　（清）張紹齡
修　（清）馬玉瓛纂　清道光修同治三年
(1864)曾寅光刻本　十二册

500000 – 8702 – 0001102　F/64/18

[同治]劍州志十卷　（清）李溶　（清）余文
煥修　（清）李榕纂　清同治十二年(1873)刻
本　四册

500000 – 8702 – 0001103　F/59/5

[咸豐]梓潼縣志六卷　（清）張香海修
（清）楊曦　（清）李蕃纂　清咸豐八年
(1858)刻本　六册

500000 – 8702 – 0001104　F/59/6

[咸豐]梓潼縣志六卷　（清）張香海修
（清）楊曦　（清）李蕃纂　清咸豐八年
(1858)刻本　六册

500000 – 8702 – 0001105　F/54/26

[光緒]新修潼川府志三十卷　（清）阿麟修
（清）王龍勳　（清）吳懋昭纂　清光緒二十三
年(1897)刻本　十六册

500000 – 8702 – 0001106　F/54/27

[光緒]新修潼川府志三十卷　（清）阿麟修
（清）王龍勳　（清）吳懋昭纂　清光緒二十三
年(1897)刻本　十六册

500000 – 8702 – 0001107　F/54/28

[光緒]新修潼川府志三十卷　（清）阿麟修
（清）王龍勳　（清）吳懋昭纂　清光緒二十三
年(1897)刻本　十六册

500000 – 8702 – 0001108　F/63/7

[乾隆]鹽亭縣志八卷首一卷　（清）張松孫
（清）胡光琦修　（清）雷懋德纂　清乾隆五十
一年(1786)刻光緒八年(1882)補刻本　八册

500000 – 8702 – 0001109　F/63/6

[光緒]鹽亭縣志續編四卷首一卷　（清）邢錫
晉修　（清）胥靜山　（清）趙宗藩纂　清光緒
八年(1882)刻本　四册

500000 – 8702 – 0001110　F/53/17

[光緒]射洪縣志十八卷首一卷　（清）黃允欽
　（清）謝廷鈞修　（清）張尚湉　（清）羅錦
城纂　清光緒十年至十一年(1884－1885)刻
本　十册

500000 – 8702 – 0001111　F/53/18

[光緒]射洪縣志十八卷首一卷　（清）黃允欽
　（清）謝廷鈞修　（清）張尚湉　（清）羅錦
城纂　清光緒十年至十一年(1884－1885)刻
本　十册

500000 – 8702 – 0001112　F/53/19

[光緒]射洪縣志十八卷首一卷　（清）黃允欽
　（清）謝廷鈞修　（清）張尚湉　（清）羅錦
城纂　清光緒十年至十一年(1884－1885)刻
本　十册

500000－8702－0001113　F/57/31

[光緒]遂寧縣志六卷首一卷　（清）孫海　（清）田秀栗修　（清）李星根　（清）張知雄纂　清光緒五年(1879)刻本　六冊

500000－8702－0001114　F/57/32

[光緒]遂寧縣志六卷首一卷　（清）孫海　（清）田秀栗修　（清）李星根　（清）張知雄纂　清光緒五年(1879)刻本　六冊

500000－8702－0001115　F/59/35

[道光]蓬溪縣志十六卷首一卷圖一卷　（清）吳章祁　（清）楊文保修　（清）顧士英纂　清道光二十五年(1845)刻本　十冊

500000－8702－0001116　F/59/36

[道光]蓬溪縣志十六卷首一卷圖一卷　（清）吳章祁　（清）楊文保修　（清）顧士英纂　清道光二十五年(1845)刻本　八冊

500000－8702－0001117　F/59/37

[道光]蓬溪縣志十六卷首一卷圖一卷　（清）吳章祁　（清）楊文保修　（清）顧士英纂　清道光二十五年(1845)刻本　八冊

500000－8702－0001118　F/59/38

[光緒]蓬溪縣續志十四卷首一卷　（清）周學銘修　（清）熊祥謙纂　清光緒二十五年(1899)刻本　四冊

500000－8702－0001119　F/59/39

[光緒]蓬溪縣續志十四卷首一卷　（清）周學銘修　（清）熊祥謙纂　清光緒二十五年(1899)刻本　四冊

500000－8702－0001120　F/59/40

[光緒]蓬溪縣續志十四卷首一卷　（清）周學銘修　（清）熊祥謙纂　清光緒二十五年(1899)刻本　四冊

500000－8702－0001121　F/60/21

[道光]中江縣新志八卷首一卷　（清）楊需修　（清）李福源　（清）范泰衡纂　清道光十九年(1839)刻同治五年(1866)印本　五冊

500000－8702－0001122　F/60/22

[道光]中江縣新志八卷首一卷　（清）楊需修　（清）李福源　（清）范泰衡纂　清道光十九年(1839)刻同治五年(1866)印本　五冊

500000－8702－0001123　F/60/23

[道光]中江縣新志八卷首一卷　（清）楊需修　（清）李福源　（清）范泰衡纂　清道光十九年(1839)刻同治五年(1866)印本　六冊

500000－8702－0001124　F/60/24

[同治]中江縣新志補遺一卷續編一卷　（清）李星根纂修　清同治五年(1866)刻本　一冊

500000－8702－0001125　F/60/25

[同治]中江縣新志補遺一卷續編一卷　（清）李星根纂修　清同治五年(1866)刻本　一冊

500000－8702－0001126　F/53/20

[道光]德陽縣新志十二卷首一卷末一卷　（清）裴顯忠修　（清）陳一津　（清）劉碩輔纂　清道光十七年(1837)刻光緒三十一年(1905)印本　五冊

500000－8702－0001127　F/53/21

[道光]德陽縣新志十二卷首一卷末一卷　（清）裴顯忠修　（清）陳一津　（清）劉碩輔纂　清道光十七年(1837)刻光緒三十一年(1905)印本　五冊

500000－8702－0001128　F/53/22

[光緒]德陽縣志續編十卷首一卷末一卷補遺一卷　（清）鈕傳善修　（清）李炳靈　（清）楊藻纂　清光緒三十一年(1905)德陽宏道閣公書局刻本　三冊

500000－8702－0001129　F/53/23

[光緒]德陽縣志續編十卷首一卷末一卷補遺一卷　（清）鈕傳善修　（清）李炳靈　（清）楊藻纂　清光緒三十一年(1905)德陽宏道閣公書局刻本　三冊

500000－8702－0001130　F/53/24

[光緒]德陽縣志續編十卷首一卷末一卷補遺一卷　（清）鈕傳善修　（清）李炳靈　（清）楊藻纂　清光緒三十一年(1905)德陽宏道閣公書局刻本　三冊

500000 - 8702 - 0001131　F/54/2

[光緒]綿竹縣鄉土志三卷　（清）田明理修
（清）黃尚毅纂　清光緒三十四年(1908)刻本
　一冊

500000 - 8702 - 0001132　F/61/12

[嘉慶]羅江縣志三十六卷　（清）李桂林修
（明）鄧林　（清）董湻昌纂　清嘉慶二十年
(1815)刻同治四年(1865)印本　四冊

500000 - 8702 - 0001133　F/61/13

[嘉慶]羅江縣志三十六卷　（清）李桂林修
（明）鄧林　（清）董湻昌纂　清嘉慶二十年
(1815)刻同治四年(1865)印本　四冊

500000 - 8702 - 0001134　F/61/14

[嘉慶]羅江縣志三十六卷　（清）李桂林修
（明）鄧林　（清）董湻昌纂　清嘉慶二十年
(1815)刻同治四年(1865)印本　四冊

500000 - 8702 - 0001135　F/61/15

[同治]續修羅江縣志二十四卷　（清）馬傳業
修　（清）劉正慧　（清）唐懋德纂　清同治四
年(1865)刻本　二冊

500000 - 8702 - 0001136　F/61/16

[同治]續修羅江縣志二十四卷　（清）馬傳業
修　（清）劉正慧　（清）唐懋德纂　清同治四
年(1865)刻本　二冊

500000 - 8702 - 0001137　F/61/17

[同治]續修羅江縣志二十四卷　（清）馬傳業
修　（清）劉正慧　（清）唐懋德纂　清同治四
年(1865)刻本　二冊

500000 - 8702 - 0001138　F/50/29

[道光四川]石泉縣志十卷　（清）趙德林修
（清）張沅纂　清道光十四年(1834)刻本　十
二冊

500000 - 8702 - 0001139　F/50/30

[道光四川]石泉縣志十卷　（清）趙德林修
（清）張沅纂　清道光十四年(1834)刻本　十
二冊

500000 - 8702 - 0001140　F/52/25

[道光]樂至縣志十六卷首一卷　（清）裴顯忠
修　（清）劉碩輔纂　清道光二十年(1840)刻
同治八年(1869)胡書雲補刻本　四冊

500000 - 8702 - 0001141　F/52/26

[道光]樂至縣志十六卷首一卷　（清）裴顯忠
修　（清）劉碩輔纂　清道光二十年(1840)刻
同治八年(1869)胡書雲補刻本　四冊

500000 - 8702 - 0001142　F/52/27

[道光]樂至縣志十六卷首一卷　（清）裴顯忠
修　（清）劉碩輔纂　清道光二十年(1840)刻
同治八年(1869)胡書雲補刻本　四冊

500000 - 8702 - 0001143　F/52/28

[光緒]樂至縣志四卷首一卷　（清）胡書雲
（清）李星根修　（清）鄧瑛　（清）羅孝敦纂
　清光緒九年(1883)刻本　四冊

500000 - 8702 - 0001144　F/52/29

[光緒]樂至縣志四卷首一卷　（清）胡書雲
（清）李星根修　（清）鄧瑛　（清）羅孝敦纂
　清光緒九年(1883)刻本　四冊

500000 - 8702 - 0001145　F/55/12

[道光]安岳縣志十六卷首一卷　（清）濮瑗修
　（清）周國頤　（清）周祚鎬纂　清道光二十
一年(1841)刻光緒二十三年(1897)印本
八冊

500000 - 8702 - 0001146　F/55/13

[道光]安岳縣志十六卷首一卷　（清）濮瑗修
　（清）周國頤　（清）周祚鎬纂　清道光二十
一年(1841)刻光緒二十三年(1897)印本
八冊

500000 - 8702 - 0001147　F/55/14

[道光]安岳縣志十六卷首一卷　（清）濮瑗修
　（清）周國頤　（清）周祚鎬纂　清道光二十
一年(1841)刻光緒二十三年(1897)印本
八冊

500000 - 8702 - 0001148　F/55/15

[光緒]續修安岳縣志四卷　（清）陳其寬修
（清）鄒宗垣纂　清光緒二十三年(1897)刻本
　四冊

500000－8702－0001149　F/60/37

[光緒]威遠縣志三編四卷　（清）吳增輝修
（清）吳容纂　清光緒三年(1877)刻本　四冊

500000－8702－0001150　F/57/25

[光緒]資州直隸州志三十卷首四卷　（清）羅
廷權修　（清）何衰纂　清光緒二年(1876)刻
本　二十四冊

500000－8702－0001151　F/57/28

[咸豐]資陽縣志四十八卷首二卷　（清）范淶
清修　（清）何華元纂　清咸豐十一年(1861)
刻本　十冊

500000－8702－0001152　F/57/29

[咸豐]資陽縣志四十八卷首二卷　（清）范淶
清修　（清）何華元纂　清咸豐十一年(1861)
刻本　十冊

500000－8702－0001153　F/64/29

[咸豐]簡州志十四卷　（清）濮瑗修　（清）
黃樸　（清）陳治安纂　清咸豐三年(1853)鳳
山書院刻本　十冊

500000－8702－0001154　F/64/30

[咸豐]簡州志十四卷　（清）濮瑗修　（清）
黃樸　（清）陳治安纂　清咸豐三年(1853)鳳
山書院刻本　十冊

500000－8702－0001155　F/65/1

[咸豐]簡州志十四卷　（清）濮瑗修　（清）
黃樸　（清）陳治安纂　清咸豐三年(1853)刻
光緒二十三年(1897)印本　十冊

500000－8702－0001156　F/65/2

[光緒]簡州續志十四卷　（清）易家霖修
(清)傅爲霖纂　清光緒二十三年(1897)鳳山
書院刻本　二冊

500000－8702－0001157　F/65/3

[光緒]簡州續志十四卷　（清）易家霖修
(清)傅爲霖纂　清光緒二十三年(1897)鳳山
書院刻本　二冊

500000－8702－0001158　F/64/13

[光緒]敘州府志四十三卷首一卷末一卷

（清）王麟祥修　（清）邱晉成　（清）張澤芳
纂　清光緒二十一年(1895)刻本　三十六冊

500000－8702－0001159　F/64/14

[光緒]敘州府志四十三卷首一卷末一卷
（清）王麟祥修　（清）邱晉成　（清）張澤芳
纂　清光緒二十一年(1895)刻本　二十八冊

500000－8702－0001160　F/54/19

[嘉慶]宜賓縣志五十四卷首一卷　（清）劉元
熙修　（清）李世芳纂　清嘉慶十七年(1812)
刻本　八冊

500000－8702－0001161　F/55/16

[乾隆]富順縣志五卷首一卷　（清）段玉裁修
（清）李芝纂　清乾隆修光緒八年(1882)刻
本　五冊

500000－8702－0001162　F/55/17

[乾隆]富順縣志五卷首一卷　（清）段玉裁修
（清）李芝纂　清乾隆修光緒八年(1882)刻
本　五冊

500000－8702－0001163　F/55/18

[乾隆]富順縣志五卷首一卷　（清）段玉裁修
（清）李芝纂　清乾隆修光緒八年(1882)刻
本　五冊

500000－8702－0001164　F/58/16

[同治]南溪縣志八卷　（清）福倫修　（清）
胡元翔　（清）唐毓彤纂　清同治十三年
(1874)刻本　八冊

500000－8702－0001165　F/58/17

[同治]南溪縣志八卷　（清）福倫修　（清）
胡元翔　（清）唐毓彤纂　清同治十三年
(1874)刻本　八冊

500000－8702－0001166　F/55/38

[光緒]瀘州直隸州志十二卷　（清）田秀栗修
（清）華國清　（清）施澤久纂　清光緒八年
(1882)刻本　十二冊

500000－8702－0001167　F/55/37

瀘州鄉土地理教科書三十一章　（清）李正華
修　（清）彭植昌纂　清光緒三十四年(1908)

刻本　一冊

500000－8702－0001168　F/64/2

[同治]合江縣志五十四卷首一卷　（清）瞿樹
蔭修　（清）羅增垣纂　清同治十年(1871)刻
本　二十冊

500000－8702－0001169　F/64/3

[同治]合江縣志五十四卷首一卷　（清）瞿樹
蔭修　（清）羅增垣纂　清同治十年(1871)刻
本　十二冊

500000－8702－0001170　F/49/20

[同治]高縣志五十四卷首一卷　（清）敖立榜
修　（清）曾毓佐纂　清同治五年(1866)刻本
八冊

500000－8702－0001171　F/49/21

[同治]高縣志五十四卷首一卷　（清）敖立榜
修　（清）曾毓佐纂　清同治五年(1866)刻本
八冊

500000－8702－0001172　F/62/3

[乾隆]屏山縣志八卷首一卷　（清）段階
（清）張曾敏修　（清）陳琦纂　清乾隆四十三
年(1778)刻嘉慶五年(1800)印本　四冊

500000－8702－0001173　F/62/4

[乾隆]屏山縣志八卷首一卷　（清）段階
（清）張曾敏修　（清）陳琦纂　清乾隆四十三
年(1778)刻嘉慶五年(1800)印本　十二冊

500000－8702－0001174　F/58/25

[嘉慶]夾江縣志十二卷首一卷　（清）宋鳴琦
（清）王佐修　（清）涂崧纂　清嘉慶十八年
(1813)刻光緒十四年(1888)補刻本　四冊

500000－8702－0001175　F/57/6

[嘉慶]洪雅縣志二十五卷首一卷　（清）王好
音修　（清）張柱　（清）周廷彥纂　清嘉慶十
八年(1813)刻光緒十年(1884)印本　七冊

500000－8702－0001176　F/57/7

[嘉慶]洪雅縣志二十五卷首一卷　（清）王好
音修　（清）張柱　（清）周廷彥纂　清嘉慶十
八年(1813)刻光緒十年(1884)印本　七冊

500000－8702－0001177　F/57/8

[嘉慶]洪雅縣志二十五卷首一卷　（清）王好
音修　（清）張柱　（清）周廷彥纂　清嘉慶十
八年(1813)刻光緒十年(1884)印本　七冊

500000－8702－0001178　F/57/9

[光緒]洪雅縣志十二卷首一卷　（清）郭世棻
修　（清）鄧敏修　（清）黃愷纂　清光緒十年
(1884)刻本　五冊

500000－8702－0001179　F/57/10

[光緒]洪雅縣志十二卷首一卷　（清）郭世棻
修　（清）鄧敏修　（清）黃愷纂　清光緒十年
(1884)刻本　五冊

500000－8702－0001180　F/57/11

[光緒]洪雅縣志十二卷首一卷　（清）郭世棻
修　（清）鄧敏修　（清）黃愷纂　清光緒十年
(1884)刻本　五冊

500000－8702－0001181　F/62/15

[光緒]丹棱縣志十卷首一卷　（清）顧汝萼
（清）袁桂芳修　（清）朱文翰　（清）郭岱纂
清光緒十八年(1892)刻本　八冊

500000－8702－0001182　F/62/16

[光緒]丹棱縣志十卷首一卷　（清）顧汝萼
（清）袁桂芳修　（清）朱文翰　（清）郭岱纂
清光緒十八年(1892)刻本　四冊

500000－8702－0001183　F/60/29

[光緒]青神縣志五十四卷首一卷　（清）郭世
棻修　（清）文筆超纂　清光緒三年(1877)刻
本　六冊　存四十二卷(一至十九、二十三、
二十五、二十七至三十、三十三至三十九、四
十二、四十六至四十九、五十一至五十四,首
一卷)

500000－8702－0001184　F/52/15

[道光]仁壽縣新志八卷　（清）馬百齡修
（清）魏崧　（清）鄭宗垣纂　清道光十七年至
十八年(1837－1838)刻本　四冊　存四卷
(一至四)

500000－8702－0001185　F/52/17

[光緒]補纂仁壽縣原志六卷末一卷　（清）楊

作霖修　（清）陳紹湘纂　清光緒七年(1881)
刻本　七冊

500000－8702－0001186　F/52/18
[光緒]補纂仁壽縣原志六卷末一卷　（清）楊
作霖修　（清）陳紹湘纂　清光緒七年(1881)
刻本　七冊

500000－8702－0001187　F/52/19
[光緒]補纂仁壽縣原志六卷末一卷　（清）楊
作霖修　（清）陳紹湘纂　清光緒七年(1881)
刻本　七冊

500000－8702－0001188　F/53/9
[嘉慶]峨眉縣志十卷首一卷　（清）王燮修
（清）張希緝纂　清嘉慶十八年(1813)刻宣統
三年(1911)李錦成補刻本　四冊

500000－8702－0001189　F/53/10
[嘉慶]峨眉縣志十卷首一卷　（清）王燮修
（清）張希緝纂　清嘉慶十八年(1813)刻宣統
三年(1911)李錦成補刻本　四冊

500000－8702－0001190　F/53/11
[嘉慶]峨眉縣志十卷首一卷　（清）王燮修
（清）張希緝纂　清嘉慶十八年(1813)刻宣統
三年(1911)李錦成補刻本　四冊

500000－8702－0001191　F/55/23
[光緒]永川縣志十卷首一卷　（清）許曾蔭
（清）吳若枚修　（清）馬慎修　（清）朱維垣
纂　清光緒二十年(1894)刻本　十冊

500000－8702－0001192　F/64/24
[光緒]銅梁縣志十六卷首一卷　（清）韓清桂
　（清）邵坤修　（清）陳昌纂　清光緒元年
(1875)刻本　八冊

500000－8702－0001193　F/64/25
[光緒]銅梁縣志十六卷首一卷　（清）韓清桂
　（清）邵坤修　（清）陳昌纂　清光緒元年
(1875)刻本　八冊

500000－8702－0001194　F/64/26
[光緒]銅梁縣志十六卷首一卷　（清）韓清桂
　（清）邵坤修　（清）陳昌纂　清光緒元年

(1875)刻本　八冊

500000－8702－0001195　F/61/24
[同治]璧山縣志十卷首一卷末一卷　（清）寇
用平修　（清）陳錦堂　（清）盧有徵纂　清同
治四年(1865)刻本　六冊

500000－8702－0001196　F/61/25
[同治]璧山縣志十卷首一卷末一卷　（清）寇
用平修　（清）陳錦堂　（清）盧有徵纂　清同
治四年(1865)刻本　六冊

500000－8702－0001197　F/56/1
[光緒]江津縣志十二卷附志存一卷　（清）王
煌修　（清）袁方城纂　清光緒元年(1875)刻
本　八冊

500000－8702－0001198　F/65/17
[光緒]榮昌縣志二十二卷　（清）施學煌
（清）謝金元修　（清）敖冊賢纂　清光緒九年
至十年(1883－1884)刻二十年(1894)印本
八冊

500000－8702－0001199　F/65/18
[光緒]榮昌縣志二十二卷　（清）施學煌
（清）謝金元修　（清）敖冊賢纂　清光緒九年
至十年(1883－1884)刻二十年(1894)印本
八冊

500000－8702－0001200　F/65/19
[光緒]榮昌縣志二十二卷　（清）施學煌
（清）謝金元修　（清）敖冊賢纂　清光緒九年
至十年(1883－1884)刻二十年(1894)印本
七冊　存十八卷(一至十、十五至二十二)

500000－8702－0001201　F/55/1
[同治]重修涪州志十六卷首一卷附義勇匯編
一卷　（清）呂紹衣修　（清）王應元　（清）
傅炳墀纂　清同治九年(1870)刻本　八冊

500000－8702－0001202　F/59/20
[光緒]墊江縣志十卷　（清）謝必鏗修
（清）李炳靈　（清）殷光庚纂　清光緒二十六
年(1900)刻本　八冊

500000－8702－0001203　F/54/3

[光緒]酆都縣志四卷首一卷 （清）田秀栗
（清）徐其岱原本 （清）蔣履泰增續 清同治
修光緒十九年（1893）增刻本 八冊

500000－8702－0001204 F/54/4

[光緒]酆都縣志四卷首一卷 （清）田秀栗
（清）徐其岱原本 （清）蔣履泰增續 清同治
修光緒十九年（1893）增刻本 六冊 存十一
卷（一至三、附八卷）

500000－8702－0001205 F/51/2

[道光]補輯石柱廳新志十二卷 （清）王槐齡
纂修 清道光二十三年（1843）刻本 八冊

500000－8702－0001206 F/51/3

[道光]補輯石柱廳志十二卷圖一卷 （清）王
槐齡纂修 清光緒十九年（1893）劉廷恕增圖
刻本 四冊

500000－8702－0001207 F/52/2

[光緒]秀山縣志十四卷首一卷 （清）王壽松
修 （清）李稽勳纂 清光緒十七年至十八年
（1891－1892）刻本 四冊

500000－8702－0001208 F/52/3

[光緒]秀山縣志十四卷首一卷 （清）王壽松
修 （清）李稽勳纂 清光緒十八年（1892）刻
本 四冊

500000－8702－0001209 F/52/4

[光緒]秀山縣志十四卷首一卷 （清）王壽松
修 （清）李稽勳纂 清光緒十八年（1892）刻
本 四冊

500000－8702－0001210 F/51/7

[同治]增修酉陽直隸州總志二十二卷首一卷
末一卷 （清）王鱗飛 （清）張秉堃修
（清）馮世瀛 （清）冉崇文纂 清同治三年
（1864）刻本 二十四冊

500000－8702－0001211 F/61/22

[光緒]黔江縣志五卷首一卷 （清）張九章
（清）陳毓芝修 （清）陳藩垣 （清）陶祖謙
纂 清光緒二十年（1894）刻本 十冊

500000－8702－0001212 F/61/23

[光緒]黔江縣志五卷首一卷 （清）張九章
（清）陳毓芝修 （清）陳藩垣 （清）陶祖謙
纂 清光緒二十年（1894）刻本 五冊

500000－8702－0001213 F/59/8

[光緒]彭水縣志四卷首一卷 （清）莊定域修
（清）支承祐 （清）劉龍霖纂 清光緒元年
（1875）刻本 八冊

500000－8702－0001214 F/58/7

[光緒]南川縣志十二卷首一卷 （清）黃際飛
（清）黃芳馨修 （清）周厚光 （清）劉傳
經纂 清光緒二年（1876）刻本 十二冊

500000－8702－0001215 F/63/20

[道光]夔州府志三十六卷首一卷 （清）恩成
修 （清）劉德銓 （清）李鐸纂 清道光七年
（1827）刻光緒十七年（1891）白誠瑞補刻本
二十四冊

500000－8702－0001216 F/63/21

[道光]夔州府志三十六卷首一卷 （清）恩成
修 （清）劉德銓 （清）李鐸纂 清道光七年
（1827）刻光緒十七年（1891）白誠瑞補刻本
二十四冊

500000－8702－0001217 F/59/24

[同治]萬縣志三十六卷首一卷附典禮備考八
卷 （清）王玉鯨稿 （清）張琴修 （清）范
泰衡纂 清同治五年（1866）刻本 十冊

500000－8702－0001218 F/59/25

[同治]萬縣志三十六卷首一卷附典禮備考八
卷 （清）王玉鯨稿 （清）張琴修 （清）范
泰衡纂 清同治五年（1866）刻本 八冊

500000－8702－0001219 F/59/26

[同治]萬縣志三十六卷首一卷附典禮備考八
卷 （清）王玉鯨稿 （清）張琴修 （清）范
泰衡纂 清同治五年（1866）刻本 八冊

500000－8702－0001220 F/62/12

[咸豐]開縣志二十七卷首一卷 （清）李肇奎
（清）魏鉅修 （清）陳昆 （清）沈西序纂
清咸豐三年（1853）刻本 六冊

500000－8702－0001221　　F/62/13

[咸豐]開縣志二十七卷首一卷　（清)李肇奎
（清)魏鉅修　（清)陳昆　（清)沈西序纂
清咸豐三年(1853)刻本　十二冊

500000－8702－0001222　　F/58/23

[光緒]大寧縣志八卷首一卷　（清)高維岳修
（清)魏遠猷　（清)沈仲鍵纂　清光緒十三
年(1887)刻本　八冊

500000－8702－0001223　　F/58/24

[光緒]大寧縣志八卷首一卷　（清)高維岳修
（清)魏遠猷　（清)沈仲鍵纂　清光緒十三
年(1887)刻本　八冊

500000－8702－0001224　　F/50/21

[光緒]巫山縣志三十二卷首一卷　（清)連山
（清)白曾煦修　（清)李友梁纂　清光緒十
九年(1893)刻本　七冊

500000－8702－0001225　　F/60/34

[光緒]奉節縣志三十六卷首一卷　（清)曾秀
翹修　（清)楊德坤　（清)潘樹嘉纂　清光緒
十九年(1893)刻本　八冊

500000－8702－0001226　　F/60/35

[光緒]奉節縣志三十六卷首一卷　（清)曾秀
翹修　（清)楊德坤　（清)潘樹嘉纂　清光緒
十九年(1893)刻本　八冊

500000－8702－0001227　　F/51/9

[咸豐]雲陽縣志十二卷　（清)江錫麒修
(清)陳崑纂　清咸豐四年(1854)刻本　十
二冊

500000－8702－0001228　　F/51/10

[咸豐]雲陽縣志十二卷　（清)江錫麒修
(清)陳崑纂　清咸豐四年(1854)刻本　十冊
存十卷(一至三、五至七、九至十二)

500000－8702－0001229　　F/60/30

[道光]忠州直隸州志八卷首一卷　（清)吳友
篪修　（清)熊履青纂　清道光六年(1826)刻
本　八冊

500000－8702－0001230　　F/60/31

[道光]忠州直隸州志八卷首一卷　（清)吳友
篪修　（清)熊履青纂　清道光六年(1826)刻
本　八冊

500000－8702－0001231　　F/60/32

[道光]忠州直隸州志八卷首一卷　（清)吳友
篪修　（清)熊履青纂　清道光六年(1826)刻
本　八冊

500000－8702－0001232　　F/56/13

[嘉慶]梁山縣志十八卷首一卷　（清)符永培
（清)瞿螯等原修　（清)艾鈇增續　清嘉慶
十三年(1808)刻同治六年(1867)增刻本
十冊

500000－8702－0001233　　F/56/14

[光緒]梁山縣志十卷首一卷　（清)朱言詩
(清)周紹鑾纂修　清光緒二十年(1894)刻本
十二冊

500000－8702－0001234　　F/56/15

[光緒]梁山縣志十卷首一卷　（清)朱言詩
(清)周紹鑾纂修　清光緒二十年(1894)刻本
十一冊　存十卷(一至九、首一卷)

500000－8702－0001235　　F/52/14

[康熙]順慶府志十卷增續一卷　（清)李成林
修　（清)羅承順纂　（清)袁定遠增續　清康
熙二十五年(1686)刻嘉慶十二年(1807)黃銑
補刻本　二十冊

500000－8702－0001236　　F/53/36

[道光]保寧府志六十二卷補遺一卷　（清)黎
學錦修　（清)史觀纂　清道光元年(1821)刻
本　十六冊

500000－8702－0001237　　F/58/6

[道光]南部縣志三十卷首一卷　（清)李澍
(清)王瑞慶修　（清)徐暢達　（清)李咸若
纂　清道光二十九年(1849)刻本　八冊　存
二十七卷(三至八、十一至三十,首一卷)

500000－8702－0001238　　F/50/27

[光緒]西充縣志十四卷圖一卷　（清)高培穀
修　（清)劉藻　（清)劉國瑜纂　清光緒元年
至二年(1875－1876)刻本　六冊

500000－8702－0001239　F/50/28

[光緒]西充縣志十四卷圖一卷　（清）高培穀修　（清）劉藻　（清）劉國瑜纂　清光緒元年至二年(1875－1876)刻本　六冊

500000－8702－0001240　F/65/10

[同治]營山縣志三十卷　（清）翁道均修（清）熊毓藩纂　清同治九年(1870)刻光緒十五年(1889)劉械補刻本　十二冊

500000－8702－0001241　F/60/1

[光緒]蓬州志十五卷　（清）方旭修　（清）張禮傑等纂　清光緒二十三年(1897)刻本　三冊

500000－8702－0001242　F/60/2

[光緒]蓬州志十五卷　（清）方旭修　（清）張禮傑等纂　清光緒二十三年(1897)刻本　三冊

500000－8702－0001243　F/60/3

[光緒]蓬州志十五卷　（清）方旭修　（清）張禮傑等纂　清光緒二十三年(1897)刻本　三冊

500000－8702－0001244　F/55/22

[光緒]定遠縣志六卷　（清）姜由範　（清）羅廷機修　（清）王鏞　（清）范元音纂　清光緒元年(1875)刻本　六冊

500000－8702－0001245　F/57/12

[嘉慶]達縣志五十二卷　（清）余永寧（清）郭南英稿　（清）魯鳳輝修　（清）王廷偉　（清）楊世榮纂　清嘉慶二十年(1815)刻本　十二冊

500000－8702－0001246　F/57/13

[嘉慶]達縣志五十二卷　（清）余永寧（清）郭南英稿　（清）魯鳳輝修　（清）王廷偉　（清）楊世榮纂　清嘉慶二十年(1815)刻本　五冊

500000－8702－0001247　F/57/14

[嘉慶]達縣志五十二卷　（清）余永寧（清）郭南英稿　（清）魯鳳輝修　（清）王廷偉　（清）楊世榮纂　清嘉慶二十年(1815)刻

本　六冊

500000－8702－0001248　F/58/1

[光緒]太平縣志十卷首一卷　（清）李恒嘉稿（清）鍾元建修　（清）楊汝偕纂　清光緒十九年(1893)刻本　四冊

500000－8702－0001249　F/58/2

[光緒]太平縣志十卷首一卷　（清）李恒嘉稿（清）鍾元建修　（清）楊汝偕纂　清光緒十九年(1893)刻本　四冊

500000－8702－0001250　F/60/36

[嘉慶]東鄉縣志三十三卷增補一卷　（清）徐陳謨等纂修　清嘉慶二十年(1815)刻同治十二年(1873)補刻本　十冊

500000－8702－0001251　F/65/9

[道光]鄰水縣志六卷首一卷　（清）曾燦奎（清）劉光第修　（清）甘家斌纂　清道光十五年(1835)刻本　六冊

500000－8702－0001252　F/59/1

[道光]大竹縣志四十卷　（清）翟琭　（清）王懷孟稿　（清）蔡以等修　（清）劉漢昭纂　清道光二年(1822)刻本　六冊

500000－8702－0001253　F/56/9

[同治]渠縣志五十二卷首一卷　（清）何慶恩修　（清）賈振麟　（清）金傳培纂　清同治三年(1864)刻本　十六冊

500000－8702－0001254　F/56/10

[同治]渠縣志五十二卷首一卷　（清）何慶恩修　（清）賈振麟　（清）金傳培纂　清同治三年(1864)刻本　十二冊

500000－8702－0001255　F/57/24

[道光]通江縣志十五卷　（清）李鐘峨稿（清）楊檀修　（清）陳瑞生　（清）鄧範之纂　清道光二十八年(1848)刻同治二年(1863)增刻本　六冊　存十四卷(一至十三、十五)

500000－8702－0001256　F/61/31

[乾隆]雅州府志十六卷　（清）曹掄彬修（清）曹掄翰纂　清乾隆四年(1739)刻嘉慶十

六年(1811)趙金笏補刻本 十二冊

500000－8702－0001257 F/61/32

[乾隆]雅州府志十六卷 （清）曹掄彬修
（清）曹掄翰纂 清乾隆四年(1739)刻光緒補
刻本 十五冊

500000－8702－0001258 F/61/33

[乾隆]雅州府志十六卷 （清）曹掄彬修
（清）曹掄翰纂 清乾隆四年(1739)刻光緒補
刻本 十六冊

500000－8702－0001259 F/61/34

[乾隆]雅州府志十六卷 （清）曹掄彬修
（清）曹掄翰纂 清乾隆四年(1739)刻光緒補
刻本 十二冊

500000－8702－0001260 F/54/11

[光緒]名山縣志十五卷 （清）趙懿修
（清）趙怡纂 清光緒十八年(1892)刻二十二
年(1896)印本 四冊

500000－8702－0001261 F/54/12

[光緒]名山縣志十五卷 （清）趙懿修
（清）趙怡纂 清光緒十八年(1892)刻二十二
年(1896)印本 四冊

500000－8702－0001262 F/54/13

[光緒]名山縣志十五卷 （清）趙懿修
（清）趙怡纂 清光緒十八年(1892)刻二十二
年(1896)印本 六冊

500000－8702－0001263 F/59/31

[道光]茂州志四卷首一卷 （清）楊迦懌修
（清）劉輔廷纂 清道光十一年(1831)刻本
四冊

500000－8702－0001264 F/59/32

[道光]茂州志四卷首一卷 （清）楊迦懌修
（清）劉輔廷纂 清道光十一年(1831)刻本
四冊

500000－8702－0001265 F/59/33

[道光]茂州志四卷首一卷 （清）楊迦懌修
（清）劉輔廷纂 清道光十一年(1831)刻本
四冊

500000－8702－0001266 F/51/24

[同治]直隸理番廳志六卷首一卷 （清）吳羹
梅修 （清）周祚嶧纂 清同治五年(1866)刻
本 六冊

500000－8702－0001267 F/51/25

[同治]直隸理番廳志六卷首一卷 （清）吳羹
梅修 （清）周祚嶧纂 清同治五年(1866)刻
本 六冊

500000－8702－0001268 F/53/3

[道光]綏靖屯志十卷首一卷 （清）李涵元修
（清）潘時彤纂 清道光五年(1825)刻本
四冊

500000－8702－0001269 F/64/11

[光緒]四川新設鑪霍屯志略不分卷 （清）李
之珂纂修 清光緒三十二年(1906)鉛印本
一冊

500000－8702－0001270 F/64/12

[光緒]四川新設鑪霍屯志略不分卷 （清）李
之珂纂修 清光緒三十二年(1906)鉛印本
一冊

500000－8702－0001271 F/50/3

章谷屯志略不分卷 （清）吳德煦纂修 清光
緒二十年(1894)刻本 一冊

500000－8702－0001272 F/50/31

[光緒]雷波廳志三十六卷首一卷 （清）秦雲
龍修 （清）萬科進纂 清光緒十九年(1893)
刻本 六冊

500000－8702－0001273 F/50/32

[光緒]雷波廳志三十六卷首一卷 （清）秦雲
龍修 （清）萬科進纂 清光緒十九年(1893)
刻本 六冊

500000－8702－0001274 F/63/22

[同治]會理州志十二卷 （清）鄧仁垣修
（清）吳鐘崙纂 清同治九年(1870)修十三年
(1874)刻本 八冊

500000－8702－0001275 F/63/23

[同治]會理州志十二卷 （清）鄧仁垣修

（清）吳鐘崙纂　清同治九年(1870)修十三年
(1874)刻本　八冊

500000－8702－0001276　F/63/24

[同治]會理州志十二卷　（清）鄧仁垣修
（清）吳鐘崙纂　清同治九年(1870)修十三年
(1874)刻本　十冊

500000－8702－0001277　F/63/25

[光緒]會理州續志二卷　（清）蔣全生修
（清）徐昱纂　清光緒三十一年(1905)刻本
二冊

500000－8702－0001278　F/59/17

[光緒]越嶲廳全志十二卷　（清）馬忠良原稿
（清）馬湘續纂　孫鏘增纂　清光緒三十二
年(1906)鉛印本　六冊

500000－8702－0001279　F/59/18

[光緒]越嶲廳全志十二卷　（清）馬忠良原稿
（清）馬湘續纂　孫鏘增纂　清光緒三十二
年(1906)鉛印本　八冊

500000－8702－0001280　F/59/19

[光緒]越嶲廳全志十二卷　（清）馬忠良原稿
（清）馬湘續纂　孫鏘增纂　清光緒三十二
年(1906)鉛印本　八冊

500000－8702－0001281　F/61/10

[咸豐]冕寧縣志十二卷首一卷末一卷　（清）
蔡韶九稿　（清）李英粲修　（清）李昭纂　清
咸豐七年(1857)刻本　八冊

500000－8702－0001282　F/61/11

[咸豐]冕寧縣志十二卷首一卷末一卷　（清）
蔡韶九稿　（清）李英粲修　（清）李昭纂　清
咸豐七年(1857)刻本　十二冊

500000－8702－0001283　F/44/17

[乾隆]貴州通志四十六卷首一卷　（清）鄂爾
泰　（清）張廣泗修　（清）靖道謨　（清）杜
詮纂　清乾隆六年(1741)刻嘉慶補刻本　二
十四冊

500000－8702－0001284　F/44/18

[乾隆]貴州通志四十六卷首一卷　（清）鄂爾

泰　（清）張廣泗修　（清）靖道謨　（清）杜
詮纂　清乾隆六年(1741)刻嘉慶補刻本　二
十冊

500000－8702－0001285　F/44/19

[乾隆]貴州通志四十六卷首一卷　（清）鄂爾
泰　（清）張廣泗修　（清）靖道謨　（清）杜
詮纂　清乾隆六年(1741)刻嘉慶補刻本　三
十二冊

500000－8702－0001286　F/44/22

黔書二卷　（清）田雯纂　清嘉慶十三年
(1808)李重刻本　一冊

500000－8702－0001287　F/44/25

黔記四卷　（清）李宗昉纂　清光緒十二年
(1886)黎庶昌刻本　一冊

500000－8702－0001288　F/44/23

黔南識略三十二卷　（清）愛必達修　（清）張
鳳孫纂　清道光二十七年(1847)羅繞典刻本
四冊

500000－8702－0001289　F/44/24

黔南職方紀略九卷　（清）羅繞典纂　清道光
二十七年(1847)刻本　二冊

500000－8702－0001290　F/46/15

[道光]貴陽府志八十八卷首二卷餘編二十卷
（清）周作楫　（清）朱德璲修　（清）蕭琯
等纂　清道光二十年(1840)刻咸豐二年
(1852)補刻本　四十冊

500000－8702－0001291　F/46/16

[道光]貴陽府志八十八卷首二卷餘編二十卷
（清）周作楫　（清）朱德璲修　（清）蕭琯
等纂　清道光二十年(1840)刻咸豐二年
(1852)補刻本　四十冊

500000－8702－0001292　F/45/18

[道光]遵義府志四十八卷首一卷　（清）平翰
（清）黃樂之修　（清）鄭珍　（清）莫友芝
纂　清道光二十一年(1841)刻光緒十八年
(1892)楊熙瑞補刻本　二十冊

500000－8702－0001293　F/45/19

[道光]遵義府志四十八卷首一卷 （清）平翰 （清）黃樂之修 （清）鄭珍 （清）莫友芝纂 清道光二十一年(1841)刻光緒十八年(1892)楊熙瑞補刻本 二十冊

500000 - 8702 - 0001294 F/45/20

[道光]遵義府志四十八卷首一卷 （清）平翰 （清）黃樂之修 （清）鄭珍 （清）莫友芝纂 清道光二十一年(1841)刻光緒十八年(1892)楊熙瑞補刻本 二十冊

500000 - 8702 - 0001295 F/45/15

[光緒]湄潭縣志八卷首一卷 （清）吳宗周修 （清）歐陽曙纂 清光緒二十五年(1899)刻本 六冊

500000 - 8702 - 0001296 F/46/22

[光緒]畢節縣志十卷首一卷 （清）陳昌言修 （清）徐庭霒 （清）周煦纂 清光緒五年(1879)刻本 八冊

500000 - 8702 - 0001297 F/46/26

[道光]黔西州志八卷 （清）魯壽松修 (清)熊聲元 （清）漆應麟纂 清道光十五年(1835)刻光緒十年(1884)補刻本 六冊

500000 - 8702 - 0001298 F/46/27

[光緒]黔西州續志六卷 （清）白建鍌修 (清)諶煥模纂 清光緒十年(1884)刻本 四冊

500000 - 8702 - 0001299 F/46/2

[光緒]古州廳志十卷首一卷 （清）余澤春 (清)吳厚恩修 （清）余嵩慶 （清）陸漸鴻纂 清光緒十四年(1888)刻本 六冊

500000 - 8702 - 0001300 F/46/3

[光緒]古州廳志十卷首一卷 （清）余澤春 (清)吳厚恩修 （清）余嵩慶 （清）陸漸鴻纂 清光緒十四年(1888)刻本 五冊

500000 - 8702 - 0001301 F/44/35

[光緒]平越直隸州志四十卷 （清）瞿鴻錫 (清)楊兆麒修 （清）賀緒蕃纂 （清）陳培庚補 清光緒三十三年(1907)刻本 十六冊

500000 - 8702 - 0001302 F/8/9

滇繫四十卷首四卷 （清）師範纂 清光緒十三年(1887)雲南通志局刻本 四十冊

500000 - 8702 - 0001303 F/9/1

滇繫四十卷首四卷 （清）師範纂 清光緒十三年(1887)雲南通志局刻本 四十冊

500000 - 8702 - 0001304 F/8/2

[道光]雲南志鈔八卷 （清）王崧纂 （清）杜允中註 清道光九年(1829)刻本 四冊 存五卷(一至五)

500000 - 8702 - 0001305 F/8/6

雲南備徵志二十一卷 （清）王崧纂 清宣統二年(1910)雲南官報局鉛印本 十六冊

500000 - 8702 - 0001306 F/8/3

[光緒]雲南通志二百四十二卷首四卷 （清）岑毓英 （清）王文韶修 （清）陳燦纂 清光緒二十年(1894)刻本 二百冊

500000 - 8702 - 0001307 F/8/4

[光緒]續雲南通志稿一百九十四卷首六卷 (清)唐炯 （清）陳燦纂 清光緒二十七年(1901)四川岳池刻本 一百冊

500000 - 8702 - 0001308 F/9/8

[康熙]雲南府志二十五卷 （清）張毓碧修 (清)謝儼纂 清康熙三十五年(1696)刻光緒印本 十四冊

500000 - 8702 - 0001309 F/9/4

[光緒]霑益州志六卷 （清）陳燕 （清）韓寶琛修 （清）李景賢纂 清光緒十一年(1885)刻本 六冊

500000 - 8702 - 0001310 F/10/5

[光緒]羅平州鄉土志十三卷首一卷 （清）陶大濬修 （清）羅鳳章纂 清光緒三十三年(1907)雲南鉛印本 四冊

500000 - 8702 - 0001311 F/9/14

[光緒]續修順寧府志稿三十八卷 （清）黨蒙修 （清）周宗洛纂 清光緒三十一年(1905)刻本 十二冊

500000－8702－0001312　F/9/19

[光緒]永昌府志六十六卷首一卷　（清）劉毓珂纂修　清光緒十一年（1885）刻本　十三冊　存六十六卷（一至六十五、首一卷）

500000－8702－0001313　F/10/13

[光緒]騰越廳志稿二十卷首一卷　（清）陳宗海修　（清）趙端禮纂　清光緒十三年（1887）刻本　十二冊

500000－8702－0001314　F/10/6

[光緒]羅次縣志四卷首一卷　（清）胡毓麒（清）賈汝讓修　（清）楊鐘璧纂　清光緒十三年（1887）刻本　四冊

500000－8702－0001315　F/10/12

[乾隆]雲南騰越州志十三卷　（清）屠述濂纂修　清乾隆修光緒二十三年（1897）刻民國二十年（1931）印本　六冊

500000－8702－0001316　F/10/15

[光緒]鎮南州志略十卷首一卷　（清）李毓蘭修　（清）甘孟賢纂　清光緒十八年（1892）刻本　十冊

500000－8702－0001317　F/10/16

[光緒]鎮南州志略十卷首一卷　（清）李毓蘭修　（清）甘孟賢纂　清光緒十八年（1892）刻本　十冊

500000－8702－0001318　F/9/24

[光緒]姚州志十一卷首一卷附志餘瑣錄一卷音字備覽一卷　（清）陸宗鄭修　（清）甘雨纂　清光緒十一年（1885）刻本　十二冊

500000－8702－0001319　F/9/25

[光緒]姚州志十一卷首一卷附志餘瑣錄一卷音字備覽一卷　（清）陸宗鄭修　（清）甘雨纂　清光緒十一年（1885）刻本　十二冊

500000－8702－0001320　F/9/26

姚州高等小學鄉土教科書二卷　（清）甘仲賢纂　清光緒三十三年（1907）刻本　一冊

500000－8702－0001321　F/9/16

[光緒]續修白鹽井志十一卷首一卷　（清）吳

式釗　（清）李訓鋐修　（清）羅其澤纂　清光緒三十三年（1907）刻本　十二冊

500000－8702－0001322　F/9/21

[光緒]浪穹縣志略十三卷　（清）周沆纂修　清光緒二十九年（1903）刻本　六冊

500000－8702－0001323　F/9/30

[光緒]鶴慶州志三十二卷首一卷　（清）陳宗海　（清）王寶儀修　（清）楊金和　（清）楊金鎧纂　清光緒二十一年（1895）刻本　十冊

500000－8702－0001324　F/10/3

[道光]昆明縣志十卷　（清）戴絅孫撰　清道光二十一年（1841）修光緒三十年（1904）刻本　六冊

500000－8702－0001325　F/7/10

[嘉慶]衛藏通志十六卷首一卷　（清）□□纂修　清光緒二十二年（1896）刻漸西村舍彙刻本　八冊

500000－8702－0001326　F/7/11

[嘉慶]衛藏通志十六卷首一卷　（清）□□纂修　清光緒二十二年（1896）刻漸西村舍彙刻本　八冊

500000－8702－0001327　F/7/12

[嘉慶]衛藏通志十六卷首一卷　（清）□□纂修　清光緒二十二年（1896）刻漸西村舍彙刻本　八冊

500000－8702－0001328　F/7/13

西藏通覽二編二十二章　（日本）山縣初男編著　四川西藏研究會譯　清宣統元年（1909）成都四川西藏研究會鉛印本　四冊

500000－8702－0001329　F/7/14

西藏通覽二編二十二章　（日本）山縣初男編著　四川西藏研究會譯　清宣統元年（1909）成都四川西藏研究會鉛印本　四冊

500000－8702－0001330　F/7/15

西藏通覽二編二十二章　（日本）山縣初男編著　四川西藏研究會譯　清宣統元年（1909）成都四川西藏研究會鉛印本　四冊

500000－8702－0001331　F/7/20

[嘉慶]西招圖略不分卷　　（清）松筠纂
（清）陸爲炳校訂　清嘉慶三年(1798)修道光
二十七年(1847)王師道刻本　　四冊

500000－8702－0001332　F/7/21

[嘉慶]西招圖略不分卷　　（清）松筠纂
（清）陸爲炳校訂　清嘉慶三年(1798)修道光
二十七年(1847)王師道刻本　　一冊

500000－8702－0001333　F/7/22

[嘉慶]西招圖略不分卷　　（清）松筠纂
（清）陸爲炳校訂　清嘉慶三年(1798)修道光
二十七年(1847)王師道刻本　　一冊

500000－8702－0001334　F/7/23

[嘉慶]西招圖略不分卷　　（清）松筠纂
（清）陸爲炳校訂　清嘉慶三年(1798)修道光
二十七年(1847)王師道刻本　　二冊

500000－8702－0001335　F/7/18

[光緒]西藏圖考八卷首一卷　　（清）黃沛翹纂
　清光緒十二年(1886)滇南李培榮刻本
四冊

500000－8702－0001336　F/7/17

[光緒]西藏圖考八卷首一卷　　（清）黃沛翹纂
　清光緒二十三年(1897)刻本　　六冊

500000－8702－0001337　F/7/19

[光緒]西藏圖考八卷首一卷　　（清）黃沛翹纂
　清光緒二十三年(1897)刻本　　四冊

500000－8702－0001338　F/70/26

[嘉慶]長安縣志三十六卷　　（清）張聰賢修
（清）董曾臣纂　清嘉慶二十年(1815)刻同治
十一年(1872)方啟憲補刻本　　六冊

500000－8702－0001339　F/71/1

[嘉靖]耀州志十一卷附五臺山志一卷　　（明）
李廷寶　（明）江從春修　（明）喬世寧等纂
明嘉靖修清乾隆二十七年(1762)刻光緒十六
年(1890)印本　　二冊

500000－8702－0001340　F/71/2

[嘉靖]耀州志十一卷附五臺山志一卷　　（明）
李廷寶　（明）江從春修　（明）喬世寧等纂
明嘉靖修清乾隆二十七年(1762)刻光緒十六
年(1890)印本　　二冊

500000－8702－0001341　F/71/3

[光緒]續耀州志十一卷　　（清）汪灝修
（清）鍾研齋纂　清乾隆三十年(1765)刻光緒
十六年(1890)鄭思敬增刻本　　二冊

500000－8702－0001342　F/71/4

[光緒]續耀州志十一卷　　（清）汪灝修
（清）鍾研齋纂　清乾隆三十年(1765)刻光緒
十六年(1890)鄭思敬增刻本　　二冊

500000－8702－0001343　F/64/48

[道光]重修汧陽縣志十二卷首一卷　　（清）羅
曰璧纂修　（清）郭維城參訂　清道光二十一
年(1841)刻光緒十三年(1887)印本　　三冊

500000－8702－0001344　F/64/48.2

[道光]重修汧陽縣志十二卷首一卷　　（清）羅
曰璧纂修　（清）郭維城參訂　清道光二十一
年(1841)刻光緒十三年(1887)印本　　三冊

500000－8702－0001345　F/68/51

[光緒]增續汧陽縣志二卷　　（清）焦思善修
（清）王潤　（清）張元璧纂　清光緒十三年
(1887)刻本　　三冊

500000－8702－0001346　F/68/51.2

[光緒]增續汧陽縣志二卷　　（清）焦思善修
（清）王潤　（清）張元璧纂　清光緒十三年
(1887)刻本　　三冊

500000－8702－0001347　F/68/49

[光緒]增續汧陽縣志二卷　　（清）焦思善修
（清）王潤　（清）張元璧纂　清光緒十三年
(1887)刻本　　四冊

500000－8702－0001348　F/68/50

[光緒]增續汧陽縣志二卷　　（清）焦思善修
（清）王潤　（清）張元璧纂　清光緒十三年
(1887)刻本　　二冊

500000－8702－0001349　F/70/18

[康熙]隴州志八卷首一卷　　（清）羅彰彝等纂

修　清康熙五十二年(1713)刻乾隆三十一年(1766)印本　四冊

500000 – 8702 – 0001350　F/70/19
[乾隆]隴州續志八卷首一卷末一卷　(清)吳炳等纂修　清乾隆三十一年(1766)刻本　四冊

500000 – 8702 – 0001351　F/67/13
[光緒]麟遊縣新志草十卷首一卷　(清)彭洵等纂修　清光緒九年(1883)刻本　四冊

500000 – 8702 – 0001352　F/67/14
[光緒]麟遊縣新志草十卷首一卷　(清)彭洵等纂修　清光緒九年(1883)刻本　四冊

500000 – 8702 – 0001353　F/68/18
[光緒]岐山縣志四卷　(清)胡昇猷修 (清)張殿元纂　清光緒十年(1884)刻本　四冊

500000 – 8702 – 0001354　F/70/14
[嘉慶]扶風縣志十八卷首一卷　(清)宋世犖修　(清)吳鵬翺　(清)王樹棠纂　清嘉慶二十四年(1819)刻本　四冊

500000 – 8702 – 0001355　F/70/15
[嘉慶]扶風縣志十八卷首一卷　(清)宋世犖修　(清)吳鵬翺　(清)王樹棠纂　清嘉慶二十四年(1819)刻本　四冊

500000 – 8702 – 0001356　F/67/7
[乾隆]府谷縣志四卷　(清)鄭居中　(清)麟書纂修　清乾隆四十八年(1783)刻本　四冊

500000 – 8702 – 0001357　F/70/47
[光緒]米脂縣志十二卷　(清)高照煦纂修 (清)高增健校補　清光緒三十三年(1907)鉛印本　四冊

500000 – 8702 – 0001358　F/68/25
[道光]吳堡縣志四卷首一卷　(清)譚瑀 (清)馬先路纂修　清道光二十七年(1847)刻本　四冊

500000 – 8702 – 0001359　F/68/17

[光緒]綏德直隸州志八卷首一卷　(清)孔繁璞 (清)張銘坤修　(清)高維岳纂　清光緒三十一年(1905)刻本　六冊

500000 – 8702 – 0001360　F/68/57
[道光]清澗縣志八卷首一卷　(清)鍾章元等纂修　清道光修清抄本　四冊

500000 – 8702 – 0001361　F/68/42
[嘉慶]定邊縣志十四卷首一卷　(清)徐戴原稿　(清)黃沛修　(清)宋謙纂　清嘉慶二十三年(1818)刻本　四冊

500000 – 8702 – 0001362　F/69/45
[嘉慶]中部縣志四卷首一卷　(清)丁瀚 (清)趙映奎修　(清)張永清纂　清嘉慶十二年(1807)刻本　四冊

500000 – 8702 – 0001363　F/70/11
[乾隆]咸陽縣志二十二卷首一卷　(清)臧應桐纂修　[道光]續修咸陽縣志一卷　(清)陳堯書纂修　清乾隆十六年(1751)刻道光十六年(1836)印本　四冊

500000 – 8702 – 0001364　F/70/12
[乾隆]咸陽縣志二十二卷首一卷　(清)臧應桐纂修　[道光]續修咸陽縣志一卷　(清)陳堯書纂修　清乾隆十六年(1751)刻道光十六年(1836)印本　四冊

500000 – 8702 – 0001365　F/68/43
[光緒]永壽縣重修新志十卷首一卷　(清)鄭德樞修　(清)趙奇齡　(清)張懷瑾纂　清光緒十四年(1888)刻本　六冊

500000 – 8702 – 0001366　F/70/20
[宣統]長武縣志十二卷　沈錫榮修　王錫璋 魚獻珍纂　清宣統二年(1910)鉛印本　四冊

500000 – 8702 – 0001367　F/70/21
[宣統]長武縣志十二卷　沈錫榮修　王錫璋 魚獻珍纂　清宣統二年(1910)鉛印本　四冊

500000 – 8702 – 0001368　F/68/44

[宣統]涇陽縣志十六卷首一卷末一卷　劉懋官修　宋伯魯　周斯億纂　清宣統三年(1911)天津鉛印本　四冊

500000－8702－0001369　F/68/1

[光緒]三原縣新志八卷　(清)焦雲龍修　(清)賀瑞麟纂　清光緒六年(1880)刻本　四冊

500000－8702－0001370　F/68/2

[光緒]三原縣新志八卷　(清)焦雲龍修　(清)賀瑞麟纂　清光緒六年(1880)刻本　四冊

500000－8702－0001371　F/67/6

[光緒]高陵縣續志八卷　(清)程維雍修　(清)白遇道纂　清光緒十年(1884)刻本　二冊

500000－8702－0001372　F/70/33

[乾隆]興平縣志二十五卷　(清)顧聲雷修　(清)張塤纂　清乾隆四十四年(1779)刻本　五冊　存二十卷(一至二十)

500000－8702－0001373　F/70/37

興平縣鄉土志六卷　張元際纂　清光緒三十三年(1907)木活字印本　六冊

500000－8702－0001374　F/70/38

[光緒]興平縣士女續志三卷　(清)王權修　(清)張炯　(清)史采風纂　清光緒二年(1876)刻本　一冊

500000－8702－0001375　F/69/44

[光緒]乾州志稿十四卷首一卷　(清)周銘旂纂修　清光緒十年(1884)刻十七年(1891)印本　七冊

500000－8702－0001376　F/69/1

[光緒]渭南縣志十二卷　(清)嚴書麐修　(清)焦聯甲纂　清光緒十八年(1892)刻本　十冊

500000－8702－0001377　F/69/18

[乾隆]浦城縣志十五卷　(清)張心鏡修　(清)吳竹嶼纂　清乾隆四十七年(1782)刻本　六冊

500000－8702－0001378　F/69/19

[光緒]浦城縣新志十三卷首一卷　(清)李體仁修　(清)王學禮纂　清光緒三十一年(1905)刻本　四冊

500000－8702－0001379　F/69/20

[光緒]浦城縣新志十三卷首一卷　(清)李體仁修　(清)王學禮纂　清光緒三十一年(1905)刻本　四冊

500000－8702－0001380　F/68/52

[嘉靖]澄城縣志二卷　(明)石道立纂修　明嘉靖二十八年(1549)修清咸豐元年(1851)刻本　四冊

500000－8702－0001381　F/69/25

[乾隆]韓城縣志十六卷首一卷　(清)傅應奎修　(清)錢坫　(清)周光鄰纂　清乾隆四十九年(1784)刻嘉慶二十三年(1818)印本　六冊

500000－8702－0001382　F/69/26

[乾隆]韓城縣志十六卷首一卷　(清)傅應奎修　(清)錢坫　(清)周光鄰纂　清乾隆四十九年(1784)刻嘉慶二十三年(1818)印本　六冊

500000－8702－0001383　F/69/27

[嘉慶]韓城縣續志五卷　(清)冀蘭泰修　(清)陸耀通纂　清嘉慶二十三年(1818)刻本　一冊

500000－8702－0001384　F/70/45

[乾隆]邠陽縣全志四卷　(清)席奉乾修　(清)孫景烈纂　(清)陳宏謀評點　清乾隆三十四年(1769)刻本　四冊

500000－8702－0001385　F/70/46

[乾隆]邠陽縣全志四卷　(清)席奉乾修　(清)孫景烈纂　(清)陳宏謀評點　清乾隆三十四年(1769)刻本　四冊

500000－8702－0001386　F/70/31

[光緒]同州府續志十六卷首一卷　(清)饒應

祺修 （清）馬先登 （清）王守恭纂 清光緒
七年（1881）刻本 六冊

500000－8702－0001387 F/69/9
[光緒]大荔縣續志十二卷首一卷附足徵錄四
卷 （清）周銘旂 （清）陳兆煥修 （清）李
志復纂 （清）宋佑文續訂 清光緒十一年
（1885）馮翊書院刻本 六冊

500000－8702－0001388 F/69/35
[正德]朝邑縣志二卷 （明）王道修 （明）
韓邦靖纂 明正德修清光緒同義文會刻本
一冊

500000－8702－0001389 F/69/36
[正德]朝邑縣志二卷附韓五泉詩四卷韓五泉
附錄志傳二卷韓安人遺詩一卷 （明）王道修
（明）韓邦靖纂 明正德修清刻本 三冊

500000－8702－0001390 F/69/37
[康熙]朝邑縣後志八卷朝邑縣續志八卷
（清）王兆鰲纂修 （清）王鵬翼編次 清康熙
五十一年（1712）刻本 五冊

500000－8702－0001391 F/69/38
[康熙]朝邑縣後志八卷朝邑縣續志八卷
（清）王兆鰲纂修 （清）王鵬翼編次 清康熙
五十一年（1712）刻本 五冊

500000－8702－0001392 F/69/40
咸豐初朝邑縣志三卷附志例一卷志例後錄一
卷 （清）李元春纂修 清咸豐修光緒七年
（1881）同義文會刻本 二冊

500000－8702－0001393 F/69/29
[隆慶]華州志二十四卷 （明）李可久修
（明）張光孝纂 明隆慶修清光緒八年（1882）
合刻華州志本 四冊

500000－8702－0001394 F/69/30
[康熙]續華州志四卷 （清）馮昌奕修
（清）劉遇奇纂 清康熙修光緒八年（1882）合
刻華州志本 四冊

500000－8702－0001395 F/69/31
[乾隆]再續華州志十二卷 （清）汪以誠修

（清）史蕚纂 清乾隆修光緒八年（1882）合刻
華州志本 二冊

500000－8702－0001396 F/69/32
[光緒]三續華州志十二卷 （清）吳炳南修
（清）劉域 （清）呂鳳彩纂 清光緒八年
（1882）刻本 六冊

500000－8702－0001397 F/69/16
[光緒]藍田縣志十六卷附文徵錄四卷 （清）
呂懋勳修 （清）袁廷俊 （清）張廷鑑纂 清
光緒元年（1875）刻本 六冊

500000－8702－0001398 F/70/40
[光緒]臨潼縣續志二卷 （清）安守和修
（清）楊彥修纂 清光緒十六年（1890）刻本
二冊

500000－8702－0001399 F/68/35
[光緒]富平縣志稿十卷首一卷 樊增祥
（清）田兆岐 （清）劉錕修 （清）譚麐纂
清光緒十八年（1892）刻本 十冊

500000－8702－0001400 F/68/36
[光緒]富平縣志稿十卷首一卷 樊增祥
（清）田兆岐 （清）劉錕修 （清）譚麐纂
清光緒十八年（1892）刻本 十冊

500000－8702－0001401 F/67/3
[乾隆]直隸商州志十四卷首一卷續志十卷
（清）王如玖纂修 清乾隆九年（1744）刻二十
三年（1758）印本 十冊

500000－8702－0001402 F/69/23
[光緒]孝義廳志十二卷首一卷 （清）常毓坤
修 （清）李開甲纂 清光緒九年（1883）刻本
八冊

500000－8702－0001403 F/69/24
[光緒]孝義廳志十二卷首一卷 （清）常毓坤
修 （清）李開甲纂 清光緒九年（1883）刻本
四冊

500000－8702－0001404 F/68/37
[嘉慶]安康縣志二十卷 （清）鄭謙修
（清）王森文纂 清嘉慶修咸豐三年（1853）刻

本　四册

500000 – 8702 – 0001405　F/69/2
[光緒]洵陽縣志十四卷　（清）劉德全
（清）李丙焱修　（清）郭焱昌　（清）姜善繼
纂　清光緒二十八年(1902)刻本　四册

500000 – 8702 – 0001406　F/68/24
[光緒]白河縣志十三卷　（清）顧騄修
（清）王賢輔　（清）李宗麟纂　清光緒十九年
(1893)刻本　四册

500000 – 8702 – 0001407　F/68/3
[光緒]續修平利縣志十卷　（清）楊孝寬修
（清）李聯芳　（清）曹京周纂　清光緒二十三
年(1897)刻本　八册

500000 – 8702 – 0001408　F/68/4
[光緒]續修平利縣志十卷　（清）楊孝寬修
（清）李聯芳　（清）曹京周纂　清光緒二十三
年(1897)刻本　四册

500000 – 8702 – 0001409　F/68/56
[嘉慶]漢陰廳志十卷首一卷　（清）錢鶴年修
（清）董詔纂　清嘉慶二十三年(1818)刻本
六册

500000 – 8702 – 0001410　F/68/6
[道光陝西]石泉縣志四卷　（清）舒鈞纂修
清道光二十九年(1849)刻本　二册

500000 – 8702 – 0001411　F/68/7
[道光陝西]石泉縣志四卷　（清）舒鈞纂修
清道光二十九年(1849)刻本　二册

500000 – 8702 – 0001412　F/70/32
[道光]留壩廳志十卷附足徵録四卷　（清）賀
仲瑊　（清）蔣湘南纂修　清道光二十二年
(1842)刻本　四册

500000 – 8702 – 0001413　F/69/13
[康熙]城固縣志十卷　（清）王穆纂修　清康
熙修光緒四年(1878)徐德懷刻本　四册

500000 – 8702 – 0001414　F/69/14
[康熙]城固縣志十卷　（清）王穆纂修　清康
熙修光緒四年(1878)徐德懷刻本　四册

500000 – 8702 – 0001415　F/68/22
[光緒]佛坪廳志二卷首一卷　（清）劉焜纂修
清光緒九年(1883)刻本　一册

500000 – 8702 – 0001416　F/68/39
[光緒]定遠廳志二十六卷首一卷末一卷
(清)余修鳳纂修　清光緒五年(1879)刻本
十册

500000 – 8702 – 0001417　F/68/40
[光緒]定遠廳志二十六卷首一卷末一卷
（清)余修鳳纂修　清光緒五年(1879)刻本
六册

500000 – 8702 – 0001418　F/68/41
[光緒]定遠廳志二十六卷首一卷末一卷
（清)余修鳳纂修　清光緒五年(1879)刻十八
年(1892)賀培芬增刻本　六册

500000 – 8702 – 0001419　F/68/31
[光緒]寧羌州志五卷　（清）馬毓華修
（清)鄭書香　（清)曹良模纂　清光緒十四年
(1888)刻本　五册

500000 – 8702 – 0001420　F/68/32
[光緒]寧羌州志五卷　（清）馬毓華修
（清)鄭書香　（清)曹良模纂　清光緒十四年
(1888)刻本　五册

500000 – 8702 – 0001421　F/68/33
[光緒]寧羌州志五卷　（清）馬毓華修
（清)鄭書香　（清)曹良模纂　清光緒十四年
(1888)刻本　五册

500000 – 8702 – 0001422　F/68/46
[光緒]沔縣志四卷　（清）孫銘鍾　（清）施
劭修　（清)彭齡纂　清光緒九年(1883)刻本
四册

500000 – 8702 – 0001423　F/70/17
[道光]重修略陽縣志四卷　（清）譚瑀修
（清)黎成德纂　清道光修光緒三十年(1904)
刻本　四册

500000 – 8702 – 0001424　F/43/26
[乾隆]五涼考治六德集全志五卷　（清）曾鈞

等纂　清乾隆十四年(1749)刻本　五冊

500000－8702－0001425　F/43/41

[乾隆]狄道州志十六卷　(清)沈青崖稿
(清)呼延華國修　(清)吳鎮纂　清乾隆二十
八年(1763)刻光緒官報書局鉛印本　八冊

500000－8702－0001426　F/44/1

[宣統]狄道州續志十二卷首一卷　(清)聯英
修　(清)李鏡清　(清)陳希世纂　清宣統元
年(1909)刻本　八冊

500000－8702－0001427　F/43/38

[光緒]重修通渭縣新志十二卷首一卷補遺一
卷　(清)高蔚霞修　(清)苟廷誠纂　清光緒
十九年(1893)通渭縣署刻本　八冊

500000－8702－0001428　F/43/31

[嘉慶]徽縣志八卷　(清)張伯魁纂修　清嘉
慶十四年(1809)刻本　八冊

500000－8702－0001429　F/44/4

[道光]秦安縣志十四卷　(清)嚴長宦修
(清)劉德熙纂　清道光十八年(1838)刻本
四冊

500000－8702－0001430　F/43/32

[乾隆]伏羌縣志十四卷　(清)周誴修
(清)葉芝纂　清乾隆三十五年(1770)刻同治
十一年(1872)印本　四冊

500000－8702－0001431　F/43/33

[同治]續伏羌縣志六卷　(清)侯新嚴修
(清)方承宣纂　清同治十一年(1872)刻本
二冊

500000－8702－0001432　F/43/24

[道光]敦煌縣志七卷首一卷　(清)蘇履吉
(清)余夢蘭修　(清)曾誠纂　清道光十一年
(1831)刻本　四冊

500000－8702－0001433　F/43/25

[道光]敦煌縣志七卷首一卷　(清)蘇履吉
(清)余夢蘭修　(清)曾誠纂　清道光十一年
(1831)刻本　四冊

500000－8702－0001434　F/14/22

[宣統]新修固原直隸州志十一卷附一卷
(清)王學伊修　(清)錫麒纂　清宣統元年
(1909)官報書局鉛印本　十二冊

500000－8702－0001435　F/7/2

[道光]欽定新疆識略十二卷首一卷　(清)徐
松稿　(清)松筠等纂　清道光元年(1821)武
英殿修書處刻本　十冊

500000－8702－0001436　F/7/3

[宣統]新疆圖志一百十六卷首一卷　袁大化
修　王樹枬　王學曾纂　清宣統三年(1911)
木活字印本　一百十七冊

500000－8702－0001437　F/7/4

[宣統]新疆圖志一百十六卷首一卷　袁大化
修　王樹枬　王學曾纂　清宣統三年(1911)
木活字印本　一百十七冊

500000－8702－0001438　F/71/18

京口三山志六十四卷　(清)周伯義等纂
(清)陳任暘訂　清光緒三十一年(1905)刻本
二十六冊

500000－8702－0001439　F/72/22

續金山志二卷　(清)釋秋崖纂　清光緒二十
六年(1900)刻本　二冊

500000－8702－0001440　F/71/25

焦山志二十六卷首一卷續志八卷　(清)吳雲
纂　(清)陳任暘續纂　清光緒三十一年
(1905)陳任暘刻本　十冊

500000－8702－0001441　F/71/27

虎丘山志十卷首一卷　(清)顧湄纂修　(清)
張覃重訂　清宣統三年(1911)鉛印本　一冊

500000－8702－0001442　F/71/16

齊山巖洞志二十六卷首一卷　(清)陳梅緣纂
　清光緒貴池劉氏刻本　八冊

500000－8702－0001443　F/71/21

武夷山志二十四卷首一卷　(清)董天工纂
清道光羅才綸刻本　八冊

500000－8702－0001444　F/71/22

武夷山志二十四卷首一卷　(清)董天工纂

清道光羅才綸刻本　八冊

500000－8702－0001445　F/71/23
武夷山志二十四卷首一卷　（清）董天工纂
清同治十一年(1872)丁承禧刻本　八冊

500000－8702－0001446　F/71/6
廬山志十五卷　（清）毛德琦纂修　清同治十
二年(1873)盛元等刻本　十六冊

500000－8702－0001447　F/71/19
石鐘山志十六卷首一卷　（清）李成謀等修
（清）胡麓樵纂　（清）方宗誠校訂　清光緒九
年(1883)聽濤眺雨軒刻本　八冊

500000－8702－0001448　F/71/17
重刊麻姑山志十二卷　（清）黃家駒等纂　清
同治五年(1866)洞天書屋刻本　六冊

500000－8702－0001449　F/72/19
泰山志二十卷　（清）金榮等纂　清嘉慶十三
年(1808)岱廟刻本　二十冊

500000－8702－0001450　F/71/51
重修南嶽志二十六卷　（清）李元度纂修　清
光緒九年(1883)刻本　十二冊

500000－8702－0001451　F/71/47
九疑山志四卷　（清）吳繩祖修　（清）樊在廷
纂　清嘉慶元年(1796)退思齋刻同治三年
(1864)補刻本　四冊

500000－8702－0001452　F/71/43
浮山小志四卷首一卷　（清）黃培芳纂　清嘉
慶十六年(1811)刻本　四冊

500000－8702－0001453　F/72/11
青城山記二卷　（清）彭洵纂　清光緒十三年
(1887)刻本　一冊

500000－8702－0001454　F/72/12
青城山記二卷　（清）彭洵纂　清光緒十三年
(1887)刻本　一冊

500000－8702－0001455　F/72/13
青城山記二卷　（清）彭洵纂　清光緒十三年
(1887)刻本　一冊

500000－8702－0001456　F/72/14
青城山記二卷　（清）彭洵纂　清光緒十三年
(1887)刻本　一冊

500000－8702－0001457　F/71/42
竇圖山志一卷增一卷　（清）曾世驤纂　清道
光二十七年(1847)刻佚名增刻本　二冊

500000－8702－0001458　F/71/32
峨山圖說二卷　（清）黃錫燾修　（清）黃綬芙
（清）譚鐘嶽纂　清光緒十七年(1891)成都
會文堂刻本　四冊

500000－8702－0001459　F/72/8
華銀山志十八卷首一卷　（清）釋虎溪纂
（清）釋益謙增訂　清同治四年(1865)刻本
四冊

500000－8702－0001460　F/72/9
華銀山志十八卷首一卷　（清）釋虎溪纂
（清）釋益謙增訂　清同治四年(1865)刻本
五冊

500000－8702－0001461　F/72/3
華嶽志八卷首一卷　（清）李榕纂　清道光十
一年(1831)楊冀武等刻本　八冊　存六卷
(一至五、首一卷)

500000－8702－0001462　F/72/4
華嶽志八卷首一卷　（清）李榕纂　清光緒九
年(1883)陳爵之等刻本　四冊

500000－8702－0001463　F/72/6
華嶽志八卷首一卷　（清）李榕纂　清光緒九
年(1883)陳爵之等刻本　六冊

500000－8702－0001464　F/72/5
華嶽志八卷首一卷　（清）李榕纂　清光緒九
年(1883)陳爵之等刻本　四冊

500000－8702－0001465　F/72/7
華嶽志八卷首一卷　（清）李榕纂　清光緒三
十年(1904)仙姑觀補刻本　四冊

500000－8702－0001466　F/71/28
紫柏山志圖不分卷　（清）景邦憲纂　清同治
十年(1871)留侯廟刻本　一冊

500000－8702－0001467　F/72/34

水經註釋四十卷附錄二卷註箋刊誤十二卷
(清)趙一清撰　清光緒六年(1880)蛟川花雨樓刻本　二十冊

500000－8702－0001468　F/72/35

水道提綱二十八卷　(清)齊召南纂　清光緒五年(1879)宏達堂刻本　六冊

500000－8702－0001469　F/73/25

今水經註四卷　(清)吳承志撰　劉承幹校　清同治元年(1862)南林劉氏刻本　二冊

500000－8702－0001470　F/73/23

長江圖說十二卷首一卷　(清)馬徵麟撰　清同治十年(1871)湖北崇文書局刻本　五冊

500000－8702－0001471　F/73/24

長江圖說十二卷首一卷　(清)馬徵麟撰　清同治十年(1871)湖北崇文書局刻本　一冊

500000－8702－0001472　F/73/6

永定河志三十二卷附宸章一卷諭旨一卷治河摘要一卷　(清)李逢亨纂　清光緒八年(1882)刻本　十六冊

500000－8702－0001473　F/73/7

永定河續志十六卷首一卷　(清)朱其詔等纂修　清光緒八年(1882)刻本　十一冊

500000－8702－0001474　F/73/18

莫愁湖志六卷首一卷　(清)馬士圖纂　清光緒十七年(1891)刻本　二冊

500000－8702－0001475　F/73/19

莫愁湖志六卷首一卷　(清)馬士圖纂　清光緒十七年(1891)刻本　一冊

500000－8702－0001476　F/73/26

分湖小識六卷　(清)柳樹芳撰　清道光二十七年(1847)勝谿草堂刻本　二冊

500000－8702－0001477　F/73/4

淮揚水利圖說一卷附治水論一卷　(清)馮道立撰　清光緒二年(1876)揚州府署朱墨套印本　一冊

500000－8702－0001478　F/72/28

西湖志四十八卷　(清)李衛等修　(清)傅王露等纂　清光緒四年(1878)浙江書局刻本　二十冊

500000－8702－0001479　F/72/29

西湖志四十八卷　(清)李衛等修　(清)傅王露等纂　清光緒四年(1878)浙江書局刻本　二十冊

500000－8702－0001480　F/73/10

浙西水利備考不分卷　(清)任蘭佑纂　(清)梁恭辰校　清光緒四年(1878)浙江書局朱墨套印本　四冊

500000－8702－0001481　F/73/16

嘉魚縣續修隄志四卷　(清)方翰修　(清)馬笏臣　(清)周秉心纂　清光緒十一年(1885)孔國玉木活字印本　四冊

500000－8702－0001482　F/73/17

荆州萬城隄志十卷首一卷末一卷　(清)倪文蔚纂　清光緒十一年(1885)廣州節署兩彊勉齋刻本　六冊

500000－8702－0001483　F/73/13

洞庭湖志十四卷　(清)綦世基原稿　(清)沈筠堂　(清)夏大觀補輯　(清)萬年淳重訂　清道光五年(1825)刻本　十二冊

500000－8702－0001484　F/73/22

蜀水考四卷　(清)陳登龍撰　(清)朱錫穀補註　(清)陳一津疏　清光緒五年(1879)綿竹楊氏清泉精舍刻本　二冊

500000－8702－0001485　F/73/11

灌江定考一卷備考一卷匯集實錄一卷備修善集一卷　(清)王來通纂　(清)張來翕續輯　清嘉慶五年(1800)刻本　二冊

500000－8702－0001486　F/73/12

灌江定考一卷備考一卷匯集實錄一卷五神合傳一卷　(清)王來通纂　(清)熊永泰續輯　清光緒十一年(1885)刻本　四冊

500000－8702－0001487　F/72/24

二王實錄不分卷　(清)王來通纂　清光緒十

一年（1885）刻本　一冊

500000－8702－0001488　F/73/5

峽江救生船志二卷峽江圖考一卷　（清）賀縉紳纂　清光緒刻本　一冊　存一卷（圖考一卷）

500000－8702－0001489　F/72/31

西域水道記五卷附西域傳補註二卷新疆賦一卷　（清）徐松撰　清道光四年（1824）刻本　六冊

500000－8702－0001490　F/73/30

平山堂圖志十卷首一卷　（清）趙之壁纂（清）釋心悟重訂　清光緒二十一年（1895）刻本　四冊

500000－8702－0001491　F/73/31

平山堂圖志十卷首一卷　（清）趙之壁纂（清）釋心悟重訂　清光緒十四年（1888）上海同文書局石印本　一冊　存一卷（首一卷）

500000－8702－0001492　F/73/49

岳廟志略十卷首一卷　（清）馮培纂　清光緒五年（1879）浙江書局刻本　四冊

500000－8702－0001493　F/73/45

曹江孝女廟志八卷首一卷末一卷圖一卷補遺一卷　（清）阮元　（清）金廷棟纂修　（清）唐煦春　（清）夏之時續修　清光緒八年（1882）刻本　二冊

500000－8702－0001494　F/73/38

逍遙山萬壽宮志二十二卷首一卷　（清）金桂馨　（清）漆逢源纂輯　清光緒四年（1878）刻本　十冊

500000－8702－0001495　F/73/33

白鹿書院志十九卷　（清）周兆蘭纂　清同治十年（1871）刻本　八冊

500000－8702－0001496　F/73/51

闕里志四卷　（明）孔貞叢撰　（清）葉華春校訂　清同治七年（1868）羅炳鄉刻本　四冊

500000－8702－0001497　F/73/37

洛陽龍門志不分卷　（清）路朝霖纂　清光緒

十三年（1887）松墊刻本　四冊

500000－8702－0001498　F/73/29

當陽玉泉寺志六卷首一卷　（清）李元才（清）陶廙唐修　（清）釋亮山等纂　清末石印本　四冊

500000－8702－0001499　F/73/34

漢口紫陽書院志略八卷　（清）董桂敷纂修　清嘉慶十一年（1806）刻本　六冊

500000－8702－0001500　F/73/39

桃花源志略十三卷　（清）唐開韶　（唐）胡焯纂修　清道光二十六年（1846）刻本　四冊

500000－8702－0001501　F/73/32

雷祖志二卷　（清）劉世馨重編　清光緒十一年（1885）刻本　二冊

500000－8702－0001502　F/73/47

重修昭覺寺志八卷首一卷　（清）釋中恂修（清）羅用霖纂　清光緒二十二年（1896）刻本　四冊

500000－8702－0001503　F/73/48

重修昭覺寺志八卷首一卷　（清）釋中恂修（清）羅用霖纂　清光緒二十二年（1896）刻本　四冊

500000－8702－0001504　BX014.6/4634

增訂叢書舉要八十卷徵刻宋人集小啓一卷校誤記一卷　楊守敬編　（清）李之鼎補編　清咸豐八年（1858）江西昌明印刷局刻本　四十冊

500000－8702－0001505　BX018.87/2611

測海樓藏書目錄十二卷　（清）吳引孫著　清宣統二年（1910）北庭官署節愛堂刻本　六冊

500000－8702－0001506　BX041.7/4443

經世文續編一百二十卷　（清）葛士濬輯　清光緒十四年（1888）圖書集成局鉛印本　三十二冊

500000－8702－0001507　BX016.030/1133

書目答問不分卷　（清）張之洞編　清光緒五年（1879）貴陽刻本　二冊

500000－8702－0001508　BX041.8/7231

拾餘四種四卷　（清）劉沅著　清光緒元年
(1875)凝善堂刻本　二冊

500000－8702－0001509　BX070/4427

評選船山史論二卷　林紓評選　清光緒上海
商務印書館鉛印本　一冊　存一卷(一)

500000－8702－0001510　BX072.7/8740

盛氏危言正編六卷續編四卷補編六卷　鄭觀
應著　清光緒二十六年(1900)刻本　四冊
存四卷(正編一至二、四、六)

500000－8702－0001511　BX072.8/3734

清議報論說二卷　梁啟超等著　清通化社鉛
印本　一冊

500000－8702－0001512　BX075.76/4672

皇朝經世文編一百二十卷　（清）賀長齡輯
清光緒石印本　十冊　存一百卷(十至五十
七、六十九至一百二十)

500000－8702－0001513　BX075.78/2775

最新經世文編一百三十卷　周逵等撰　清光
緒二十八年(1902)上海寶善齋石印本　十八
冊　存七十四卷(一至三十七、四十四至四十
八、五十六至七十三、八十四至八十七、九十
三至一百二)

500000－8702－0001514　BX080/0075

廣雅叢書三十五種二百九十二卷　廣雅書局
編　清光緒十六年(1890)刻本　七十四冊

500000－8702－0001515　BX080/2877

初學記三十卷　（唐）徐堅等撰　清光緒八年
(1882)南海孔氏刻本　十二冊

500000－8702－0001516　BX082.72/1053

王船山經史論八種　（清）王夫之譔　清光緒
二十五年(1899)慎記書莊石印本　十二冊
存七種五十八卷(尚書引義六卷、周易外傳五
至七、詩廣傳五卷、春秋家說三卷、春秋世論
五卷、宋論十五卷、讀通鑑論六至二十六)

500000－8702－0001517　BX082.72/1144

淵鑑類函四百五十卷　（清）張英等纂修　清

光緒四年(1878)南海孔氏三十有三萬卷堂刻
本　一百四十九冊　存四百二十一卷(一至
二十二、四十八至一百七十八、一百八十三至
四百五十)

500000－8702－0001518　BX082.72/1144(2)

淵鑑類函四百五十卷　（清）張英等纂修　清
康熙四十九年(1710)刻本　二十七冊　存二
百四十四卷(一至六十一、七十三至一百一、
一百十一至一百十九、三百六至四百五十)

500000－8702－0001519　BX082.72/4418

欽定古今圖書集成一萬卷　（清）蔣廷錫等編
校　清光緒十年(1884)上海圖書集成館鉛印
本　一千五百二十四冊　缺一千四百五十四
卷(山川典一至六十七、職方典一百五十八至
一千五百四十四)

500000－8702－0001520　BX082.75/1262

平津館叢書四十三種　（清）孫星衍輯　清光
緒十一年(1885)江蘇吳縣朱氏槐廬家塾刻本
五十冊

500000－8702－0001521　BX082.75/3127

讀畫齋叢書三十三種　（清）顧修輯刊　清嘉
慶三年(1798)刻本　六十四冊

500000－8702－0001522　BX082.76/8324

經苑二十五種　（清）錢儀吉輯　清道光三十
年(1850)河南大梁書院刻本　八十冊

500000－8702－0001523　BX082.77/4777

金華叢書六十七種七百十卷　（清）胡鳳丹編
纂　清同治八年(1869)杭州退補齋刻本　二
百冊

500000－8702－0001524　BX082.78/2509

槐廬叢書五十三種　（清）朱記榮輯　清光緒
十三年(1887)吳縣朱氏家塾刻本　八十冊

500000－8702－0001525　BX082.78/2706

古逸叢書二十九種　（清）黎庶昌輯　清光緒
十一年(1885)遵義黎氏刻本　四十七冊　缺
三卷(莊子注疏五至六、玉燭寶典一)

500000－8702－0001526　BX082.78/3012

富強齋叢書正集五十九種　題（清）富強齋主人編輯　清光緒二十二年（1896）鉛印本　四十四冊

500000－8702－0001527　BX082.78/7433

十萬卷樓叢書五十一種三百八十八卷　（清）陸心源輯刻　清光緒五年至十二年（1879－1886）刻本　一百十一冊　缺三卷（周秦刻石釋音一卷、切韻指掌圖一卷、歲時廣記六）

500000－8702－0001528　BX089.7/0044

抗希堂十六種一百五十三卷　（清）方苞著　清康熙六十年至乾隆八年（1721－1743）抗希堂刻本　五十四冊

500000－8702－0001529　BX090.2/5523

皇朝五經彙解二百七十卷　題（清）抉經心室主人纂　清石印本　十五冊　存一百十八卷（一百四十五至二百四十一、二百五十至二百七十）

500000－8702－0001530　BX090.27/1013

經傳釋詞十卷　（清）王引之著　（日本）東條喆校點　清嘉慶三年（1798）千鐘房刻本　五冊

500000－8702－0001531　BX090.27/1020

皇清經解續編二百九種　王先謙編輯　清光緒上海蜚英館石印本　三十一冊

500000－8702－0001532　BX090.272/7110

皇清經解一百八十種　（清）阮元編輯　清咸豐十年（1860）刻本　四百十九冊

500000－8702－0001533　BX091/7231

周易恒解五卷　（清）劉沅注釋　清同治十一年（1872）玉成堂刻本　四冊

500000－8702－0001534　BX121.12/4402

周易繫辭十卷　（晉）韓伯輯注　清四川刻本　一冊　存四卷（七至十）

500000－8702－0001535　BX121.126/4082

周易來註十五卷末一卷　（明）來知德註　清雍正七年（1729）善成堂刻本　十冊

500000－8702－0001536　BX121.127/4094

周易折中二十二卷首一卷　（清）李光地等纂

清康熙五十四年（1715）刻本　十一冊

500000－8702－0001537　BX121.251/7231

大學古本質言一卷　（清）劉沅著　清光緒三十一年（1905）富順凝善堂刻本　一冊

500000－8702－0001538　BX121.253/7231

中庸恒解一卷　（清）劉沅輯注　清刻本　一冊

500000－8702－0001539　BX121.29/2714

儒門語要□□卷　（清）倪元坦著輯　清嘉慶二十二年（1817）刻本　一冊　存一卷（下）

500000－8702－0001540　BX121.3303/7235

莊子約解四卷　（清）劉鴻典輯註　清同治五年（1866）威邑玉成堂刻本　四冊

500000－8702－0001541　BX121.61/3002

管子二十四卷　（唐）房玄齡注　（明）劉績補　清光緒二年（1876）浙江書局刻本　五冊　存十九卷（一至十六、二十二至二十四）

500000－8702－0001542　BX121.69/1262

晏子春秋七卷　（春秋）晏嬰撰　清光緒元年（1875）浙江書局刻本　二冊

500000－8702－0001543　BX121.69/1262.1

晏子春秋音義二卷　（清）孫星衍撰　清刻本　一冊

500000－8702－0001544　BX121.69/4427

晏子春秋校勘二卷　（清）黃以周記　清刻本　一冊

500000－8702－0001545　BX125.5/4094

朱子全書六十六卷　（清）李光地等編　清同治八年（1869）成都書局刻本　三十冊

500000－8702－0001546　BX125.5/4094（2）

朱子全書六十六卷　（清）李光地等編　清嘉慶二十二年（1817）文元堂刻本　三十六冊　存五十九卷（一至三十八、四十一至四十二、四十五至六十、六十三至六十五）

500000－8702－0001547　BX125.5/4094（3）

朱子全書六十六卷　（清）李光地等編　清刻本　三十一冊　存五十八卷（七至四十八、五

十一至六十六）

500000－8702－0001548　BX221/3074

入如來德智經華嚴經修慈分不思議境界經一
卷　（唐）釋實叉難陀譯　清刻本　一冊

500000－8702－0001549　BX221.1/3716

楞嚴指掌懸示一卷　（清）釋通理述　清刻本
　一冊

500000－8702－0001550　BX221.1/3716.2

楞嚴經指掌疏十卷　（清）釋通理述　清刻本
　十冊

500000－8702－0001551　BX221.1/4665

楞嚴指掌事義十卷　（清）釋通理述　清光緒
二十七年(1901)刻本　一冊

500000－8702－0001552　BX221.2/3074

大方廣佛華嚴經八十卷　（唐）釋實叉難陀譯
　清刻本　一冊　存一卷(二十一)

500000－8702－0001553　BX222.3/7163

大乘起信論直解二卷　（印度）釋馬鳴撰　清
光緒二年(1876)刻本　一冊

500000－8702－0001554　BX231/4651

太上感應篇註釋四卷　（清）惠棟箋注　清咸
豐八年(1858)威遠縣玉成堂刻本　四冊

500000－8702－0001555　BX398.8/1631

惜命安親種子錄　（清）醒迷子輯　清光緒十
八年(1892)刻本　一冊

500000－8702－0001556　BX413.11/1174

黃帝內經靈樞素問十九卷　（清）張志聰集註
　清光緒三年(1877)京都琉璃廠刻本　二十
四冊

500000－8702－0001557　BX413.7/4418

驚風辯證必讀書一卷　（清）莊一夔著　清光
緒二十七年(1901)上元江氏刻本　一冊

500000－8702－0001558　BX141/7583

陳修園醫書二十種　（清）陳念祖撰　清光緒
十九年(1893)上海圖書集成書局鉛印本　十
九冊

500000－8702－0001559　BX415.6/0033

血證論八卷　唐宗海著　清光緒三十四年
(1908)千頃堂書局石印本　一冊

500000－8702－0001560　BX430/1133

三農紀十卷　（清）張宗法撰　清乾隆刻本
十冊

500000－8702－0001561　BX432.1/2603

耕種易知錄二卷　（清）吳文斗撰　清狀元閣
刻本　一冊

500000－8702－0001562　BX438.21/1132

蠶業白話一卷　（清）□□纂　清宣統元年
(1909)刻本　一冊

500000－8702－0001563　BX438.6/1012

野蠶錄四卷首一卷　（清）王元綖輯　清光緒
三十一年(1905)上海商務印書館鉛印本
二冊

500000－8702－0001564　BX464.1/4433

景德鎮陶錄十卷　（清）藍浦著　清同治九年
(1870)昌年鄭氏刻本　二冊

500000－8702－0001565　BX531.1/7231

儀禮恒解十六卷　（清）劉沅輯註　清同治十
一年(1872)玉成堂刻本　六冊

500000－8702－0001566　BX531.12/5527

儀禮義疏四十八卷　（清）允祿等撰　清刻本
　三十六冊

500000－8702－0001567　BX531.1222/8700

儀禮鄭註句讀十七卷　（漢）鄭玄註　清乾隆
八年(1743)張氏刻本　四冊

500000－8702－0001568　BX531.1257/7534

禮記十卷　（元）陳澔集說　清光緒五年
(1879)雲南書局刻本　十冊

500000－8702－0001569　BX531.2/7231

禮記恒解四十九卷　（清）劉沅輯註　清同治
十一年(1872)玉成堂刻本　八冊

500000－8702－0001570　BX531.21/5527

禮記全經十卷　（□）□□選　清同治、光緒
刻本　二冊　存二卷(四、六)

500000－8702－0001571　BX531.22/3507

禮記義疏八十二卷　（清）允祿等撰　清刻本
二十六冊　存四十四卷（三十九至八十二）

500000－8702－0001572　BX531.22/4421

禮記體註十卷　（元）陳澔集說　（清）范
紫登（范翔）訂　清刻本　四冊　存八卷
（三至十）

500000－8702－0001573　BX531.22/7534

禮記集說十卷　（元）陳澔集　清光緒五年
（1879）雲南書局刻本　六冊　存七卷（一至
四、六至七、九）

500000－8702－0001574　BX531.22/7534(2)

禮記集說十卷　（元）陳澔集　清光緒五年
（1879）雲南書局刻本　九冊　存九卷（一至
三、五至十）

500000－8702－0001575　BX531.22/8700

禮記□□卷　（漢）鄭玄注　清成都呂氏刻本
七冊　存三十五卷（八至十三、十八至四十
六）

500000－8702－0001576　BX531.222/8700

相臺禮記二十卷　（漢）鄭玄註　清光緒十年
（1884）柚香閣刻本　十冊

500000－8702－0001577　BX540.11/4233

群學肄言十六卷　（英國）斯賓塞著　嚴復譯
清光緒二十九年（1903）上海文明書局刻本
二冊

500000－8702－0001578　BX546.9/3135

江湖源流一卷　（清）□□輯　清抄本　一冊

500000－8702－0001579　BX551.2/4231

原富五部　（英國）斯密亞當著　嚴復譯　清
光緒二十七年（1901）鉛印本　六冊　存三部
（甲、丁、戊）

500000－8702－0001580　BX554.8/3142

荒政輯要九卷首一卷　（清）汪志伊纂　清同
治八年（1869）楚北崇文書局刻本　二冊

500000－8702－0001581　BX573.1222/8700

周禮六卷　（漢）鄭玄註　清嘉慶十一年

（1806）刻本　六冊

500000－8702－0001582　BX573.116/1213

春秋夢餘錄七十卷　（清）孫承澤著　清光緒
八年（1882）南海孔氏三十有三萬卷堂刻本
十冊　存三十九卷（一至三十九）

500000－8702－0001583　BX573.117/7231

周官恆解六卷　（清）劉沅輯註　清同治十一
年（1872）玉成堂刻光緒三十年（1904）印本
六冊

500000－8702－0001584　BX573.1172/6715

欽定周官義疏四十八卷　（清）鄂爾泰撰　清
刻本　十五冊　存二十二卷（二十七至四十
八）

500000－8702－0001585　BX581.21/5527

大清光緒新法令十三類　（清）□□編　清宣
統上海商務鉛印本　二十冊

500000－8702－0001586　BX585.8/1014

幕學金針一卷　（清）王又槐著　清抄本
一冊

500000－8702－0001587　BX590/1064

登壇必究四十卷　（明）王鳴鶴輯　清刻本
四十冊

500000－8702－0001588　BX590/4094

金湯借箸十二籌十二卷　（明）李槃撰　（明）
周鑑參訂　清刻本　八冊

500000－8702－0001589　BX590/5329

紀效新書十八卷首一卷　（明）戚繼光撰　清
道光二十三年（1843）京都文遺堂刻　十冊

500000－8702－0001590　BX592/0066

綢繆未雨集三種　文國恩等撰　清光緒二十
六年（1900）刻本　一冊

500000－8702－0001591　BX599.34/0818

鄉守輯要一卷　（清）劉乃劍編　清光緒二十
四年（1898）刻本　一冊

500000－8702－0001592　BX604/8010

中外輿地圖說集成一百二十一卷　（清）俞正
燮等著　清光緒石印本　二十冊

500000－8702－0001593　BX610/1773

二十四史二十四種　（漢）司馬遷等撰　清同治十年至光緒四年(1871－1878)金陵書屋刻本　五百二十冊　缺一種二百十卷(元史二百十卷)

500000－8702－0001594　BX610.1/8710

二十一史約編八類　（清）鄭元慶述　清刻本　二冊　存二類(竹、土)

500000－8702－0001595　BX610.11/0040

史漢合抄四卷　（清）高梅亭集評　清乾隆五十三年(1788)三益書局刻本　四冊

500000－8702－0001596　BX610.11/1773

史記一百三十卷　（漢）司馬遷撰　清光緒刻本　二十四冊　存一百七卷(五至一百十一)

500000－8702－0001597　BX610.11/1773(2)

四史四百十五卷　（漢）司馬遷等著　清光緒二十九年(1903)上海點石齋石印本　二十四冊

500000－8702－0001598　BX610.11/1773(3)

史記一百三十卷　（漢）司馬遷撰　清同治十一年(1872)成都書局刻本　二十六冊

500000－8702－0001599　BX610.11/1773(7)

史記一百三十卷　（漢）司馬遷撰　清光緒十四年(1888)上海圖書集成書局鉛印本　八冊　存三十二卷(一至三十二)

500000－8702－0001600　BX610.11/1773.7

史記一百三十卷　（漢）司馬遷撰　清光緒八年(1882)上海點石齋鉛印本　四冊

500000－8702－0001601　BX610.11/1773.8

史記一百三十卷　（漢）司馬遷撰　清光緒二十八年(1902)石印本　八冊

500000－8702－0001602　BX610.11/1773.10

欽定四史四百十五卷　（漢）司馬遷等撰　清光緒二十八年(1902)文瀾書局石印本　十六冊

500000－8702－0001603　BX610.13/0030

欽定續通志六百四十卷　（清）高宗弘曆撰

清光緒圖書集成書局鉛印本　二冊　存三十三卷(四百六十八至五百)

500000－8702－0001604　BX610.13/8740

通志二百卷　（宋）鄭樵撰　清光緒二十七年(1901)上海圖書集成局鉛印本　三十四冊　存一百四十四卷(一至十九、二十五至三十、三十八至九十九、一百二至一百四、一百四十二至一百四十八、一百五十一至一百五十六、一百六十至二百)

500000－8702－0001605　BX610.13/8740.2

通志二百卷　（宋）鄭樵撰　清光緒二十七年(1901)上海圖書集成局鉛印本　十六冊　存五十三卷(一至六、十二至十五、十九至二十、四十四至六十二、六十八至七十二、七十八至八十七、九十一至九十七)

500000－8702－0001606　BX610.24/2591(1)

歷代通鑑輯覽一百二十卷　（清）傅恆等編纂　清光緒石印本　二十冊　存九十六卷(一至十三、二十至一百二)

500000－8702－0001607　BX610.24/2591.3

歷代通鑑輯覽一百二十卷　（清）傅恆等編纂　清光緒十三年(1887)上海同文書局石印本　十八冊　存一百十二卷(一至一百十二)

500000－8702－0001608　BX610.24/2591.3(3)

歷代通鑑輯覽一百二十卷　（清）傅恆等編纂　清光緒刻本　四十九冊　存九十八卷(三至三十二、三十五至五十八、六十一至八十八、九十三至一百六、一百十五至一百十六)

500000－8702－0001609　BX610.24/2591.4(4)

歷代通鑑輯覽一百二十卷　（清）傅恆等編纂　清光緒刻本　五十九冊　存一百十八卷(一至四十八、五十一至一百二十)

500000－8702－0001610　BX610.24/2591.5(5)

歷代通鑑輯覽一百二十卷　（清）傅恆等編纂　清光緒刻本　四十六冊　存九十二卷(五至十、十七至三十二、三十五至三十八、四十三至四十八、五十三至六十四、六十七至六十八、七十一至八十二、八十五至一百十、一百

十三至一百二十)

500000－8702－0001611　　BX610.24/2391.6(6)
歷代通鑑輯覽一百二十卷　(清)傅恆等編纂
　清光緒商務印書館鉛印本　六冊　存十八
　卷(一百三至一百二十)

500000－8702－0001612　　BX621.1/4430
書經傳說二十一卷首二卷　(清)世宗胤禛編
　清雍正八年(1730)刻本　十四冊

500000－8702－0001613　　BX621.1/7231
書經恒解六卷　(清)劉沅輯注　清同治十一
　年(1872)玉成堂刻本　六冊

500000－8702－0001614　　BX621.12/1236
書經□□種　(漢)孔安國傳　清刻本　四冊
　存一種十卷(尚書四至十三)

500000－8702－0001615　　BX621.1251/4434
書經集傳六卷　(宋)蔡沈集傳　清光緒三十
　一年(1905)涪州小學刻本　六冊

500000－8702－0001616　　BX621.1251/4434(2)
書經集傳六卷　(宋)蔡沈集傳　清光緒涪州
　小學堂刻本　六冊

500000－8702－0001617　　BX621.7/2717
春秋全傳備旨十二卷　(清)鄒聖脈纂輯　清
　光緒八年(1882)湖南寶芸堂刻本　三冊

500000－8702－0001618　　BX621.7/5527
相臺春秋三十卷　(晉)杜預集解　清光緒十
　年(1884)柚香閣刻本　九冊

500000－8702－0001619　　BX621.7/7231
春秋恒解八卷　(清)劉沅輯註　清同治十一
　年(1872)玉成堂刻本　七冊

500000－8702－0001620　　BX621.7/7231.2
史存三十卷　(清)劉沅輯　清光緒三十一年
　(1905)富順凝善堂刻本　十六冊

500000－8702－0001621　　BX621.727/1069
春秋傳說彙纂三十八卷　(清)王圖炳等纂
　清刻本　十三冊　存十七卷(一至十七)

500000－8702－0001622　　BX621.73/4428

春秋繁露十七卷　(漢)董仲舒撰　清光緒二
年(1876)浙江書局刻本　一冊　存八卷(一
至八)

500000－8702－0001623　　BX622.1/1160(3)
前漢書一百卷　(漢)班固撰　(唐)顏師古注
　清四川刻本　三十二冊

500000－8702－0001624　　BX622.113/1160
前漢書一百二十卷　(漢)班固撰　(唐)顏師
古注　清光緒二十年(1894)上海同文書局石
印本　三十二冊

500000－8702－0001625　　BX622.113/1160(2)
前漢書一百二十卷　(漢)班固撰　清光緒十
四年(1888)上海圖書集成局鉛印本　十冊
存三十一卷(一至三十一)

500000－8702－0001626　　BX622.2/4464
後漢書一百二十卷　(南朝宋)范曄撰　(唐)
李賢注　(晉)司馬彪續志　(南朝梁)劉昭注
　清同治十年(1871)成都書局刻本　二十
八冊

500000－8702－0001627　　BX622.2/4464.2
後漢書一百二十卷　(南朝宋)范曄撰　(唐)
李賢注　清光緒二十年(1894)上海同文書局
石印本　二十八冊

500000－8702－0001628　　BX622.301/7540
三國志六十五卷　(晉)陳壽撰　清光緒二十
八年(1902)竢實齋石印本　四冊

500000－8702－0001629　　BX623.1/4030
晉書一百三十卷　(唐)房玄齡撰　清光緒十
四年(1888)上海圖書集成局鉛印本　十六冊

500000－8702－0001630　　BX623.5/4014
南史八十卷　(唐)李延壽撰　清光緒十四年
(1888)上海圖書集成局鉛印本　十二冊

500000－8702－0001631　　BX623.52/4416
南齊書五十九卷　(南朝梁)蕭子顯撰　清光
緒十四年(1888)上海圖書集成局鉛印本
六冊

500000－8702－0001632　　BX623.52/4416.2

南齊書五十九卷 （南朝梁）蕭子顯撰 清光緒二十年(1894)上海同文書局石印本 八冊

500000－8702－0001633　BX623.53/4260

梁書五十六卷 （唐）姚思廉撰 清光緒二十年(1894)上海同文書局石印本 八冊

500000－8702－0001634　BX623.53/4260.2

梁書五十六卷 （唐）姚思廉撰 清光緒十四年(1888)上海圖書集成局鉛印本 四冊

500000－8702－0001635　BX623.54/4260

陳書三十六卷 （唐）姚思廉撰 清光緒十四年(1888)上海圖書集成局鉛印本 四冊

500000－8702－0001636　BX623.54/4260.2

陳書三十六卷 （唐）姚思廉撰 清光緒二十年(1894)上海同文書局石印本 六冊

500000－8702－0001637　BX623.6/4014

北史一百卷 （唐）李延壽撰 清光緒十四年(1888)上海圖書集成局鉛印本 十六冊

500000－8702－0001638　BX623.61/2628

魏書一百十四卷 （北齊）魏收撰 清光緒十四年(1888)上海圖書集成局鉛印本 十五冊

500000－8702－0001639　BX623.64/4014

北齊書五十卷 （唐）李百藥撰 清光緒十四年(1888)上海圖書集成局鉛印本 六冊

500000－8702－0001640　BX623.65/8042

周書五十卷 （唐）令狐德棻等撰 清光緒十四年(1888)上海圖書集成局鉛印本 四冊

500000－8702－0001641　BX623.65/8042.2

周書五十卷 （唐）令狐德棻等撰 清光緒二十年(1894)上海同文書局石印本 八冊

500000－8702－0001642　BX623.7/2628

隋書八十五卷 （唐）魏徵等撰 清光緒二十年(1894)上海同文書局石印本 二十一冊 存七十八卷(一至十二、二十至八十五)

500000－8702－0001643　BX623.7/7118

隋書八十五卷 （唐）魏徵等撰 清光緒十四年(1888)上海圖書集成書局鉛印本 十二冊

500000－8702－0001644　BX624.01/3037

唐書二百二十五卷附釋音二十五卷 （宋）歐陽修等撰 清光緒同文書局影印本 十八冊 存一百十二卷(一百三十九至二百二十五、釋音二十五卷)

500000－8702－0001645　BX624.1/7267

舊唐書二百卷 （五代）劉昫等撰 清光緒二十年(1894)上海同文書局石印本 四十八冊

500000－8702－0001646　BX624.1/7267.2

舊唐書二百卷 （五代）劉昫等撰 清光緒十四年(1888)上海圖書集成書局鉛印本 三十冊

500000－8702－0001647　BX624.1/7872

唐書二百二十五卷附釋音二十五卷 （宋）歐陽修等撰 清光緒十四年(1888)上海圖書集成書局鉛印本 三十二冊

500000－8702－0001648　BX624.2/4471

舊五代史一百五十卷 （宋）薛居正等撰 清光緒十四年(1888)上海圖書集成書局鉛印本 十二冊

500000－8702－0001649　BX624.2/7872

五代史七十四卷 （宋）歐陽修撰 清光緒十四年(1888)上海圖書集成書局鉛印本 六冊

500000－8702－0001650　BX624.201/4471

舊五代史一百五十卷 （宋）薛居正等撰 清光緒二十年(1894)上海同文書局石印本 二十一冊 存一百二十九卷(一至三、二十五至一百五十)

500000－8702－0001651　BX625.1/3427

宋書一百卷 （南朝梁）沈約撰 清光緒十四年(1888)上海圖書集成書局鉛印本 十二冊

500000－8702－0001652　BX625.109/7878

宋史四百九十六卷 （元）脫脫等修 清光緒圖書集成局鉛印本 四十冊 存三百五十六卷(八十三至一百七十、二百二十九至四百九十六)

500000－8702－0001653　BX625.5/7878

遼史一百十六卷 （元）脫脫等修 清光緒二十年(1894)上海同文書局石印本 八冊

500000－8702－0001654　　BX625.5/7878.2

遼史一百十六卷 （元）脫脫等修 清光緒十四年(1888)上海圖書集成書局鉛印本 八冊

500000－8702－0001655　　BX625.6/7878

金史一百三十五卷 （元）脫脫等修 清光緒二十年(1894)上海同文書局石印本 二十四冊

500000－8702－0001656　　BX625.6/7878.2

金史一百三十五卷 （元）脫脫等修 清光緒十四年(1888)上海圖書集成局鉛印本 十六冊

500000－8702－0001657　　BX625.7/3030

元史二百十卷 （明）宋濂等修 清光緒二十年(1894)上海同文書局石印本 五十一冊

500000－8702－0001658　　BX625.7/3030.2

元史二百十卷 （明）宋濂等修 清光緒十四年(1888)上海圖書集成局鉛印本 二十四冊

500000－8702－0001659　　BX625.709/3030

元史二百十卷 （明）宋濂等修 清同治十三年(1874)江蘇書局刻本 三十九冊

500000－8702－0001660　　BX626/1111

明史三百三十二卷 （清）張廷玉等修 清光緒十四年(1888)上海圖書集成局鉛印本 四十冊

500000－8702－0001661　　BX626.4/3410

南天痕二十六卷 （清）凌雪纂修 清宣統二年(1910)復古社鉛印本 六冊

500000－8702－0001662　　BX627.88/9913

義和拳教門源流考一卷 勞乃宣撰 清光緒二十五年(1899)刻本 一冊

500000－8702－0001663　　BX629.6/4091

漢西域圖考七卷 （清）李光廷撰 （清）李承緒重繪 清光緒八年(1882)木活字印本 四冊

500000－8702－0001664　　BX652.7/4430

憲廟硃批諭旨十八函 （清）世宗胤禛批 （清）鄂爾泰編 清光緒十三年(1887)上海鉛印本 五十六冊

500000－8702－0001665　　BX652.71/2284

岑襄勤公奏稿三十卷首一卷總目一卷 （清）岑毓英撰 清光緒二十三年(1897)武昌督糧官署刻本 三十二冊

500000－8702－0001666　　BX652.71/7200

劉武慎公遺書二十五卷附年譜一卷 （清）劉文輯 清光緒二十六年(1900)鉛印本 二十冊 存二十一卷(一、三至四、六至十五、十八至二十、二十二至二十五,年譜一卷)

500000－8702－0001667　　BX652.751/5527

林文忠公政書甲乙丙集三十七卷 （清）林則徐撰 清刻本 五冊 存十卷(湖廣奏稿一至二、四至五,兩廣奏稿一至二,使粵奏稿一至四)

500000－8702－0001668　　BX652.771/3444

沈文肅公政書七卷 （清）沈葆楨撰 清光緒六年(1880)吳門節署刻本 八冊

500000－8702－0001669　　BX652.771/6045

左文襄公奏議初編三十八卷 （清）羅大春輯 清同治七年(1868)刻本 十一冊 存十七卷(一至十一、二十五至二十七、三十六至三十八)

500000－8702－0001670　　BX652.771/6045.1

左文襄公奏議續編七十六卷 （清）羅大春輯 清刻本 十一冊 存十九卷(四十三至六十一)

500000－8702－0001671　　BX660/3191

天下郡國利病書一百二十卷 （清）顧炎武著 清光緒五年(1879)蜀南桐華書屋刻本 四十七冊 存一百八卷(一至八、二十一至一百二十)

500000－8702－0001672　　BX669.1/3132

讀史方輿紀要一百三十卷輿圖要覽四卷 （清）顧祖禹輯著 清光緒五年(1879)蜀南桐華書屋刻本 三十三冊 存八十一卷(一至三十八、五十七至五十九、七十至九十四、一百二十至一百三十,輿圖要覽四卷)

500000－8702－0001673　BX672.32/3231

浙江全省輿圖並水陸道里記不分卷　（清）宗源瀚編　清光緒二十年（1894）石印本　二十册

500000－8702－0001674　BX672.78/4233

蜀碧四卷　（清）彭遵泗編　清刻本　二册

500000－8702－0001675　BX682.23/4032

杭州府水道全圖一卷　（□）□□撰　清道光四年（1824）刻本　一册

500000－8702－0001676　BX710/2631

海國圖志一百卷　（清）魏源撰　清光緒六年（1880）邵陽急當務齋刻本　三十二册

500000－8702－0001677　BX731.6/6050

日本國志四十卷　（清）黄遵憲編　清光緒二十年（1894）刻本　十册

500000－8702－0001678　BX731.6/6050.2

日本國志四十卷　（清）黄遵憲編　清光緒二十四年（1898）圖書集成局鉛印本　三册

500000－8702－0001679　Z/9/81

譜勸善言一卷　（清）□□輯　清宣統元年（1909）渝較場集成書社刻本　一册

500000－8702－0001680　BX782/2540

宋名臣言行錄前集十卷後集十四卷續集八卷別集二十六卷外集十七卷　（宋）朱熹等纂集　清光緒二十九年（1903）播州華氏刻本　十一册　存七十卷（前集十卷、後集十四卷、續集八卷、別集六至二十六、外集十七卷）

500000－8702－0001681　BX782.88/1025

王幼農先生守寧達府城紀略一卷　陳澹然撰　清宣統三年（1911）思過齋刻本　一册

500000－8702－0001682　BX791.12/1320

安陽縣金石錄十二卷補遺一卷　（清）武億（清）趙希璜纂　清嘉慶四年（1799）刻本　四册

500000－8702－0001683　BX793.1/7744

三巴金石苑目錄一卷　（清）周其懿編　清道光二十八年（1848）刻本　一册

500000－8702－0001684　BX802.29/4014

中國文字來源及變遷一卷　李天根編　清刻本　一册

500000－8702－0001685　BX802.112/4742

爾雅義疏二十卷　（清）郝懿行著　清光緒十一年（1885）榮縣蜀南閣刻本　十一册　存十八卷（一至七、十至二十）

500000－8702－0001686　BX802.21/0894

說文解字校錄十五卷　（漢）許慎記　（清）鈕樹玉校錄　清刻本　十四册

500000－8702－0001687　BX802.21/0894.1

說文解字十五卷　（漢）許慎撰　清刻本　一册　存二卷（十至十一）

500000－8702－0001688　BX802.224/4428

說文解字義證五十卷　（清）桂馥撰　清同治九年（1870）湖北崇文書局刻本　三十二册

500000－8702－0001689　BX802.4/0631

韻法正宗一卷　（清）□□纂　清抄本　一册

500000－8702－0001690　BX802.45/8050

詩韻集成題考十卷　（清）余春亭輯　清光緒墨耕堂刻民國北碚建國書店印本　十册

500000－8702－0001691　BX802.8/0337

識字貫通法指針一卷　（□）□□撰　清光緒至宣統刻本　一册

500000－8702－0001692　BX802.81/6034

小學韻語一卷　（清）羅澤南撰　清光緒七年（1881）江北清平場熊氏刻本　一册

500000－8702－0001693　BX802.81/7220

蒙訓一卷　（清）劉沅撰　清光緒三十年（1904）威邑呂仙巖刻本　一册

500000－8702－0001694　BX821/1042

詩學圓機活法大成十四卷　（明）王世貞校　清大文堂刻本　十六册

500000－8702－0001695　BX831/2801

詩法度針三十三卷首一卷　（清）徐文弼編　清乾隆二十三年（1758）本立堂刻本　八册

500000 - 8702 - 0001696　BX831/3423.3

古詩源十四卷　（清）沈德潛選　清善成堂刻本　四冊

500000 - 8702 - 0001697　BX831/4430

御選寒山拾得大士詩二卷　（清）世宗胤禛選　清刻本　一冊

500000 - 8702 - 0001698　BX831/4430(2)

御選寒山拾得大士詩二卷　（清）世宗胤禛選　清刻本　一冊

500000 - 8702 - 0001699　BX831/5527

御選唐宋詩醇四十七卷　（清）高宗弘曆編　清朱墨套印本　九冊　存十八卷(二十五至二十六、三十二至四十七)

500000 - 8702 - 0001700　BX831.1/0420

詩經旁音正文六卷　（□）□□撰　清光緒二十二年(1896)銅梁榮豐堂刻本　四冊

500000 - 8702 - 0001701　BX831.1/0421

詩經八卷　（宋）朱熹集注　清天祿書屋刻本　四冊

500000 - 8702 - 0001702　BX831.1/0421.1

詩經四卷　（□）□□纂　清光緒二十五年(1899)重慶中西書屋刻本　四冊

500000 - 8702 - 0001703　BX831.1/0429

詩經精義旁訓五卷　（□）□□撰　清光緒九年(1883)新都墨耕堂刻本　四冊

500000 - 8702 - 0001704　BX831.1/2747

詩經備旨八卷　（清）鄒聖脈纂輯　清興龍堂刻本　八冊

500000 - 8702 - 0001705　BX831.1/4495

詩經精華十卷　（清）薛嘉穎輯　清刻本　四冊

500000 - 8702 - 0001706　BX831.1/8700

相臺詩經二十卷　（漢）鄭玄箋　清光緒十年(1884)柚香閣刻本　五冊　存十七卷(一至十二、十六至二十)

500000 - 8702 - 0001707　BX831.1/8700.3

毛詩二十卷　（漢）鄭玄箋註　清光緒刻本

四冊

500000 - 8702 - 0001708　BX831.18/2391

詩義折中二十卷　（清）傅恆等撰　清刻本　七冊　存十五卷(三至十七)

500000 - 8702 - 0001709　BX831.41/3426

唐詩別裁集二十卷　（清）沈歸愚選　（清）俞汝昌註　清道光十八年(1838)大文堂刻本　十六冊

500000 - 8702 - 0001710　BX831.7/1112

問濱餘草十二卷續編八卷附一卷　（清）張乃孚著　清道光二年(1822)刻本　二冊

500000 - 8702 - 0001711　BX832.1/7771

楚辭十七卷　（戰國）屈原著　（漢）劉向集　清光緒十一年(1885)金陵書局刻本　六冊

500000 - 8702 - 0001712　BX832.1/7771.3

楚辭章句十七卷　（戰國）屈原著　（漢）劉向集　（漢）王逸章句　清光緒十七年(1891)三餘草堂刻本　三冊

500000 - 8702 - 0001713　BX832.9/8034

館課賦鈔二十卷　（清）翁心存等輯　清道光十八年(1838)小蓬萊山館刻本　二十冊

500000 - 8702 - 0001714　BX832.97/7533

律賦搜程五卷　（清）陳祖祺評輯　清道光二十二年(1842)經國堂刻本　四冊　存四卷(一、三至五)

500000 - 8702 - 0001715　BX835/0023

古文翼八卷　（清）唐德宜編　清光緒十二年(1886)漢口李氏森寶齋刻本　十六冊

500000 - 8702 - 0001716　BX835/0030

唐宋文醇五十八卷　（清）高宗弘曆編　清光緒三年(1877)浙江書局刻本　十冊　存二十八卷(一至二十八)

500000 - 8702 - 0001717　BX835/1020

續古文辭類纂三十四卷　王先謙纂　清光緒三十三年(1907)上海商務印書館鉛印本　三冊　存二十三卷(一至二十三)

500000 - 8702 - 0001718　BX835/2847

古文淵鑒六十四卷　（清）徐乾學等編注　清南海孔氏三十有三萬卷堂刻四色套印本　九冊　存二十四卷(二十三至四十六)

500000－8702－0001719　BX835/4217

古文辭類纂七十四卷　（清）姚鼐纂　清光緒三十三年(1907)上海商務印書館鉛印本　六冊　存五十四卷(一至十、三十一至七十四)

500000－8702－0001720　BX835/4217.1

古文辭類纂七十四卷　（清）姚鼐纂　清光緒二十八年(1902)蜀東善成堂刻本　十冊

500000－8702－0001721　BX835/4217.2

續古文辭類纂□□卷　（清）姚鼐選　清光緒二十八年(1902)蜀東善成堂刻本　六冊

500000－8702－0001722　BX835.7/3730

小題文府不分卷　題(清)鴻寶齋主人輯　清光緒十五年(1889)上海鴻寶齋石印本　十九冊　存十九卷(大學一至二,上論一至二、四至六,下論一至四、六至七,上孟一至三,下孟一至二、四)

500000－8702－0001723　BX844.1/4034

昌黎先生集四十卷　（唐）韓愈撰　（唐）李漢編　清同治八年(1869)江蘇書局刻本　八冊　存三十四卷(一至二十一、二十八至四十)

500000－8702－0001724　BX844.1/4034(2)

昌黎先生集四十卷　（唐）韓愈撰　（唐）李漢編　清同治八年(1869)江蘇書局刻本　八冊

500000－8702－0001725　BX844.14/4628

杜詩鏡銓二十卷附讀書堂杜工部文集註解二卷附錄一卷　（清）楊倫編　清同治十一年(1872)望三益齋刻本　十六冊

500000－8702－0001726　BX844.16/4034

昌黎先生集四十卷外集十卷韓集點勘四卷　（唐）韓愈撰　（唐）李漢編　清宣統三年(1911)石印本　五冊　缺二卷(外集九至十)

500000－8702－0001727　BX845.16/1774

古香齋鑒賞袖珍施註蘇詩四十二卷目錄二卷續補遺二卷　（清）邵長蘅纂　清光緒九年(1883)南海孔氏三十有三萬卷堂刻本　十七冊　存四十五卷(施註蘇詩四十二卷、目錄二卷、續補遺一)

500000－8702－0001728　BX845.26/5527

文信國公集二十卷　（宋）文天祥撰　清江西刻本　四冊　存六卷(二至三、五、十六至十八)

500000－8702－0001729　BX847/3134

晴簫山房文集十七卷補遺二卷詩集三卷補遺一卷附紅椒山房筆記七卷　（清）馮遠村著　清道光合邑龍門鄉刻本　十四冊

500000－8702－0001730　BX847.2/3191

顧亭林全集二十七卷　（清）顧炎武撰　清蓬瀛閣刻本　七冊　存十九卷(左傳杜解補正三卷、九經誤字一卷、石經攷一卷、金石文字記六卷、韻補正一卷、昌平山水記二卷、譎觚十事一卷、顧氏譜系考一卷、亭林文集一至三)

500000－8702－0001731　BX851.154/1001

唐詩三百首註疏續選一卷　（清）于慶元編輯　清刻本　一冊

500000－8702－0001732　BX851.154/4443.2

唐詩三百首註釋六卷　（清）孫洙編　清光緒十四年(1888)渝城悟花月軒照經濟堂刻本　三冊

500000－8702－0001733　BX851.154/4443.3

唐詩三百首注疏六卷　（清）孫洙編　清道光刻本　三冊

500000－8702－0001734　BX853.6/4448

江州淚一卷　（清）蔣士銓撰　清碧梧山莊石印本　一冊

500000－8702－0001735　BX853.67/1138

梅花夢二卷　（清）張道填詞　清光緒二十年(1894)長沙刻本　二冊

500000－8702－0001736　BX857.23/1030.1

搜神記二十卷附後記十卷　（晉）干寶撰　清光緒元年(1875)湖北崇文書局刻本　三冊

500000 – 8702 – 0001737　BX857.27/4442

聊齋志異評註十六卷　（清）蒲松齡著　清宣
統上海商務書館鉛印本　八冊

500000 – 8702 – 0001738　BX857.4/4460.2

東周列國全志二十三卷　（清）蔡元放評點
清朱墨套印本　四冊　存四卷（十六、十八、
二十二至二十三）

500000 – 8702 – 0001739　BX857.4/4460

東周列國全志二十三卷　（清）蔡元放評點
清朱墨套印本　十六冊　存十六卷（一至三、
七至十五、十七、十九至二十一）

500000 – 8702 – 0001740　BX945.32/4762

十竹齋書畫譜八卷　（明）胡正言繪　清光緒
上海江東石印本　八冊

500000 – 8702 – 0001741　MX010/1133

書目答問不分卷　（清）張之洞撰　清宣統三
年（1911）上海掃葉山房石印本　二冊

500000 – 8702 – 0001742　MX010.2/4634

留真譜初編十二卷　楊守敬編　清光緒二十
七年（1901）宜都楊氏刻本　十二冊

500000 – 8702 – 0001743　MX010.3/1020

魏書校勘記不分卷　王先謙編　清光緒十七
年（1891）廣雅書局刻本　一冊

500000 – 8702 – 0001744　MX010.4/2646

拜經樓藏書題跋記五卷附錄一卷　（清）吳壽
暘纂　清道光二十七年（1847）海寧蔣氏刻本
三冊

500000 – 8702 – 0001745　MX010.4/2646（2）

拜經樓藏書題跋記五卷附錄一卷　（清）吳壽
暘纂　清道光二十七年（1847）海寧蔣氏刻本
三冊

500000 – 8702 – 0001746　MX010.4/2646（3）

**拜經樓藏書題跋記五卷附錄一卷經籍跋文一
卷**　（清）吳壽暘編　清道光二十七年（1847）
海寧蔣氏刻本　四冊

500000 – 8702 – 0001747　MX010.4/4407

山谷題跋三卷　（宋）黃庭堅撰　（清）溫一貞

輯　清乾隆五十年（1785）刻同治十一年
（1872）修補印本　三冊

500000 – 8702 – 0001748　MX010.4/4411

士禮居藏書題跋記六卷　（清）黃丕烈撰　清
光緒十年（1884）吳縣潘祖蔭刻本　四冊

500000 – 8702 – 0001749　MX010.4/4411（2）

士禮居藏書題跋記六卷　（清）黃丕烈撰　清
光緒十年（1884）吳縣潘祖蔭刻本　四冊

500000 – 8702 – 0001750　MX010.4/4411（3）

士禮居藏書題跋記六卷補錄一卷　（清）黃丕
烈撰　清光緒十年（1884）吳縣潘氏刻本
四冊

500000 – 8702 – 0001751　MX010.4/4411（4）

士禮居藏書題跋記六卷　（清）黃丕烈撰　清
光緒十年（1884）吳縣潘氏刻本　四冊

500000 – 8702 – 0001752　MX010.4/4453

東坡題跋二卷　（宋）蘇軾著　（清）溫一貞輯
清乾隆五十年（1785）刻同治十一年（1872）
修補印本　二冊

500000 – 8702 – 0001753　MX01.4/4622

楹書隅錄五卷續編四卷　（清）楊紹和編　清
光緒二十年（1894）海源閣刻本　十冊

500000 – 8702 – 0001754　MX010.4/7520

經籍跋文一卷　（清）陳鱣撰　清道光十七年
（1837）海寧蔣氏刻本　一冊

500000 – 8702 – 0001755　MX010.4/7520（2）

經籍跋文一卷　（清）陳鱣著　（清）蔣光煦輯
清道光十七年（1837）刻本　一冊

500000 – 8702 – 0001756　MX010.5/1047

欽定四庫全書攷證一百卷　（清）王太岳等纂
清道光十年（1830）武英殿聚珍版印本　九
十六冊

500000 – 8702 – 0001757　MX010.5/7772

點勘記二卷　歐陽泉輯　清光緒九年（1883）
寶硯齋刻本　二冊

500000 – 8702 – 0001758　MX011/2574

彙刻書目不分卷　（清）朱學勤編　清光緒十

二年至十五年（1886－1889）上海福瀛書局刻本　二十冊

500000－8702－0001759　MX011/2574（2）
彙刻書目不分卷　（清）朱學勤編　清光緒刻本　二十冊

500000－8702－0001760　MX011/4429
觀古堂書目叢刻四十九卷　葉德輝編　清光緒二十八年（1902）湘潭葉氏觀古堂刻本　二十冊

500000－8702－0001761　MX011/8346
補續漢書藝文志一卷　（清）錢大昭撰　清光緒十三年（1887）廣雅書局刻本　一冊

500000－8702－0001762　MX014/4429
秘書省續編到四庫闕書目二卷　葉德輝證　清光緒二十九年（1903）觀古堂刻本　二冊

500000－8702－0001763　MX014/4444
宋元舊本書經眼錄附錄二卷　（清）莫友芝撰　清莫氏刻本　一冊

500000－8702－0001764　MX014/4444.2
宋元舊本書經眼錄五卷　（清）莫友芝撰　清同治十二年（1873）莫氏刻本　二冊

500000－8702－0001765　MX014/4444.2（2）
宋元舊本書經眼錄五卷　（清）莫友芝撰　清同治十二年（1873）莫氏刻本　五冊

500000－8702－0001766　MX014.17/2622
易堂問目四卷　（清）吳鼎輯　清乾隆三十七年（1772）刻本　四冊

500000－8702－0001767　MX015.1/1160
八史經籍志十種　（漢）班固等撰　清光緒八年（1882）刻本　十六冊

500000－8702－0001768　MX015.1/7560
寶刻叢編二十卷　（宋）陳思纂　清海豐吳氏刻本　八冊

500000－8702－0001769　MX015.12/3141
補後漢書藝文志三十一卷　顧櫰三撰　清光緒十九年（1893）南清河王錫祺木活字印本　八冊

500000－8702－0001770　MX015.13/7118
隋書經籍志四卷　（唐）魏徵等撰　清光緒八年（1882）成都御風樓刻本　四冊

500000－8702－0001771　MX015.137/0033
隋經籍志攷證十三卷　（清）章宗源撰　清光緒三年（1877）湖北崇文書局刻本　四冊

500000－8702－0001772　MX016.9/1734
金石文字辨異十二卷　（清）邢澍編　清光緒貴池劉氏刻本　八冊

500000－8702－0001773　MX017.11/1085
欽定天祿琳瑯書目十卷後編二十卷　（清）于敏中等編　清光緒十年（1884）長沙王氏刻本　十冊

500000－8702－0001774　MX018.1/1010
善本書室藏書志四十卷　（清）丁丙輯　清光緒二十七年（1901）錢唐丁氏刻本　十六冊

500000－8702－0001775　MX018.1/1010（2）
善本書室藏書志四十卷　（清）丁丙輯　清光緒二十七年（1901）錢唐丁氏刻本　十六冊

500000－8702－0001776　MX018.1/2528
開有益齋讀書志六卷附續志金石文字記不分卷　（清）朱緒曾撰　清光緒六年（1880）金陵翁氏茹古閣刻本　六冊

500000－8702－0001777　MX018.1/2528（2）
開有益齋讀書志六卷附續志金石文字記不分卷　（清）朱緒曾撰　清光緒六年（1880）金陵翁氏茹古閣刻本　八冊

500000－8702－0001778　MX018.1/2741
藝風藏書記八卷　繆荃孫編　清光緒二十七年（1901）江陰繆氏刻本　二冊

500000－8702－0001779　MX018.1/3148
藝芸書舍宋元本書目不分卷　（清）汪士鐘編　清同治十二年（1873）蘇州文學山房木活字印本　一冊

500000－8702－0001780　MX018.1/4042
五萬卷閣書目記四卷　（清）李嘉績彙錄　清光緒三十年（1904）華清宮舍刻本　一冊

500000－8702－0001781　MX018.1/4202

郡齋讀書志二十卷　（宋）姚應績編　清光緒
六年（1880）會稽章氏刻本　八冊

500000－8702－0001782　MX018.1/4443

持靜齋藏書記要二卷　（清）莫友芝撰　清同
治蘇州文學山房木活字印本　二冊

500000－8702－0001783　MX018.1/4456

學古堂藏書目一卷附捐藏書目　（清）學古堂
編　清刻本　一冊

500000－8702－0001784　MX018.1/4456（2）

學古堂藏書目一卷附捐藏書目　（清）學古堂
編　清刻本　一冊

500000－8702－0001785　MX018.1/5017

東西學書錄二卷　（清）徐以愻編　清光緒二
十五年（1899）石印本　三冊

500000－8702－0001786　MX018.1/6680

鐵琴銅劍樓藏書目錄二十四卷　（清）瞿鏞編
清光緒二十四年（1898）刻本　十冊

500000－8702－0001787　MX018.1/7433

皕宋樓藏書志一百二十卷　（清）陸心源編
清光緒八年（1882）十萬卷樓刻本　三十二冊

500000－8702－0001788　MX018.1/7433（2）

皕宋樓藏書志一百二十卷　（清）陸心源編
清光緒八年（1882）十萬卷樓刻本　三十二冊

500000－8702－0001789　MX018.1/7433（3）

皕宋樓藏書志一百二十卷續志四卷　（清）陸
心源編　清光緒八年（1882）十萬卷樓刻本
二十八冊

500000－8702－0001790　MX018.1/7551

直齋書錄解題三十二卷附武英殿聚珍版程式
（宋）陳振孫撰　清同治江西刻本　十冊

500000－8702－0001791　MX027.91/4469

藏書紀事詩七卷　葉昌熾撰　清宣統二年
（1910）刻本　六冊

500000－8702－0001792　MX028/0022

讀書作文譜二卷父師善誘法十二卷　（清）唐
彪著　清康熙四十七年（1708）藜照書屋刻本

四冊

500000－8702－0001793　MX028/2603

讀書分季日程三卷　（元）程端禮編　清同治
八年（1869）江蘇書局刻本　一冊

500000－8702－0001794　MX031/0010

駢字類編二百四十卷　（清）聖祖玄燁撰　清
光緒十三年（1887）上海同文書局石印本　四
十八冊

500000－8702－0001795　MX031/1000

玉海二百卷附詞學指南四卷坿刻十三種六十
一卷　（宋）王應麟撰　清光緒十年（1884）成
都志古堂刻本　一百二十冊

500000－8702－0001796　MX031/1000（2）

玉海二百卷附詞學指南四卷坿刻十三種六十
一卷　（宋）王應麟撰　清嘉慶十一年（1806）
江寧康基田刻本　九十六冊

500000－8702－0001797　MX031/1000（3）

玉海二百卷附詞學指南四卷坿刻十三種六十
一卷　（宋）王應麟撰　清光緒十年（1884）成
都志古堂刻本　六十五冊　缺（坿刻十三種
六十一卷）

500000－8702－0001798　MX031/1108

龍筋鳳髓判四卷　（唐）張鷟撰　（明）劉允鵬
原注　（清）陳春補正　清光緒十年（1884）汪
青簍刻本　二冊

500000－8702－0001799　MX031/2637

增補五廣事類賦合刻一百四十六卷　（宋）吳
淑　（清）華希閔等著　清光緒八年（1882）刻
本　三十二冊

500000－8702－0001800　MX031/3193

新爾雅十四卷　汪榮寶　葉瀾編纂　清光緒
三十年（1904）刻本　二冊

500000－8702－0001801　MX031/3193（2）

新爾雅十四卷　汪榮寶　葉瀾編纂　清光緒
三十年（1904）刻本　一冊　存七卷（一至七）

500000－8702－0001802　MX031/4418

古今圖書集成一萬卷　（清）陳夢雷等輯　清

光緒圖書集成局鉛印本　八冊　存九十卷
(理學彙編文學典十四至八十五,明倫彙編氏
族典一百四十五至一百五十一、四百七十四
至四百八十四)

500000－8702－0001803　MX031/7510
格致鏡原一百卷　(清)陳元龍編　清雍正十
三年(1735)刻本　二十四冊

500000－8702－0001804　MX031.04/1201
類書三十七卷　(清)孫顏等編　清同治十二
年(1873)小嬛嬛山館刻本　二十冊

500000－8702－0001805　MX031.04/2604
人鏡類纂四十六卷　(清)程之楨輯　清同治
十二年(1873)江夏程氏刻本　十六冊

500000－8702－0001806　MX031.04/4441
廣博物志五十卷　(明)董斯張纂　清光緒五
年(1879)學海堂刻本　三十二冊

500000－8702－0001807　MX031.04/4441(2)
廣博物志五十卷　(明)董斯張纂　清光緒五
年(1879)學海堂刻本　三十冊

500000－8702－0001808　MX031.044/1021
羣芳譜二十八卷　(明)王象晉纂　清刻本
二十冊

500000－8702－0001809　MX031.08/4481
翰苑分書七種　(清)黃鈺等編　清光緒六年
至十二年(1880－1886)蝶胎山館刻本　六冊

500000－8702－0001810　MX031.1/7770
藝文類聚一百卷　(唐)歐陽詢等撰　清光緒
五年(1879)成都宏達堂刻本　四十冊

500000－8702－0001811　MX031.3/1115
佩文韻府一百六卷　(清)張玉書等纂　清嶺
南潘氏海山仙館刻本　一百四十冊

500000－8702－0001812　MX040/7231
拾餘四種　(清)劉沅撰　清光緒元年(1875)
凝善堂刻本　二冊

500000－8702－0001813　MX041/7240
癸甲襄校錄五卷　(清)岳森著　清光緒二十
年(1894)四川尊經書局刻本　五冊

500000－8702－0001814　MX041/8064
經史百家簡編二卷　(清)曾國藩纂　清同治
十三年(1874)傳忠書局刻本　二冊

500000－8702－0001815　MX041.1/3191
日知錄集釋三十二卷刊誤二卷續刊誤二卷
(清)顧炎武撰　(清)黃汝成集釋　清光緒三
年(1877)廣東馮氏刻本　十六冊

500000－8702－0001816　MX041.1/3191(2)
日知錄集釋三十二卷刊誤二卷續刊誤二卷
(清)顧炎武撰　(清)黃汝成集釋　清同治八
年(1869)刻本　十六冊

500000－8702－0001817　MX041.1/3191(3)
日知錄集釋三十二卷刊誤二卷續刊誤二卷
(清)顧炎武撰　(清)黃汝成集釋　清同治八
年(1869)刻本　十六冊

500000－8702－0001818　MX041.1/3434
容齋隨筆七十四卷　(宋)洪邁纂述　清光緒
二十年(1894)刻本　二十冊

500000－8702－0001819　MX041.1/3434(2)
容齋隨筆七十四卷　(宋)洪邁撰　清光緒十
八年(1892)皖南洪氏刻本　十六冊

500000－8702－0001820　MX041.1/4447
癡學八卷　(清)黃本驥著　清道光二十七年
(1847)三長物齋刻本　四冊

500000－8702－0001821　MX041.2/1043
居易錄三十四卷　(清)王士禎著　清康熙四
十年(1701)刻本　十二冊

500000－8702－0001822　MX041.2/1043.2
池北偶談二十六卷　(清)王士禎著　清康熙
三十年(1691)金谿李氏自怡艸堂刻本　八冊

500000－8702－0001823　MX041.2/1081
讀書雜志八十二卷餘編二卷　(清)王念孫撰
清同治九年(1870)金陵書局刻本　二十
四冊

500000－8702－0001824　MX041.2/1081(2)
讀書雜志八十二卷餘編二卷　(清)王念孫撰
清道光十二年(1832)刻本　二十八冊　存

七十二卷（一至七十二）

500000 - 8702 - 0001825　MX041.2/1270
新義錄一百卷　（清）孫璧文輯　清光緒八年
(1882)嫩石山房刻本　四十冊

500000 - 8702 - 0001826　MX041.2/2004
焦氏類林八卷　（明）焦竑撰　（清）伍崇曜校
清咸豐三年(1853)刻本　八冊

500000 - 8702 - 0001827　MX041.2/2115
餘冬錄六十一卷　（明）何孟春編　清同治三
年(1864)恭壽堂刻本　十二冊

500000 - 8702 - 0001828　MX041.2/2315
讀書拾遺六卷　（清）傅玉書著　清光緒二十
四年(1898)刻本　四冊

500000 - 8702 - 0001829　MX041.2/4047
訂訛類編八卷　（清）杭世駿撰　清咸豐八年
(1858)吳興劉氏嘉業堂刻本　四冊

500000 - 8702 - 0001830　MX041.2/7535
東塾讀書記十五卷　（清）陳澧撰　清光緒八
年(1882)刻本　五冊

500000 - 8702 - 0001831　MX041.2/7701
書影五卷　（清）周亮工撰　清雍正三年
(1725)刻本　六冊

500000 - 8702 - 0001832　MX041.3/1233
花箋錄二十卷　（清）孫兆溎輯　清同治四年
(1865)景福堂刻本　十六冊

500000 - 8702 - 0001833　MX041.3/2042
新輯毛西河四種　（清）毛奇齡稿　清刻本
一冊

500000 - 8702 - 0001834　MX041.4/2510
無邪堂答問五卷　（清）朱一新編　清光緒二
十一年(1895)廣雅書局刻本　五冊

500000 - 8702 - 0001835　MX041.4/4609
策學總纂大成四十六卷　（清）蔡壽祺編輯
清光緒五年(1879)北平觀文堂刻本　十二冊

500000 - 8702 - 0001836　MX042/7231
正譌八卷　（清）劉沅撰　清同治三年(1864)

威邑凝善堂刻本　三冊

500000 - 8702 - 0001837　MX043/7231
又問一卷　（清）劉沅著　清咸豐七年(1857)
威遠縣玉成堂刻本　一冊

500000 - 8702 - 0001838　MX043/7231(2)
子問二卷　（清）劉沅著　清咸豐七年(1857)
威遠縣玉成堂刻本　二冊

500000 - 8702 - 0001839　MX043/7231(3)
槐軒約言不分卷　（清）劉沅著　清同治四年
(1865)威遠縣玉成堂刻本　一冊

500000 - 8702 - 0001840　MX081/4429.2
雙楳景闇叢書十七種　葉德輝編　清光緒二
十九年至宣統三年(1903 - 1911)長沙葉氏刻
本　五冊

500000 - 8702 - 0001841　MX081.1/7426
經典釋文三十卷　（唐）陸德明撰　**附攷證三
十卷**　（清）盧文弨攷證　清同治十年(1871)
廣州書局刻本　十四冊

500000 - 8702 - 0001842　MX081.124/2857
欽定書經圖說五十卷　（清）孫家鼐等纂輯
清光緒二十九年(1903)上海影印本　十六冊

500000 - 8702 - 0001843　MX081.16/0031
稗海七十種四百三十七卷　（明）商濬編
（清）李紱纂輯　清康熙臨川縣衙刻本　八
十冊

500000 - 8702 - 0001844　MX081.16/2115
漢魏叢書八十六種四百四十八卷　（明）何允
中輯　（清）王謨增訂　清光緒二年(1876)紅
杏山房刻本　一百二十冊

500000 - 8702 - 0001845　MX081.17/0040
式訓堂叢書二十一種四十卷　（清）章壽康輯
清光緒四年(1878)會稽章氏刻本　四十冊

500000 - 8702 - 0001846　MX081.17/0040(2)
拜經樓叢書七種二十三卷　（清）章壽康編
清光緒十一年(1885)章氏刻本　八冊

500000 - 8702 - 0001847　MX081.17/1034
湖北叢書三十一種　（清）趙尚輔輯　清光緒

十三年(1887)三餘草堂刻本　八十冊

500000－8702－0001848　MX081.17/1088
王筠叢刻十一種三十二卷　(清)王筠撰輯
清道光三十年(1850)刻本　十冊

500000－8702－0001849　MX081.17/1234
古棠書屋叢書十五種一百五十一卷　(清)孫
澍等纂輯　清道光十四年(1834)古棠書屋刻
本　四十六冊

500000－8702－0001850　MX081.17/1262
岱南閣叢書二十種一百六十七卷　(清)孫星
衍編　清同治三年(1864)上海博古齋影印本
六十冊

500000－8702－0001851　MX081.17/2101
群書拾補三十七種三十七卷　(清)盧文弨著
清光緒十三年(1887)上海蜚英館石印本
二十冊

500000－8702－0001852　MX081.17/2114
嶺南遺書六十一種三百四十三卷　(清)伍元
薇輯　清同治二年(1863)南海伍氏粵雅堂刻
本　七十九冊

500000－8702－0001853　MX081.17/2126
粵雅堂叢書一百二十三種七百五十九卷
(清)伍崇曜校　清咸豐三年(1853)刻本　二
百三十九冊

500000－8702－0001854　MX081.17/2509
金石叢書十八種一百四十八卷　(清)朱記榮
編　清光緒十五年(1889)行素草堂刻本　四
十冊

500000－8702－0001855　MX081.17/3141
靈鶼閣叢書六集五十六種　(清)江標編　清
光緒二十三年(1897)湖南使院刻本　四十
八冊

500000－8702－0001856　MX081.17/3143
秘書二十八種一百十六卷　(清)汪士漢輯
清嘉慶十三年(1808)文盛堂刻本　二十冊

500000－8702－0001857　MX081.17/4001
函海一百六十種　(清)李調元編　清乾隆刻

本　一百二十冊

500000－8702－0001858　MX081.17/4411
黃氏叢書十八種　(清)黃丕烈編輯　清光緒
十三年(1887)上海蜚英館影印本　三十冊

500000－8702－0001859　MX081.17/4429
觀古堂彙刻書二十三種　葉德輝輯　清光緒
二十四年至三十四年(1898－1908)長沙葉氏
刻本　十六冊

500000－8702－0001860　MX081.17/4429.2
觀古堂所著書十八種　葉德輝撰　清光緒二
十六年至民國五年(1900－1916)長沙葉氏刻
本　十三冊

500000－8702－0001861　MX081.17/6007(2)
觀象廬叢書二十五種　(清)呂調陽輯　清光
緒十四年(1888)彭門吳氏刻本　六十冊

500000－8702－0001862　MX081.17/6007
觀象廬叢書二十五種　(清)呂調陽撰　清光
緒十九年(1893)刻本　六十冊

500000－8702－0001863　MX081.17/7123
龍威秘書十集一百六十九種　(清)馬俊良編
清嘉慶世德堂刻本　八十冊

500000－8702－0001864　MX081.17/7164
玉函山房輯佚書六百四十四種七百八十八卷
(清)馬國翰輯　清光緒十八年(1892)湖南
思賢書局刻本　一百二十冊

500000－8702－0001865　MX081.18/7550
湖海樓叢書十三種　(清)陳春編　清嘉慶二
十四年(1819)蕭山陳氏湖海樓刻本　六十冊

500000－8702－0001866　MX081.17/8373
守山閣叢書一百九種六百五十二卷　(宋)趙
善譽撰　清光緒十五年(1889)上海鴻文書局
石印本　一百冊

500000－8702－0001867　MX081.18/0037(1)
怡蘭堂叢書九種　唐鴻學輯　清光緒二十九
年至民國十一年(1903－1922)成都大關唐氏
刻本　七冊　存六種十四卷(春秋左傳杜注
校勘記一卷、孝經鄭氏注一卷、聖賢高士傳贊

一卷、古今註三卷、四民月令一卷、道德真經
指歸七至十三)

500000－8702－0001868　MX081.18/0037(2)
怡蘭堂叢書九種　唐鴻學編　清光緒二十九
年至民國十一年(1903－1922)成都大關唐氏
刻本　十一冊

500000－8702－0001869　MX081.18/1812
玲瓏山館叢書二十六種　(清)傅世洵輯　清
光緒十五年(1889)文選樓刻本　四十冊

500000－8702－0001870　MX082.27/1053
船山遺書六十二種二百八十八卷　(清)王夫
之撰　清同治四年(1865)湖南湘鄉曾氏刻本
一百二十冊

500000－8702－0001871　MX081.27/4427
儆季雜著七種二十五卷　(清)黃以周撰　清
光緒二十一年(1895)江蘇南菁講舍刻本
十冊

500000－8702－0001872　MX081.27/4447
**三長物齋叢書二十五種二百五十九卷補遺八
卷**　(清)黃本驥編輯　清光緒二十四年
(1898)古香閣刻本　八十冊

500000－8702－0001873　MX081.27/7535
東塾叢書五種三十一卷　(清)陳澧撰　清廣
東富文齋刻本　八冊

500000－8702－0001874　MX081.3/2714
知不足齋叢書三十集二百種　(清)鮑廷博編
清乾隆至道光長塘鮑氏刻本　二百四十冊

500000－8702－0001875　MX081.57/3191
亭林遺書二十二種六十一卷　(清)顧炎武撰
(清)朱記榮編　清光緒十四年(1888)席氏
掃葉山房刻本　二十四冊

500000－8702－0001876　MX081.57/3191.2
亭林遺書十種　(清)顧炎武撰　清刻本
六冊

500000－8702－0001877　MX081.57/4081
師伏堂叢書十種　(清)皮錫瑞撰　清光緒三
十年(1904)善化皮氏師伏堂刻本　二十六冊

500000－8702－0001878　MX081.57/4437
黃忠壯公遺集五卷　(清)黃淯熙著　清光緒
元年(1875)成都刻本　五冊

500000－8702－0001879　MX090/1013
經義述聞三十二卷　(清)王引之撰　清道光
七年(1827)北平壽藤書屋刻本　二十四冊

500000－8702－0001880　MX090/1013.1
經義述聞三十三卷　(清)王引之撰　清道光
十三年(1833)鴻寶齋石印本　六冊

500000－8702－0001881　MX090/1022
尊經書院初集十二卷　王闓運審定　清光緒
十一年(1885)四川尊經書院刻本　十二冊

500000－8702－0001882　MX090/2528(2)
經義攷三百卷　(清)朱彝尊輯　清光緒二十
三年(1897)浙江書局刻本　五十冊

500000－8702－0001883　MX090/2528
經義攷三百卷　(清)朱彝尊輯　清光緒二十
三年(1897)浙江書局刻本　五十冊

500000－8702－0001884　MX090/2542
禮記訓纂四十八卷　(清)朱彬輯　清宣統元
年(1909)學部圖書局刻本　十冊

500000－8702－0001885　MX090/2679
經學輯要二十四種二十四卷　(清)吳潁炎輯
清光緒十四年(1888)上海點石齋石印本
三十二冊

500000－8702－0001886　MX090/2831
通介堂經說三十七卷　(清)徐灝輯　清咸豐
四年(1854)刻本　十冊

500000－8702－0001887　MX090/6031
傳經表不分卷　(清)畢沅撰　清光緒五年
(1879)華陽宏達堂刻本　二冊

500000－8702－0001888　MX090/6088
四益館經學四變記一卷　廖平撰　清光緒三
十二年(1906)成都存古書局刻本　一冊

500000－8702－0001889　MX090/6640
皇清經解一百九十種　(清)嚴杰輯　清光緒
十一年(1885)上海點石齋石印本　二十三冊

存一百八十三卷(一至二十五、三十三至一百九十)

500000－8702－0001890　MX090/7110

皇清經解一百九十種　(清)阮元輯　清咸豐十一年(1861)廣州學海堂刻本　三百六十冊

500000－8702－0001891　MX090/7110(2)

皇清經解續編二百九種　王先謙續輯　清光緒十四年(1888)南菁書院刻本　三百二十冊

500000－8702－0001892　MX090/7110(3)

皇清經解一百九十種　(清)阮元輯　清咸豐十一年(1861)廣州學海堂刻本　四百一冊

500000－8702－0001893　MX090/7110(4)

皇清經解續編二百九種　王先謙續輯　清光緒十四年(1888)南菁書院刻本　三百二十冊

500000－8702－0001894　MX090/8043

古經解鈎沈三十卷　(清)余蕭客輯　清乾隆六十年(1795)刻本　十冊

500000－8702－0001895　MX090/8208

古經解彙函二十三種三百一卷　(清)鍾謙鈞輯　清同治十三年(1874)廣東書局刻本　六十六冊

500000－8702－0001896　MX090/8208(2)

古經解彙函二十三種三百一卷　(清)鍾謙鈞輯　清同治十三年(1874)廣東書局刻本　六十八冊

500000－8702－0001897　MX090.04/2314

經義雜記三十卷　(清)臧琳撰　清嘉慶四年(1799)刻本　六冊

500000－8702－0001898　MX090.1/5523

皇朝五經彙解二百七十卷　題(清)抉經心室主人纂　清光緒十四年(1888)鴻文書局石印本　三十二冊

500000－8702－0001899　MX090.1/5523(2)

皇朝五經彙解二百七十卷　題(清)抉經心室主人纂　清光緒十九年(1893)寶文書局石印本　三十二冊

500000－8702－0001900　MX090.1/7211(2)

相臺五經九十三卷　(宋)岳珂輯　清貴山書院刻本　六十八冊

500000－8702－0001901　MX090.5/4023

十一經音訓十一種　(清)袁俊等編纂　清光緒三年(1877)湖北崇文書局刻本　二十六冊

500000－8702－0001902　MX090.7/1017(2)

十三經注疏四百十六卷　(三國魏)王弼等注　(唐)孔穎達等疏　清同治十年(1871)廣東書局刻本　一百二十冊

500000－8702－0001903　MX090.7/1017(3)

十三經注疏四百十六卷附校勘記　(三國魏)王弼等注　(清)阮元校　清嘉慶二十年(1815)刻本　二百二冊

500000－8702－0001904　MX090.7/1017(4)

十三經注疏四百十六卷　(三國魏)王弼等注　(唐)孔穎達等疏　清光緒十三年(1887)脈望仙館石印本　三十二冊

500000－8702－0001905　MX090.7/1017.2

十三經古注一百六十一卷　(三國魏)王弼註　清同治十二年(1873)雙峰書屋刻本　八十冊

500000－8702－0001906　MX090.9/3191

石經彙函十種四十五卷　(清)顧炎武等撰　清光緒成都刻本　十二冊

500000－8702－0001907　MX110/2749

諸子彙函九十四種二十六卷　(明)歸有光輯　清刻本　二十四冊

500000－8702－0001908　MX110/3215

二十二子二十二種　(清)浙江書局輯　清光緒元年至三年(1875－1877)浙江書局刻本　八十二冊

500000－8702－0001909　MX110/4044

諸子詹詹錄二卷　(清)袁樹輯　清光緒十八

年(1892)著易堂鉛印本　一冊

500000－8702－0001910　MX110.8/2632

桐城吳先生點勘諸子七種　（清）吳汝綸點勘
　清宣統二年(1910)上海衍星社鉛印本　十
二冊

500000－8702－0001911　MX111/0042

孔子改制攷二十一卷　康有爲撰　清光緒二
十四年(1898)上海大同譯書局刻本　十冊

500000－8702－0001912　MX111/0042(2)

孔子改制攷二十一卷　康有爲撰　清光緒二
十一年(1895)上海大同譯書局刻本　八冊

500000－8702－0001913　MX111.1/3432

易憲四卷　（明）沈泓著　清光緒十四年
(1888)泉塘卓氏刻本　三冊

500000－8702－0001914　MX111.1/4060.1

重刻易經來註十五卷首一卷末一卷　（明）來
知德註　清嘉慶十一年(1806)刻本　二十冊

500000－8702－0001915　MX111.1/6035

易廣文遺說一卷　（清）易良書撰　清咸豐七
年(1857)長沙刻本　一冊

500000－8702－0001916　MX111.1/6077

史學薪傳八卷　（□）□□撰　清同治五年
(1866)刻本　八冊

500000－8702－0001917　MX111.1/7231

易經恒解五卷首一卷　（清）劉沅註釋　清宣
統元年(1909)刻本　四冊

500000－8702－0001918　MX111.107/1047

費氏古易訂文十二卷　王樹枏著　清光緒十
五年(1889)文莫室刻本　四冊

500000－8702－0001919　MX111.2/1243

理學宗傳二十六卷　（清）孫奇逢輯　清光緒
六年(1880)浙江書局刻本　十二冊

500000－8702－0001920　MX111.2/4600

大成通志十八卷　（清）楊慶著　清康熙八年
(1669)刻本　二十冊

500000－8702－0001921　MX111.2/7231

四書恒解十三卷　（清）劉沅輯註　清同治十
一年(1872)玉成堂刻光緒三十一年(1905)印
本　十冊

500000－8702－0001922　MX111.2/8324

傅子二卷　（清）錢保塘輯　清光緒八年
(1882)清風室刻本　一冊

500000－8702－0001923　MX111.21/3026

論語本義官話一卷　（德國）安保羅著　清宣
統二年(1910)上海美華書館鉛印本　一冊

500000－8702－0001924　MX111.22/7531

大學古本質言一卷　（清）劉沅著　清光緒三
十一年(1905)富順凝善堂刻本　一冊

500000－8702－0001925　MX111.23/3026

孟子本義官話一卷　（德國）安保羅著　清光
緒三十一年(1905)上海美華書館鉛印本
一冊

500000－8702－0001926　MX111.33/2205

列子二卷　（戰國）列禦寇撰　清光緒元年
(1875)湖北崇文書局刻本　一冊

500000－8702－0001927　MX111.34/7235

莊子約解四卷　（清）劉鴻典輯註　清同治五
年(1866)威邑玉成堂刻本　四冊

500000－8702－0001928　MX111.34/7235(2)

莊子約解四卷　（清）劉鴻典輯註　清同治五
年(1866)威邑玉成堂刻本　四冊

500000－8702－0001929　MX111.34/74444

莊子雪三卷　（清）陸樹芝輯註　清嘉慶四年
(1799)粵東儒雅堂刻本　六冊

500000－8702－0001930　MX111.41/6031

墨子十五卷　（清）畢沅校注　清光緒二年
(1876)浙江書局刻本　四冊

500000－8702－0001931　MX111.93/6066(3)

晏子春秋七卷　（春秋）晏嬰撰　清光緒十八
年(1892)平江蘇氏刻本　二冊

500000－8702－0001932　MX115/4094

御纂朱子全書六十六卷　（清）李光地等編
清康熙五十二年(1713)内府刻本　四十冊

500000－8702－0001933　　MX115.5//2702

朱子語類十四卷　（宋）黎靖德輯　清同治十
一年(1872)應元書院刻本　六十冊

500000－8702－0001934　　MX116/4060

來瞿唐先生日錄二十八種內篇六卷外篇七卷
（明）來知德撰　清道光十一年(1831)刻本
十四冊

500000－8702－0001935　　MX116/4060（2）

來瞿唐先生日錄二十八種內篇六卷外篇七卷
（明）來知德撰　清道光十一年(1831)刻本
十六冊

500000－8702－0001936　　MX116/7237

人譜類記二卷　（明）劉宗周著　清同治六年
(1867)刻本　二冊

500000－8702－0001937　　MX117/0088

學案小識十四卷首一卷末一卷　（清）唐鑑撰
清光緒十年(1884)刻本　十二冊

500000－8702－0001938　　MX117/0088（2）

學案小識十四卷首一卷末一卷　（清）唐鑑撰
清光緒十年(1884)刻本　十二冊

500000－8702－0001939　　MX117/0088（3）

學案小識十四卷首一卷末一卷　（清）唐鑑撰
清光緒十年(1884)刻本　十六冊

500000－8702－0001940　　MX117/1025

學案一卷　（清）王甡輯　清道光至光緒刻本
一冊

500000－8702－0001941　　MX117/8020

辦學集四種　（清）曾和端撰　清光緒十年
(1884)刻本　八冊

500000－8702－0001942　　MX117.81/3114

求志新編三卷　（清）汪雲林著　清咸豐七年
(1857)槐蔭山房刻本　三冊

500000－8702－0001943　　MX159/0030

新編楊曾地理家傳心法捷訣一貫堪輿八卷
（明）唐世友編輯　清宏道堂書房刻本　八冊

500000－8702－0001944　　MX170.1/7510

五種遺規十六卷　（清）陳宏謀編　清光緒五

年(1879)江西書局刻本　十二冊

500000－8702－0001945　　MX173/0135（2）

顏氏家訓三卷　（北齊）顏之推著　（清）余寅
止校　清抄本　一冊

500000－8702－0001946　　MX173/7231

孝經直解一卷附論辨一卷　（清）劉沅輯　清
同治二年(1863)威邑玉成堂刻本　一冊

500000－8702－0001947　　MX177/2204

公德講話一卷　（日本）樂鷹真人著　馬仰宇
譯　清光緒二十九年(1903)上海廣智書局鉛
印本　一冊

500000－8702－0001948　　MX177/2540

性理吟一卷　（宋）朱熹輯　清玉成堂刻本
一冊

500000－8702－0001949　　MX178/0124

遺訓存略二卷　（清）顏續　（清）劉書晉輯
清光緒三十二年(1906)凝善堂刻本　二冊

500000－8702－0001950　　MX178/1144

聰訓齋語二卷附錄二卷　（清）張英編　清光
緒十七年(1891)樂山縣署刻本　一冊

500000－8702－0001951　　MX178/6045

呻吟語六卷　（明）呂坤著　清道光七年
(1827)南海羅氏刻本　六冊

500000－8702－0001952　　MX178/7231

俗言一卷　（清）劉沅撰　清咸豐四年(1854)
威遠縣玉成堂刻本　一冊

500000－8702－0001953　　MX178/7810

經濟尋源九卷　題(漢)關羽撰　清同治七年
(1868)白雲山刻本　九冊

500000－8702－0001954　　MX178.9/1059

尋常語一卷　（清）劉沅輯　清同治八年
(1869)威遠縣玉成堂刻本　一冊

500000－8702－0001955　　MX178.9/1631

醒迷錄一卷附刻果報　（清）醒迷子撰　清同
治三年(1864)威遠縣玉成堂刻本　一冊

500000－8702－0001956　　MX178.9/4651

太上感應篇四卷　（清）惠棟箋注　清咸豐八年(1858)威遠縣玉成堂刻本　四冊

500000－8702－0001957　MX178.9/5527

醒迷普勸善言一數　（清）□□輯　清宣統二年(1910)合州武聖廟刻本　一冊

500000－8702－0001958　MX178.9/7235

感應篇韻語一卷　（清）劉鴻典撰　清光緒七年(1881)刻本　一冊

500000－8702－0001959　MX178.9/9844

戒淫寶訓二卷　（清）□□輯　清咸豐九年(1859)威遠縣玉成堂刻本　一冊

500000－8702－0001960　MX178.91/3531

經濟尋源後集三卷　（三國蜀）諸葛亮輯　清光緒十七年(1891)刻本　三冊

500000－8702－0001961　MX220.3/7750

佛爾雅八卷　（清）周春撰　清宣統二年(1910)上海國學扶輪社鉛印本　二冊

500000－8702－0001962　MX220.9/1144

西藏宗教源流攷一卷　張其勤編　清宣統二年(1910)官印刷局鉛印本　一冊

500000－8702－0001963　MX220.9/2824

弘明集十四卷　（南朝梁）釋僧佑編　清光緒二十二年(1896)金陵刻經處刻本　四冊

500000－8702－0001964　MX220.92/0090

大慈恩寺三藏法師傳十卷　（唐）釋彥悰述　清刻本　三冊

500000－8702－0001965　MX221/2624

佛說四十二章經不分卷　（漢）釋迦葉摩騰(漢)釋竺法蘭譯　清同治三年(1864)墊江刻本　一冊

500000－8702－0001966　MX221.9/6080

大般涅槃經四十卷附二卷　（晉）釋曇無讖譯　清光緒五年(1879)善成妙湛刻本　十一冊

500000－8702－0001967　MX223/3844

法苑珠林一百卷　（唐）釋道世撰　清宣統二年(1910)刻本　三十冊

500000－8702－0001968　MX231/3822

道德經不分卷　（清）□□輯　清咸豐十一年(1861)虛受齋刻本　一冊

500000－8702－0001969　MX231/4983

端本要錄不分卷　（清）趙鏡河輯　清同治五年(1866)合陽趙氏竹虛山房刻本　一冊

500000－8702－0001970　MX232/0814

登科指南四卷　許承志注證　清光緒二十年(1894)四川合川刻本　四冊

500000－8702－0001971　MX235/1091

心傳韻語五卷　（清）何謙撰　清同治四年至五年(1865－1866)白雲山刻本　五冊

500000－8702－0001972　MX235.1/7810

種梅心法二卷　題(清)臥云主人述　清光緒二年(1876)靈秀山房刻本　二冊

500000－8702－0001973　MX303/4424

九通全書二千三百十四卷　（清）□□輯　清光緒二十八年(1902)上海石印本　一百四十冊

500000－8702－0001974　MX327.33/1035

清朝柔遠記二十卷　（清）王之春編　清光緒十七年(1891)廣雅書局刻本　六冊

500000－8702－0001975　MX327.33/4435

庸盦全集二十一卷　（清）薛福成著　清光緒二十七年(1901)上海書局石印本　十冊

500000－8702－0001976　MX330.1/4130(2)

鹽鐵論十卷　（漢）桓寬撰　清光緒十七年(1891)思賢講舍刻本　二冊

500000－8702－0001977　MX330.1/4431(2)

原富八卷　（英國）斯密亞當著　嚴復譯　清光緒二十八年(1902)南洋公學譯書院鉛印本　八冊

500000－8702－0001978　MX336.17/0097

四川官運鹽案類編八十卷　（清）唐炯編(清)王季寅續　清光緒二十四年(1898)瀘州官運總局刻本　二十四冊

500000－8702－0001979　MX336.2/3560

東西各國公債調查記十章　（清）張連甲輯
清宣統鉛印本　一冊

500000－8702－0001980　MX340.1/3104
韓非子二十卷附識誤三卷　（戰國）韓非撰
（清）顧廣圻編　清光緒浙江書局刻本　六冊

500000－8702－0001981　MX340.4/1723
讀法圖存四卷　（清）邵繩清著　清咸豐十年
（1860）虞山邵氏刻本　三冊　存三卷（一至
三）

500000－8702－0001982　MX340.6/0030
補註洗冤錄集證四卷附作吏要言不分卷
（清）童濂編　清道光二十三年（1843）刻本
四冊

500000－8702－0001983　MX340.6/7207
洗冤錄義證四卷　（清）剛毅編輯　清光緒十
八年（1892）粵東撫署刻本　二冊

500000－8702－0001984　MX341.23/2516
通商約章類纂三十五卷　（清）朱子木等編
清光緒十八年（1892）廣東善後局刻本　二
十冊

500000－8702－0001985　MX345.8/3603
刑案匯覽六十卷續集十六卷新增十六卷
（清）祝慶祺編　清光緒十九年（1893）上海鴻
文書局石印本　二十冊

500000－8702－0001986　MX348.8/1034
四川鹽法志四十卷　（清）丁寶楨等纂　清光
緒刻本　二十冊

500000－8702－0001987　MX351.84/3142
荒政輯要九卷　（清）汪志伊纂　清同治八年
（1869）楚北崇文書局刻本　二冊

500000－8702－0001988　MX353.02/0010
南巡盛典一百二十卷　（清）高晉輯　清光緒
八年（1882）上海點石齋石印本　八冊

500000－8702－0001989　MX353.02/6017
［雍正］硃批諭旨不分卷　（清）世宗胤禛批
（清）范時繹等纂　清雍正十年（1732）套色石
印本　六十冊

500000－8702－0001990　MX353.03/1262
漢官七種十一卷　（清）孫星衍集　清雍正至
宣統尊經書局刻本　二冊

500000－8702－0001991　MX353.03/4457
歷代職官表六卷　（清）黃本驥校　清光緒二
年（1876）膚詁齋刻本　二冊

500000－8702－0001992　MX353.09/0038
李肅毅伯奏議二十卷　（清）李鴻章撰　（清）
章洪鈞　（清）吳汝綸編輯　清光緒二十五年
（1899）上海鴻文書局石印本　二十冊

500000－8702－0001993　MX353.09/1144
張靖達公奏議八卷　（清）張樹聲著　清光緒
刻本　四冊

500000－8702－0001994　MX353.09/3117
四家奏議合鈔八卷　（清）汪璟編　清光緒九
年（1883）隨山館刻本　八冊

500000－8702－0001995　MX353.09/4418
雍正上諭一百五十九卷　（清）蔣廷錫等編
清雍正粵東藩庫刻本　三十二冊

500000－8702－0001996　MX353.09/4613
關中奏議十二卷　（明）楊一清著　清嘉慶十
一年（1806）刻本　十二冊

500000－8702－0001997　MX353.09/6068
駱文忠公奏議二十七卷　（清）呂明鍾輯　清
光緒四年（1878）蜀刻本　三十冊

500000－8702－0001998　MX353.09/7540(2)
丁文誠公奏稿二十七卷　（清）陳夔龍編　清
光緒二十二年（1896）成都刻本　二十七冊

500000－8702－0001999　MX353.09/7580
丁文誠公奏稿二十七卷　（清）陳夔龍編　清
光緒二十二年（1896）成都刻本　二十七冊

500000－8702－0002000　MX353.117/7231
周官恆解六卷　（清）劉沅註　清同治十一年
（1872）刻宣統玉成堂印本　六冊

500000－8702－0002001　MX353.17/2644
欽定大清會典一百卷會典事例一千二百二十
卷　（清）吳樹梅等纂　（清）吳中欽等修　清

宣統元年(1909)上海商務印書館石印本　一
百六十冊

500000－8702－0002002　　MX353.827/2292
川省爵秩全函不分卷　　(清)□□輯　清咸豐
七年(1857)刻本　一冊

500000－8702－0002003　　MX355.4/1064
登壇必究四十卷　　(明)王鳴鶴編輯　清道光
至咸豐刻本　四十三冊

500000－8702－0002004　　MX355.4/4741
讀史兵略四十六卷　　(清)胡林翼纂　清咸豐
十一年(1861)武昌節署刻本　十六冊

500000－8702－0002005　　MX355.4/4741(2)
讀史兵略四十六卷　　(清)胡林翼纂　清光緒
二十一年(1895)儷峯書屋刻本　二十冊

500000－8702－0002006　　MX379.14/1117
奏定學堂章程不分卷　　(清)張百熙等撰　清
光緒三十年(1904)上海商務印書館鉛印本
四冊

500000－8702－0002007　　MX380.9/4741
蜀道驛程攷略一卷　　(清)胡薇元輯　清光緒
九年(1883)刻本　一冊

500000－8702－0002008　　MX398/1020
禮經箋十七卷　　(漢)鄭玄注　王闓運箋　清
光緒二十六年(1900)尊經書院刻本　六冊

500000－8702－0002009　　MX398/1028
三禮圖二十卷　　(宋)聶崇義集註　清通志堂
刻本　二冊

500000－8702－0002010　　MX398/1150
儀禮圖六卷　　(清)張惠言編修　清同治九年
(1870)楚北崇文書局刻本　三冊

500000－8702－0002011　　MX398/1150(2)
儀禮圖六卷　　(清)張惠言編修　清同治九年
(1870)楚北崇文書局刻本　三冊

500000－8702－0002012　　MX398/1223
重栞宋本禮記注疏附校勘記六十一卷　　(唐)
孔穎達疏　清同治十二年(1873)江西書局刻
本　三十二冊

500000－8702－0002013　　MX398/2540
文公家禮七卷　　(宋)朱熹編　(明)楊慎輯
清王讓堂刻本　六冊

500000－8702－0002014　　MX398/2847
讀禮通攷一百二十卷　　(清)徐乾學撰　清光
緒七年(1881)江蘇書局刻本　四十冊

500000－8702－0002015　　MX398/4411
儀禮十七卷　　(清)黃丕烈等編　清同治九年
(1870)楚北崇文書局刻本　二冊

500000－8702－0002016　　MX398/4711
儀禮古今文疏義七卷　　(清)胡承珙著　清光
緒三年(1877)湖北崇文書局刻本　四冊

500000－8702－0002017　　MX398/5046
五禮通攷二百六十二卷　　(清)秦蕙田編輯
清光緒六年(1880)江蘇書局刻本　一百冊

500000－8702－0002018　　MX398/7231
儀禮恆解十六卷首一卷　　(清)劉沅輯註　清
同治十一年(1872)玉成堂刻宣統印本　六冊

500000－8702－0002019　　MX398/8707
周禮六卷　　(漢)鄭玄注　(唐)陸德明音義
清嘉慶十一年(1806)清芬閣刻本　六冊

500000－8702－0002020　　MX398.3/7231
禮記恒解四十九卷　　(清)劉沅輯註　清同治
十一年(1872)玉成堂刻宣統印本　八冊

500000－8702－0002021　　MX410.8/4241
姚刻三種　　(清)姚覲元輯　清光緒二年
(1876)川東官舍刻本　三十冊

500000－8702－0002022　　MX410.8/8208
小學彙函十四種　　(清)鍾謙鈞編　清同治刻
本　三十六冊

500000－8702－0002023　　MX411/3193
顧氏音學五書三十八卷　　(清)顧炎武編　清
光緒十六年(1890)思賢講舍刻本　十六冊

500000－8702－0002024　　MX412/1088
金壺字攷一卷　　(清)王筠撰　清光緒十一年
(1885)刻本　一冊

500000 – 8702 – 0002025　　MX412/1122

增訂金壺字攷一卷　（清）張繼編　清光緒十年(1884)友竹山房刻本　一冊

500000 – 8702 – 0002026　　MX412/1140

復古編二卷　（宋）張有撰　清光緒十八年(1892)香山劉氏小蘇齋刻本　四冊

500000 – 8702 – 0002027　　MX412/4041

文選課虛四卷　（清）杭世駿類次　清光緒十年(1884)上海同文書局石印本　四冊

500000 – 8702 – 0002028　　MX412/4424

文選古字通疏證六卷　（清）薛傳均撰　清道光二十一年(1841)迪志齋刻本　一冊

500000 – 8702 – 0002029　　MX412/4447

急就章攷異一卷　（清）蔣世驥撰　清光緒十七年(1891)廣雅書局刻本　一冊

500000 – 8702 – 0002030　　MX412/5042

漢隸字源六卷　（宋）婁機編　清光緒三年(1877)咫進齋刻本　六冊

500000 – 8702 – 0002031　　MX412.1/2244

小學鈎沉十九卷　（清）任大椿撰　清光緒十年(1884)龍氏刻本　四冊

500000 – 8702 – 0002032　　MX412.1/3161

玉篇不分卷　（南朝陳）顧野王撰　清光緒八年(1882)遵義黎庶昌影印本　一冊

500000 – 8702 – 0002033　　MX412.1/7110

經籍纂詁一百六卷　（清）阮元撰集　清嘉慶三年(1798)刻本　六十冊

500000 – 8702 – 0002034　　MX412.1/7110(2)

經籍纂詁一百六卷附補遺　（清）阮元撰　清光緒九年(1883)上海點石齋石印本　十冊

500000 – 8702 – 0002035　　MX412.1/7710

四書字詁七十八卷　（清）段廷釽撰　（清）黃本驥編訂　清道光二十九年(1849)黔陽楊氏刻本　二十二冊

500000 – 8702 – 0002036　　MX412.1/7710.2

群經字詁七十二卷　（清）段廷釽撰　（清）黃本驥編訂　清道光二十九年(1849)黔陽楊氏刻本　十八冊

500000 – 8702 – 0002037　　MX412.11/0712

爾雅三卷　（晉）郭璞註　清光緒刻本　三冊

500000 – 8702 – 0002038　　MX412.11/1760

重栞宋本爾雅注疏附校勘記十一卷　（宋）邢昺等疏　清同治十二年(1873)江西書局刻本　六冊

500000 – 8702 – 0002039　　MX412.11/4742(2)

爾雅義疏二十卷　（清）郝懿行著　清同治五年(1866)刻本　十冊

500000 – 8702 – 0002040　　MX412.13/7277

釋名疏證補十卷　（漢）劉熙撰　清光緒二十二年(1896)刻本　六冊

500000 – 8702 – 0002041　　MX412.19/1013

經傳釋詞十卷　（清）王引之撰　清道光二十七年(1847)刻本　八冊

500000 – 8702 – 0002042　　MX412.22/0894

說文解字十五卷　（漢）許慎著　清同治十年(1871)汲古閣刻本　八冊

500000 – 8702 – 0002043　　MX412.22/1088

說文釋例二十卷　（清）王筠撰　清光緒九年(1883)成都御風樓刻本　十冊

500000 – 8702 – 0002044　　MX412.22/1088.2

說文句讀三十卷　（清）王筠撰　清光緒八年(1882)四川尊經書局刻本　十四冊

500000 – 8702 – 0002045　　MX412.22/1200

古籀拾遺三卷　（清）孫詒讓編　清光緒十四年(1888)刻本　二冊

500000 – 8702 – 0002046　　MX412.22/2004

說文檢字十五卷　（清）毛謨輯　清同治十年(1871)刻本　十冊

500000 – 8702 – 0002047　　MX412.22/2881

說文解字通釋四十卷　（五代）徐鍇傳釋　清光緒九年(1883)江蘇書局刻本　八冊

500000 – 8702 – 0002048　　MX412.22/4428

說文解字義證五十卷　（清）桂馥撰　清同治

九年(1870)湖北崇文書局刻本　三十二冊

500000 – 8702 – 0002049　MX412.22/4848
說文分韻易知錄十卷　(清)許巽行撰　清光緒五年(1879)刻本　十冊

500000 – 8702 – 0002050　MX412.22/7714(1)
說文解字注三十五卷　(清)段玉裁注　清光緒三年(1877)成都尊經書院刻本　十六冊

500000 – 8702 – 0002051　MX412.22/7714(2)
說文解字注三十五卷附六書音均表二卷　(清)段玉裁注　清同治十一年(1872)湖北崇文書局刻本　十八冊

500000 – 8702 – 0002052　MX412.22/7714(3)
說文解字注三十五卷　(清)段玉裁注　清光緒三年(1877)成都尊經書院刻本　十六冊

500000 – 8702 – 0002053　MX412.22/8718
說文逸字二卷　(清)鄭珍著　清咸豐八年(1858)天壤閣刻本　二冊

500000 – 8702 – 0002054　MX412.22/8741
說文新附攷六卷續攷一卷　(清)鈕樹玉著　清同治七年(1868)碧螺山館刻本　三冊

500000 – 8702 – 0002055　MX412.22/8741(2)
說文新附攷六卷續攷一卷　(清)鈕樹玉著　清同治十三年(1874)湖北崇文書局刻本　三冊

500000 – 8702 – 0002056　MX412.22/8741.1
段氏說文注訂八卷　(清)鈕樹玉著　清同治五年(1866)碧螺山館補刻本　三冊

500000 – 8702 – 0002057　MX412.2204/2615
說文引經攷二卷　(清)吳玉搢著　清乾隆元年(1736)刻本　二冊

500000 – 8702 – 0002058　MX412.23/2244(3)
字林攷逸十一卷　(清)任大椿編　清光緒二十三年(1897)成都龔氏刻本　四冊

500000 – 8702 – 0002059　MX412.23/2244
字林攷逸十一卷　(清)任大椿編　清光緒二十三年(1897)成都懷馨精舍刻本　四冊

500000 – 8702 – 0002060　MX412.23/2331
六書分類十二卷　(清)傅世垚輯　清康熙四十四年(1705)寶仁堂刻本　十二冊

500000 – 8702 – 0002061　MX412.23/5042
班馬字類二卷　(宋)婁機編　清光緒二十七年(1901)知不足齋刻本　二冊

500000 – 8702 – 0002062　MX414/1140
復古編二卷校正一卷附錄一卷　(宋)張有撰　清光緒十八年(1892)香山劉氏小蘇齋刻本　四冊

500000 – 8702 – 0002063　MX414/1712
隸篇十五卷續十五卷再續十五卷　(清)翟云升撰　清道光二十四年(1844)刻本　十冊

500000 – 8702 – 0002064　MX414/3144
隸辨八卷　(清)顧靄吉撰　清同治十二年(1873)漁古山房刻本　八冊

500000 – 8702 – 0002065　MX414/7585
篆訣辯釋一卷　(明)陳鍾鰲校讐　(清)甘受和重訂　清光緒八年(1882)常熟抱芳閣刻本　二冊

500000 – 8702 – 0002066　MX416/0131
古韻通說二十卷　(清)龍啟瑞撰　清光緒九年(1883)四川尊經書局刻本　四冊

500000 – 8702 – 0002067　MX416/2728
兼韻音義八卷　(清)殷秉鏞著　清道光二十三年(1843)刻本　八冊

500000 – 8702 – 0002068　MX416/3160
韻歧二卷　(清)江昱撰　清光緒七年(1881)刻本　二冊

500000 – 8702 – 0002069　MX416/3191
音學五書三十八卷　(清)顧炎武撰　清光緒十六年(1890)思賢講舍刻本　十六冊　存二十卷(一至二十)

500000 – 8702 – 0002070　MX416/4021
六書繫韻二十四卷檢字二卷　(明)李貞編　清光緒十六年(1890)刻本　二十六冊

500000 – 8702 – 0002071　MX416/7430

佩文詩韻釋要五卷　（清）周兆基撰　清宣統
三年(1911)上海商務刻本　一冊

500000－8702－0002072　MX418/7231
蒙訓一卷　（清）劉沅撰　清光緒三十年
(1904)威邑呂仙巖刻本　一冊

500000－8702－0002073　MX510/7781
數學精詳十二卷　（清）屈曾發輯　清同治十
年(1871)學海堂刻本　五冊

500000－8702－0002074　MX510.8/9913
椠齋籌算叢書六種二十二卷　勞乃宣等著
清光緒十二年至二十六年(1886－1900)刻本
二十冊

500000－8702－0002075　MX511/6461
百雞術演二卷　（清）時日醇編述　清同治十
二年(1873)長沙丁氏刻本　二冊

500000－8702－0002076　MX511/6461.2
求一術指一卷　（清）時日醇編述　清同治十
二年(1873)長沙丁氏刻本　一冊

500000－8702－0002077　MX513/4084
借根方勾股細草一卷　（清）李錫蕃演　清同
治十一年(1872)長沙丁氏刻本　一冊

500000－8702－0002078　MX513/4088
勾股算術細草一卷　（清）李銳演　清同治十
一年(1872)長沙丁氏刻本　一冊

500000－8702－0002079　MX520.9/4460
管窺輯要八十卷　（清）黃鼎纂　清順治十年
(1653)刻本　三十二冊

500000－8702－0002080　MX520.9/8340
淮南天文訓補注二卷　（清）錢塘撰　清光緒
三年(1877)湖北崇文書局刻本　二冊

500000－8702－0002081　MX529.3/2688
象吉備要通書二十九卷　（清）魏鑑輯述　清
康熙五十一年(1712)尚德堂刻本　十一冊

500000－8702－0002082　MX580/4433
欽定授時通攷七十八卷　（清）蔣溥等纂修
清道光六年(1826)刻本　二十冊

500000－8702－0002083　MX615/0737
本草三家合註六卷附神農本草經百種錄一卷
（清）郭汝聰集註　清四川宏道堂刻本
六冊

500000－8702－0002084　MX620/1772
工程致富論略十三卷　（英國）瑪體生著
（英國）傅蘭雅　鍾天緯合譯　清光緒四年
(1878)鉛印本　八冊

500000－8702－0002085　MX627.1/4055
平灘紀略六卷　（清）李本忠撰　清道光二十
年(1840)刻本　六冊

500000－8702－0002086　MX630/2893
農政全書六十卷　（明）徐光啟纂輯　清宣統
元年(1909)上海求學齋局石印本　八冊

500000－8702－0002087　MX667/3421
墨法集要一卷　（明）沈繼孫撰　（清）王汝嘉
校訂　清乾隆四十年(1775)刻本　一冊

500000－8702－0002088　MX708/1730
美術叢書一百四種　鄧實輯　清宣統三年
(1911)上海神州國光社鉛印本　四十冊

500000－8702－0002089　MX708/3536
美術叢書第十集　神州國光社輯　清宣統三
年(1911)上海神州國光社鉛印本　四冊

500000－8702－0002090　MX733/3301
欽定西清古鑑四十卷附錢錄十六卷　（清）梁
詩正等纂　清光緒十四年(1888)上海鴻文書
局石印本　二十四冊

500000－8702－0002091　MX736/7591
天全石錄一卷　（明）陳炬著　清光緒二十九
年(1903)刻本　一冊

500000－8702－0002092　MX739/4408
骨董十三說　（清）董文敏著　清光緒十一年
(1885)香海閣刻本　一冊

500000－8702－0002093　MX750.4/2627
論畫絕句一卷　（清）吳修撰　清光緒二年
(1876)錢江葛氏刻本　一冊

500000－8702－0002094　MX750.7/1170

清河書畫舫十二卷 （明）張丑撰 清光緒二年(1876)有竹人家刻本 十二冊

500000 - 8702 - 0002095 MX751/1262

寰宇訪碑錄十二卷 （清）孫星衍 （清）邢澍撰 清光緒九年(1883)江蘇書局刻本 四冊

500000 - 8702 - 0002096 MX751/3429

山左訪碑錄十三卷 （清）法偉堂編 清宣統元年(1909)山東提學司石印本 二冊

500000 - 8702 - 0002097 MX751/4460

嵩洛訪碑日記一卷(清嘉慶元年九月至十月) （清）黃易撰 清咸豐四年(1854)刻本 一冊

500000 - 8702 - 0002098 MX752/4024

左庵一得續錄一卷 （清）李佳繼昌撰 清光緒三十四年(1908)鉛印本 一冊

500000 - 8702 - 0002099 MX753/0037

夢園書畫錄二十五卷 （清）方濬頤輯 清光緒三年(1877)成都定遠方氏刻本 十二冊

500000 - 8702 - 0002100 MX753/0037(2)

夢園書畫錄二十五卷 （清）方濬頤輯 清光緒三年(1877)成都定遠方氏刻本 十二冊

500000 - 8702 - 0002101 MX753/4241

歷代畫史彙傳七十二卷首一卷引證書目一卷總目三卷 （清）彭蘊璨編輯 清光緒八年(1882)掃葉山房刻本 十六冊

500000 - 8702 - 0002102 MX754/0028

文房肆攷圖說八卷 （清）唐秉鈞纂 （清）康愷繪圖 清乾隆四十三年(1778)竹暎山莊刻本 八冊

500000 - 8702 - 0002103 MX754.3/1041

碑版文廣例八卷 （清）王芑孫輯 清道光二十一年(1841)刻本 六冊

500000 - 8702 - 0002104 MX754.3/2764

寓意錄四卷 （清）繆曰藻撰 （清）徐渭仁校 清道光二十年(1840)上海徐氏寒木春華館刻本 四冊

500000 - 8702 - 0002105 MX754.3/3148

瘞鶴銘攷補一卷附校勘記一卷山樵書外紀一卷 （清）汪士鋐撰 清光緒三十四年(1908)刻本 一冊

500000 - 8702 - 0002106 MX754.3/4001

蜀碑記補十卷 （清）李調元撰 清刻本 二冊

500000 - 8702 - 0002107 MX754.3/4001(2)

蜀碑記十卷補十卷 （宋）王象之撰 （清）李調元補 清光緒七年(1881)成都薛崇禮堂刻本 二冊

500000 - 8702 - 0002108 MX754.5/1012

字府精萃二卷 （清）巫一峰編 清同治四年(1865)陽安洛帶鎮巫氏刻本 二冊

500000 - 8702 - 0002109 MX754.5/1033(2)

草字彙不分卷 （清）石梁集 清乾隆五十二年(1787)刻本 四冊

500000 - 8702 - 0002110 MX789/3123

立雪齋琴譜二卷 （清）汪紱輯 清光緒二年(1876)刻本 二冊

500000 - 8702 - 0002111 MX794.1/0030

呂毛鄧對局不分卷 題（清）奕潛齋主人編 清光緒上海文瑞樓書局石印本 一冊

500000 - 8702 - 0002112 MX794.1/1718

奕潛齋集譜初編不分卷 （清）鄧元鏸編 清光緒七年(1881)奕潛齋刻本 七冊

500000 - 8702 - 0002113 MX794.1/1718(2)

奕潛齋集譜二編四種 （清）鄧元鏸編 清光緒十九年(1893)奕潛齋刻本 七冊

500000 - 8702 - 0002114 MX794.1/2030

受子譜不分卷 （清）毛初文鑒定 清光緒上海文瑞樓石印本 一冊

500000 - 8702 - 0002115 MX794.1/4014

尊天爵齋弈譜不分卷 （清）李琳選 清光緒上海文瑞樓石印本 一冊

500000 - 8702 - 0002116 MX794.1/4614

韜畧元機八卷 題（清）三樂居士撰 清同治至光緒宏道堂刻本 二冊

500000－8702－0002117　MX794.1/9022

陳方七局不分卷　（清）常仲鄉選　清光緒上海文瑞樓石印本　一冊

500000－8702－0002118　MX810/1081

四六話二卷附四六談塵一卷　（宋）王銍著　清光緒十年(1884)富順攷雋堂刻本　一冊

500000－8702－0002119　MX810.03/4427

臣鑑錄二十卷　蔣伊編輯　清刻本　十冊

500000－8702－0002120　MX810.04/7246.1

文心雕龍十卷　（南朝梁）劉勰撰　清道光十三年(1833)兩廣節署二色套印本　四冊

500000－8702－0002121　MX810.08/0040

古文苑二十一卷　（宋）章樵註　清刻本　六冊

500000－8702－0002122　MX810.08/0133

蜀秀集九卷　（清）譚宗浚編　清光緒五年(1879)成都試院刻本　八冊

500000－8702－0002123　MX810.08/1023

金華文略二十卷　（清）王崇炳輯　清康熙四十八年(1709)金華夏氏刻本　十六冊

500000－8702－0002124　MX810.08/1032

吳門畫舫錄二卷又續錄三卷續錄投贈三卷　題（清）西溪山人輯　（清）箇中生續　清嘉慶十九年(1814)虎邱行館刻本　四冊

500000－8702－0002125　MX810.08/1262

續古文苑二十卷　（清）孫星衍輯　清嘉慶十二年(1807)刻本　十冊

500000－8702－0002126　MX810.08/2055

詳批策論正宗四卷　集成書屋編　清光緒二十四年(1898)集成堂刻本　四冊

500000－8702－0002127　MX810.08/4005

滇南文畧四十七卷　（清）袁文揆　（清）張登瀛纂　清光緒二十六年(1900)昆明五華書院刻本　二十四冊

500000－8702－0002128　MX810.08/4217

古文辭類纂七十四卷　（清）姚鼐纂集　清合河蕭氏刻本　十二冊

500000－8702－0002129　MX810.08/4420.1

文選六十卷　（南朝梁）蕭統編　（唐）李善注　清光緒元年(1875)四明林氏刻本　二十四冊

500000－8702－0002130　MX810.08/4420.2

昭明文選六十卷　（南朝梁）蕭統撰　清同治八年(1869)湖北崇文書局刻本　二十四冊

500000－8702－0002131　MX810.08/4420.3

文選六十卷附攷異十卷　（南朝梁）蕭統編　（唐）李善注　清同治八年(1869)潯陽萬氏刻本　二十四冊

500000－8702－0002132　MX810.08/4444

皇朝文典六十六卷　（清）韓菼等撰　清嘉慶刻本　二十四冊

500000－8702－0002133　MX810.08/4694

全蜀藝文志六十四卷　（明）楊慎輯　清光緒十五年(1889)刻本　十六冊

500000－8702－0002134　MX810.081/4777

六朝四家全集十八卷　（清）胡鳳丹編　清同治九年(1870)刻本　六冊

500000－8702－0002135　MX810.082/1133

漢魏六朝百三家集一百三種　（明）張溥編　清光緒三年(1877)滇南唐氏刻本　一百二十冊

500000－8702－0002136　MX810.082/1133.3

漢魏六朝百三家集一百三種　（明）張溥輯　清光緒十八年(1892)善化章經濟堂刻本　九十九冊　缺一種一卷(梁昭明太子集一卷)

500000－8702－0002137　MX810.082/2126

粵十三家集　（清）伍崇曜輯　清道光二十年(1840)刻本　四十冊

500000－8702－0002138　MX810.082/7525

八代文萃二百二十卷　（清）陳崇哲等編　清光緒十一年(1885)富順攷雋堂刻本　八十冊

500000－8702－0002139　MX810.085/4411

聖宋文選三十二卷　（清）黃丕烈校　清光緒八年(1882)刻本　六冊

500000－8702－0002140　MX810.0851/4437

三蘇全集三種　（宋）蘇洵等撰　清道光十二年(1832)眉州三蘇祠刻本　八十冊

500000－8702－0002141　MX810.086/1171

張太岳全集四十七卷　（明）張居正著　清光緒刻本　十六冊

500000－8702－0002142　MX810.087/1171

張文瑞公全集七卷　（清）張鵬翮著　清光緒八年(1882)刻本　八冊

500000－8702－0002143　MX810.087/2654(2)

說鈴五十七種　（清）吳震方輯　清康熙四十四年(1705)刻本　二十四冊

500000－8702－0002144　MX810.087/2654

說鈴五十七種　（清）吳震方輯　清康熙四十四年(1705)刻本　六冊

500000－8702－0002145　MX810.087/2671

寧都三魏全集三種　（清）魏際瑞等撰　清道光二十五年(1845)珍溪緞園書屋刻本　三十四冊

500000－8702－0002146　MX810.087/4486

中州名賢集十三卷附講義二卷學規一卷　（清）黃舒昺編　清光緒十七年(1891)睢陽洛學書院刻本　十冊

500000－8702－0002147　MX810.087/6018

王壯武公遺集二十四卷首一卷　（清）羅正鈞編　清光緒十八年(1892)湘鄉王氏刻本　十二冊

500000－8702－0002148　MX810.087/6045

左文襄公全集二十四卷　（清）羅大春編　清光緒二十七年(1901)刻本　六十四冊

500000－8702－0002149　MX810.087/8043

春在堂叢書三百九十五卷　（清）俞樾撰　清光緒十五年(1889)刻本　一百冊

500000－8702－0002150　MX810.365/0020

庾子山集十六卷　（北周）庾信著　（清）倪璠註釋　清道光刻本　十二冊

500000－8702－0002151　MX810.41/4062

唐皮日休文藪十卷　（唐）皮日休撰　清刻本

四冊

500000－8702－0002152　MX810.41/4062(2)

文藪十卷　（唐）皮日休著　清光緒八年(1882)鄴城于氏刻本　二冊

500000－8702－0002153　MX810.41/4480

昌黎先生集四十卷集傳一卷外集十卷韓集點勘四卷　（唐）韓愈撰　清宣統三年(1911)上海鴻文書局石印本　十冊

500000－8702－0002154　MX810.41/4480(2)

昌黎先生集四十卷外集十卷韓集點勘四卷　（唐）韓愈撰　清同治八年(1869)江蘇書局刻本　十一冊

500000－8702－0002155　MX810.41/4480(3)

昌黎先生集四十卷遺文一卷　（唐）韓愈撰　（唐）李漢編　清光緒十五年(1889)王山文瀾閣刻本　八冊

500000－8702－0002156　MX810.51/7772

歐陽文忠公全集一百五十三卷　（宋）歐陽修撰　清嘉慶二十四年(1819)歐陽沖刻本　二十四冊

500000－8702－0002157　MX810.51/7772(2)

歐陽文忠公全集一百五十八卷　（宋）歐陽修撰　清嘉慶二十四年(1819)友善書屋刻本　二十四冊

500000－8702－0002158　MX810.57/2120(2)

道園學古錄六十卷　（元）虞集著　清光緒元年(1875)四川陵陽書局刻本　十五冊

500000－8702－0002159　MX810.57/2120

虞文靖公道園全集六十卷　（元）虞集著　清道光十七年(1837)岷陽鷺溪村舍刻本　十六冊

500000－8702－0002160　MX810.7/0121(3)

龔定盦先生集十五卷附佚文一卷　（清）龔自珍撰　清光緒三十四年(1908)成都官書局刻本　六冊

500000－8702－0002161　MX810.7/0121(4)

龔定盦先生集十五卷附佚文一卷　（清）龔自

珍撰　清光緒三十四年(1908)成都官書局刻本　六冊

500000－8702－0002162　MX810.7/0121(5)
龔定盦先生集十五卷附佚文一卷　(清)龔自珍撰　清光緒三十四年(1908)成都官書局刻本　六冊

500000－8702－0002163　MX810.7/1040
葆淳閣全集二十六卷　(清)王杰著　清道光二十年(1840)刻本　十二冊

500000－8702－0002164　MX810.7/1262
孫淵如先生全集二十三卷　(清)孫星衍著　清光緒二十年(1894)湖南思賢書局刻本　十冊

500000－8702－0002165　MX810.7/2704
壯悔堂集文集十卷四憶詩集六卷　(清)侯方域撰　清同治十一年(1872)刻本　八冊

500000－8702－0002166　MX810.7/2706
拙尊園叢稿六卷　(清)黎庶昌著　清光緒二十一年(1895)金陵狀元閣刻本　四冊

500000－8702－0002167　MX810.7/3444
海雅堂集四十五卷　(清)凌楊藻著　清道光十年(1830)狎鷗亭刻本　十六冊

500000－8702－0002168　MX810.7/4096
西漚全集十卷外集八卷　(清)李惺著　(清)童楸　(清)朱寶械編　清同治七年(1868)四川李氏刻本　十八冊

500000－8702－0002169　MX810.7/4217
惜抱軒全集十六卷　(清)姚鼐著　清同治五年(1866)省心閣刻本　二十四冊

500000－8702－0002170　MX810.7/4299
中復堂全集十四種九十八卷　(清)姚瑩著　清同治六年(1867)安福縣署刻本　二十八冊

500000－8702－0002171　MX810.7/4327
西堂全集十七種　(清)尤侗著　清嘉慶至道光刻本　二十四冊

500000－8702－0002172　MX810.7/4327(2)
西堂全集十七種　(清)尤侗撰　清嘉慶至道光刻本　二十冊　存十三種四十九卷(西堂

雜俎初集八卷、西堂雜俎二集八卷、西堂雜俎三集八卷、西堂剩稿二卷、西堂秋夢錄一卷、西堂小草一卷、論語詩一卷、右北平集一卷、述祖詩一卷、于京集五卷、外國竹枝詞一卷、百末詞六卷、湘中草六卷)

500000－8702－0002173　MX810.7/4382
方望溪先生全集三十二卷　(清)方苞撰　(清)戴鈞衡編　清咸豐元年(1851)刻本　十六冊

500000－8702－0002174　MX810.7/4917
甌北全集七種　(清)趙翼著　清乾隆四十二年(1777)湛貽堂刻本　五十六冊

500000－8702－0002175　MX810.7/4917(2)
甌北全集七種　(清)趙翼撰　清光緒三年(1877)壽考堂刻本　六十六冊

500000－8702－0002176　MX810.7/4917(3)
甌北全集七種五十三卷　(清)趙翼撰　清宣統元年(1909)成都官書局刻本　六十冊

500000－8702－0002177　MX810.7/6085
曠峋嶁全集九種　(清)曠敏本著　清乾隆刻本　十八冊

500000－8702－0002178　MX810.7/7167
樊榭山房集十卷續集十卷文集八卷　(清)厲鶚撰　清光緒十年(1884)錢塘汪氏振綺堂刻本　八冊

500000－8702－0002179　MX810.7/7231
七星山人集二卷　(清)岳凌雲著　清光緒十九年(1893)四川志經堂刻本　一冊　存一卷(一)

500000－8702－0002180　MX810.7/7541
獨漉堂集詩十六卷文十五卷續一卷　(清)陳恭尹撰　清道光五年(1825)廣州超華齋刻本　八冊

500000－8702－0002181　MX810.7/8023
曾惠敏公遺集十七卷　(清)曾紀澤著　清光緒十九年(1893)江南製造局刻本　八冊

500000－8702－0002182　MX810.7/8064(2)
曾文正公全集一百五十六卷　(清)曾國藩著

清光緒二年(1876)湖南傳忠書局刻本　一百二十八冊

500000 – 8702 – 0002183　　MX810.7/8064(3)
曾文正公全集十三種　(清)曾國藩撰　清光緒三年(1877)湖南傳忠書局刻本　一百二十冊

500000 – 8702 – 0002184　　MX810.7/8308(2)
初學集一百卷　(清)錢謙益撰　(清)錢曾箋註　清宣統二年(1910)邃漢齋刻本　二十四冊

500000 – 8702 – 0002185　　MX811/2124
潛穎詩文十四卷　何維棣撰　清光緒二十七年(1901)刻本　四冊

500000 – 8702 – 0002186　　MX811/4403
古謠諺一百卷　(清)杜文瀾輯　清咸豐十一年(1861)刻本　十六冊

500000 – 8702 – 0002187　　MX811.1/0742
樂府詩集一百卷　(宋)郭茂倩編　清同治十三年(1874)湖北崇文書局刻本　十六冊

500000 – 8702 – 0002188　　MX811.1/1177
船山詩草二十卷　(清)張問陶撰　清嘉慶十五年(1810)刻本　六冊

500000 – 8702 – 0002189　　MX811.1/2617
吳梅村詩集箋注十八卷　(清)吳翌鳳撰　清光緒十年(1884)湖北官書處刻本　十二冊

500000 – 8702 – 0002190　　MX811.1/2624
梅村詩集四十卷　(清)吳偉業撰　清光緒二十二年(1896)新化三味堂刻本　十二冊

500000 – 8702 – 0002191　　MX811.1/2832
漁洋山人精華錄箋注十二卷　(清)王士禎著　(清)金榮箋注　(清)徐淮纂輯　清康熙五十一年(1712)刻本　十二冊

500000 – 8702 – 0002192　　MX811.1/4473
念二史詠史詩註二卷　(清)孫殿雲撰　清同治九年(1870)涵虛閣刻本　二冊

500000 – 8702 – 0002193　　MX811.1/4623
詠史古樂府四卷　(明)楊維楨撰　清乾隆三

十八年(1773)德清傅氏味腴山館刻本　四冊

500000 – 8702 – 0002194　　MX811.1/8038
及見詩鈔十卷　(清)釋含澈輯　清咸豐六年(1856)刻本　二冊

500000 – 8702 – 0002195　　MX811.101/2631
詩古微三編十九卷　(清)魏源編　清光緒十三年(1887)掃葉山房刻本　十二冊

500000 – 8702 – 0002196　　MX811.101/4021
圓機活法詩學二十四卷　(明)王世貞校正　(清)蔣先庚重訂　清四川刻本　二十四冊

500000 – 8702 – 0002197　　MX811.104/3635
金源紀事詩八卷　(清)湯運泰著　清同治十二年(1873)淮南書局刻本　四冊

500000 – 8702 – 0002198　　MX811.104/4712
夜雪集一卷　王闓運撰　(清)胡延錄　清光緒九年(1883)成都石室刻本　一冊

500000 – 8702 – 0002199　　MX811.104/4715
唐詩鼓吹箋註十卷　(元)郝天挺註　(明)廖文炳解　清康熙二十七年(1688)立達堂刻本　十冊

500000 – 8702 – 0002200　　MX811.107/4279
詩經通論十八卷首一卷　(清)姚際恆著　(清)王篤校訂　清同治六年(1867)成都書局刻本　八冊

500000 – 8702 – 0002201　　MX811.107/8097
賞雨茅屋詩集二十二卷外集一卷　(清)曾燠著　清嘉慶二十四年(1819)刻本　十二冊

500000 – 8702 – 0002202　　MX811.107/8746
淫奔詩辨二卷　(清)鄭莆田著　清道光二十四年(1844)刻本　一冊

500000 – 8702 – 0002203　　MX811.108/0028
瀛奎律髓刊誤四十九卷　(元)方回選　(清)紀昀評點　清康熙五十一年(1712)清來堂刻本　十冊

500000 – 8702 – 0002204　　MX811.108/1020
嶺南三大家詩選二十四卷　(清)王隼選　清同治七年(1868)刻本　五冊

500000－8702－0002205　MX811.108/1040

隨園八十壽言六卷　（清）王友亮等著　清同治五年（1866）刻本　二冊

500000－8702－0002206　MX811.108/1043

漁洋山人古詩選三十二卷　（清）王士禎選　清同治七年（1868）湘鄉曾氏刻本　十冊

500000－8702－0002207　MX811.108/1073

八代詩選二十卷　王闓運撰　清光緒七年（1881）四川尊經書局刻本　六冊

500000－8702－0002208　MX811.108/1073(2)

八代詩選二十卷　王闓運撰　清光緒七年（1881）四川尊經書局刻本　六冊

500000－8702－0002209　MX811.108/1073(3)

唐詩選六卷　王闓運選輯　清光緒二年（1876）成都尊經書院刻本　六冊

500000－8702－0002210　MX811.108/1073.2

唐詩選十卷　王闓運選輯　清光緒二年（1876）成都尊經書院刻本　六冊

500000－8702－0002211　MX811.108/1089

詩義標準一百十四卷　（清）王錫光編　清光緒三年（1877）虛受堂刻本　三十冊

500000－8702－0002212　MX811.108/2528

明詩綜一百卷　（清）朱彝尊輯　清康熙四十四年（1705）清來堂刻本　四十冊

500000－8702－0002213　MX811.108/3001

四家詠史樂府四種　（清）宋澤元輯　清光緒十二年（1886）懺華盦刻本　六冊

500000－8702－0002214　MX811.108/3445

南宋雜事詩七卷　（清）沈嘉轍等撰　清步月山房刻本　六冊

500000－8702－0002215　MX811.108/4044

五朝詩鐸三十一卷　（清）李壽萱編輯　清光緒十四年（1888）四川敘州府學署刻本　六冊

500000－8702－0002216　MX811.108/4044(2)

五朝詩鐸三十一卷　（清）李壽萱編輯　清光緒十四年（1888）四川敘州府學署刻本　六冊

500000－8702－0002217　MX811.108/7241

清朝六家詩鈔八卷　（清）劉執玉選　清乾隆三十二年（1767）刻本　八冊

500000－8702－0002218　MX811.108/8064

三十家詩鈔六卷　（清）曾國藩纂　（清）王定安增輯　清同治十三年（1874）傳忠書局刻本　六冊

500000－8702－0002219　MX811.108/8216

蜀景匯覽十四卷　（清）鍾登甲編　清光緒八年（1882）樂道齋刻本　十二冊

500000－8702－0002220　MX811.1081/2843

說詩解頤二卷續一卷　（清）徐植之輯釋　清光緒九年（1883）朱墨套印本　三冊

500000－8702－0002221　MX811.1081/7533

毛詩稽古編三十卷　（清）陳啟源著　清光緒九年（1883）上海同文書局鉛印本　八冊

500000－8702－0002222　MX811.1081/8038

紗籠詩集十六卷　（清）釋含澈編　清同治十一年（1872）緣天蘭若刻本　十五冊

500000－8702－0002223　MX811.1081/8326

欽定熙朝雅頌集一百六卷首集二十六卷（清）錢保編　清嘉慶九年（1804）刻本　二十四冊

500000－8702－0002224　MX811.1084/3503

御選唐宋詩醇四十七卷　（清）高宗弘曆選　清光緒三年（1877）刻本　二十四冊

500000－8702－0002225　MX811.1084/3583

御選唐宋詩醇四十七卷　（清）高宗弘曆選　清光緒三年（1877）公益會刻本　二十冊

500000－8702－0002226　MX811.10841/1020.2

唐四家詩集二十卷　（清）胡鳳丹輯　清光緒元年（1875）湖北崇文書局刻本　五冊

500000－8702－0002227　MX811.1086/1111

弘正四傑詩集三十三卷　（清）張雨珊輯　清光緒二十一年（1895）長沙湘雨樓刻本　十六冊

500000－8702－0002228　MX811.1086/1111(2)

弘正四傑詩集三十三卷　（清）張雨珊輯　清
光緒二十年(1894)長沙湘雨樓刻本　十六冊

500000－8702－0002229　MX811.1086/1111(3)

弘正四傑詩集三十三卷　（清）張雨珊輯　清
光緒二十年(1894)長沙湘雨樓刻本　十六冊

500000－8702－0002230　MX811.1086/3102

明三十家詩選十六卷　（清）汪端選輯　清道
光二年(1822)刻本　十冊

500000－8702－0002231　MX811.1087/4417

粵東三子詩鈔十四卷　（清）黃玉階編　清道
光二十二年(1842)廣州刻本　四冊

500000－8702－0002232　MX811.1087/8718

播雅二十四卷　（清）鄭珍編輯　清宣統三年
(1911)貴陽文通書局鉛印本　八冊

500000－8702－0002233　MX811.14/2653

全唐詩鈔八十卷補遺十六卷　（清）吳成儀編
　清光緒二十四年(1898)刻本　十六冊

500000－8702－0002234　MX811.14/3617

唐十九人詩集一百九卷　（唐）溫飛卿等撰　清
光緒十年(1884)四川遂寧書局刻本　二十一冊

500000－8702－0002235　MX811.141/3608

溫飛卿詩集九卷　（唐）溫庭筠著　（明）曾益
注　（清）顧予咸補注　清康熙三十六年
(1697)長沙秀野草堂刻本　二冊

500000－8702－0002236　MX811.141/4480.2

昌黎先生詩集注十一卷　（唐）韓愈著　（清）
顧嗣立刪補　清光緒九年(1883)廣州翰墨園
朱墨藍三色套印本　八冊

500000－8702－0002237　MX811.141/4628

杜詩鏡銓二十卷附讀書堂杜工部文集註解二卷
附錄一卷　（清）楊倫編輯　（清）吳棠校刊　清
同治十一年(1872)成都望三益齋刻本　十冊

500000－8702－0002238　MX811.141/5530

全唐詩九百卷　（清）曹寅等纂修　清康熙四
十六年(1707)刻本　一百二十一冊

500000－8702－0002239　MX811.141/7272

劉隨州詩集十一卷　（唐）劉長卿著　清光緒

五年(1879)謙德堂刻本　二冊

500000－8702－0002240　MX811.148/8481

十國雜事詩十七卷敘目二卷　（清）饒智元輯
　清光緒十七年(1891)刻本　八冊

500000－8702－0002241　MX811.151/1700

伊川擊壤集十卷　（宋）邵雍著　（明）吳瀚等
註　清康熙八年(1669)刻本　八冊

500000－8702－0002242　MX811.151/4407.2

山谷詩全集內集二十卷外集十七卷別集二卷
外集補四卷別集補一卷附年譜十四卷　（宋）
黃庭堅撰　（清）熊枚等校訂　清乾隆五十四
年(1789)刻本　二十冊

500000－8702－0002243　MX811.151/4407.2(2)

黃詩全集五十八卷　（宋）黃庭堅撰　清光緒
二年(1876)戎州山谷祠刻本　二十冊

500000－8702－0002244　MX811.151/4453.4

蘇文忠公詩集五十卷目錄二卷　（宋）蘇軾著
　（清）紀昀評點　清道光十四年(1834)嘉應
吳蘭朱墨套印本　十二冊

500000－8702－0002245　MX811.151/4847

宛陵集六十卷　（宋）梅堯臣撰　清宣統二年
(1910)上海影印本　十冊

500000－8702－0002246　MX811.152/0024

南宋樂府一卷　（清）章季英著　（清）趙葆燨
纂註　清光緒二年(1876)歸安趙氏刻本
一冊

500000－8702－0002247　MX811.152/8080

白石道人詩集二卷附錄一卷集外詩一卷詩說
一卷評論一卷評論補遺一卷逸事一卷集事補
遺一卷　（宋）姜夔撰　清同治十年(1871)桂
林閒鷗館刻本　二冊

500000－8702－0002248　MX811.153/7438

劍南詩鈔不分卷　（宋）陸游著　清康熙二十
四年(1685)刻本　八冊

500000－8702－0002249　MX811.157/8398

江月松風集十二卷　（元）錢惟善著　清光緒
八年(1882)清風室刻本　一冊

117

500000－8702－0002250　　MX811.16/1042

弇州山人詩集五十二卷　　（明）王世貞著　　清光緒三十三年(1907)渭南嚴氏刻本　十四冊

500000－8702－0002251　　MX811.16/2166

信陽詩集三十六卷　　（明）何景明著　　清光緒三十三年(1907)渭南嚴氏刻本　四冊

500000－8702－0002252　　MX811.16/4040

滄溟詩卷十四卷　　（明）李攀龍撰　　清光緒三十三年(1907)渭南嚴氏刻本　四冊

500000－8702－0002253　　MX811.16/4047

空同詩集三十四卷　　（明）李夢陽撰　　清光緒二十六年(1900)渭南嚴氏刻本　六冊

500000－8702－0002254　　MX811.16/4047(2)

空同詩集三十四卷　　（明）李夢陽撰　　清光緒十五年(1889)渭南嚴氏刻本　六冊

500000－8702－0002255　　MX811.17/0037

二知軒詩續鈔二十二卷　　（清）方濬頤撰　　清同治七年(1868)刻本　十冊

500000－8702－0002256　　MX811.17/0038

陶堂志微錄五卷　　（清）高心夔編　　清光緒四年(1878)刻本　二冊

500000－8702－0002257　　MX811.17/0064

虛白室詩鈔十四卷　　（清）方昌翰著　　清同治十三年(1874)刻本　三冊

500000－8702－0002258　　MX811.17/1012

李長吉歌詩四卷首一卷外集一卷　　（唐）李賀撰　　（清）王琦匯解　　清末崇新書局影印本　六冊

500000－8702－0002259　　MX811.17/1043

漁洋山人精華錄箋注十二卷補注一卷　　（清）王士禎著　　（清）金榮箋注　　（清）徐淮纂輯　清康熙五十一年(1712)刻寶華順書坊印本　八冊

500000－8702－0002260　　MX811.17/1043.2

詩緣前編四卷　　（清）王曾祺著　　清光緒十六年(1890)韓城刻本　二冊

500000－8702－0002261　　MX811.17/1043.3

詩緣正編十卷　　（清）王曾祺著　　清光緒十六年(1890)韓城刻本　六冊

500000－8702－0002262　　MX811.17/1073

湘綺樓詩四卷　　王闓運撰　　清宣統成都鳳鳴堂刻本　一冊

500000－8702－0002263　　MX811.17/1177

船山詩草二十卷　　（清）張問陶著　　清嘉慶十年(1805)刻本　十冊

500000－8702－0002264　　MX811.17/2680

有正味齋全集十六卷　　（清）吳錫麒撰　　清刻本　十六冊

500000－8702－0002265　　MX811.17/2722

留春草堂詩鈔七卷　　（清）伊秉綬著　　清嘉慶十二年(1807)刻本　二冊

500000－8702－0002266　　MX811.17/3132

曝書亭詩錄十二卷　　（清）江浩然箋注　　清乾隆二十七年(1762)惇裕堂刻本　十二冊

500000－8702－0002267　　MX811.17/3177

七硯齋詩草八卷　　（清）馮譽驄著　　清光緒三十三年(1907)馮氏刻本　四冊

500000－8702－0002268　　MX811.17/3191

道腴室遺稿二卷　　（清）江懷廷著　　清光緒二十一年(1895)刻本　一冊

500000－8702－0002269　　MX811.17/3340

讀杜心解六卷首二卷　　（清）浦起龍撰　　清雍正二年(1724)靜寄東軒刻本　十二冊

500000－8702－0002270　　MX811.17/4061

日慎齋詩草六卷　　（清）李嗣元編著　　清同治十一年(1872)刻本　二冊

500000－8702－0002271　　MX811.17/4064

石琴詩鈔十二卷　　（清）李映棻編輯　　清同治三年(1864)天香堂刻本　六冊

500000－8702－0002272　　MX811.17/4902

問月樓詩鈔四卷　　（清）趙敦彝著　　清光緒四年(1878)刻本　五冊

500000－8702－0002273　　MX811.17/7262

尚絅堂集五十六卷 （清）劉嗣綰著 清道光
六年(1826)刻本 十冊

500000－8702－0002274 MX811.2/1060

楚辭天問箋一卷 （清）丁晏譔 清咸豐四年
(1854)廣雅書局刻本 一冊

500000－8702－0002275 MX811.2/1073

楚辭釋十一卷 王闓運注 清光緒十二年
(1886)成都尊經書院刻本 二冊

500000－8702－0002276 MX811.2/2540

楚辭集注八卷辯證二卷後語六卷 （宋）朱熹
撰 （清）黎庶昌重校 清光緒二十九年
(1903)遵義黎氏刻本 三冊

500000－8702－0002277 MX811.2/2630

西藏賦一卷 （清）和寧撰 清光緒八年
(1882)元尚居刻本 一冊

500000－8702－0002278 MX811.2/4426

卜魁城賦一卷 （清）英和譔 清光緒九年
(1883)元尚居刻本 一冊

500000－8702－0002279 MX811.208/1014

賦鈔箋略十五卷 （清）雷琳 （清）張杏濱同
箋 清乾隆三十一年(1766)刻本 八冊

500000－8702－0002280 MX811.208/1150

七十家賦鈔六卷附札記六卷 （清）張惠言編
清光緒二十三年(1897)江蘇書局刻本
五冊

500000－8702－0002281 MX811.3/2623

吳梅村詞一卷 （清）吳偉業撰 清光緒十六
年(1890)湖北官書處刻本 一冊

500000－8702－0002282 MX811.3/2656

西陲竹枝詞一卷 （清）祁韻士撰 清嘉慶程
振甲刻本 一冊

500000－8702－0002283 MX811.307/2840

詞律拾遺八卷 （清）徐本立編 清同治十二
年(1873)刻本 四冊

500000－8702－0002284 MX811.308/2528

詞綜三十八卷 （清）朱彝尊編 王昶補 清
康熙十七年(1678)碧梧書屋刻本 七冊

500000－8702－0002285 MX811.30857/4644

樂府新編陽春白雪前集五卷後集五卷 （元）
楊朝英選集 清光緒三十一年(1905)金陵徐
乃昌刻本 一冊

500000－8702－0002286 MX811.3086/1036

明詞綜十二卷 （清）王昶編 清嘉慶七年
(1802)三泖漁莊刻本 二冊

500000－8702－0002287 MX811.3087/1036

國朝詞綜初集四十八卷二集八卷 （清）王昶
編 清嘉慶七年(1802)三泖漁莊刻本 十冊

500000－8702－0002288 MX811.36/4694

陶情樂府四卷 （明）楊慎著 清宣統三年
(1911)嵋陽精舍刻本 一冊

500000－8702－0002289 MX811.37/1073

湘綺樓詞選三卷詞鈔一卷 王闓運撰 清光
緒二十三年(1897)湘綺樓刻本 二冊

500000－8702－0002290 MX811.37/1117

水壺詞三卷 （清）張雲驤著 清光緒十二年
(1886)刻本 一冊

500000－8702－0002291 MX811.37/2644

吳梅村詞一卷 （清）吳偉業撰 清刻本
一冊

500000－8702－0002292 MX811.37/4033

雙辛夷樓詞一卷 （清）李宗褘著 清光緒二
十三年(1897)刻本 一冊

500000－8702－0002293 MX811.38/1131

吟秋詞一卷 （清）張汝玉著 清光緒刻本
一冊

500000－8702－0002294 MX812.3/1117

芙蓉碣傳奇二卷 （清）張雲驤填詞 清光緒
四年(1878)刻本 一冊

500000－8702－0002295 MX812.3/4443

芝龕記六卷 （清）董榕撰 清光緒十五年
(1889)貴陽高氏刻本 六冊

500000－8702－0002296 MX812.3/7206

桃花源傳奇一卷 劉龍恤著 清宣統眉山刻
本 一冊

119

500000 – 8702 – 0002297　MX812.37/4003

胭脂舄二卷　（清）李文瀚填詞　清咸豐刻本
　　二册

500000 – 8702 – 0002298　MX812.37/4403

鴛鴦鏡傳奇二十齣　（清）傅玉書填詞　清光
緒二十一年(1895)成都刻本　二册

500000 – 8702 – 0002299　MX812.37/4448

四絃秋一卷　（清）蔣士銓撰　清乾隆三十八
年(1773)刻本　一册

500000 – 8702 – 0002300　MX813.1241/4442

聊齋志異新評十六卷　（清）蒲松齡著　（清）
但明倫評　清道光二十二年(1842)廣順但化
刻本　十六册

500000 – 8702 – 0002301　MX813.341/1009

唐語林八卷　（宋）王讜撰　（清）陸錫熊等纂
修　清乾隆四十年(1775)四庫館刻本　四册

500000 – 8702 – 0002302　MX813.341/1009(2)

唐語林八卷　（宋）王讜撰　清乾隆四十年
(1775)刻本　四册

500000 – 8702 – 0002303　MX814/1032

王文成公三立篇十二卷　（明）王守仁撰
（清）王梓選訂　清刻本　六册

500000 – 8702 – 0002304　MX814/2847

古文淵鑒六十四卷　（清）徐乾學等輯　清同
治十二年(1873)浙江書局刻本　三十二册

500000 – 8702 – 0002305　MX814/3323

陶靖節先生集三卷　（晉）陶潛撰　清四川刻
本　一册

500000 – 8702 – 0002306　MX814/3340

古文眉詮七十九卷首一卷　（清）浦起龍編
清乾隆九年(1744)三吳書院刻本　二十册

500000 – 8702 – 0002307　MX814/4492

曾忠襄公文集二卷　蕭榮爵編輯　清光緒二
十九年(1903)刻本　二册

500000 – 8702 – 0002308　MX814.07/1020

國朝十家四六文鈔十卷　王先謙選　清光緒
十五年(1889)長沙王氏刻本　四册

500000 – 8702 – 0002309　MX814.08/0044

古文約選不分卷　（清）弘曕選輯　清同治八
年(1869)望三益齋刻本　十二册

500000 – 8702 – 0002310　MX814.08/1047

忠雅堂評選四六法海八卷　（明）王志堅編
（清）蔣士銓評　清光緒十五年(1889)雲林閣
刻本　八册

500000 – 8702 – 0002311　MX814.08/1047(2)

評選四六法海八卷　（明）王志堅輯　（清）蔣
士銓評選　清同治十年(1871)藏園刻本
八册

500000 – 8702 – 0002312　MX814.08/1083

紗籠文選八卷　（晉）王羲之等著　（清）釋含
澈編　清光緒十年(1884)刻本　八册

500000 – 8702 – 0002313　MX814.08/3423

唐宋八家文讀本三十卷　（清）沈德潛評選
清乾隆十五年(1750)上海錦章圖書局石印本
　八册

500000 – 8702 – 0002314　MX814.08/4033

駢體文鈔三十一卷　（清）李兆洛編輯　清光
緒七年(1881)四川存古書局刻本　十册

500000 – 8702 – 0002315　MX814.08/4033(2)

駢體文鈔三十一卷　（清）李兆洛編輯　清同
治六年(1867)婁江徐氏刻本　十二册

500000 – 8702 – 0002316　MX814.08/4420

文選六十卷　（南朝梁）蕭統編　（唐）李善注
　清光緒元年(1875)海錄軒刻本　十一册

500000 – 8702 – 0002317　MX814.08/4420(2)

文選六十卷　（南朝梁）蕭統編　（唐）李善注
　清乾隆三十七年(1772)海錄軒刻本　十
二册

500000 – 8702 – 0002318　MX814.08/6614

全上古三代秦漢三國六朝文七百四十六卷
（清）嚴可均輯　清光緒二十年(1894)黃岡王
氏刻本　一百册

500000 – 8702 – 0002319　MX814.08/7521

文選補遺四十卷　（宋）陳仁子輯　清同治十

年(1871)嫏嬛閣刻本　十冊

500000－8702－0002320　MX814.08/8097

清駢體正宗十二卷　(清)曾燠選　(清)姚爕評　清光緒十年(1884)花雨樓刻本　六冊

500000－8702－0002321　MX814.087/4245

國朝文錄八十二卷　(清)姚椿編輯　清咸豐元年(1851)終南山館刻本　三十二冊

500000－8702－0002322　MX814.087/4245(2)

國朝文錄八十二卷　(清)姚椿編輯　清光緒二十六年(1900)上海掃葉山房石印本　十六冊

500000－8702－0002323　MX814.087/7540

國朝嶺南文鈔十八卷　(清)陳在謙評輯　清學海堂刻本　六冊

500000－8702－0002324　MX814.088/0845

六朝文絜箋注十二卷　(清)許槤選　(清)黎經誥箋注　清光緒十五年(1889)枕逸書屋刻本　二冊

500000－8702－0002325　MX814.088/1204

孔顨軒洪北江兩先生駢體文合刻本十一卷　(清)孔廣森　(清)洪亮吉著　清光緒二十一年(1895)善化張氏經濟堂刻本　六冊

500000－8702－0002326　MX814.151/1103

乖崖集六卷　(宋)張詠著　(清)李嘉績校　清光緒十五年(1889)西安代耕堂刻本　一冊

500000－8702－0002327　MX814.17/0064

虛白室文鈔四卷　(清)方昌翰著　清光緒十三年(1887)刻本　三冊

500000－8702－0002328　MX814.17/4310

戴東原集十二卷解譜一卷札記一卷　(清)戴震撰　清宣統二年(1910)渭南嚴氏刻本　六冊

500000－8702－0002329　MX814.353/2721

庾開府全集十六卷　(北周)庾信著　(清)倪璠註釋　清刻本　十二冊

500000－8702－0002330　MX814.4/3547

御選唐宋文醇五十八卷　(清)高宗弘曆選

清光緒三年(1877)浙江書局刻本　二十冊

500000－8702－0002331　MX814.4/4480

韓文五百家註四十卷　(唐)韓愈著　清乾隆二十八年(1763)福州正誼書院刻本　十二冊

500000－8702－0002332　MX814.41/1044

初唐四傑文集二十一卷　(唐)王勃等著　清光緒五年(1879)淮南書局刻本　六冊

500000－8702－0002333　MX814.41/1133

初唐四傑集三十七卷　(清)項家達輯　清乾隆四十六年(1781)馥雅居刻本　十二冊

500000－8702－0002334　MX814.41/4034

昌黎先生集四十卷　(唐)韓愈撰　(唐)李漢編　清同治九年(1870)廣東述古堂刻本　十二冊

500000－8702－0002335　MX814.41/4427

陸宣公集二十二卷　(唐)權德輿撰　清同治五年(1866)楊氏問竹軒家塾刻本　六冊

500000－8702－0002336　MX814.5/0013

廬陵文丞相全集十六卷首一卷目錄一卷　(宋)文天祥撰　清道光二十五年(1845)萍鄉文晟刻本　十冊

500000－8702－0002337　MX814.5/1145

南軒文集四十四卷　(宋)張栻著　清道光二十九年(1849)綿邑南軒祠堂刻本　六冊

500000－8702－0002338　MX814.5/1145(2)

南軒文集四十四卷　(宋)張栻著　清道光二十九年(1849)綿邑南軒祠堂刻本　五冊

500000－8702－0002339　MX814.51/2618

鶴山文鈔三十二卷　(宋)魏了翁撰　清宣統二年(1910)官印刷局刻本　十冊

500000－8702－0002340　MX814.51/2749.1

蘇老泉文選三卷　(明)歸有光選輯　清刻本　一冊

500000－8702－0002341　MX814.51/2749.2

蘇文忠公文選九卷　(明)歸有光選輯　清刻本　四冊

121

500000 – 8702 – 0002342　MX814.51/2749.3
蘇潁濱文選三卷　（明）歸有光輯　清刻本
一冊

500000 – 8702 – 0002343　MX814.51/7500
龍川文集三十卷　（宋）陳亮撰　清光緒元年
(1875)湖北崇文書局刻本　十冊

500000 – 8702 – 0002344　MX814.56/7212
劉文烈公全集十二卷　（明）劉理順著　清光
緒二十四年(1898)刻本　十二冊

500000 – 8702 – 0002345　MX814.57/2618
鶴山文鈔二十二卷　（宋）魏了翁撰　清宣統
二年(1910)官印刷局刻本　十二冊

500000 – 8702 – 0002346　MX814.6/4694
太史楊升菴全集八十一卷　（明）楊慎著　清
乾隆六十年(1795)新都周參元刻本　二十冊

500000 – 8702 – 0002347　MX814.6/4694(3)
升菴全集八十一卷　（明）楊慎著　清乾隆六
十年(1795)養拙山房刻本　二十冊

500000 – 8702 – 0002348　MX814.6/4694.2
升菴外集一百卷　（明）楊慎著　清刻本　二
十四冊

500000 – 8702 – 0002349　MX814.6/4694.3
升菴遺集二十六卷　（明）楊慎著　清刻本
四冊

500000 – 8702 – 0002350　MX814.6/6045
呂司寇全集十六種　（明）呂坤著　清光緒刻
本　三十七冊

500000 – 8702 – 0002351　MX814.7/0028
宋王忠文公文集五十卷　（清）唐傳鉎編　清
雍正六年(1728)刻本　十六冊

500000 – 8702 – 0002352　MX814.7/0037
二知軒文存三十四卷　（清）方濬頤撰　清光
緒二年(1876)刻本　十四冊

500000 – 8702 – 0002353　MX814.7/0037.1
夢園叢說十六卷　（清）方濬頤撰　清光緒元
年(1875)刻本　四冊

500000 – 8702 – 0002354　MX814.7/1005
潛溪錄六卷　丁立中編輯　清宣統三年
(1911)成都刻本　六冊

500000 – 8702 – 0002355　MX814.7/1044
文獻徵存錄十卷　（清）王藻元編　清咸豐八
年(1858)王氏有嘉樹軒刻本　十二冊

500000 – 8702 – 0002356　MX814.7/1057
龍壁山房文集五卷　（清）王拯撰　清光緒九
年(1883)善化向氏刻本　二冊

500000 – 8702 – 0002357　MX814.7/1122
正誼堂文集十二卷　（清）張伯行著　清同治
五年(1866)福州正誼書院刻本　四冊

500000 – 8702 – 0002358　MX814.7/1244
紀文達公集十六卷　（清）紀樹馨編　清道光
三十年(1850)小嬾嬛山館刻本　十六冊

500000 – 8702 – 0002359　MX814.7/2542
梅崖居士文集三十八卷　（清）朱梅崖著　清
乾隆二十三年(1758)刻本　十二冊

500000 – 8702 – 0002360　MX814.7/2684
柈湖文集十二卷　（清）吳敏樹著　清光緒十
九年(1893)思賢講舍刻本　四冊

500000 – 8702 – 0002361　MX814.7/2897
李義山文集十卷　（唐）李商隱撰　清康熙四
十七年(1708)刻本　四冊

500000 – 8702 – 0002362　MX814.7/3134
樊南文集詳注八卷　（清）馮浩編　清同治七
年(1868)蕙聚堂刻本　四冊

500000 – 8702 – 0002363　MX814.7/3134(2)
樊南文集詳注八卷　（清）馮浩編　清同治七
年(1868)蕙聚堂刻本　四冊

500000 – 8702 – 0002364　MX814.7/4407
正誼堂文集二十二卷　（清）董詔著　清光緒
二十年(1894)刻本　六冊

500000 – 8702 – 0002365　MX814.7/4444.1
邵亭遺文八卷　（清）莫友芝撰　清同治刻本
二冊

500000 - 8702 - 0002366　MX814.7/4447

顏魯公文集三十卷　（清）黃本驥編　清道光二十五年(1845)三長物齋刻本　十二冊

500000 - 8702 - 0002367　MX814.7/7110

揅經室集十四卷　（清）阮元著　清道光三年(1823)文選樓刻本　二十六冊

500000 - 8702 - 0002368　MX814.7/7110(2)

揅經室集十一卷　（清）阮元著　清道光三年(1823)刻本　十六冊

500000 - 8702 - 0002369　MX814.7/7110(3)

揅經室集六十卷　（清）阮元著　清廣東富文齋刻本　二十四冊

500000 - 8702 - 0002370　MX814.7/7207

劉氏遺書八卷　（清）劉端臨著　清光緒十五年(1889)廣雅書局刻本　二冊

500000 - 8702 - 0002371　MX814.7/7244

養晦堂文集十卷　（清）劉蓉著　清光緒三年(1877)思賢講舍刻本　六冊

500000 - 8702 - 0002372　MX814.7/7244(2)

養晦堂文集十卷　（清）劉蓉著　清光緒三年(1877)思賢講舍刻本　五冊

500000 - 8702 - 0002373　MX814.7/7522

陳檢討集三十四卷　（清）陳維崧譔　清康熙二十二年(1683)刻本　十二冊

500000 - 8702 - 0002374　MX814.7/8308

錢牧齋文鈔不分卷　（清）錢謙益著　清宣統元年(1909)國學扶輪社鉛印本　四冊

500000 - 8702 - 0002375　MX814.7/8700

胡文忠公遺集八十六卷　（清）胡林翼撰（清）鄭敦謹　（清）曾國荃輯　清同治六年(1867)武昌黃鶴樓刻本　三十二冊

500000 - 8702 - 0002376　MX814.7/8700(2)

胡文忠公遺集八十六卷　（清）胡林翼撰（清）鄭敦謹　（清）曾國荃輯　清同治六年(1867)武昌黃鶴樓刻本　三十二冊

500000 - 8702 - 0002377　MX814.7/8700.2

胡文忠公遺集八十六卷　（清）胡林翼撰（清）鄭敦謹　（清）曾國荃輯　清光緒元年(1875)湖北崇文書局刻本　三十二冊

500000 - 8702 - 0002378　MX814.7/9748

大雲山房文稿八卷　（清）惲敬著　清光緒十四年(1888)官書處刻本　八冊

500000 - 8702 - 0002379　MX814.7/9748(2)

大雲山房文稿八卷　（清）惲敬著　清光緒十四年(1888)官書處刻本　八冊

500000 - 8702 - 0002380　MX814.7/9748(3)

大雲山房文稿八卷　（清）惲敬著　清嘉慶二十年(1815)南昌甲戌房刻本　八冊

500000 - 8702 - 0002381　MX814.8/2897

李義山文集箋註十卷　（清）徐樹穀箋　（清）徐炯注　清康熙四十七年(1708)花溪草堂刻本　四冊

500000 - 8702 - 0002382　MX817.08/4492.2

曾忠襄公批牘五卷　蕭榮爵編輯　清光緒二十九年(1903)刻本　四冊

500000 - 8702 - 0002383　MX817.08/7522

翰海十二卷　（明）陳繼儒編　清光緒二年(1876)成都昌福公司鉛印本　四冊

500000 - 8702 - 0002384　MX817.17/2632

李文忠公外部函稿二十八卷　（清）李鴻章撰（清）吳汝綸編輯　清光緒二十八年(1902)蓮池書社鉛印本　十四冊

500000 - 8702 - 0002385　MX817.17/4492.3

曾忠襄公書札二十二卷　蕭榮爵編輯　清光緒二十九年(1903)刻本　二十二冊

500000 - 8702 - 0002386　MX818/1233

花箋錄二十卷　（清）孫兆溎輯　清同治四年(1865)景福堂刻本　十冊

500000 - 8702 - 0002387　MX818.3/3347

池上草堂筆記二十四卷　（清）梁恭辰撰　清同治十年(1871)刻本　八冊

500000 - 8702 - 0002388　MX818.7/1036

春融堂襍記八種　（清）王昶譔　清光緒上海申報館鉛印本　四冊

500000 – 8702 – 0002389　MX818.8/0900

鴻雪因緣三集　（清）麟慶著　清光緒三十二年（1906）上海同文書局石印本　三冊

500000 – 8702 – 0002390　MX818.8/4034

隨園瑣記二卷　（清）袁祖志著　清光緒十八年（1892）著易堂鉛印本　一冊

500000 – 8702 – 0002391　MX910/0121

五洲圖考不分卷　（清）龔柴等纂譯　清光緒二十四年（1898）上海徐家滙印書館鉛印本　四冊

500000 – 8702 – 0002392　MX910/1020

五洲地理志略三十六卷首一卷　王先謙撰　清宣統二年（1910）湖南學務公所刻本　十一冊

500000 – 8702 – 0002393　MX910/2631

海國圖志一百卷　（清）魏源撰　清同治七年（1868）古微堂刻本　二十四冊

500000 – 8702 – 0002394　MX910/2631（2）

海國圖志一百卷續二十五卷　（清）魏源等撰　清光緒二十一年（1895）上海書局石印本　十六冊

500000 – 8702 – 0002395　MX910/2828

瀛寰志略十卷　（清）徐繼畬編　辨正一卷續志略二卷增續志略二卷　（清）陳乾生撰　清光緒二十四年至二十九年（1898－1903）善化三味書室刻本　十二冊

500000 – 8702 – 0002396　MX910/4444

輿地學講義三十課　韓樸存編　清京師譯學館刻本　一冊

500000 – 8702 – 0002397　MX910.4/1044

海客日譚六卷　（清）王芝著　清光緒二年（1876）成都正古堂刻本　四冊

500000 – 8702 – 0002398　MX910.8/1083

小方壺齋輿地叢鈔六十四卷　王錫祺輯　清光緒十七年（1891）南清河王氏鉛印本　六十四冊

500000 – 8702 – 0002399　MX910.8/1083（2）

小方壺齋輿地叢鈔六十四卷　王錫祺輯　清光緒十七年（1891）南清河王氏鉛印本　六十四冊

500000 – 8702 – 0002400　MX911.3/7772

集古錄跋尾十卷　（宋）歐陽修著　清道光二十四年（1844）寧鄉三長物齋刻本　六冊

500000 – 8702 – 0002401　MX911.3/7772（2）

集古錄跋尾十卷　（宋）歐陽修著　（清）黃本驥重校　清道光二十四年（1844）刻本　六冊

500000 – 8702 – 0002402　MX911.32/1262

京畿金石考二卷　（清）孫星衍著　清乾隆五十七年（1792）刻本　二冊

500000 – 8702 – 0002403　MX911.32/2832

隨軒金石文字九種　（清）徐渭仁輯　清同治七年（1868）上海徐氏刻本　四冊

500000 – 8702 – 0002404　MX911.32/2832（2）

隨軒金石文字九種　（清）徐渭仁輯　清同治七年（1868）上海徐氏刻本　四冊

500000 – 8702 – 0002405　MX911.32/4412

台州金石錄十三卷　（清）黃瑞編　（清）王棻校　清光緒十七年（1891）嘉業堂刻本　五冊　存十卷（四至十三）

500000 – 8702 – 0002406　MX911.32/4427

來齋金石刻考略三卷　（清）林侗纂輯　（清）徐渭仁校　清道光二十一年（1841）刻本　三冊

500000 – 8702 – 0002407　MX911.32/4427（2）

來齋金石刻考略三卷　（清）林侗纂輯　（清）徐渭仁校　清道光二十一年（1841）刻本　三冊

500000 – 8702 – 0002408　MX911.32/4437

多野齋印說一卷　（清）董洵著　清乾隆三十七年（1772）刻本　一冊

500000 – 8702 – 0002409　MX911.32/4650

金石三例十五卷　（明）楊本編　（清）王芑孫評　清光緒四年（1878）讀有用書齋朱藍套印本　四冊

500000 - 8702 - 0002410　MX911.32/6031

關中金石記八卷　（清）畢沅撰　清光緒三十四年（1908）成都渭南嚴氏刻本　四冊

500000 - 8702 - 0002411　MX911.32/6031（2）

關中金石記八卷　（清）畢沅撰　清光緒三十四年（1908）成都渭南嚴氏刻本　四冊

500000 - 8702 - 0002412　MX911.32/6646

江寧金石待訪目二卷　（清）嚴觀編　清光緒二十二年（1896）刻本　一冊

500000 - 8702 - 0002413　MX911.32/8010

金石文字記六卷　（清）顧炎武撰　清刻本　四冊　存四卷（一至四）

500000 - 8702 - 0002414　MX911.33/4600

骨董十三說　（清）楊文斌編　清光緒二十三年（1897）香海閣刻本　一冊

500000 - 8702 - 0002415　MX911.33/7595

玉紀一卷　（清）陳性著　（清）劉心珤補　清光緒十九年（1893）廣州栗香室刻本　一冊

500000 - 8702 - 0002416　MX912/7700

中外地輿圖說集成一百三十卷　題（清）同康廬主人編輯　清光緒二十年（1894）上海積山書局石印本　二十四冊

500000 - 8702 - 0002417　MX912.1/4634

歷代輿地圖四十五種　楊守敬撰　清光緒三十二年至宣統三年（1906 - 1911）觀海堂楊氏刻本　三十二冊

500000 - 8702 - 0002418　MX912.12/7120

長江圖說十二卷　（清）馬徵麟編　清同治十年（1871）湖北崇文書局刻本　五冊

500000 - 8702 - 0002419　MX912.121/0434

江蘇全省輿圖不分卷　（清）諸遲鞠製　清光緒二十一年（1895）官書局刻本　三冊

500000 - 8702 - 0002420　MX912.127/3033

浙江全省輿圖並水陸道里記不分卷　（清）宗源瀚編　清光緒六年（1880）輿圖總局刻本　二十冊

500000 - 8702 - 0002421　MX912.27/4741

大清一統輿圖三十二卷　（清）胡林翼編　清同治二年（1863）湖北撫署景桓樓刻本　三十二冊

500000 - 8702 - 0002422　MX912.27/4741（2）

大清一統輿圖三十二卷　（清）胡林翼編　清同治二年（1863）湖北撫署景桓樓刻本　十六冊

500000 - 8702 - 0002423　MX913.08/7741

四書釋地補一卷續補一卷又續補三卷三續補一卷　（清）閻若璩撰　（清）樊廷枚校補　清嘉慶二十一年（1816）刻本　六冊

500000 - 8702 - 0002424　MX913.09/2674

通鑑地理今釋十六卷　（清）吳熙載撰　清光緒二十三年（1897）廣東經史閣刻本　四冊

500000 - 8702 - 0002425　MX913.099/4772

貞定先生遺集四卷　（清）莫與儔著　（清）莫友芝輯　清同治刻本　三冊

500000 - 8702 - 0002426　MX913.1/2544

邊事彙鈔十二卷續鈔八卷　（清）朱克敬編　清光緒六年（1880）湖南長沙刻本　八冊

500000 - 8702 - 0002427　MX913.1/6649

三省邊防備覽十八卷　（清）嚴如熠輯　清道光二年（1822）來鹿堂刻本　十二冊

500000 - 8702 - 0002428　MX913.1/7605

歷代籌邊略八十四卷　（清）陳麟圖編　清光緒二十三年（1897）四川安州學署刻本　四十冊

500000 - 8702 - 0002429　MX913.202/2800

竹書紀年統箋十二卷　（清）徐文靖箋　商君書五卷　（清）嚴可均校　清光緒十九年（1893）鴻文書局石印本　一冊

500000 - 8702 - 0002430　MX913.527/4444

籌蜀編二卷　（清）黃英著　清光緒二十七年（1901）榮縣旭川書院刻本　一冊　存一卷（上）

500000 - 8702 - 0002431　MX913.81/1122

雲棧紀程八卷　（清）張邦伸編　清乾隆五十

九年(1794)敦彝堂刻本　　四冊

500000－8702－0002432　MX913.827/7713
蜀輶日記四卷(清嘉慶十五年五月至十一月)
　　(清)陶雲汀撰　清道光七年(1827)刻本
四冊

500000－8702－0002433　MX913.924/1004
江西考古錄十卷　(清)王謨著　清光緒十七
年(1891)賦梅書屋刻本　四冊

500000－8702－0002434　MX913.99/0863
西北邊界圖地名譯漢攷證二卷　(清)許景澄
撰　清光緒二十二年(1896)刻本　三冊

500000－8702－0002435　MX913.99/1122
蒙古游牧記十六卷　(清)張穆撰　清同治九
年(1870)刻本　四冊

500000－8702－0002436　MX914/2728
西征紀程四卷　(清)鄒代鈞著　清光緒十七
年(1891)鉛印本　一冊

500000－8702－0002437　MX915.2/6040
日本國志四十卷　(清)黃遵憲編　清光緒二
十四年(1898)匯文書局刻本　二十冊

500000－8702－0002438　MX923.02/3138
湖北省浙江同官錄不分卷　浙江會館首士公
編　清光緒三十四年(1908)刻本　四冊

500000－8702－0002439　MX923.02/4030
明清兩代題名碑錄一卷　(清)李周望等輯
清乾隆十一年(1746)刻本　十四冊

500000－8702－0002440　MX923.03/4033
歷代地理韻編二十卷　(清)李兆洛輯　清光
緒元年(1875)羊城馬氏集益堂刻本　十冊

500000－8702－0002441　MX923.03/4033.2
皇朝輿地韻編二卷　(清)李兆洛輯　清光緒
元年(1875)羊城馬氏集益堂刻本　二冊

500000－8702－0002442　MX923.2/4010
國朝先正事略六十卷　(清)李元度纂　清同
治五年(1866)循陔草堂刻本　二十四冊

500000－8702－0002443　MX923.2/4712

疑仙傳三卷　　(清)胡珽等校　清咸豐三年
(1853)汲古閣刻本　一冊

500000－8702－0002444　MX923.2/7227
列仙傳二卷　　(漢)劉向撰　清咸豐三年
(1853)汲古閣刻本　一冊

500000－8702－0002445　MX923.207/2700
清朝諡法考九卷　(清)鮑康輯　清光緒十五
年(1889)成都志古堂刻本　二冊

500000－8702－0002446　MX923.207/2700(2)
清朝諡法考五卷　(清)鮑康輯　清同治三年
(1864)刻本　一冊

500000－8702－0002447　MX923.22/0078
文廟通錄七卷　(清)唐學全纂輯　清道光二
年(1822)成都試院刻本　四冊

500000－8702－0002448　MX923.22/0440
忠武志八卷　(清)張鵬翮輯　清康熙刻本
八冊

500000－8702－0002449　MX923.22/0538
靖海紀事二卷　(清)施平園輯　清光緒元年
(1875)刻本　二冊

500000－8702－0002450　MX923.22/2534
歷代名臣言行錄二十四卷　(清)朱桓編　清
光緒二十三年(1897)湖南順記書局刻本　二
十四冊

500000－8702－0002451　MX923.22/2540
宋名臣言行錄前集十卷後集十四卷續集八卷
別集二十六卷外集十七卷　(宋)朱熹等纂集
清同治七年(1868)臨川桂氏刻本　十六冊

500000－8702－0002452　MX923.226/5533
崇禎五十宰相傳一卷　(清)曹溶撰　清宣統
三年(1911)鉛印本　一冊

500000－8702－0002453　MX923.23/3042
學宮圖考四卷　(清)寇萬川等編　清咸豐六
年(1856)刻本　四冊

500000－8702－0002454　MX923.23/4424
翰林記二十卷　(明)黃佐撰　(清)伍元薇輯
清刻本　四冊

500000－8702－0002455　MX923.23/4457

聖域述聞二十八卷　（清）黃本驥編　（清）黃宅中重訂　清咸豐二年（1852）四川刻本　八冊

500000－8702－0002456　MX923.2317/4727

孔子編年五卷　（宋）胡仔撰　清嘉慶二十三年（1818）續溪胡氏家刻本　四冊

500000－8702－0002457　MX923.24/3145

全明忠義別傳三十二卷　（清）汪有典纂　清同治六年（1867）葺雲山館刻本　八冊

500000－8702－0002458　MX923.24/6036

全蜀節孝錄三卷續錄四卷　（清）羅定昌（清）熊漢鼎續編　清光緒十八年（1892）成都節孝總祠刻本　四冊

500000－8702－0002459　MX923.246/3145

史外三十二卷　（清）汪有典纂　清咸豐七年（1857）刻本　八冊

500000－8702－0002460　MX923.247/2604

四川忠義總錄三十一卷附續錄二卷霆軍二卷　吳慶坻等編　清光緒二十五年（1899）成都採訪局刻本　二十四冊

500000－8702－0002461　MX923.37/4241

畫史彙傳四十卷首一卷總目三卷　（清）彭蘊璨編輯　清光緒八年（1882）掃葉山房刻本　二十四冊

500000－8702－0002462　MX923.373/3133

續印人傳八卷　（清）汪啟淑撰　清刻本　四冊

500000－8702－0002463　MX923.373/7701

印人傳三卷　（清）周亮工撰　清康熙十二年（1673）刻本　二冊

500000－8702－0002464　MX923.3737/4487

廣印人傳十六卷　葉銘輯　清宣統二年（1910）西泠印社刻本　四冊

500000－8702－0002465　MX923.38/1127

藝談錄二卷　（清）張維屏撰　清廣州富文齋刻本　三冊

500000－8702－0002466　MX923.38/1127.2

國朝詩人徵略二編六十四卷　（清）張維屏輯　清道光二十二年（1842）刻本　八冊

500000－8702－0002467　MX923.38/7701

歷代兩浙詞人小傳十六卷　周慶雲纂　清刻本　五冊

500000－8702－0002468　MX923.6/3193

史姓韻編四十六卷　（清）汪輝祖纂　（清）馮祖憲校　清光緒十年（1884）慈谿耕餘樓鉛印本　十六冊

500000－8702－0002469　MX923.6/4447

姓氏解紛八卷　（清）黃本驥編　清道光二十六年（1846）三長物齋刻本　四冊

500000－8702－0002470　MX923.7/4424

黑水先民傳二十四卷　（清）黃維翰撰　清同治元年（1862）崇仁黃氏刻本　六冊

500000－8702－0002471　MX923.71/4430

杜主開明志前志四卷後志八卷　（清）孫澍輯　（清）孫錤續輯　清道光十四年至十六年（1834－1836）鵝溪村舍刻本　二冊

500000－8702－0002472　MX923.73/2622

陶靖節先生[淵明]年譜不分卷　（宋）吳仁傑編　清光緒二十一年（1895）刻本　一冊

500000－8702－0002473　MX923.751/7211

金陀稡編二十八卷續編三十卷　（宋）岳珂編　清光緒九年（1883）浙江書局刻本　十二冊

500000－8702－0002474　MX930/2666

史記論文一百三十卷　（清）吳見思評點　清康熙二十六年（1687）尺木刻本　二十四冊

500000－8702－0002475　MX930.041/7244

劉中丞奏議二十卷　（清）劉蓉著　清光緒十一年（1885）思賢講舍刻本　十冊

500000－8702－0002476　MX930.08/0070

章實齋先生遺書六卷附錄一卷　（清）章學誠撰　（清）王潛剛輯　清宣統二年（1910）鉛印本　四冊

500000－8702－0002477　MX930.1/1773（9）

史記一百三十卷附方望溪史記評點四卷
（漢）司馬遷撰　清光緒二年（1876）武昌張氏
刻本　二十四冊

500000－8702－0002478　MX930.1/1773（10）
史記一百三十卷　（漢）司馬遷撰　清同治十
一年（1872）成都書局刻本　二十六冊

500000－8702－0002479　MX930.1/1773.3
二十四史二十四種　（漢）司馬遷等撰　清同
治十年至光緒四年（1871－1878）金陵書局刻
本　五百三十六冊

500000－8702－0002480　MX930.1/3423
欽定二十四史三千二百十卷附四十四卷
（清）沈德潛等編校　清光緒十八年（1892）武
林竹簡齋石印本　二百冊

500000－8702－0002481　MX930.1/3423（2）
欽定二十四史二十四種　（清）沈德潛等編校
　清光緒十年（1884）上海同文書局影印本
七百四冊　缺四十二卷（史記五十七至八十
八、舊唐書一百九十一至二百）

500000－8702－0002482　MX930.1/7528
二十一史緯三百三十卷　（清）陳允錫刪修
清同治九年（1870）溫陵輔仁堂刻本　一百二
十冊

500000－8702－0002483　MX930.2/0443
紹運圖一卷　（宋）諸葛深等撰　清光緒二十
一年（1895）靈峯草堂刻本　一冊

500000－8702－0002484　MX930.2/1779（2）
資治通鑑二百九十四卷　（宋）司馬光撰　清
光緒三十一年（1905）成都官書局石印本　一
百五十八冊

500000－8702－0002485　MX930.2/1779（4）
資治通鑑二百九十四卷　（宋）司馬光撰　清
咸豐七年（1857）邑州伍氏刻本　八十冊

500000－8702－0002486　MX930.2/1779（5）
資治通鑑二百九十四卷　（宋）司馬光撰　清
光緒三十一年（1905）成都官書局石印本　一
百六十冊

500000－8702－0002487　MX930.2/1779.2
資治通鑑二百九十四卷附釋文辨誤十二卷
（宋）司馬光撰　清光緒元年（1875）湖北崇文
書局刻本　一百四冊

500000－8702－0002488　MX930.2/1779.3
續資治通鑑二百二十卷　（清）畢沅編　清光
緒二十九年（1903）珠江同馨書局刻本　八
十冊

500000－8702－0002489　MX930.2/2391
御批通鑑輯覽一百二十卷　（清）傅恆等修
（清）楊述曾等纂　清光緒十三年（1887）上海
同文書局石印本　二十冊

500000－8702－0002490　MX930.2/2391（2）
御批歷代通鑑輯覽一百二十卷　（清）傅恆等
修　（清）楊述曾等纂　清光緒二十五年
（1899）寶慶尚德堂刻本　六十冊

500000－8702－0002491　MX930.2/2540
資治通鑑綱目前編二十五卷正編五十九卷續
編二十七卷（宋）朱熹等撰　（明）陳仁錫評
定　清嘉慶十三年（1808）同仁堂刻本　一百
六十冊

500000－8702－0002492　MX930.2/6031.1
續資治通鑑二百二十卷　（清）畢沅著　清光
緒七年（1881）番禺任氏刻本　八十冊

500000－8702－0002493　MX930.21/3481
史目表不分卷　（清）洪飴孫編　清光緒四年
（1878）宏達堂刻本　一冊

500000－8702－0002494　MX930.21/3491
二十一史四譜五十四卷　（清）沈炳震編　清同
治十年（1871）武林吳氏清來堂刻本　十六冊

500000－8702－0002495　MX930.3/3441
通鑑總類二十卷　（宋）沈樞撰　清光緒十七
年（1891）讀我書齋刻本　二十冊

500000－8702－0002496　MX930.3/7231
史存三十卷　（清）劉沅輯　清宣統富順縣凝
善堂刻本　十六冊

500000－8702－0002497　MX930.3/8079

歷朝紀事本末九種六千五百十八卷　（清）朱記榮輯　清宣統二年（1910）上海文盛書局石印本　四十冊

500000－8702－0002498　MX930.34/3246

讀史鏡古編三十二卷　（清）潘世恩輯　清同治十三年（1874）飛霞閣刻本　六冊

500000－8702－0002499　MX930.4/0070（2）

章氏遺書十一卷　（清）章學誠著　清光緒四年（1878）貴陽刻本　五冊

500000－8702－0002500　MX930.4/0070（3）

文史通義十一卷　（清）章學誠著　清光緒二十八年（1902）湖南仁記書局刻本　十冊

500000－8702－0002501　MX930.4/1053

王船山先生讀通鑑論三十二卷　（清）王夫之撰　清光緒二十八年（1902）夏志古堂刻本　十六冊

500000－8702－0002502　MX930.4/1053.2

王船山先生宋論五卷　（清）王夫之撰　清光緒二十八年（1902）夏志古堂刻本　四冊

500000－8702－0002503　MX930.4/1065

十七史商榷一百卷　（清）王鳴盛撰　清光緒六年（1880）太原王氏刻本　二十四冊

500000－8702－0002504　MX930.4/1065.1

十七史商榷一百卷　（清）王鳴盛撰　清光緒六年（1880）太原王氏刻本　七冊　存三十三卷（一至三十三）

500000－8702－0002505　MX930.4/2767

史通削繁四卷　（清）紀昀評節　清光緒二十一年（1895）寶慶澹雅書局刻本　四冊

500000－8702－0002506　MX930.4/2767（2）

史通削繁四卷　（清）紀昀評點　清道光十三年（1833）兩廣節署盧坤朱墨套印本　四冊

500000－8702－0002507　MX930.4/2767（3）

史通削繁四卷　（清）紀昀評點　清光緒元年（1875）湖北崇文書局刻本　四冊

500000－8702－0002508　MX930.4/3308

三國志旁證三十卷　（清）梁章鉅撰　清光緒

十五年（1889）廣雅書局刻本　六冊

500000－8702－0002509　MX930.4/3404

歷朝史案二十卷　（清）洪亮吉編　清刻本六冊

500000－8702－0002510　MX930.4/4877

皇朝詞林典故六十四卷　（清）朱珪等纂　清宣統元年（1909）石印本　三十四冊

500000－8702－0002511　MX930.4/4917

二十二史劄記三十六卷　（清）趙翼劄記　清嘉慶五年（1800）壽考堂刻本　十三冊

500000－8702－0002512　MX930.4/4917（2）

二十二史劄記三十四卷　（清）趙翼撰　清光緒二十八年（1902）成都同文會刻本　十二冊

500000－8702－0002513　MX930.4/8346

諸史拾遺五卷　（清）錢大昭譔　清光緒十七年（1891）廣雅書局刻本　一冊

500000－8702－0002514　MX930.5/1183

士邗補釋一卷　（清）張義澍撰　清道光十四年（1834）香海閣刻本　一冊

500000－8702－0002515　MX930.6/4923

讀史快編六十卷　（明）趙維寰撰　（清）李承董校刊　清光緒三年（1877）藏雲山房刻本三十二冊

500000－8702－0002516　MX930.6/7231

史存三十卷　（清）劉沅輯　清光緒二年（1876）樂善堂刻本　十六冊

500000－8702－0002517　MX930.6/7743

二十二史紀略八卷　（清）陶有容編　清咸豐三年（1853）刻本　八冊

500000－8702－0002518　MX930.8/1293

北夢瑣言二十卷　（宋）孫光憲著　清刻本二冊

500000－8702－0002519　MX930.8/2631

聖武記十四卷　（清）魏源撰　清道光二十二年（1842）刻本　十二冊

500000－8702－0002520　MX930.8/3404

129

歷代史案二十卷 （清）洪亮吉編 清刻本
四冊

500000－8702－0002521 MX930.8/8213

皇朝瑣屑錄四十四卷 （清）鍾琦撰 清光緒
二十三年(1897)刻本 十二冊

500000－8702－0002522 MX930.912/1223

闕里文獻考一百卷 （清）孔繼汾編 清光緒
十七年(1891)湘陰李氏刻本 十二冊

500000－8702－0002523 MX930.96/0024

大唐西域記十二卷 （唐）釋玄奘釋 清宣統
元年(1909)刻本 四冊

500000－8702－0002524 MX931.01/1773

史記一百三十卷 （漢）司馬遷撰 清同治十
一年(1872)成都書局刻本 二十六冊

500000－8702－0002525 MX931.01/1773(2)

史記一百三十卷附方望溪史記評點四卷
（漢）司馬遷撰 清光緒二年(1876)武昌張氏
刻本 二十四冊

500000－8702－0002526 MX931.01/1773(3)

史記一百三十卷 （漢）司馬遷撰 （南朝宋）
裴駰集解 （唐）司馬貞索隱 （唐）張守節正
義 清素位堂刻本 三十二冊

500000－8702－0002527 MX931.01/1773(4)

史記一百三十卷 （漢）司馬遷撰 （南朝宋）
裴駰集解 （唐）司馬貞索隱 （唐）張守節正
義 清同治九年(1870)湖北崇文書局刻本
二十四冊

500000－8702－0002528 MX931.01/1773(8)

史記一百三十卷 （漢）司馬遷撰 清同治十
一年(1872)成都書局刻本 二十六冊

500000－8702－0002529 MX931.1/7231

書經恆解六卷 （清）劉沅輯註 清宣統玉成
堂刻本 六冊

500000－8702－0002530 MX931.108/1067

尚書後案三十卷 （清）王鳴盛學 清頤志堂
刻本 八冊

500000－8702－0002531 MX931.5/1200

周書斠補四卷 （清）孫詒讓撰 清光緒二十
六年(1900)刻本 二冊

500000－8702－0002532 MX931.7/3140

春秋大事表五十卷 （清）顧棟高著 清乾隆
十三年(1748)山東尚志堂刻本 二十冊

500000－8702－0002533 MX931.7/5024

春秋左傳旁訓十卷 （清）魏朝俊輯 清光緒
二十三年(1897)古香閣刻本 七冊

500000－8702－0002534 MX931.7/7231

春秋恆解八卷 （清）劉沅輯註 清同治十一
年(1872)玉成堂刻宣統重印本 七冊

500000－8702－0002535 MX931.701/0021

公羊補正十一卷 廖平著 清光緒二十九年
(1903)則柯軒刻本 十冊

500000－8702－0002536 MX931.701/0044

左傳紀事本末五十三卷 （清）高士奇編 清
光緒二十六年(1900)廣雅書局刻本 十六冊

500000－8702－0002537 MX931.701/1073

公羊箋十一卷 王闓運箋 清光緒十一年
(1885)成都尊經書局刻本 六冊

500000－8702－0002538 MX931.701/2674

春秋集義五十八卷首一卷末二卷 （清）吳鳳
來撰 清乾隆五十四年(1789)小草廬刻本
四十八冊

500000－8702－0002539 MX931.7041/2672

左傳文法讀本十二卷 吳闓生等輯 清宣統
元年(1909)鉛印本 六冊

500000－8702－0002540 MX931.708/3000

國語補音三卷 （宋）宋庠撰 清光緒二年
(1876)成都尊經書院刻本 一冊

500000－8702－0002541 MX931.708/4067

國語二十一卷 （三國吳）韋昭注 攷異四卷
（清）汪遠孫攷署 札記一卷 （清）黃丕烈
札記 清光緒二年(1876)尊經書院刻本
六冊

500000－8702－0002542 MX932.01/4498

兩漢紀六十卷 （漢）荀悅 （晉）袁宏撰

（宋）王銍輯　清光緒二年（1876）廣州學海堂刻本　十四冊

500000－8702－0002543　MX932.01/4498（2）
兩漢紀六十卷　（漢）荀悅　（晉）袁宏撰（宋）王銍輯　清光緒二年（1876）廣州學海堂刻本　十四冊

500000－8702－0002544　MX932.101/1160（7）
前漢書一百二十卷　（漢）班固撰　（唐）顏師古注　清同治十年（1871）成都書局刻本　三十二冊

500000－8702－0002545　MX932.101/1160（8）
前漢書一百卷　（漢）班固撰　（唐）顏師古注　清同治十二年（1873）嶺東使署刻本　四十四冊

500000－8702－0002546　MX932.101/1160（10）
前漢書一百八十卷　（漢）班固撰　（唐）顏師古注　清同治十年（1871）成都書局刻本　三十二冊

500000－8702－0002547　MX932.201/4464（4）
後漢書一百三十卷　（南朝宋）范曄撰　（唐）李賢注　（南朝梁）劉昭補志並注　清同治十年（1871）成都書局刻本　二十八冊

500000－8702－0002548　MX932.201/4464（5）
後漢書九十卷　（南朝宋）范曄撰　（唐）李賢注　清同治十二年（1873）嶺東使署刻本　三十六冊

500000－8702－0002549　MX932.201/4464
後漢書一百十八卷　（南朝宋）范曄撰　清同治十年（1871）成都書局刻本　二十六冊

500000－8702－0002550　MX932.301/7231
明良志略不分卷　（清）劉沅撰　清同治玉成堂刻本　一冊

500000－8702－0002551　MX932.301/7540（3）
三國志六十五卷　（晉）陳壽撰　清同治十年（1871）成都書局刻本　十四冊

500000－8702－0002552　MX932.301/7540（4）
三國志六十五卷　（晉）陳壽撰　清同治十年

（1871）成都書局刻本　十六冊

500000－8702－0002553　MX933.1/7730
晉略六十六卷　（清）周濟撰　清光緒二年（1876）味儁齋刻本　十冊

500000－8702－0002554　MX933.4/3613
十六國春秋輯補一百卷首一卷　（清）湯球撰　清光緒二十一年（1895）廣雅書局刻本　十冊

500000－8702－0002555　MX933.508/3424
南北史識小錄二十八卷　（清）沈名蓀等著（清）張應昌補正　清同治十年（1871）武林吳氏清來堂刻本　十二冊

500000－8702－0002556　MX933.508/7748
南北史捃華八卷　（清）周嘉猷輯　清光緒二年（1876）退補齋刻本　四冊

500000－8702－0002557　MX933.601/4014（3）
南史八十卷　（唐）李延壽撰　清刻本　二十冊

500000－8702－0002558　MX933.6101/3427（2）
宋書一百卷　（南朝梁）沈約撰　清同治十二年（1873）金陵書局刻本　十六冊

500000－8702－0002559　MX933.6401/4260（2）
陳書三十六卷　（唐）姚思廉撰　清古吳書業趙氏刻本　四冊

500000－8702－0002560　MX933.701/4014
北史一百卷　（唐）李延壽撰　清刻本　三十冊

500000－8702－0002561　MX933.7401/4014（2）
北齊書五十卷　（唐）李百藥撰　清古吳書業趙氏刻本　六冊

500000－8702－0002562　MX934.1/7431
南唐書十八卷　（宋）陸游撰　清光緒九年（1883）刻本　四冊

500000－8702－0002563　MX934.104/4432（2）
唐鑑二十四卷　（宋）范祖禹撰　（宋）呂祖謙注　清同治十三年（1874）蓉城尊經書院刻本　四冊

500000－8702－0002564　MX934.2/2889

五代史七十四卷　（宋）歐陽修撰　（宋）徐無黨註　清趙氏刻本　八冊

500000－8702－0002565　MX934.2/2889（2）

五代史七十四卷　（宋）歐陽修撰　（宋）徐無黨註　清同治十一年（1872）湖北崇文書局刻本　八冊

500000－8702－0002566　MX934.2/4471

舊五代史一百五十卷　（宋）薛居正等撰　清同治十一年（1872）湖北崇文書局刻本　十六冊

500000－8702－0002567　MX934.2/7180

南唐書合刻二種四十八卷　（宋）馬令　（宋）陸游撰　清蔣氏刻本　八冊

500000－8702－0002568　MX935.105/2844

三朝北盟會編二百五十卷　（宋）徐夢莘撰　清光緒三十四年（1908）清苑許氏刻本　四十冊

500000－8702－0002569　MX935.108/4027

靖康傳信錄三卷建炎進退志四卷建炎時政記三卷　（宋）李綱著　清光緒十年（1884）邵武徐氏刻本　二冊

500000－8702－0002570　MX935.203/4623

通鑑長編紀事本末一百五十卷　（宋）楊仲良撰　清光緒十九年（1893）廣雅書局刻本　二十四冊

500000－8702－0002571　MX935.601/7878（2）

遼史一百十五卷　（元）脫脫等纂　清刻本　十冊

500000－8702－0002572　MX935.602/7167

遼史拾遺二十四卷　（清）厲鶚撰　（清）汪遠孫校刊　清光緒元年（1875）江蘇書局刻本　十二冊

500000－8702－0002573　MX935.603/4049

遼史紀事本末四十卷　（清）李有棠撰　清光緒二十六年（1900）廣雅書局刻本　四冊

500000－8702－0002574　MX935.701/7878（3）

金史一百三十五卷　（元）脫脫等纂　清刻本　二十四冊

500000－8702－0002575　MX935.703/4049

金史紀事本末五十二卷　（清）李有棠撰　清光緒二十七年（1901）廣雅書局刻本　六冊

500000－8702－0002576　MX935.8/1731

元史類編四卷　（清）邵遠平撰　（清）席世臣校　清乾隆二十四年（1759）常熟掃葉山房刻本　十八冊

500000－8702－0002577　MX935.803/7556

元史紀事本末二十七卷　（明）陳邦瞻編撰　清光緒十三年（1887）廣雅書局刻本　三冊

500000－8702－0002578　MX936.02/0404

明季南略十八卷　（清）季六奇編輯　清康熙十年（1671）都城琉璃廠刻本　九冊

500000－8702－0002579　MX936.02/0404.2

明季北略二十四卷　（清）季六奇編輯　清康熙十年（1671）都城琉璃廠刻本　十一冊

500000－8702－0002580　MX936.02/1099

明通鑑九十卷前編四卷附編六卷　（清）夏燮編　清光緒三十二年（1906）四川珠江同馨書局刻本　四十冊

500000－8702－0002581　MX936.02/7547（2）

明紀六十卷　（清）陳鶴纂　清同治十年（1871）江蘇書局刻本　二十四冊

500000－8702－0002582　MX936.08/1042

弇山堂別集一百卷　（明）王世貞撰　清廣雅書局刻本　二十冊

500000－8702－0002583　MX936.08/7533

荆駝逸史五十二種　題（清）陳湖逸士輯　清刻本　四十冊

500000－8702－0002584　MX936.08/7533（2）

荆駝逸史五十三種　題（清）陳湖逸士輯　清宣統上海錦章圖書局石印本　十六冊

500000－8702－0002585　MX936.08/7717

明季稗史彙編十六種二十七卷　題（清）留雲居士輯　清刻本　十冊

500000－8702－0002586　MX936.08/7717(2)

明季稗史彙編十六種二十七卷　題(清)留雲
居士輯　清刻本　十冊

500000－8702－0002587　MX936.09/2840

小腆紀年二十卷　(清)徐鼒撰　清光緒四年
(1878)京都龍威閣刻本　十冊

500000－8702－0002588　MX936.09/7262

蜀龜鑑七卷　(清)劉景伯輯　清光緒三年
(1877)裴氏刻本　四冊

500000－8702－0002589　MX936.3/8005

明史紀事本末八十卷　(清)谷應泰編　清光
緒二十四年(1898)湖南思賢書局刻本　二
十冊

500000－8702－0002590　MX936.8/4233

蜀碧四卷　(清)彭遵泗編　清刻本　二冊

500000－8702－0002591　MX936.8/7774

歐陽氏遺書一卷　(清)歐陽直撰　清刻本
一冊

500000－8702－0002592　MX937.02/1020

九朝東華錄四十五卷續錄七十五卷　王先謙
編　清光緒十年(1884)鉛印本　六十冊

500000－8702－0002593　MX937.041/8213

皇朝瑣屑錄四十四卷　(清)鍾琦撰　清光緒
二十三年(1897)刻本　十二冊

500000－8702－0002594　MX937.05/2253

山東軍興紀略二十二卷　(清)□□輯　清刻
本　十冊

500000－8702－0002595　MX937.08/0030

恭壽堂奏議十二卷　(清)高塞撰　(清)王滌
原等編　清刻本　十二冊

500000－8702－0002596　MX937.08/3103

十一朝東華錄擎要一百十四卷　(清)汪文安
錄　清光緒二十九年(1903)上海商務鉛印本
二十八冊

500000－8702－0002597　MX937.08/4437

東華錄三十二卷(太祖天命至雍正六年)
(清)蔣良騏編纂　清刻本　十冊

500000－8702－0002598　MX937.08/4437(2)

**東華錄三十二卷(太祖天命至雍正六年)附貳
臣傳十二卷**　(清)蔣良騏編纂　清刻本　十
四冊

500000－8702－0002599　MX937.09/5268

援黔錄十二卷　(清)唐炯編　清同治九年
(1870)刻本　四冊

500000－8702－0002600　MX937.2/1632

十朝聖訓九百二十一卷　(清)太祖努爾哈赤
等撰　清康熙二十五年至光緒五年(1686－
1879)刻本　二百五十冊

500000－8702－0002601　MX937.327/6033

庚子海外紀事四卷　呂海寰編　清光緒二十
七年(1901)刻本　四冊

500000－8702－0002602　MX937.327/6033(2)

庚子海外紀事四卷　呂海寰編　清光緒二十
七年(1901)刻本　四冊

500000－8702－0002603　MX937.5/4888.1

綏服紀略圖詩一卷　(清)松筠著　清嘉慶刻
本　一冊

500000－8702－0002604　MX937.7/4492

平定粵匪紀略十八卷附記四卷　(清)杜文瀾
撰　清同治十年(1871)北平聚珍齋刻本
十冊

500000－8702－0002605　MX937.7/4492(2)

平定粵匪紀略十八卷附記四卷　(清)杜文瀾
撰　清同治十年(1871)北平聚珍齋刻本
四冊

500000－8702－0002606　MX937.7/8034

蜀燹述略六卷　(清)余鴻觀輯　清光緒二十
七年(1901)馮江學署刻本　四冊

500000－8702－0002607　MX937.7/8064

曾文正公奏議十卷補編四卷　(清)曾國藩撰
(清)薛福成編　清同治十三年(1874)上海
醉六堂刻本　十二冊

500000－8702－0002608　MX937.8/0020

[高給諫]庚子日記四卷(清光緒二十六年五

133

月至二十七年一月）（清）高楠撰 （清）雙雨樓編 清光緒三十年(1904)鉛印本 三冊

500000－8702－0002609　MX937.8/1139
庚子京師褒卹錄四卷 王守恂輯 清光緒鉛印本 四冊

500000－8702－0002610　MX942/4420
大英國志八卷 （英國）慕維廉譯 清光緒七年(1881)上海益智書局刻本 二冊

500000－8702－0002611　MX951.102/2141
兩漢書注考證二卷 （清）何若瑤撰 清光緒二十年(1894)廣雅書局刻本 一冊

500000－8702－0002612　MX952/7794
琉球國志略十六卷 （清）周煌恭編 清彭元琉刻本 六冊

500000－8702－0002613　VJ/1/1
漢魏六朝百三家集一百十八卷 （明）張溥編輯 清光緒三年(1877)四川官書局刻民國七年(1918)印本 六十冊

500000－8702－0002614　VJ/1/2
漢魏六朝百三家集一百十八卷 （明）張溥編輯 清光緒三年(1877)四川官書局刻民國七年(1918)印本 一百冊

500000－8702－0002615　VJ/1/3
漢魏六朝百三家集一百二十一卷 （明）張溥編輯 清光緒五年(1879)廣東信述堂刻本 一百冊

500000－8702－0002616　VJ/1/4
漢魏六朝百三家集一百二十一卷 （明）張溥編輯 清光緒五年(1879)信述堂刻本 九十一冊 缺八種八卷（魏武帝集一卷、杜征南集一卷、荀公曾集一卷、陶彭澤集一卷、張長史集一卷、孔詹事集一卷、梁元帝集一卷、庾度支集一卷）

500000－8702－0002617　VJ/1/5
漢魏六朝百三家集一百二十一卷 （明）張溥編輯 清光緒十八年(1892)湖南善化蘭田章經濟堂刻本 一百冊

500000－8702－0002618　VJ/2/4
漢魏名文乘六十家六十種 （明）張運泰（明）余元熹輯評 明末閩建陽書林張運泰刻本 四十八冊

500000－8702－0002619　VJ/2/5
屈賈合編三種十九卷 （戰國）屈原 （漢）賈誼撰 清光緒三年(1877)長沙屈賈祠夏獻雲刻本 六冊

500000－8702－0002620　VJ/2/7
四忠遺集四種三十三卷首四卷末二卷 （三國蜀）諸葛亮等撰 清同治七年(1868)楚醴景萊書室刻十年(1871)印本 二十六冊

500000－8702－0002621　VJ/2/8
四忠遺集四種三十三卷首四卷末二卷 （三國蜀）諸葛亮等撰 清光緒二十三年(1897)湖南書局刻本 十六冊

500000－8702－0002622　VJ/2/13
唐人五十家小集五十種 （清）江標輯 清光緒二十一年(1895)南濠江氏刻本 五冊 存十九種二十三卷(駱賓王集二卷、唐司空文明詩集三卷、羊士諤詩集一卷、呂衡州詩集一卷、唐求詩集一卷、曹鄴詩集二卷、崔塗詩集一卷、張蠙詩集一卷、劉兼詩集一卷、王周詩集一卷、儲嗣宗詩集一卷、章碣詩集一卷、李遠詩集一卷、秦韜玉詩集一卷、殷文珪詩集一卷、唐尚顏詩集一卷、于武陵詩集一卷、無名氏詩集一卷、張司業樂府集一卷)

500000－8702－0002623　VJ/2/14
唐人五十家小集五十種 （清）江標輯 清光緒二十一年(1895)南濠江氏刻本 九冊 存三十四種五十卷(朱慶餘詩集一卷、劉滄詩集一卷、盧仝詩集三卷、喻鳧詩集一卷、項斯詩集一卷、唐求詩集一卷、曹鄴詩集二卷、崔塗詩集二卷、張蠙詩集一卷、劉駕詩集一卷、唐李推官披沙集六卷、劉義詩集三卷、蘇拯詩集一卷、章孝標詩集一卷、于濆詩集一卷、李丞相詩集二卷、唐女郎魚玄機詩集一卷、唐貫休詩集一卷、唐齊己詩集一卷、僧無可詩集二卷、劉兼詩集三卷、王周詩集一卷、儲嗣宗詩集一卷、章碣詩集一卷、李遠詩集二卷、會昌進士詩集一卷、林寬詩集一卷、羅鄴詩集一卷、秦韜玉詩集一卷、殷文珪詩集一卷、唐尚顏詩集一卷、于武陵詩集一卷、無名氏詩集一卷、張司業樂府集一卷）

500000－8702－0002624　VJ/2/15

六朝古文六種五百十卷　（清）江蘇書局輯　清光緒九年至十七年(1883－1891)江蘇書局刻本　八十冊

500000－8702－0002625　VJ/2/16

三蘇文集四十四卷　（宋）蘇洵等著　清宣統二年(1910)上海會文學社石印本　八冊

500000－8702－0002626　VJ/2/20

七家詩詳注七卷　（清）石暉甲箋注　清光緒三年(1877)青蓮山房朱墨套印本　八冊

500000－8702－0002627　VJ/2/21

七家試帖詩輯注彙鈔九卷　（清）王植桂輯注　（清）張熙宇輯評　清光緒十二年(1886)崇德書院刻本　八冊

500000－8702－0002628　VJ/2/24

文選李善註六十卷　（南朝梁）蕭統編　（唐）李善注　清同治八年(1869)金陵書局刻本　十冊

500000－8702－0002629　VJ/2/25

文選李善註六十卷　（南朝梁）蕭統編　（唐）李善注　清光緒十一年(1885)上海同文書局石印本　十冊

500000－8702－0002630　VJ/2/26

文選李善註六十卷　（南朝梁）蕭統編　（唐）李善注　清光緒十一年(1885)上海同文書局石印本　十冊

500000－8702－0002631　VJ/2/27

昭明文選李善註六十卷　（南朝梁）蕭統編　（唐）李善注　（清）葉樹藩參訂　清江蘇朱墨套印本　十二冊

500000－8702－0002632　VJ/2/28

昭明文選李善註六十卷　（南朝梁）蕭統編

（唐）李善注　（清）葉樹藩參訂　清同治江西朱墨套印本　十四冊　存五十二卷(一至二十九、三十八至六十)

500000－8702－0002633　VJ/2/29

文選六十卷　（南朝梁）蕭統編　（唐）李善注　（清）葉樹藩參訂　清光緒元年(1875)成都尊經書局刻本　十二冊

500000－8702－0002634　VJ/2/30

文選六十卷　（南朝梁）蕭統編　（唐）李善注　（清）葉樹藩參訂　清光緒元年(1875)成都尊經書院刻本　十冊

500000－8702－0002635　VJ/2/31

文選六十卷　（南朝梁）蕭統編　（唐）李善注　（清）葉樹藩參訂　清光緒元年(1875)成都尊經書院刻本　十冊

500000－8702－0002636　VJ/2/32

文選六十卷　（南朝梁）蕭統編　（唐）李善注　（清）葉樹藩參訂　清光緒元年(1875)成都尊經書院刻本　十冊

500000－8702－0002637　VJ/2/33

文選六十卷　（南朝梁）蕭統編　（唐）李善注　（清）葉樹藩參訂　清光緒刻本　十六冊

500000－8702－0002638　VJ/3/1

昭明文選李善註六十卷　（南朝梁）蕭統編（唐）李善注　（清）葉樹藩參訂　清光緒雙桂堂刻朱墨套印本　十一冊　存五十五卷(一至四十五、五十一至六十)

500000－8702－0002639　VJ/3/2

昭明文選李善註六十卷　（南朝梁）蕭統編（唐）李善注　（清）葉樹藩參訂　清光緒刻朱墨套印本　十五冊　存五十六卷(一至十二、十七至六十)

500000－8702－0002640　VJ/3/3

昭明文選李善註六十卷　（南朝梁）蕭統編（唐）李善注　（清）葉樹藩參訂　清刻本　二冊　存十二卷(二十一至二十六、五十五至六十)

500000－8702－0002641　VJ/3/4
文選李善註六十卷　（南朝梁）蕭統編　（唐）李善注　附攷異十卷　（清）胡克家攷異　清同治八年(1869)崇文書局刻本　二十冊　存五十七卷（一至十四、二十一至四十七、五十五至六十，攷異十卷）

500000－8702－0002642　VJ/3/5
文選李善註六十卷　（南朝梁）蕭統編　（唐）李善注　附攷異十卷　（清）胡克家攷異　清同治四川刻本　二十四冊

500000－8702－0002643　VJ/3/6
文選李善註六十卷　（南朝梁）蕭統編　（唐）李善注　附攷異十卷　（清）胡克家攷異　清同治四川刻本　三十二冊

500000－8702－0002644　VJ/3/7
文選李善註六十卷　（南朝梁）蕭統編　（唐）李善注　附攷異十卷　（清）胡克家攷異　清同治成都刻本　二十六冊

500000－8702－0002645　VJ/3/9
文選李善注六十卷　（南朝梁）蕭統編　（唐）李善注　附攷異十卷　（清）胡克家攷異　清光緒六年(1880)四明林氏刻本　十六冊　存四十七卷（一至二十三、四十七至六十，攷異十卷）

500000－8702－0002646　VJ/3/10
文選李善注六十卷　（南朝梁）蕭統編　（唐）李善注　附攷異十卷　（清）胡克家攷異　清宣統三年(1911)上海會文堂粹記影印本　十六冊

500000－8702－0002647　VJ/3/11
文選李善注六十卷　（南朝梁）蕭統編　（唐）李善注　附攷異十卷　（清）胡克家攷異　清宣統三年(1911)上海會文堂影印本　十六冊

500000－8702－0002648　VJ/3/12
文選李善注六十卷　（南朝梁）蕭統編　（唐）李善注　附攷異十卷　（清）胡克家攷異　清宣統三年(1911)上海會文堂影印本　十六冊

500000－8702－0002649　VJ/3/13

500000－8702－0002641　VJ/3/4
文選李善注六十卷　（南朝梁）蕭統編　（唐）李善注　附攷異十卷　（清）胡克家攷異　清宣統三年(1911)上海會文堂影印本　十六冊

500000－8702－0002650　VJ/3/20
文選集評十五卷首一卷末一卷　（清）于光華編輯　清咸豐四川刻本　十一冊　存七卷（五至十、末一卷）

500000－8702－0002651　VJ/3/21
重訂文選集評十卷首一卷末一卷　（清）于光華編輯　清同治十一年(1872)江蘇書局刻本　十六冊

500000－8702－0002652　VJ/3/28
文選各家詩集四卷　（清）陳光明輯　清光緒成都刻本　一冊

500000－8702－0002653　VJ/3/31
玉臺新詠十卷　（南朝陳）徐陵編　（清）吳兆宜注　（清）程琰刪補　清光緒五年(1879)成都宏達堂刻本　六冊

500000－8702－0002654　VJ/3/38
古文苑二十一卷　（宋）章樵注　清光緒十二年(1886)江蘇書局刻本　四冊

500000－8702－0002655　VJ/4/6
東萊先生古文關鍵二卷　（宋）呂祖謙輯評　清光緒二十四年(1898)善成堂刻本　二冊

500000－8702－0002656　VJ/4/9
文章軌範七卷　（元）謝枋得編　清光緒四川坊刻本　一冊　存三卷（一至三）

500000－8702－0002657　VJ/4/10
瀛奎律髓刊誤四十九卷　（元）方回原編　（清）紀昀批點　清嘉慶五年(1800)侯官李氏刻本　八冊

500000－8702－0002658　VJ/4/12
唐宋八大家文鈔一百四十四卷　（明）茅坤輯評　清乾隆刻本　二十五冊　存五十六卷（柳柳州文鈔十二卷、蘇文忠公文鈔二十八卷、王文公文鈔十六卷）

500000－8702－0002659　VJ/4/14

忠雅堂評選四六法海八卷　（明）王志堅原編
（清）蔣士銓評選　清同治十年（1871）步月
山房朱墨套印本　八冊

500000－8702－0002660　VJ/4/15

忠雅堂評選四六法海八卷　（明）王志堅原編
（清）蔣士銓評選　清光緒十五年（1889）雲
林閣刻本　八冊

500000－8702－0002661　VJ/4/19

詩南初集十二卷　（清）徐崧　（清）陳濟生輯
評　清康熙刻本　三冊　存六卷（七至十二）

500000－8702－0002662　VJ/4/22

古文釋義新編八卷　（清）余誠評註　清同治
至光緒四川治國堂刻本　八冊

500000－8702－0002663　VJ/4/23

古文釋義八卷　（清）余誠評注　清同治至光
緒安順至寶堂刻本　二冊　存五卷（一至五）

500000－8702－0002664　VJ/4/24

古文淵鑒六十四卷　（清）聖祖玄燁選　（清）
徐乾學等編註　清淵鑒齋刻本　四十冊

500000－8702－0002665　VJ/4/25

九思堂古文觀止十二卷　（清）吳乘權　（清）
吳調侯輯注　清光緒四川隣水九思堂刻本
六冊

500000－8702－0002666　VJ/4/26

古文觀止十二卷　（清）吳乘權　（清）吳調侯
輯注　清光緒二十五年（1899）渝城精宏書局
刻本　二冊

500000－8702－0002667　VJ/4/27

古文觀止十二卷　（清）吳乘權　（清）吳調侯
輯注　清宣統銅邑榮半堂刻本　六冊

500000－8702－0002668　VJ/4/28

古文觀止十二卷　（清）吳乘權　（清）吳調侯
輯注　清宣統三年（1911）四川恒新書社刻本
六冊

500000－8702－0002669　VJ/4/34

古詩源十四卷　（清）沈德潛編輯　清光緒十
四年（1888）四川考雋堂刻本　四冊

500000－8702－0002670　VJ/4/37

唐宋八家文讀本三十卷　（清）沈德潛評點
清光緒上海著易堂鉛印本　五冊　存二十六
卷（五至三十）

500000－8702－0002671　VJ/4/38

詠物詩選八卷　（清）俞琰輯　清雍正二年
（1724）寧儉堂刻本　四冊

500000－8702－0002672　VJ/4/39

御選唐宋文醇五十八卷　（清）高宗弘曆選
（清）允祿等校　清乾隆陳弘謀等刻本　三
十冊

500000－8702－0002673　VJ/4/40

御選唐宋文醇五十八卷　（清）高宗弘曆選
（清）允祿等校　清乾隆陳弘謀等刻本　二
十冊

500000－8702－0002674　VJ/4/41

唐宋文醇五十八卷　（清）高宗弘曆選　（清）
允祿等校　清光緒六年（1880）四川刻本　二
十冊

500000－8702－0002675　VJ/4/42

唐宋文醇五十八卷　（清）高宗弘曆選　（清）
允祿等校　清光緒六年（1880）四川刻本　二
十四冊

500000－8702－0002676　VJ/4/43

唐宋文醇五十八卷　（清）高宗弘曆選　（清）
允祿等校　清光緒六年（1880）四川刻本　二
十冊

500000－8702－0002677　VJ/4/44

唐宋文醇五十八卷　（清）高宗弘曆選　（清）
允祿等校　清光緒六年（1880）四川刻本　二
十四冊

500000－8702－0002678　VJ/4/45

御選唐宋文醇五十八卷　（清）高宗弘曆選
清光緒二十三年（1897）湖南經綸元記刻本
二十冊

500000－8702－0002679　VJ/4/46

御選唐宋詩醇四十七卷目錄二卷　（清）高宗

弘曆選　清刻本　二十冊

500000－8702－0002680　VJ/4/47

御選唐宋詩醇四十七卷目錄二卷　（清）高宗
弘曆選　清光緒七年(1881)江蘇書局刻本
二十冊

500000－8702－0002681　VJ/4/48

欽定四書文選四十一卷　（清）方苞等編　清
四川文元堂刻本　三十二冊

500000－8702－0002682　VJ/5/3

古文辭類纂七十四卷　（清）姚鼐編　清道光
合河康氏家塾刻本　十冊

500000－8702－0002683　VJ/5/4

古文辭類纂七十四卷　（清）姚鼐編　清光緒
十九年(1893)湖南思賢講舍刻本　十二冊
存六十卷(八、十六至七十四)

500000－8702－0002684　VJ/5/5

古文辭類纂七十四卷　（清）姚鼐編　清光緒
十九年(1893)湖南思賢講舍刻本　五冊　存
四十二卷(一至三、九至十八、三十七至四十
六、五十六至七十四)

500000－8702－0002685　VJ/5/17

續古文辭類纂二十八卷　（清）黎庶昌編輯
清光緒二十一年(1895)金陵李光明狀元閣刻
本　十二冊

500000－8702－0002686　VJ/5/24

古文辭類纂正集七十四卷續集三十四卷
（清）姚鼐編　王先謙續　清光緒三十三年
(1907)上海商務印書館鉛印本　十二冊

500000－8702－0002687　VJ/5/28

**古文辭類纂七十五卷附錄一卷續古文辭類纂
二十八卷**　（清）姚鼐編　（清）黎庶昌續
（清）李承淵校　清光緒二十一年至二十七年
(1895－1901)滁州李氏求要堂刻本　二十
四冊

500000－8702－0002688　VJ/5/31

七十家賦鈔六卷　（清）張惠言編輯　清道光
元年(1821)合河康氏刻本　四冊

500000－8702－0002689　VJ/5/32

七十家賦鈔六卷　（清）張惠言編輯　清光緒
四年(1878)四川宏達堂刻本　四冊

500000－8702－0002690　VJ/5/33

批點唐宋八家鈔八卷　（清）高嵣集評　清道
光十五年(1835)四川雙河堂書坊刻本　八冊

500000－8702－0002691　VJ/5/34

批點唐宋八家鈔八卷　（清）高嵣集評　清道
光十五年(1835)四川雙河堂書坊刻本　八冊

500000－8702－0002692　VJ/5/35

批點唐宋八家鈔八卷　（清）高嵣集評　清道
光十五年(1835)四川雙河堂刻本　八冊

500000－8702－0002693　VJ/5/36

批點唐宋八家鈔八卷　（清）高嵣集評　清道
光十五年(1835)四川雙河堂刻本　八冊

500000－8702－0002694　VJ/5/37

唐宋八家鈔八卷　（清）高嵣集評　清同治、
光緒四川書坊刻本　八冊

500000－8702－0002695　VJ/5/41

古文翼八卷　（清）唐德宜編輯　清光緒十九
年(1893)湖南經國書局刻本　十二冊

500000－8702－0002696　VJ/5/42

古文翼八卷　（清）唐德宜編輯　清宣統二年
(1910)三元書局石印本　七冊　存七卷(一
至七)

500000－8702－0002697　VJ/5/43

六朝文絜四卷　（清）許梿評選　清光緒十三
年(1887)蒲圻但氏刻本　一冊

500000－8702－0002698　VJ/5/44

六朝文絜四卷　（清）許梿評選　清光緒二十
二年(1896)梅城三味堂刻本　二冊

500000－8702－0002699　VJ/5/48

唐宋四家詩鈔十八卷　（清）張懷溥編輯
（清）張懷泗補校　清道光十一年(1831)廣漢
張氏刻本　六冊

500000－8702－0002700　VJ/5/49

全上古三代秦漢三國六朝文七百四十六卷

（清）嚴可均輯　清光緒二十年(1894)黃岡王氏廣州刻本　一百冊

500000－8702－0002701　VJ/5/50

全上古三代秦漢三國六朝文七百四十六卷
（清）嚴可均輯　清光緒二十年(1894)黃岡王氏廣州刻本　一百冊

500000－8702－0002702　VJ/6/2

歷代宮閨文選二十六卷　（清）周壽昌輯　清宣統三年(1911)上海存古書社鉛印本　六冊

500000－8702－0002703　VJ/6/3

金元明八大家文選五十三卷首八卷　（清）李祖陶編輯　清道光二十五年(1845)吉安府署刻本　二十四冊

500000－8702－0002704　VJ/6/4

詩比興箋四卷　（清）陳沆撰　清光緒九年(1883)湖北刻本　二冊

500000－8702－0002705　VJ/6/12

經史百家雜抄二十六卷　（清）曾國藩編　清光緒三十二年(1906)商務鉛印本　十二冊

500000－8702－0002706　VJ/6/13

經史百家雜抄二十六卷　（清）曾國藩編　清光緒三十二年(1906)商務鉛印本　十二冊

500000－8702－0002707　VJ/6/14

經史百家雜抄二十六卷　（清）曾國藩編　清光緒三十二年(1906)商務鉛印本　十二冊

500000－8702－0002708　VJ/6/20

駢體文鈔三十一卷　（清）李兆洛編輯　清同治六年(1867)婁江徐氏刻本　十二冊

500000－8702－0002709　VJ/6/21

駢體文鈔三十一卷　（清）李兆洛編輯　清光緒七年(1881)四川成都尊經書局刻本　十冊

500000－8702－0002710　VJ/6/30

閱詩錄二卷　題(清)半翁居士抄集　清同治至光緒抄本　二冊

500000－8702－0002711　VJ/6/31

宋元四書五經義四卷　（清）李夏選輯　清光緒二十七年(1901)通經堂木活字印本　四冊

500000－8702－0002712　VJ/6/32

古文讀本二編　（清）吳汝綸選輯　清光緒二十九年(1903)刻本　二冊

500000－8702－0002713　VJ/6/34

古文筆法百篇二十卷　（清）李扶九選集（清）黃仁黼纂注　清光緒二十六年(1900)湖南三昧堂刻本　六冊

500000－8702－0002714　VJ/7/2

歷代名人小簡二卷　吳曾祺編　清宣統元年(1909)上海商務鉛印本　二冊

500000－8702－0002715　VJ/7/7

鴻臚初唱第一聲不分卷　（清）□□抄　清光緒抄本　一冊

500000－8702－0002716　VJ/7/38

漢文歸二十卷　（明）鍾惺選輯　明崇禎古香齋董體刻本　十冊

500000－8702－0002717　VJ/7/54

唐文粹一百卷補遺二十六卷　（宋）姚鉉編（清）郭麔補遺　（清）譚獻　（清）許增重校　清光緒十六年至十七年(1890－1891)杭州許氏榆園刻本　二十冊

500000－8702－0002718　VJ/7/55

唐文粹一百卷補遺二十六卷　（宋）姚鉉編（清）郭麔補遺　清光緒十六年至十七年(1890－1891)杭州許氏榆園刻本　二十冊

500000－8702－0002719　VJ/7/56

唐文粹一百卷　（宋）姚鉉編　清光緒十六年至十七年(1890－1891)杭州許氏榆園刻本　十冊　存五十四卷(四十七至一百)

500000－8702－0002720　VJ/7/60

唐文粹詩選六卷　（清）王士禎選輯　清康熙刻本　二冊

500000－8702－0002721　VJ/7/61

唐賢三昧集三卷　（清）王士禎選輯　清康熙刻本　一冊

500000－8702－0002722　VJ/7/62

十種唐詩選十七卷附唐賢三昧集三卷　（清）

王士禛刪選　清康熙刻本　六冊

500000－8702－0002723　VJ/7/64
唐人萬首絕句選七卷　（宋）洪邁輯　（清）王士禛重選　清光緒江右同文堂刻本　二冊

500000－8702－0002724　VJ/7/65
全唐詩九百卷目錄十二卷　（清）曹寅等纂修　清康熙揚州詩局刻本　一百二十冊

500000－8702－0002725　VJ/7/66
全唐詩九百卷目錄十二卷　（清）曹寅等纂修　清揚州刻本　五十冊　缺一百二十五卷（四百二十四至五百四十八）

500000－8702－0002726　VJ/8/1
全唐詩九百卷　（清）曹寅等纂修　清康熙揚州詩局刻本　二十四冊　存一百七十六卷（十至二十三、二百二至二百十、三百三至三百十九、三百三十至三百三十五、三百六十六至三百七十一、三百九十六至四百四、四百二十四至四百三十三、四百五十八至四百七十二、五百四十九至五百七十、五百八十五至五百八十九、七百二至七百三十三、七百五十七至七百八十七）

500000－8702－0002727　VJ/8/4
全唐詩九百卷目錄十二卷　（清）曹寅等纂修　清光緒十三年(1887)上海同文書局影印本　三十二冊

500000－8702－0002728　VJ/8/6
唐詩金粉十卷　（清）沈炳震編輯　清雍正冬讀書齋刻本　二冊

500000－8702－0002729　VJ/8/7
古唐詩合解十二卷　（清）王堯衢注　清咸豐四川盛海清揚刻本　五冊

500000－8702－0002730　VJ/8/8
古唐詩合解十二卷漢晉古詩四卷　（清）王堯衢注　清咸豐西安義興堂刻本　六冊

500000－8702－0002731　VJ/8/9
古唐詩合解十二卷漢晉古詩四卷　（清）王堯衢注　清光緒江南李光明狀元閣刻本

六冊

500000－8702－0002732　VJ/8/10
唐詩三百首不分卷　（清）孫洙編　清光緒四川刻本　二冊

500000－8702－0002733　VJ/8/12
唐詩三百首續選不分卷　（清）于慶元編輯　清道光刻本　一冊

500000－8702－0002734　VJ/8/13
唐詩三百首續選不分卷　（清）于慶元編輯　清刻本　一冊

500000－8702－0002735　VJ/8/14
唐駢體文鈔十七卷　（清）陳均編輯　清嘉慶二十五年(1820)廣東刻本　二冊　存十一卷（一至六、十三至十七）

500000－8702－0002736　VJ/8/27
宋文鑑一百五十卷目錄三卷　（宋）呂祖謙編輯　清光緒十二年(1886)江蘇書局刻本　二十四冊

500000－8702－0002737　VJ/8/28
宋文鑑一百五十卷目錄三卷　（宋）呂祖謙編輯　清光緒十二年(1886)江蘇書局刻本　二十四冊

500000－8702－0002738　VJ/8/32
宋詩鈔初集十七家不分卷　（清）吳之振等編輯　清康熙十年(1671)吳氏鑑古堂刻本　七冊　缺一集（東坡集）

500000－8702－0002739　VJ/8/37
宋四六選二十四卷　（清）彭元瑞編　清乾隆四十一年(1776)曹振鏞刻本　八冊　存十二卷（十三至二十四）

500000－8702－0002740　VJ/8/38
南宋文範七十卷附作者考二卷外編四卷　（清）莊仲方編輯　（清）顧曾鑑定　清光緒十四年(1888)江蘇書局刻本　十六冊

500000－8702－0002741　VJ/8/39
南宋文錄錄二十四卷　（清）董兆熊編輯　清光緒十七年(1891)蘇州書局刻本　六冊

500000 – 8702 – 0002742　VJ/8/40

三蘇策論十二卷　（清）馬毓文選編　清光緒二十八年(1902)上海書局石印本　六冊

500000 – 8702 – 0002743　VJ/8/41

金文最六十卷首一卷　（清）張金吾編輯　清光緒二十一年(1895)蘇州書局刻本　十六冊

500000 – 8702 – 0002744　VJ/8/42

金文雅十六卷作者考一卷　（清）莊仲方編　清光緒十七年(1891)江蘇書局刻本　四冊

500000 – 8702 – 0002745　VJ/8/49

元文類七十卷目錄三卷　（元）蘇天爵編　清光緒十五年(1889)江蘇書局刻本　十冊

500000 – 8702 – 0002746　VJ/9/11

列朝詩集八十一卷　（清）錢謙益編輯　清宣統二年(1910)上海國光印刷所鉛印本　二十五冊

500000 – 8702 – 0002747　VJ/9/12

明文存一百卷　（清）薛熙編　（清）何潔輯　清光緒十五年(1889)江蘇書局刻本　十冊

500000 – 8702 – 0002748　VJ/9/13

明三十家詩選初集八卷二集八卷　（清）汪端選輯　清道光二年(1822)汪氏刻本　十冊　存十三卷(初集一、三、六至八,二集八卷)

500000 – 8702 – 0002749　VJ/9/14

明文明不分卷　（清）路德選評　清道光三十年(1850)刻本　二冊

500000 – 8702 – 0002750　VJ/9/15

明文塾課初編二編三編不分卷　（清）潘世恩評選　清道光刻本　五冊

500000 – 8702 – 0002751　VJ/9/16

明文才調集不分卷　（清）許振禕編集　清光緒十七年(1891)大梁東河行署刻本　四冊

500000 – 8702 – 0002752　VJ/9/18

國朝六家詩抄八卷　（清）劉執玉選輯　清光緒九年(1883)成都汗青簃刻本　六冊

500000 – 8702 – 0002753　VJ/9/19

八銘堂塾鈔初集六卷二集六卷　（清）吳懋政選編　（清）李炳坤註釋　清光緒十四年(1888)湖南學庫山房刻本　八冊

500000 – 8702 – 0002754　VJ/9/20

國朝駢體正宗十二卷　（清）曾燠輯　清光緒元年(1875)成都志古堂刻本　六冊

500000 – 8702 – 0002755　VJ/9/22

百美新詠圖傳不分卷　（清）顏希原輯撰　（清）袁枝鑒定　清嘉慶十年(1805)集腋軒刻本　四冊

500000 – 8702 – 0002756　VJ/9/23

蘭言集二十卷　（清）謝堃編輯　清道光三年(1823)刻本　六冊

500000 – 8702 – 0002757　VJ/9/24

皇朝經世文編一百二十卷附姓名總目二卷　（清）賀長齡輯　（清）魏源編　清道光七年(1827)刻本　六十四冊

500000 – 8702 – 0002758　VJ/9/25

皇朝經世文編一百二十卷附姓名總目二卷　（清）賀長齡輯　（清）魏源編　清道光七年(1827)刻本　七十九冊

500000 – 8702 – 0002759　VJ/9/26

皇朝經世文編一百二十卷附姓名總目二卷　（清）賀長齡輯　（清）魏源編　清光緒十二年(1886)盛氏恩補樓石印本　六十冊

500000 – 8702 – 0002760　VJ/9/27

皇朝經世文編一百二十卷附姓名總目二卷　（清）賀長齡輯　（清）魏源編　清光緒十六年(1890)廣百宋齋鉛印本　二十四冊

500000 – 8702 – 0002761　VJ/9/28

皇朝經世文編一百二十卷附姓名總目二卷　（清）賀長齡輯　（清）魏源編　清光緒石印本　十八冊　存一百十一卷(一至十二、十九至九十七、一百三至一百二十,姓名總目二卷)

500000 – 8702 – 0002762　VJ/9/29

皇朝經世文編一百二十卷附姓名總目二卷續集一百二十卷　（清）賀長齡輯　（清）魏源編　（清）饒玉成續　清光緒八年(1882)許灣翠

筠山房刻本　九十六册

500000－8702－0002763　VJ/9/30
皇朝經世文編一百二十卷附姓名總目二卷續
編一百二十卷姓名總目一卷　（清）賀長齡
（清）魏源編輯　題（清）管窺居士續編　清光
緒十四年至十七年（1888－1891）邵州經緯書
局刻本　九十八册　存二百三十七卷（一至
九十九、一百二至一百二十,姓名總目二卷,
續編一至七十八、八十三至一百二十,姓名總
目一卷）

500000－8702－0002764　VJ/10/1
皇朝經世文續編一百二十卷　（清）葛士濬輯
　清光緒十四年（1888）上海久敬齋鉛印本
二十四册

500000－8702－0002765　VJ/10/2
皇朝經世文續編一百二十卷　（清）葛士濬輯
　清光緒二十二年（1896）寶善書局石印本
四册

500000－8702－0002766　VJ/10/3
皇朝經世文續編一百二十卷　（清）葛士濬輯
　清光緒二十七年（1901）精宏書局鉛印本
二十册

500000－8702－0002767　VJ/10/4
皇朝經世文續編一百二十卷　（清）盛康輯
繆荃孫等校　清光緒二十三年（1897）武進盛
氏思補樓刻本　八十册

500000－8702－0002768　VJ/10/5
皇朝經世文新編二十一卷　麥仲華輯　清光
緒二十四年（1898）上海譯書局石印本　二十
四册

500000－8702－0002769　VJ/10/6
皇朝經世文新編二十一卷　麥仲華輯　清光
緒二十八年（1902）姚林書館石印本　二十册

500000－8702－0002770　VJ/10/7
皇朝經世文新編二十一卷　麥仲華編輯　清
光緒上海書局石印本　十六册

500000－8702－0002771　VJ/10/8
皇朝經世文新編三十二卷　麥仲華編輯　清
光緒二十七年（1901）上海書局石印本　四册

500000－8702－0002772　VJ/10/9
皇朝經世文三編八十卷　（清）陳忠倚輯　清
光緒二十八年（1902）天章書局石印本　十
六册

500000－8702－0002773　VJ/10/10
皇朝經世文四編五十二卷　（清）何良棟輯
清光緒二十八年（1902）上海書局石印本　十
二册

500000－8702－0002774　VJ/10/11
皇朝經濟文編一百二十八卷　梁啟超編輯
清光緒二十七年（1901）慎記書莊石印本　四
十八册

500000－8702－0002775　VJ/10/12
皇朝經濟文編一百二十八卷　梁啟超編輯
清光緒二十七年（1901）慎記書莊石印本　四
十八册

500000－8702－0002776　VJ/10/13
春雲詩鈔四卷　（清）張襄綸等編輯　清道光
十五年（1835）文光堂書坊刻本　四册

500000－8702－0002777　VJ/10/14
師友贈言不分卷　（清）朱守訊編輯　清同治
四年（1865）成都刻本　二册

500000－8702－0002778　VJ/10/15
國朝文錄正編八十二卷續編六十三卷附邁堂
文畧四卷　（清）李祖陶編輯　清道光十九年
（1839）瑞州鳳儀書院刻本　七十册

500000－8702－0002779　VJ/10/16
國朝文錄正編八十二卷續編六十三卷附邁堂
文畧四卷　（清）李祖陶編輯　清道光十九年
（1839）瑞州鳳儀書院刻本　六十三册　缺八
卷（紫竹山房文集三卷、二林居文錄二卷、厚
岡文錄三卷）

500000－8702－0002780　VJ/10/17
國朝文錄八十二卷　（清）姚椿編輯　清光緒
二十六年（1900）上海掃葉山房石印本　十

六冊

500000－8702－0002781　VJ/10/18
仁在堂全集不分卷　（清）路德輯評　清光緒
九年(1883)梓潼會刻本　二十三冊　缺一卷
(仁在賦下)

500000－8702－0002782　VJ/10/19
仁在堂全集不分卷　（清）路德評選　清光緒
宏道堂刻本　十八冊　存十一編(時藝引、時
藝辨、時藝核、時藝課、時藝綜、時藝話、課士
詩、課士賦、時藝核續編、課士賦續編、訓蒙草
註釋)

500000－8702－0002783　VJ/10/20
國朝文塾課四編　（清）潘世恩評選　清道光
二十三年(1843)文茂堂刻本　五冊

500000－8702－0002784　VJ/10/21
國朝文才調集八卷　（清）許振禕集評　清光
緒十七年(1891)大梁東河行署刻本　八冊

500000－8702－0002785　VJ/10/22
七家詩選註釋七卷　（清）張昶注　清光緒刻
本　二冊　存三卷(桐雲閣楊庚一卷、西漚李
惺一卷、簡學齋陳沆一卷)

500000－8702－0002786　VJ/10/23
大題觀海二集　（清）□□輯　清光緒十四年
(1888)上海點石齋石印本　四十二冊　缺六
篇(初集大學一卷、中庸一卷、論語二卷,二集
公冶一卷、雍也一卷)

500000－8702－0002787　VJ/11/1
小題三萬選不分卷　題(清)求是齋主人選輯
　清光緒二十一年(1895)芸碧山房刻同文書
局石印本　三十九冊　缺一選(離婁)

500000－8702－0002788　VJ/11/2
天音集二卷　（清）齊毓川輯　清光緒二十二
年(1896)齊氏研古齋木活字印本　一冊

500000－8702－0002789　VJ/11/3
皇朝經史策論六卷　麥仲華輯　清光緒二十
七年(1901)瑞記書莊石印本　五冊　存五卷
(一至五)

500000－8702－0002790　VJ/11/4
鴻寶八卷　（清）汪錫純輯　清光緒二十八年
(1902)珎碧書屋石印本　八冊

500000－8702－0002791　VJ/11/5
新選策論二卷　（清）□□纂　清光緒二十八
年(1902)瀘州開智書局鉛印本　二冊

500000－8702－0002792　VJ/11/6
**四書五經義策論正續編八卷附存我軒偶錄一
卷**　（清）陸鐘渭等撰　清光緒二十九年
(1903)崇石學社石印本　十二冊

500000－8702－0002793　VJ/11/7
歷科鄉會墨貢卷不分卷　（清）□□輯　清光
緒刻本　一冊

500000－8702－0002794　VJ/11/8
四川鄉試闈墨不分卷　（清）□□編　清光緒
二十八年(1902)成都衡文堂刻本　一冊

500000－8702－0002795　VJ/11/9
直省闈墨六卷　（清）馮一梅　（清）劉鯤校訂
　清光緒二十九年(1903)上海煥文書局石印
本　四冊　存四卷(三至六)

500000－8702－0002796　VJ/11/10
壬寅直省闈墨選瑜三卷　湯壽潛選輯　清光
緒二十九年(1903)鉛印本　三冊

500000－8702－0002797　VJ/11/11
壬寅直省闈墨選瑜三卷　湯壽潛選輯　清光
緒二十九年(1903)鉛印本　三冊

500000－8702－0002798　VJ/11/12
研經書院課集不分卷　（清）□□纂　清光緒
刻本　一冊

500000－8702－0002799　VJ/11/13
名賢手札墨跡不分卷　（清）郭慶藩編輯　清
光緒十一年(1885)上海點石齋石印本　六冊

500000－8702－0002800　VJ/11/14
名賢手札不分卷　（清）郭慶藩編輯　清光緒
二十九年(1903)上海點石齋石印本　四冊

500000－8702－0002801　VJ/11/15
名賢手札不分卷　（清）郭慶藩編輯　清光緒

二十九年(1903)上海點石齋石印本　二冊

500000－8702－0002802　VJ/11/16

八賢手札不分卷　(清)郭慶藩編輯　清光緒上海大成書局石印本　四冊

500000－8702－0002803　VJ/11/17

國朝名人小簡二卷　吳曾祺編　清宣統元年(1909)商務館鉛印本　一冊　存一卷(一)

500000－8702－0002804　VJ/11/18

國朝文匯甲前集二十卷甲集六十卷乙集七十卷丙集三十卷丁集二十卷　上海國學扶輪社編　清宣統元年(1909)上海國學扶輪社石印本　一百冊

500000－8702－0002805　VJ/11/20

著涒吟社詩詞鈔五卷附詩鐘集一卷　袁祖光等撰　清宣統二年(1910)北京鉛印本　一冊　存二卷(五、詩鐘集一卷)

500000－8702－0002806　VJ/11/45

關中兩朝文鈔二十二卷文鈔補六卷詩鈔十二卷詩鈔補四卷詩鈔又補一卷賦鈔二卷　(清)李元春編輯　清道光十二年(1832)朝邑守樸堂刻本　四十四冊

500000－8702－0002807　VJ/11/52

兩浙輶軒錄四十卷補遺十卷　(清)阮元輯　清光緒十六年(1890)刻本　三十二冊

500000－8702－0002808　VJ/11/57

海虞文徵三十卷目錄二卷　邵松年輯錄　清光緒三十一年(1905)上海鴻文書局石印本　十六冊

500000－8702－0002809　VJ/11/60

湘上詩緣錄四卷附新安詩萃一卷　(清)張修府輯撰　清光緒十四年(1888)長沙刻本　四冊

500000－8702－0002810　VJ/11/63

學海堂集三集六十二卷　(清)阮元　(清)吳蘭修　(清)張維屏編輯　清道光至咸豐廣東啓秀山房刻本　二十四冊

500000－8702－0002811　VJ/11/64

學海堂集十六卷　(清)吳蘭修編輯　清道光五年(1825)啓秀山房刻本　六冊

500000－8702－0002812　VJ/11/66

全蜀藝文志六十四卷首一卷　(明)楊慎編　(清)朱雲煥校　(清)譚言藹重訂　清嘉慶二十二年(1817)犍爲張氏刻本　十六冊

500000－8702－0002813　VJ/11/67

全蜀藝文志六十四卷首一卷　(明)楊慎編　(清)朱雲煥校　(清)譚言藹重訂　清嘉慶二十二年(1817)成都刻本　十五冊

500000－8702－0002814　VJ/11/68

全蜀藝文志六十四卷首一卷　(明)楊慎編　(清)朱雲煥校　(清)譚言藹重訂　清嘉慶二十二年(1817)成都刻本　十二冊　存四十六卷(一至三十八、四十六至五十二,首一卷)

500000－8702－0002815　VJ/11/69

蜀古文詞舉隅不分卷　孫鏘編　清光緒二十九年(1903)七千卷樓刻本　一冊

500000－8702－0002816　VJ/11/70

蜀雅六卷　(清)李調元輯　清道光刻本　一冊

500000－8702－0002817　VJ/11/73

蜀秀集九卷　(清)譚宗浚編　清光緒五年(1879)成都試院刻本　八冊

500000－8702－0002818　VJ/11/74

蜀秀集九卷　(清)譚宗浚編　清光緒五年(1879)成都試院刻本　八冊

500000－8702－0002819　VJ/12/1

蜀秀集九卷　(清)譚宗浚編　清光緒五年(1879)成都試院刻本　八冊

500000－8702－0002820　VJ/12/2

尊經書院初集十二卷　王闓運閱定　清光緒十一年(1885)尊經書院刻本　十二冊

500000－8702－0002821　VJ/12/3

尊經書院二集八卷　(清)伍肇齡閱選　清光緒十七年(1891)尊經書院刻本　六冊

500000－8702－0002822　VJ/12/4

曾太樸左夫人詩稿合刊不分卷　（清）曾詠（清）左錫嘉撰　清光緒十七年(1891)刻本　七冊

500000－8702－0002823　VJ/12/5

詩緣前編四卷正編十卷　（清）王曾祺編輯　清光緒十七年(1891)刻本　四冊

500000－8702－0002824　VJ/12/13

播雅二十四卷　（清）鄭珍編輯　清宣統三年(1911)貴陽文通書局鉛印本　八冊

500000－8702－0002825　VJ/12/14

播雅二十四卷　（清）鄭珍編輯　清宣統三年(1911)貴陽文通書局鉛印本　八冊

500000－8702－0002826　VJ/12/15

黔詩紀略三十三卷　（清）唐樹義　（清）莫友芝編輯　清同治十二年(1873)唐氏刻本　十二冊

500000－8702－0002827　VJ/12/16

四郡驪唱集四卷　（清）陳燦撰　清光緒二十年(1894)滇南經正書院刻本　四冊

500000－8702－0002828　VJ/12/18

楚辭補注十七卷　（漢）王逸注　（宋）洪興祖補注　清同治十一年(1872)金陵書局刻本　四冊

500000－8702－0002829　VJ/12/19

楚辭補注十七卷　（漢）王逸注　（宋）洪興祖補注　清光緒湖南刻本　四冊

500000－8702－0002830　VJ/12/27

離騷正義一卷　（清）方苞撰　清光緒刻本　一冊

500000－8702－0002831　VJ/12/28

楚詞釋十一卷　（漢）王逸章句　王闓運注　清光緒十二年(1886)成都尊經書院刻本　二冊

500000－8702－0002832　VJ/12/29

班孟堅集三卷王叔師集一卷鄭康成集一卷　（漢）班固等撰　清宣統三年(1911)無錫丁氏鉛印本　一冊

500000－8702－0002833　VJ/12/30

劉子政集一卷　（漢）劉向撰　清刻本　一冊

500000－8702－0002834　VJ/12/31

蔡中郎集十二卷　（漢）蔡邕撰　清宣統三年(1911)無錫丁氏鉛印本　二冊

500000－8702－0002835　VJ/12/35

荀侍中集一卷　（漢）荀悅著　清刻本　一冊

500000－8702－0002836　VJ/12/37

諸葛忠武侯文集五卷　（三國蜀）諸葛亮撰（清）張澍輯　清光緒四川刻本　二冊

500000－8702－0002837　VJ/12/36

諸葛忠武侯文集六卷首一卷附故事五卷　(三國蜀)諸葛亮撰　（清）張澍輯　清光緒四川刻本　四冊

500000－8702－0002838　VJ/12/38

漢丞相諸葛忠武侯集六卷　（三國蜀）諸葛亮撰　（明）諸葛羲基編輯　清光緒成都二仙庵刻本　一冊　存三卷(一至三)

500000－8702－0002839　VJ/12/58

陶彭澤集一卷　（晉）陶潛撰　清刻本　一冊

500000－8702－0002840　VJ/12/59

陶彭澤集一卷　（晉）陶潛撰　清成都刻本　一冊

500000－8702－0002841　VJ/12/69

摯太常集一卷　（晉）摯虞撰　清刻本　一冊

500000－8702－0002842　VJ/12/70

傅中丞集一卷　（晉）傅咸撰　清刻本　一冊

500000－8702－0002843　VJ/12/71

鮑參軍集二卷　（宋）鮑照撰　清成都刻本　一冊　存一卷(二)

500000－8702－0002844　VJ/12/88

沈隱侯集二卷　（南朝梁）沈約著　清光緒十八年(1892)湖南善化章氏刻本　二冊

500000－8702－0002845　VJ/12/89

王左丞集一卷　（南朝梁）王僧儒著　清光緒十八年(1892)湖南善化章氏刻本　一冊

500000 – 8702 – 0002846　VJ/12/90

王左丞集一卷　（南朝梁）王僧儒著　清刻本
　一冊

500000 – 8702 – 0002847　VJ/12/91

陸太常集一卷　（南朝梁）陸倕著　清刻本
　一冊

500000 – 8702 – 0002848　VJ/12/92

何記室集一卷　（南朝梁）何遜撰　清刻本
　一冊

500000 – 8702 – 0002849　VJ/12/95

孝穆全集箋注六卷附徐文炳備考一卷　（南
朝陳）徐陵編　（清）吳兆宜箋注　清乾隆吳
氏刻本　二冊

500000 – 8702 – 0002850　VJ/12/96

徐孝穆集箋注六卷附備考一卷　（南朝陳）徐
陵撰　（清）吳兆宜箋注　清光緒四年（1878）
西齋別墅刻本　六冊

500000 – 8702 – 0002851　VJ/12/101

江令君集二卷　（南朝陳）江總著　清刻本
　一冊

500000 – 8702 – 0002852　VJ/12/102

張散騎集一卷　（南朝陳）張正見著　清刻本
　一冊

500000 – 8702 – 0002853　VJ/12/103

**庾子山集十六卷附年譜一卷本傳一卷總釋一
卷**　（北周）庾信著　（清）倪璠註釋　清道光
十九年（1839）大文堂刻本　十二冊

500000 – 8702 – 0002854　VJ/12/104

**庾子山集十六卷附年譜一卷本傳一卷總釋一
卷**　（北周）庾信著　（清）倪璠註釋　清道光
姅嬛書室刻本　十二冊

500000 – 8702 – 0002855　VJ/12/105

**庾子山集十六卷附年譜一卷本傳一卷總釋一
卷**　（北周）庾信著　（清）倪璠註釋　清光緒
十六年（1890）成都試院刻本　十六冊

500000 – 8702 – 0002856　VJ/12/114

御選寒山詩一卷拾得詩一卷　（唐）閭丘胤輯

清道光二十九年（1849）巴縣華巖寺刻本
一冊

500000 – 8702 – 0002857　VJ/12/115

**御選寒山詩一卷拾得詩一卷附張平叔語錄一
卷栟堂山居詩一卷**　（唐）閭丘胤輯　清光緒
十一年（1885）金陵刻經處刻本　一冊

500000 – 8702 – 0002858　VJ/12/133

陳伯玉集五卷附錄一卷　（唐）陳子昂著
（清）柯道麟校　清咸豐四年（1854）射洪陳氏
來鳳堂刻本　四冊

500000 – 8702 – 0002859　VJ/12/134

陳伯玉集五卷附錄一卷　（唐）陳子昂撰　清
咸豐射洪陳氏刻本　一冊　存三卷（詩集二
卷、附錄一卷）

500000 – 8702 – 0002860　VJ/12/156

杜工部集二十卷附唱酬一卷詩話一卷　（唐）
杜甫撰　（清）鄭澐校　清同治十一年（1872）
致一齋刻本　十冊

500000 – 8702 – 0002861　VJ/13/4

**杜工部集二十卷附唱酬一卷詩話一卷年譜一
卷**　（唐）杜甫撰　（清）錢謙益箋注　清宣統
三年（1911）上海時中書局石印本　四冊

500000 – 8702 – 0002862　VJ/13/5

**杜詩鏡銓二十卷附讀書堂杜工部文集註解二
卷附錄一卷**　（唐）杜甫著　（清）楊倫編輯
清同治十一年（1872）成都吳氏望三益齋刻本
十二冊

500000 – 8702 – 0002863　VJ/13/63

唐陸宣公集二十二卷　（唐）陸贄撰　清道光
二十七年（1847）刻本　七冊

500000 – 8702 – 0002864　VJ/13/66

唐陸宣公集二十二卷　（唐）陸贄撰　清光緒
二十四年（1898）上海著易堂石印本　四冊

500000 – 8702 – 0002865　VJ/13/72

昌黎先生集四十卷外集十卷遺文一卷首一卷
　（唐）韓愈撰　（唐）李漢編　清光緒十九年
（1893）慈利吳氏刻本　八冊

500000－8702－0002866　VJ/13/73

昌黎先生集四十卷外集十卷遺文一卷首一卷
　（唐）韓愈撰　（宋）朱熹考異　（宋）王伯
大音釋　清光緒十八年(1892)傳經堂刻本
十二冊

500000－8702－0002867　VJ/13/78

重刊五百家註音辯昌黎先生文集四十卷
（唐）韓愈撰　（唐）李漢編　（宋）魏仲舉重
輯　清光緒江西經綸堂刻本　十六冊

500000－8702－0002868　VJ/13/91

韓集點勘四卷　（清）陳景雲撰　清同治九年
(1870)江蘇書局刻本　一冊

500000－8702－0002869　VJ/13/99

柳文惠公全集四十三卷別集二卷外集二卷附
錄一卷年譜一卷　（唐）柳宗元撰　（唐）劉禹
錫編　清同治七年(1868)永州知府刻本　六
冊　存四十一卷(一至十七、二十六至四十
三,別集二卷,外集二卷,附錄一卷,年譜一
卷)

500000－8702－0002870　VJ/13/102

河東先生文集六卷　（唐）柳宗元撰　清宣統
二年(1910)上海會文堂石印本　六冊

500000－8702－0002871　VJ/13/103

河東先生全集錄六卷　（唐）柳宗元撰　（清）
儲欣輯錄　清光緒八年(1882)江蘇書局刻本
六冊

500000－8702－0002872　VJ/13/120

習之全集錄二卷　（唐）李翶撰　（清）儲欣選
輯　清光緒八年(1882)江蘇書局刻本　二冊

500000－8702－0002873　VJ/13/137

李長吉歌詩四卷首一卷外集一卷　（唐）李賀
撰　（清）王琦匯解　清光緒四年(1878)成都
宏達堂刻本　四冊

500000－8702－0002874　VJ/13/138

李長吉歌詩四卷首一卷外集一卷　（唐）李賀
撰　（清）王琦匯解　清光緒宏達堂刻本　二
冊　存三卷(二、四,外集一卷)

500000－8702－0002875　VJ/13/142

李長吉集四卷外卷一卷　（唐）李賀撰　（清）
黃淳耀評　清宣統元年(1909)上海掃葉山房
石印本　二冊

500000－8702－0002876　VJ/14/6

白香山詩長慶集二十卷後集十七卷補遺二卷
附年譜一卷　（唐）白居易撰　（清）汪立名編
訂　清刻本　十二冊

500000－8702－0002877　VJ/14/18

樊川詩集註四卷補遺一卷別集一卷外集一卷
　（唐）杜牧撰　（清）馮集梧註　清光緒十六
年(1890)湖南書局刻本　五冊

500000－8702－0002878　VJ/14/19

樊川別集外集一卷補遺一卷　（唐）杜牧撰
（清）馮集梧註　清光緒湖南書局刻本　一冊

500000－8702－0002879　VJ/14/29

玉谿生詩詳註三卷首一卷樊南文集詳註八卷
首一卷　（唐）李商隱撰　（清）馮浩註　清乾
隆四十五年(1780)德聚堂刻同治七年(1868)
修補印本　八冊

500000－8702－0002880　VJ/14/46

溫飛卿詩集九卷　（唐）溫庭筠著　（明）曾益
注　（清）顧予咸補注　清光緒八年(1882)錢
塘汪氏刻本　二冊

500000－8702－0002881　VJ/14/47

溫飛卿詩集箋注九卷　（唐）溫庭筠著　（明）
曾益注　（清）顧予咸補注　清宣統二年
(1910)上海國學扶輪社影印本　四冊

500000－8702－0002882　VJ/14/150

司馬傳家集八卷目錄二卷附錄年譜一卷
（宋）司馬光撰　（清）陳宏謀重訂　清乾隆六
年(1741)陳宏謀培遠堂刻本　十二冊

500000－8702－0002883　VJ/15/1

司馬溫公文集九卷　（宋）司馬光撰　（清）張
伯行重訂　清同治五年(1866)福州正誼書院
刻本　四冊

500000－8702－0002884　VJ/15/9

盱江先生全集三十七卷　（宋）李覯撰　清光緒十九年（1893）盱江書院刻本　八冊

500000－8702－0002885　VJ/15/18

元豐類稿五十卷首一卷　（宋）曾鞏著　清光緒十六年（1890）慈利漁浦書院刻本　十冊

500000－8702－0002886　VJ/15/19

元豐類稿五十卷首一卷　（宋）曾鞏著　清光緒十六年（1890）慈利漁浦書院刻本　十二冊

500000－8702－0002887　VJ/15/38

嘉祐集二十卷　（宋）蘇洵撰　清道光眉山三蘇祠刻本　四冊

500000－8702－0002888　VJ/15/46

王臨川全集一百卷目錄二卷　（宋）王安石著　清光緒九年（1883）溧陽繆氏刻本　二十冊

500000－8702－0002889　VJ/15/47

王臨川全集一百卷目錄二卷　（宋）王安石著　清浙江書局刻本　二十冊

500000－8702－0002890　VJ/15/48

王臨川全集一百卷目錄二卷　（宋）王安石撰　清光緒九年（1883）聽香館刻本　六冊　存三十五卷（五十一至五十五、六十五至九十三，目錄一）

500000－8702－0002891　VJ/15/57

古香齋鑒賞袖珍施註蘇詩四十二卷　（宋）蘇軾著　（宋）施元之註　（清）邵長蘅等刪補　清光緒九年（1883）南海孔氏三十有三萬卷堂刻本　十八冊

500000－8702－0002892　VJ/15/58

蘇文忠詩合註五十卷首一卷　（宋）蘇軾原撰　（清）馮應榴輯註　清乾隆五十八年（1793）馮氏刻本　二十四冊

500000－8702－0002893　VJ/15/59

蘇文忠詩合注五十卷首一卷　（宋）蘇軾原撰　（清）馮應榴輯註　清道光四川眉州三蘇祠刻本　二十冊

500000－8702－0002894　VJ/15/60

蘇文忠公詩編注集成一百三卷　（宋）蘇軾撰　（清）王文誥輯撰　清光緒十四年（1888）浙江書局刻本　二十三冊　缺五卷（編年總案一至五）

500000－8702－0002895　VJ/15/64

東坡集八十四卷目錄二卷　（宋）蘇軾著　清道光四川眉州三蘇祠刻本　四十二冊

500000－8702－0002896　VJ/16/1

東坡集八十四卷目錄二卷　（宋）蘇軾撰　清道光眉山三蘇祠刻本　四十冊

500000－8702－0002897　VJ/16/4

欒城集四十八卷目錄二卷　（宋）蘇轍撰　清道光眉山三蘇祠刻本　十八冊

500000－8702－0002898　VJ/16/5

欒城後集二十四卷三集十卷　（宋）蘇轍撰　清道光眉山三蘇祠刻本　八冊

500000－8702－0002899　VJ/16/6

欒城應詔集十二卷　（宋）蘇轍撰　清道光眉山三蘇祠刻本　三冊

500000－8702－0002900　VJ/16/16

欒城全集錄六卷　（宋）蘇轍撰　（清）儲欣輯錄　清光緒八年（1882）江蘇書局刻本　二冊

500000－8702－0002901　J/16/40

淮海集十七卷後集二卷詞一卷補遺一卷　（宋）秦觀著　清道光十七年（1837）高郵王敬之刻本　四冊

500000－8702－0002902　VJ/16/78

高東溪先生遺文集三卷　（宋）高登著　清光緒二十三年（1897）閩省漳浦高氏刻本　二冊

500000－8702－0002903　VJ/16/80

岳忠武王文集八卷末一卷　（宋）岳飛撰　（清）王邦寧纂輯　清乾隆三十五年（1770）刻同治十二年（1873）印本　三冊

500000－8702－0002904　VJ/17/6

朱子集一百四卷　（宋）朱熹撰　清咸豐十年至同治元年（1860－1862）刻三年（1864）紫霞洲祠堂印本　四十冊

500000－8702－0002905　VJ/17/7

朱子古文六卷 （宋）朱熹撰 （清）周大璋選
輯 清康熙五十六年(1717)桐城周氏寶旭齋
刻本 六冊

500000 – 8702 – 0002906 VJ/17/18

宋王忠文公文集五十卷目錄四卷 （宋）王十
朋撰 （清）唐傳鉎重編 清光緒二年(1876)
樂清梅溪書院刻本 十六冊

500000 – 8702 – 0002907 VJ/18/15

南軒文集四十四卷附論語解五卷孟子說七卷
（宋）張栻著 清咸豐四年(1854)南軒祠刻
本 十六冊

500000 – 8702 – 0002908 VJ/18/16

陳北溪先生文集十四卷 （宋）陳淳著 （清）
張伯行編訂 清光緒九年(1883)陝西三原劉
傳經堂刻本 三冊 存十一卷(一至十一)

500000 – 8702 – 0002909 VJ/18/51

文信國公集二十卷首一卷 （宋）文天祥撰
清光緒二十三年(1897)湘南書局刻本 十冊

500000 – 8702 – 0002910 VJ/18/53

謝疊山先生文集五種十三卷首一卷 （元）謝
枋得撰 （清）陳喬樅編 清同治十年(1871)
刻本 四冊

500000 – 8702 – 0002911 VJ/18/70

遺山先生詩集二十卷 （金）元好問著 清宣
統二年(1910)周氏刻本 四冊

500000 – 8702 – 0002912 VJ/19/95

青邱高季迪先生詩集註十八卷首一卷遺詩一
卷扣舷集一卷附錄哀詞雜記一卷 （明）高啓
撰 （清）金檀輯註 清文瑞樓刻本 八冊

500000 – 8702 – 0002913 VJ/19/116

逃虛子詩集三卷 （明）姚廣孝撰 清抄本
一冊

500000 – 8702 – 0002914 VJ/19/118

王文端公集四十卷首一卷 （明）王直著
（□）劉鑠重刊 清同治六年(1867)王氏忠清
堂刻光緒二十三年(1897)印本 八冊

500000 – 8702 – 0002915 VJ/19/123

虎谷集詩賦十卷文四卷附王公行實錄一卷寓
別集一卷聯珠集一卷贈行集一卷會合集一卷
（明）王雲鳳撰 （清）雷學淇重輯 清嘉慶
二十二年(1817)和順刻本 六冊

500000 – 8702 – 0002916 VJ/19/126

王陽明先生全集二十二卷首一卷 （明）王守
仁著 （清）俞嶙重編 清康熙十二年(1673)
刻本 二十四冊

500000 – 8702 – 0002917 VJ/20/1

王陽明先生全集十六卷目錄二卷 （明）王守
仁著 清道光六年(1826)湖南刻本 十六冊

500000 – 8702 – 0002918 VJ/20/2

王陽明先生全集十六卷目錄二卷 （明）王守
仁著 清道光六年(1826)湖南刻本 十八冊

500000 – 8702 – 0002919 VJ/20/3

王文成公全書三十八卷 （明）王守仁著
(明)徐愛等編 清同治至光緒浙江刻本 二
十四冊

500000 – 8702 – 0002920 VJ/20/14

陽明先生集要三編十六卷年譜一卷理學集四
卷經濟集七卷文章集四卷 （明）王守仁撰
(明)施邦曜重編 清光緒五年(1879)貴陽陽
明祠刻本 十冊

500000 – 8702 – 0002921 VJ/20/15

太史升菴全集八十一卷目錄八卷 （明）楊慎
著 清乾隆六十年(1795)新都養拙山房刻本
二十四冊

500000 – 8702 – 0002922 VJ/20/16

太史升菴全集八十一卷目錄八卷 （明）楊慎
著 清乾隆六十年(1795)新都養拙山房重修
本 十九冊 存八十七卷(一至五十五、五十
八至八十一,目錄八卷)

500000 – 8702 – 0002923 VJ/20/18

升菴外集一百卷 （明）楊慎著 （明）焦竑編
清四川刻本 九冊 存二十八卷(八至十
一、二十六至二十八、六十三至六十八、七十
二至七十六、七十九至八十六、九十三至九十
四)

500000 – 8702 – 0002924　VJ/20/19

總纂升菴合集二百四十卷　（明）楊慎著
（清）鄭寶琛纂輯　清廣漢鍾氏刻本　八十冊
存一百八十五卷（五十六至二百四十）

500000 – 8702 – 0002925　VJ/20/20

徐文長集三十卷　（明）徐渭著　清宣統三年
（1911）石印本　八冊

500000 – 8702 – 0002926　VJ/20/25

楊椒山先生集四卷　（明）楊繼盛撰　（清）胡
範重訂　清五世堂刻本　四冊

500000 – 8702 – 0002927　VJ/20/26

楊忠愍公全集四卷　（明）楊繼盛著　章鈺輯
清光緒十八年（1892）棣尊樓刻本　四冊

500000 – 8702 – 0002928　VJ/20/27

新刻張太岳先生文集四十七卷　（明）張居正
著　清康熙江陵鄧氏刻本　十六冊

500000 – 8702 – 0002929　VJ/20/28

新刻張太岳先生文集四十七卷　（明）張居正
著　清康熙江陵鄧氏刻本　十六冊

500000 – 8702 – 0002930　VJ/20/31

震川先生集三十卷別集十卷　（明）歸有光撰
清刻本　三冊　存七卷（四至六、十七至十
九，別集二）

500000 – 8702 – 0002931　VJ/20/39

歸震川先生尺牘二卷　（明）歸有光撰　清宣
統元年（1909）中國書畫會石印本　二冊

500000 – 8702 – 0002932　VJ/20/40

歸震川先生尺牘二卷　（明）歸有光撰　清宣
統元年（1909）中國書畫會石印本　二冊

500000 – 8702 – 0002933　VJ/20/42

瓶蘤齋集十卷　（明）袁宏道著　清宣統三年
（1911）抱殘守缺齋石印本　一冊

500000 – 8702 – 0002934　VJ/20/44

李氏焚書六卷　（明）李贄撰　清宣統國學保
存會鉛印本　二冊

500000 – 8702 – 0002935　VJ/20/45

汲古堂集二十八卷　（明）何白著　清道光十

六年（1836）魯氏梅嶼守直堂刻本　十冊

500000 – 8702 – 0002936　VJ/20/49

項太史全稿不分卷　（明）項煜撰　清同治九
年（1870）四川玉元堂書坊刻本　四冊

500000 – 8702 – 0002937　VJ/20/52

史忠正公集四卷首一卷末一卷　（明）史可法
撰　清同治十年（1871）趙承恩刻本　一冊

500000 – 8702 – 0002938　VJ/20/53

史忠正公集四卷首一卷末一卷　（明）史可法
撰　清光緒二十三年（1897）湘南書局刻本
二冊

500000 – 8702 – 0002939　　VJ/20/55

夏節愍全集十卷首一卷末一卷補遺二卷
（明）夏完淳著　（清）莊師洛輯　清光緒二十
九年（1903）成都刻本　三冊

500000 – 8702 – 0002940　VJ/20/56

嶠雅不分卷　（明）鄺露撰　清光緒影印本
一冊

500000 – 8702 – 0002941　VJ/20/66

夏峯集十四卷首一卷補遺二卷　（清）孫奇逢
撰　清道光二十五年（1845）大梁書院刻本
十六冊

500000 – 8702 – 0002942　VJ/21/2

霜紅龕集四十卷附錄三卷年譜一卷　（清）傅
山著　（清）丁銓重編　清宣統三年（1911）山
陽丁氏刻本　十二冊

500000 – 8702 – 0002943　VJ/21/4

徧行堂集十六卷　（清）金道隱撰　（清）王文
濡校　清宣統三年（1911）上海國學扶輪社鉛
印本　八冊

500000 – 8702 – 0002944　VJ/21/10

梅村詩集箋註十八卷　（清）吳偉業撰　（清）
吳翌鳳注　清嘉慶十九年（1814）滄浪吟榭嚴
榮刻本　十冊

500000 – 8702 – 0002945　VJ/21/11

梅村詩集箋注十八卷　（清）吳偉業撰　（清）
吳翌鳳注　清道光刻本　八冊

500000－8702－0002946　VJ/21/27

寒松堂全集十二集附年譜一卷 （清）魏象樞
著　清嘉慶十六年(1811)魏氏刻本　十三冊

500000－8702－0002947　VJ/21/28

寒松堂全集十二卷 （清）魏象樞著　清嘉慶
十六年(1811)刻本　十二冊

500000－8702－0002948　VJ/21/29

西堂雜俎三集八卷 （清）尤侗著　清道光刻
本　三冊

500000－8702－0002949　VJ/21/39

**壯悔堂全集首一卷文集十卷詩集六卷遺稿一
卷回憶堂詩集六卷遺稿一卷** （清）侯方域著
　清宣統元年(1909)中國圖書公司鉛印本
四冊

500000－8702－0002950　VJ/21/40

壯悔堂文集十卷首一卷遺稿一卷 （清）侯方
域著　清宣統二年(1910)上海掃葉山房石印
本　一冊　存六卷(一至二、九至十,首一卷,
遺稿一卷)

500000－8702－0002951　VJ/21/49

丘邦士文集十八卷 （清）丘維屏著　清道光
十七年(1837)丘氏刻本　六冊

500000－8702－0002952　VJ/21/53

徐東癡詩選二卷 （清）徐夜撰　（清）王士禎
編輯批點　清康熙王士禎刻本　二冊

500000－8702－0002953　VJ/21/57

寒支集初集十卷首一卷二集四卷 （清）李世
熊著　清同治十三年(1874)閩省刻本　十
四冊

500000－8702－0002954　VJ/21/58

**甌香館集十二卷首一卷末附補遺詩一卷補遺
書跋一卷附錄詩評共一卷** （清）惲格著
（清）蔣光煦輯　清光緒七年(1881)刻本
四冊

500000－8702－0002955　VJ/21/59

三魚堂文集十二卷外集六卷附錄二卷 （清）
陸隴其著　清乾隆掃葉山房刻本　六冊

500000－8702－0002956　VJ/21/60

**三魚堂文集十二卷外集六卷賸言十二卷日記
十卷讀禮志疑一卷年譜一卷** （清）陸隴其著
　清同治七年(1868)武林薇署刻本　十四冊

500000－8702－0002957　VJ/21/61

翁山詩外十九卷 （清）屈大均撰　清宣統二
年(1910)上海國學扶輪社鉛印本　十二冊

500000－8702－0002958　VJ/21/62

翁山文外十六卷 （清）屈大均撰　清宣統二
年(1910)上海國學扶輪社鉛印本　五冊

500000－8702－0002959　VJ/21/63

讀書堂綵衣全集四十六卷 （清）趙士麟著
清光緒十九年(1893)浙江書局刻本　十二冊

500000－8702－0002960　VJ/21/64

二曲集二十六卷 （清）李中孚著　清康熙西
安刻本　六冊　存二十二卷(四至二十五)

500000－8702－0002961　VJ/21/70

篤素堂文集十六卷詩集七卷 （清）張英著
清光緒二十三年(1897)張氏刻本　九冊

500000－8702－0002962　VJ/21/71

**曝書亭集八十卷附錄一卷附朱昆田笛漁小稿
十卷** （清）朱彝尊著　清康熙刻本　十七冊

500000－8702－0002963　VJ/21/72

曝書亭集八十卷附朱昆田笛漁小稿 （清）朱
彝尊著　清乾隆刻本　六冊　存二十七卷
(六至十、三十四至三十七、四十二至四十六、
五十六至五十八、六十九至七十三,笛漁小稿
六至十)

500000－8702－0002964　VJ/21/81

曝書亭集外稿八卷 （清）朱彝尊撰　（清）馮
登府編輯　清道光二年(1822)朱氏刻本
二冊

500000－8702－0002965　VJ/21/93

唱經堂杜詩解四卷古詩解一卷 （清）金人瑞
撰　清宣統二年(1910)順德鄧氏鉛印本
二冊

500000－8702－0002966　VJ/21/94

唱經堂杜詩解四卷古詩解一卷　（清）金人瑞撰　清宣統二年(1910)順德鄧氏鉛印本　二冊

500000－8702－0002967　VJ/21/95

思綺堂文集十卷　（清）章藻功撰并注　清康熙六十一年(1722)章氏刻聚錦堂印本　十冊

500000－8702－0002968　VJ/21/96

漁洋山人詩集二十二卷　（清）王士禎著　清康熙八年(1669)吳郡沂詠堂刻本　四冊

500000－8702－0002969　VJ/21/97

漁洋山人續集十六卷　（清）王士禎著　清康熙刻本　四冊

500000－8702－0002970　VJ/21/98

南海集二卷　（清）王士禎著　清康熙刻本　一冊

500000－8702－0002971　VJ/22/3

漁洋山人精華錄箋注十二卷補注一卷附錄一卷年譜一卷墓銘一卷神道碑一卷　（清）王士禎著　（清）金榮箋注　（清）徐淮纂輯　清康熙鳳翽堂刻本　十二冊

500000－8702－0002972　VJ/22/4

漁洋山人精華錄箋注十二卷補注一卷年譜一卷墓銘一卷神道碑一卷　（清）王士禎著　(清)金榮箋注　（清）徐淮纂輯　清乾隆刻本　十冊

500000－8702－0002973　VJ/22/9

鹿洲初集二十卷　（清）藍鼎元著　清嘉慶刻本　四冊

500000－8702－0002974　VJ/22/10

二希堂文集十一卷首一卷　（清）蔡世遠著　(清)汪由敦等編　清乾隆六十年(1795)刻本　六冊

500000－8702－0002975　VJ/22/13

四焉齋詩集六卷文集八卷附梯仙閣餘課一卷　（清）曹一士著　清宣統二年(1910)鉛印本　六冊

500000－8702－0002976　VJ/22/17

樓山詩集六卷　（清）王恕撰　清光緒十九年(1893)刻本　二冊

500000－8702－0002977　VJ/22/18

樓山詩集六卷　（清）王恕撰　清光緒十九年(1893)刻本　二冊

500000－8702－0002978　VJ/22/19

樓山詩集六卷　（清）王恕撰　清光緒十九年(1893)刻本　一冊

500000－8702－0002979　VJ/22/20

存硯樓文集十六卷　（清）儲大文著　清光緒元年(1875)儲氏靜遠堂刻本　十二冊

500000－8702－0002980　VJ/22/21

高西園詩書錄一卷附板橋詩鈔一卷　（清）高鳳翰撰　（清）鄧元鏸輯　清光緒二十一年(1895)無錫刻本　一冊

500000－8702－0002981　VJ/22/22

念二史詠史詩註二卷　（清）孫殿雲撰　清道光十二年(1832)漢州刻本　一冊

500000－8702－0002982　VJ/22/23

念二史詠史詩註二卷　（清）孫殿雲撰　清同治九年(1870)夾江樹德堂刻本　一冊

500000－8702－0002983　VJ/22/25

香屑集十八卷首一卷末一卷　（清）黃之雋撰　（清）古愚校註　清雍正十二年(1734)刻本　六冊

500000－8702－0002984　VJ/22/26

厓堂集五十卷遺補二卷續集八卷附冬錄一卷　（清）黃之雋撰　清乾隆六年(1741)雲間賜錦堂刻本　十二冊

500000－8702－0002985　VJ/22/27

望溪先生文集十八卷集外文十卷補遺二卷年譜二卷　（清）方苞著　（清）戴鈞衡輯刊　清咸豐元年(1851)戴氏刻本　十四冊

500000－8702－0002986　VJ/22/28

望溪先生文集十八卷集外文十卷補遺二卷年譜二卷　（清）方苞著　（清）戴鈞衡輯刊　清咸豐湖南刻本　十六冊

500000－8702－0002987　VJ/22/41

沙河逸志小稿三卷　（清）馬曰琯撰　**焦山紀游集一卷**　（清）厲鶚等輯　清同治粵雅堂刻本　一冊

500000－8702－0002988　VJ/22/42

集虛齋學古文十二卷　（清）方婺如著　清光緒十年(1884)淳安縣署刻本　四冊

500000－8702－0002989　VJ/22/44

全謝山文鈔十六卷　（清）全祖望著　清宣統二年(1910)國學扶輪社鉛印本　八冊

500000－8702－0002990　VJ/22/45

全謝山文鈔十六卷　（清）全祖望著　（清）王文濡選輯　清宣統二年(1910)上海國學扶輪社鉛印本　八冊

500000－8702－0002991　VJ/22/48

石笥山房文集六卷補遺一卷詩集十一卷詩餘一卷補遺二卷續補遺二卷　（清）胡天游著　清咸豐二年(1852)刻本　十冊

500000－8702－0002992　VJ/22/49

經笥堂文鈔二卷　（清）雷鋐著　清同治十二年(1873)福建雷氏貽燕堂刻本　六冊

500000－8702－0002993　VJ/22/50

板橋集六卷　（清）鄭燮著　清同治聚文堂刻本　二冊

500000－8702－0002994　VJ/22/53

板橋詩鈔不分卷　（清）鄭燮著　清光緒坊刻本　一冊　存一卷(一)

500000－8702－0002995　VJ/22/62

忠雅堂文集十二卷　（清）蔣士銓著　清道光四川成都薇署刻本　四冊

500000－8702－0002996　VJ/22/63

孫檢討四書文不分卷附可園草不分卷　（清）孫景烈撰　清康熙三十四年至三十八年(1695－1699)滋樹堂刻本　二冊

500000－8702－0002997　VJ/22/66

袁文箋正十六卷補註一卷　（清）袁枚撰　（清）石韞玉箋　清光緒八年(1882)汗青簃刻本　八冊

500000－8702－0002998　VJ/22/68

小倉山房尺牘輯注十卷　（清）袁枚著　（清）馬步元箋註　清道光至咸豐馬氏刻本　四冊　存四卷(二、八至十)

500000－8702－0002999　VJ/22/72

兩當軒全集二十二卷附錄四卷攷異二卷　(清)黃景仁撰　清宣統二年(1910)掃葉山房石印本　六冊

500000－8702－0003000　VJ/22/73

墨香閣文集十三卷首一卷末一卷　（清）彭維新著　清道光二年(1822)彭氏家刻本　四冊

500000－8702－0003001　VJ/22/74

墨香閣文集十三卷首一卷末一卷　（清）彭維新著　清道光二年(1822)彭氏家刻本　六冊

500000－8702－0003002　VJ/22/90

錢南園遺集五卷　（清）錢灃著　清光緒十九年(1893)浙江書局刻本　二冊

500000－8702－0003003　VJ/22/91

樂善堂全集□□卷　（清）高宗弘曆撰　（清）蔣溥等編　清刻本　十八冊　存二十卷(一至二十)

500000－8702－0003004　VJ/22/92

清新俊逸不分卷　（□）□□撰　清抄本　一冊

500000－8702－0003005　VJ/22/93

燕峯詩抄一卷　（清）費密撰　清抄本　一冊

500000－8702－0003006　VJ/22/94

唯心集一卷　（□）釋定慧撰　清同治金陵如皋刻經處刻本　一冊

500000－8702－0003007　VJ/22/95

李太史文稿不分卷　（清）李金臺著　清道光二年(1822)四川刻本　四冊

500000－8702－0003008　VJ/22/96

白華前稿六十卷　（清）吳省欽著　清乾隆四川刻本　二十冊

500000 – 8702 – 0003009　VJ/22/101

五百四峯堂詩抄二十五卷　（清）黎簡撰　清同治十三年(1874)南海陳氏刻本　八册　存二十卷(一至十八、二十二、二十五)

500000 – 8702 – 0003010　VJ/22/102

紀文達公遺集文集十六卷詩集十六卷　（清）紀昀撰　（清）紀樹馨編　清嘉慶紀樹馥刻本　十二册

500000 – 8702 – 0003011　VJ/22/103

紀文達公遺集十六卷首一卷　（清）紀昀著　（清）紀樹馨編　清宣統二年(1910)上海保粹樓石印本　八册

500000 – 8702 – 0003012　VJ/22/104

紀曉嵐詩註釋四卷　（清）紀昀著　（清）郭斌注　清同治至光緒大文堂刻本　四册

500000 – 8702 – 0003013　VJ/22/105

春融堂全集六十八卷附雜記八種八卷　（清）王昶著　清光緒十八年(1892)刻本　十九册

500000 – 8702 – 0003014　VJ/22/106

秋盦遺稿不分卷　（清）黃易撰　清宣統二年(1910)黃氏石印本　一册

500000 – 8702 – 0003015　VJ/22/107

寄嶽雲齋試體詩選詳註四卷　（清）聶銑敏撰　（清）張學蘇箋　清嘉慶二十二年(1817)刻本　四册

500000 – 8702 – 0003016　VJ/22/108

詩義堂集二卷後集六卷　（清）彭酩　（清）彭泰來著　清咸豐十一年(1861)刻本　四册

500000 – 8702 – 0003017　VJ/22/109

鐵簫詩稿六卷　（清）譚光祜著　清嘉慶十五年(1810)刻本　四册

500000 – 8702 – 0003018　VJ/22/112

茗柯文初二三四編五卷　（清）張惠言著　清光緒七年(1881)張氏刻本　二册

500000 – 8702 – 0003019　VJ/22/122

甌北詩鈔十八卷　（清）趙翼著　清嘉慶壽考堂刻本　九册

500000 – 8702 – 0003020　VJ/22/123

思不辱齋文集四卷　（清）萬承風著　清嘉慶二十一年(1816)江西萬氏古瓦山房刻本　二册

500000 – 8702 – 0003021　VJ/23/1

惜抱軒全集十四種　（清）姚鼐撰　清同治五年(1866)省心閣刻本　七册　存三十三卷（文集一至五、十一至十六，文後集十卷，詩集十卷，詩後集一卷,外集一卷）

500000 – 8702 – 0003022　VJ/23/2

存吾文稿不分卷　（清）余廷燦著　清嘉慶六年(1801)刻本　一册

500000 – 8702 – 0003023　VJ/23/3

復齋詩集四卷首一卷末一卷文集二十一卷　（清）曾鏞著　清嘉慶二十五年(1820)刻本　十四册

500000 – 8702 – 0003024　VJ/23/13

大雲山房文稿初集四卷二集四卷言事二卷　（清）惲敬著　清同治二年(1863)惲世臨刻本　十册

500000 – 8702 – 0003025　VJ/23/20

有正味齋試帖詩注前集五卷二集六卷　（清）吳錫麒撰　清道光十五年(1835)刻本　四册

500000 – 8702 – 0003026　VJ/23/21

有正味齋駢體文箋二十四卷首一卷　（清）吳錫麒撰　（清）王廣業箋　清咸豐九年(1859)刻本　八册

500000 – 8702 – 0003027　VJ/23/24

多歲堂詩集四卷載賡集二卷附試律詩一卷賦一卷　（清）成書著　清道光成氏刻本　四册

500000 – 8702 – 0003028　VJ/23/25

二思齋詩鈔六卷　（清）何文明著　清光緒七年(1881)閩南節署刻本　二册

500000 – 8702 – 0003029　VJ/23/27

因寄軒文初集十卷　（清）管同撰　（清）鄧廷楨輯　清光緒五年(1879)刻本　二册

500000 – 8702 – 0003030　VJ/23/29

定盦文集三卷　（清）龔自珍撰　清光緒二十三年(1897)萬本書堂刻本　一冊

500000 – 8702 – 0003031　VJ/23/35

龔定盦先生集十五卷附佚文一卷　（清）龔自珍著　清光緒三十四年(1908)成都官書局刻本　六冊

500000 – 8702 – 0003032　VJ/23/36

龔定盦先生集十五卷附佚文一卷　（清）龔自珍著　清光緒三十四年(1908)成都官書局刻本　五冊　存六種十五卷(文集三卷、續集四卷、文集補編四卷、文集補續錄一卷、文集補古今詩二卷、佚文一卷)

500000 – 8702 – 0003033　VJ/23/37

校正定盦全集七種十九卷　（清）龔自珍著　清光緒二十九年(1903)上海文瑞樓石印本　四冊

500000 – 8702 – 0003034　VJ/23/38

定盦全集九種二十卷附年譜一卷　（清）龔自珍著　清宣統二年(1910)上海國學扶輪社鉛印本　七冊

500000 – 8702 – 0003035　VJ/23/42

貞定先生遺集四卷附錄一卷　（清）莫與儔著　清同治刻本　一冊

500000 – 8702 – 0003036　VJ/23/43

退省齋詩鈔四卷　（清）劉觀度著　清道光二十一年(1841)刻本　四冊

500000 – 8702 – 0003037　VJ/23/44

揅經室集四集二十九卷詩十一卷　（清）阮元撰　清道光三年(1823)阮氏文選樓刻本　十九冊　存三十八卷(四集二十九卷、詩一至九)

500000 – 8702 – 0003038　VJ/23/48

三十二百福草堂詩集五卷　（清）張珣著　清光緒鉛印本　五冊

500000 – 8702 – 0003039　VJ/23/49

勉不足齋文集四卷　（清）吳照著　清道光二十四年(1844)四川刻本　一冊

500000 – 8702 – 0003040　VJ/23/50

初月樓文鈔十卷詩鈔四卷　（清）吳德旋撰　清光緒九年(1883)木活字印本　三冊　存十一卷(文鈔一至七、詩鈔四卷)

500000 – 8702 – 0003041　VJ/23/53

古香書屋文鈔二卷詩鈔十二卷　（清）趙輝璧著　清光緒十八年(1892)趙氏刻本　六冊

500000 – 8702 – 0003042　VJ/23/54

槐軒雜著四卷　（清）劉沅撰　清咸豐、同治成都豫誠堂刻本　四冊

500000 – 8702 – 0003043　VJ/23/55

養正書屋全集定本二十八卷目錄四卷　（清）宣宗旻寧撰　（清）英和等編　清道光二年(1822)內府刻本　十冊

500000 – 8702 – 0003044　VJ/23/56

檉華館全集九卷　（清）路德撰　（清）閻敬銘編校　清光緒七年(1881)解梁閻敬銘刻本　十冊

500000 – 8702 – 0003045　VJ/23/57

詳註秋水軒尺牘四卷　（清）許思湄撰　（清）婁世瑞註　（清）管斯駿補註　清光緒十年(1884)上洋管氏刻本　四冊

500000 – 8702 – 0003046　VJ/23/62

怡志堂詩初編八卷文初編六卷　（清）朱琦著　清咸豐七年至同治四年(1857 – 1865)刻本　四冊

500000 – 8702 – 0003047　VJ/23/63

醒予山房文存十二卷　（清）劉愚著　清同治元年(1862)刻四年(1865)孔廣燾續刻本　六冊

500000 – 8702 – 0003048　VJ/23/64

四十五歲著直史述小像賦附題詞不分卷　（清）劉愚著　清光緒四年(1878)成都刻本　一冊

500000 – 8702 – 0003049　VJ/23/67

西漚全集十卷外集八卷　（清）李惺著　（清）童槭　（清）朱寶械編　清同治七年(1868)李

氏刻本　十六冊

500000 – 8702 – 0003050　VJ/23/68
西漚全集十卷外集八卷　（清）李惺著　（清）
童槐　（清）朱寶械編　清同治七年（1868）李
氏刻本　十六冊

500000 – 8702 – 0003051　VJ/23/69
西漚全集十卷外集八卷　（清）李惺著　（清）
童槐　（清）朱寶械編　清同治七年（1868）李
氏刻本　二十冊

500000 – 8702 – 0003052　VJ/23/70
懷古田舍詩節鈔六卷梅統十二卷　（清）徐榮
著　清同治三年（1864）成都刻本　十冊　存
十七卷（詩節抄六卷,梅統一至八、十至十二）

500000 – 8702 – 0003053　VJ/23/71
求自得之室文鈔十二卷尚絅廬詩存草二卷
（清）吳嘉寶著　清同治五年（1866）廣州刻本
六冊

500000 – 8702 – 0003054　VJ/23/72
巢經巢詩鈔九卷　（清）鄭珍撰　（清）胡長新
輯校　清咸豐二年（1852）刻本　三冊

500000 – 8702 – 0003055　VJ/23/79
句溪雜著六卷　（清）陳立撰　清同治三年
（1864）刻同治八年（1869）續刻本　六冊

500000 – 8702 – 0003056　VJ/23/80
啖蔗軒詩存三卷　（清）方士淦著　清同治十
一年（1872）兩淮鹽運署刻本　二冊

500000 – 8702 – 0003057　VJ/23/81
謫廳堂遺集四卷　（清）戴望著　清光緒元年
（1875）江西刻本　二冊

500000 – 8702 – 0003058　VJ/23/82
百柱堂全集五十二卷首一卷　（清）王柏心著
清光緒十九年至二十三年（1893 – 1897）刻
本　十六冊

500000 – 8702 – 0003059　VJ/23/83
顯志堂稿十二卷附夢奈詩稿一卷　（清）馮桂
芬著　清光緒二年至三年（1876 – 1877）馮氏
校邠廬刻本　八冊

500000 – 8702 – 0003060　VJ/23/87

曾文正公書札二十七卷　（清）曾國藩撰
（清）李瀚章編　清光緒湖南傳忠書局刻本
十八冊　存二十卷（八至二十七）

500000 – 8702 – 0003061　VJ/23/88
曾文正公家書十卷　（清）曾國藩撰　清光緒
二十九年（1903）錦章書局石印本　四冊

500000 – 8702 – 0003062　VJ/23/89
曾文正公家書十卷　（清）曾國藩撰　清光緒
三十一年（1905）上海商務印書館鉛印本
五冊

500000 – 8702 – 0003063　VJ/23/90
曾文正公家訓二卷　（清）曾國藩撰　清光緒
三十二年（1906）上海商務印書館鉛印本
一冊

500000 – 8702 – 0003064　VJ/23/91
曾文正公家書十卷家訓二卷大事記一卷
（清）曾國藩撰　清光緒石印本　六冊　存十
一卷（家書三至十、家訓二卷、大事記一卷）

500000 – 8702 – 0003065　VJ/23/94
題江南曾文正公祠百詠不分卷　（清）米孔彰
撰　清光緒十三年（1887）金陵書局刻本
一冊

500000 – 8702 – 0003066　VJ/23/95
曾惠敏公文集五卷　（清）曾紀澤撰　清光緒
二十年（1894）上海圖書集成局鉛印本　一冊

500000 – 8702 – 0003067　VJ/23/102
東塾集六卷申范一卷　（清）陳澧撰　（清）廖
廷相編　清光緒十八年（1892）廣東菊坡精舍
刻本　三冊

500000 – 8702 – 0003068　VJ/23/103
江上小蓬萊吟舫詩存十八卷詩餘二卷　（清）
葉坤厚著　清光緒九年（1883）陝西藩署刻本
二十冊

500000 – 8702 – 0003069　VJ/23/105
樂易山房制義二卷　（清）文天駿著　清光緒
十六年（1890）四川瀘州鹽局刻本　二冊

500000 – 8702 – 0003070　VJ/23/107

學文學半齋詩草二卷　(清)陳篆齡撰　清光緒十九年(1893)岳池刻本　一冊

500000 – 8702 – 0003071　VJ/23/108

濂亭文集八卷　(清)張裕釗撰　(清)查燕緒編　清光緒八年(1882)查氏木漸齋刻本　二冊

500000 – 8702 – 0003072　VJ/23/109

佩弦齋文存三卷駢文存一卷詩存一卷試帖存一卷律賦存一卷雜存一卷附傳狀一卷　(清)朱一新撰　清光緒朱氏葆真堂刻本　三冊

500000 – 8702 – 0003073　VJ/23/110

李鴻章手札一卷彭玉麟手札一卷　(清)李鴻章　(清)彭玉麟撰　清光緒點石齋景印本　一冊

500000 – 8702 – 0003074　VJ/23/111

李文忠公朋僚函稿二十四卷　(清)李鴻章撰　(清)吳汝綸編輯　清光緒二十八年(1902)蓮池書社鉛印本　十二冊

500000 – 8702 – 0003075　VJ/23/114

越縵堂駢體文四卷附編散體文一卷　(清)李慈銘撰　(清)曾之撰編　清光緒二十三年(1897)曾氏刻本　四冊

500000 – 8702 – 0003076　VJ/23/115

艾廬遺稿六卷　(清)邵曾鑑著　清光緒二十三年(1897)刻本　二冊

500000 – 8702 – 0003077　VJ/23/116

桐鳳集一卷　(清)曾彥撰　清光緒十五年(1889)受經堂刻本　一冊

500000 – 8702 – 0003078　VJ/23/117

儀顧堂集十六卷　(清)陸心源撰　清同治十三年(1874)福州刻本　四冊

500000 – 8702 – 0003079　VJ/23/118

廣雅堂詩集二卷　(清)張之洞撰　清宣統二年(1910)四川官印局鉛印本　二冊

500000 – 8702 – 0003080　VJ/23/119

樊山集二十三卷續集十三卷　樊增祥撰　清光緒十九年(1893)樊氏刻本　七冊　存二十三卷(樊山集一至十、二十至二十三,續集一至五、十至十三)

500000 – 8702 – 0003081　VJ/23/120

拙尊園叢稿六卷　(清)黎庶昌撰　清光緒十九年(1893)上海醉六堂石印本　二冊

500000 – 8702 – 0003082　VJ/23/121

拙尊園叢稿六卷　(清)黎庶昌著　清光緒二十一年(1895)金陵狀元閣刻本　四冊

500000 – 8702 – 0003083　VJ/24/1

許竹篔時文二卷　(清)許景澄著　清同治九年(1870)陳氏刻本　二冊

500000 – 8702 – 0003084　VJ/24/3

盛氏危言五卷　鄭觀應著　清光緒二十年(1894)四川重慶術古堂書坊刻本　五冊

500000 – 8702 – 0003085　VJ/24/4

盛氏危言五卷　鄭觀應著　清光緒二十年(1894)四川重慶術古堂書坊刻本　五冊

500000 – 8702 – 0003086　VJ/24/5

盛氏危言正編六卷續編四卷補編六卷　鄭觀應著　清光緒二十二年(1896)上海書局石印本　十五冊　存十五卷(正編一、三至六,續編四卷,補編六卷)

500000 – 8702 – 0003087　VJ/24/6

盛氏危言全編十四卷　鄭觀應著　清光緒二十三年(1897)四川劍南同德會刻本　八冊

500000 – 8702 – 0003088　VJ/24/7

杏廬文鈔八卷　(清)諸福坤撰　清光緒二十七年(1901)刻本　三冊

500000 – 8702 – 0003089　VJ/24/8

清芬閣集十二卷　(清)朱采著　清光緒三十四年(1908)上海商務鉛印本　八冊

500000 – 8702 – 0003090　VJ/24/9

藝風堂文集七卷外編一卷　繆荃孫撰　清光緒二十六年至二十七年(1900 – 1901)刻本　四冊

500000 – 8702 – 0003091　VJ/24/10

藝風堂文漫存乙丁稿五卷　繆荃孫撰　清宣統刻本　一冊

500000－8702－0003092　VJ/24/11

留月軒文鈔一卷三冬消夜詩一卷　（清）朱國華著　清光緒二十八年（1902）天台齋品亨堂木活字印本　一冊

500000－8702－0003093　VJ/24/12

亦耕草堂詩鈔四卷　（清）焦繼華著　清光緒二十八年（1902）焦氏刻本　四冊

500000－8702－0003094　VJ/24/13

導古堂文集二卷　（清）胡薇元著　清光緒二十九年（1903）成都鉛印本　二冊

500000－8702－0003095　VJ/24/14

導古堂文集二卷　（清）胡薇元著　清光緒二十九年（1903）成都鉛印本　一冊

500000－8702－0003096　VJ/24/24

蠶盦集十八卷首一卷　曾廉著　清宣統三年（1911）曾氏會輔堂刻本　十二冊

500000－8702－0003097　VJ/24/32

飲冰室文集十六卷　梁啟超著　清宣統二年（1910）廣智書局鉛印本　八冊

500000－8702－0003098　VJ/24/33

飲冰室壬寅文集十八卷　梁啟超撰　清光緒石印本　一冊　存二卷（十七至十八）

500000－8702－0003099　VJ/24/42

夜雪集一卷　王闓運撰　（清）胡延錄　清光緒九年（1883）成都石室刻本　一冊

500000－8702－0003100　VJ/24/43

湘綺樓文八卷　王闓運著　清光緒三十四年（1908）湖南湘靈文社鉛印本　二冊

500000－8702－0003101　VJ/24/45

湘綺樓詩集四卷　王闓運撰　清宣統元年（1909）成都李氏鳳鳴堂刻本　一冊

500000－8702－0003102　VJ/24/47

湘綺樓箋啟八卷　王闓運著　清光緒三十三年（1907）長沙墨莊劉氏刻本　七冊

500000－8702－0003103　VJ/24/48

湘綺樓箋啟八卷　王闓運著　清光緒三十三年（1907）長沙墨莊劉氏刻本　四冊

500000－8702－0003104　VJ/24/50

湘綺樓箋啟八卷　王闓運撰　清宣統三年（1911）成都志古堂刻本　四冊

500000－8702－0003105　VJ/24/51

增注寫信必讀十卷　（清）唐芸洲編　清光緒二十五年（1899）上海商務鉛印本　一冊

500000－8702－0003106　VJ/24/52

普通應用尺牘教本二卷　（清）竇警凡著　清光緒三十三年（1907）上海文明書局石印本　二冊

500000－8702－0003107　VJ/24/156

花間集十卷　（五代）趙崇祚編　清光緒十四年（1888）邵武徐氏刻本　一冊

500000－8702－0003108　VJ/24/172

絕妙好詞箋七卷　（宋）周密輯　續鈔一卷（清）余集錄　補錄一卷　（清）徐楙補錄　詞選二卷　（清）張惠言錄　續詞選二卷　（清）董毅錄　附錄一卷　（清）黃景仁等著　清同治十一年（1872）會稽章氏刻本　三冊

500000－8702－0003109　VJ/24/177

御選歷代詩餘一百二十卷　（清）沈辰垣等纂修　清末上海蟫隱廬影印本　四十八冊

500000－8702－0003110　VJ/24/180

唐五代詞選三卷　（清）成肇麐選輯　清光緒十三年（1887）江寧刻本　一冊

500000－8702－0003111　VJ/24/197

宋四家詞選四卷　（清）周濟選輯　清道光十二年（1832）刻本　一冊

500000－8702－0003112　VJ/24/211

重編留青新集二十四卷　（清）陳枚輯　清光緒鉛印本　一冊　存二卷（七至八）

500000－8702－0003113　VJ/24/212

重編留青新集二十四卷　（清）陳枚輯　清光緒鉛印本　一冊　存一卷（七）

500000－8702－0003114　　VJ/24/213

篋中詞六卷詞續四卷　（清）譚獻纂錄　清光緒八年(1882)刻本　四冊

500000－8702－0003115　　VJ/24/215

薇省詞鈔十卷　（清）沈周儀選輯　清光緒二十四年(1898)刻本　二冊　存五卷(四至八)

500000－8702－0003116　　VJ/24/216

宋名家詞存四十種五十七卷　（明）毛晉編輯　清光緒刻本　二十冊

500000－8702－0003117　　VJ/24/221

歷朝詞綜三種一百六卷　（清）朱彝尊編輯（清）王昶續輯補　清光緒二十八年(1902)金匱浦氏刻本　二十四冊

500000－8702－0003118　　VJ/24/222

宋四家詞四卷　（清）胡延輯　清光緒四川官印局刻本　四冊

500000－8702－0003119　　VJ/24/226

蘇黃詞鈔二卷　（宋）蘇軾（宋）黃庭堅撰　清宣統元年(1909)上海中華國書館石印本　一冊

500000－8702－0003120　　VJ/24/250

夢窗詞四卷附校札記一卷補遺一卷　（宋）吳文英撰　清光緒三十四年(1908)歸安朱氏無著盦刻本　二冊

500000－8702－0003121　　VJ/24/258

草窗詞二卷補二卷　（宋）周密撰　清光緒二十六年(1900)朱氏無著盦刻本　一冊

500000－8702－0003122　　VJ/24/267

嶽餘集一卷鼓棹二卷瀟湘怨詞一卷詩譯一卷（清）王夫之撰　清同治湖南刻本　一冊

500000－8702－0003123　　VJ/24/268

吳梅村詞一卷　（清）吳偉業撰　清光緒十六年(1890)湖北官書處刻本　一冊

500000－8702－0003124　　VJ/24/275

彈指詞二卷　（清）顏貞觀著　清宣統海寧陳氏刻本　二冊

500000－8702－0003125　　VJ/24/282

曝書亭集詞註七卷　（清）朱彝尊撰（清）李富孫註　清嘉慶十九年(1814)校經廎刻本　三冊

500000－8702－0003126　　VJ/24/283

曝書亭詞拾遺三卷附志異一卷　（清）朱彝尊著（清）翁之潤輯　清光緒二十二年(1896)夏翁氏刻本　一冊

500000－8702－0003127　　VJ/24/287

板橋詩鈔不分卷　（清）鄭燮撰　清刻本　一冊

500000－8702－0003128　　VJ/24/290

憶雲詞甲乙丙丁稿四卷刪存補遺一卷　（清）項廷紀撰　清光緒二十五年(1899)湖南思賢書局刻本　一冊

500000－8702－0003129　　VJ/24/292

蠻雲軒詞二卷　（清）汪士進撰　清同治十一年(1872)北京刻本　一冊

500000－8702－0003130　　VJ/24/293

雲起軒詞鈔不分卷　（清）文廷式撰　清光緒三十三年(1907)南陵徐乃昌刻本　一冊

500000－8702－0003131　　VJ/24/294

倚月樓詞稿四卷　（清）周天麟撰　月樓琴語一卷　（清）蕭恒貞撰　清光緒七年(1881)刻本　一冊

500000－8702－0003132　　VJ/24/296

半塘填詞定稿二卷賸稿一卷　（清）王鵬運撰　清光緒三十二年(1906)朱孝藏刻本　一冊

500000－8702－0003133　　VJ/24/300

彊邨詞四卷前集一卷別集一卷　朱祖謀撰　清光緒三十一年(1905)刻本　二冊

500000－8702－0003134　　VJ/24/303

秋闈詞不分卷附假斯文賦一篇　（清）張汝玉著　清光緒合川刻本　一冊

500000－8702－0003135　　VJ/24/303.2

秋闈詞不分卷附假斯文賦一篇　（清）張汝玉著　清光緒合川刻本　一冊

500000－8702－0003136　　VJ/25/5

詞苑叢談十二卷　（清）徐釚編輯　清光緒有
正書局鉛印本　四冊

500000－8702－0003137　VJ/25/8

周氏詞辯二卷介存齋論詞雜著一卷　（清）周
濟撰　清光緒四年（1878）刻本　一冊

500000－8702－0003138　VJ/25/16

詞源二卷樂府指迷一卷詞旨一卷　（宋）張炎
等撰　清道光刻本　一冊

500000－8702－0003139　VJ/25/17

詞律二十卷　（清）萬樹撰　清保滋堂刻本
十二冊

500000－8702－0003140　VJ/25/21

詞律拾遺八卷詞律補遺一卷　（清）徐本立等
撰　清光緒石印本　四冊

500000－8702－0003141　VJ/25/35

增像第六才子書聖嘆外書五卷首一卷　（元）
王實甫原撰　（清）金人瑞批評　清光緒石印
本　一冊

500000－8702－0003142　VJ/25/36

西廂記四卷　（元）王實甫撰　清光緒坊刻朱
墨套印本　一冊　存一卷（四）

500000－8702－0003143　VJ/25/39

笠翁十種曲二十卷　（清）李漁編撰　清道光
十九年（1839）廣盛堂刻本　十冊

500000－8702－0003144　VJ/25/41

笠翁十二種曲　（清）李漁編撰　清咸豐四川
宏道堂刻本　九冊　缺三種六卷（慎鸞交二
卷、南柯記二卷、邯鄲夢二卷）

500000－8702－0003145　VJ/25/42

藏園九種曲　（清）蔣士銓著　清乾隆紅雪樓
刻本　六冊　缺一種二卷（桂林霜二卷）

500000－8702－0003146　VJ/25/43

藏園九種曲　（清）蔣士銓著　清道光煥乎堂
刻本　六冊　缺四種五卷（雪中人一卷、第二
碑一卷、空谷香二卷、四絃秋一卷）

500000－8702－0003147　VJ/25/45

倚晴樓七種曲十二卷　（清）黃燮清填詞　清

光緒七年（1881）馮氏海鹽刻本　十冊

500000－8702－0003148　VJ/25/46

玉獅堂十種曲十五卷附一卷　（清）陳烺撰
清光緒十七年（1891）石印本　十冊

500000－8702－0003149　VJ/25/49

第七才子書琵琶記六卷　（元）高明撰　清光
緒三十二年（1906）石印本　一冊

500000－8702－0003150　VJ/25/50

琵琶記五卷首一卷　（元）高明撰　清宣統二
年（1910）巴縣山父校天隱閣鉛印本　二冊

500000－8702－0003151　VJ/25/51

琵琶記五卷首一卷　（元）高明撰　清宣統二
年（1910）巴縣山父校天隱閣鉛印本　一冊

500000－8702－0003152　VJ/25/52

牡丹亭還魂記八卷　（明）湯顯祖撰　清宣統
芥子園刻本　四冊

500000－8702－0003153　VJ/25/56

批點燕子箋二卷四十二齣　（清）阮大鋮撰
清宣統二年（1910）暖紅室刻本　二冊

500000－8702－0003154　VJ/25/57

春燈謎二卷三十八齣　（清）阮大鋮撰　清夢
鳳樓暖紅室刻本　二冊

500000－8702－0003155　VJ/25/58

芝龕記六卷六十齣首一齣附詩銘一卷　（清）
董榕撰　清光緒十五年（1889）資中刻本
六冊

500000－8702－0003156　VJ/25/59

芝龕記六卷　（清）董榕撰　清光緒十五年
（1889）資中刻本　一冊　存一卷（一）

500000－8702－0003157　VJ/25/60

芙蓉碣傳奇二卷　（清）張雲驤填詞　（清）王
以懲評點　（清）吳孝緒按拍　清光緒九年
（1883）刻本　一冊

500000－8702－0003158　VJ/25/63

文星榜二卷　（清）沈起鳳撰　清古香林刻本
　四冊

500000－8702－0003159　VJ/25/64

伏虎韜二卷　（清）沈起鳳著　清古香林刻本
四冊

500000－8702－0003160　VJ/25/92

二十一史彈詞註十卷明史彈詞註一卷　（明）
楊慎編撰　（清）張三異續撰　（清）張仲璜註
清乾隆張氏視履堂刻本　八冊

500000－8702－0003161　VJ/25/93

二十一史彈詞註十卷　（明）楊慎編輯　（清）
張三異續撰　（清）張仲璜註　清乾隆張氏視
履堂刻本　四冊　存七卷（一至七）

500000－8702－0003162　VJ/25/94

二十一史彈詞註十卷明史彈詞註一卷　（明）
楊慎編撰　（清）張三異續撰　（清）張仲璜註
清乾隆五十一年（1786）視履堂刻本　八冊

500000－8702－0003163　VJ/25/95

二十一史彈詞註十卷明史彈詞註一卷　（明）
楊慎編輯　（清）張三異續撰　（清）張仲璜註
清嘉慶資善堂刻本　八冊

500000－8702－0003164　VJ/25/98

二度梅不分卷　（□）□□撰　清光緒三年
（1877）四川長清堂刻本　一冊

500000－8702－0003165　VJ/25/99

**詳註歷代述史詞四卷附歷朝統紀年號目錄一
卷**　（清）萌陽子撰　（清）嗜古氏釋　清光緒
八年（1882）刻本　一冊

500000－8702－0003166　VJ/25/100

何仙姑寶卷二卷　（□）□□撰　清光緒二十
三年（1897）江西省城養頤堂刻本　一冊

500000－8702－0003167　VJ/25/103

精忠報國川劇戲曲集不分卷　劉豹泉抄集
清光緒抄本　一冊

500000－8702－0003168　VJ/25/117

雙義圖全本一卷　（清）黃茂編　清光緒三十
四年（1908）戲曲改良公會刻本　一冊

500000－8702－0003169　VJ/25/157

綴白裘崑弋腔二集四卷四十九齣　（清）□□

輯　清刻本　二冊

500000－8702－0003170　VJ/25/160

中原音韻二卷　（元）周德清撰　清抄本　一
冊　存一卷（一）

500000－8702－0003171　VJ/25/169

樂府傳聲不分卷　（清）徐大椿撰　清刻本
一冊

500000－8702－0003172　VJ/25/179

唐人說薈一百六十四種二十卷　（清）陳世熙
輯　清道光刻本　二十冊

500000－8702－0003173　VJ/25/180

**古今說部叢書十集二百七十一種三百七十五
卷**　國學扶輪社校輯　清宣統二年至民國二
年（1910－1913）鉛印本　六十冊

500000－8702－0003174　VJ/26/5

太平廣記五百卷目錄十卷　（宋）李昉等纂修
清道光二十六年（1846）三讓睦記刻本　六
十四冊

500000－8702－0003175　VJ/26/10

情天寶鑑二十四卷　（明）馮夢龍撰　清光緒
石印本　一冊　存十卷（十五至二十四）

500000－8702－0003176　VJ/26/18

世說新語六卷　（南朝宋）劉義慶撰　（南朝
梁）劉峻注　（清）李錫齡校　清光緒二十二
年（1896）湖南長沙李氏惜陰軒刻本　六冊

500000－8702－0003177　VJ/26/21

世說新語補二十卷附釋名一卷　（南朝宋）劉
義慶撰　（南朝梁）劉峻註　（清）黃汝琳補訂
清乾隆二十七年（1762）黃氏茂清書屋刻本
五冊

500000－8702－0003178　VJ/26/38

河南邵氏聞見前錄二十卷　（宋）邵伯溫著
清嘉慶張海鵬照曠閣刻本　二冊

500000－8702－0003179　VJ/26/41

野獲編三十卷補遺四卷　（明）沈德符撰
（清）錢枋重編　清同治八年（1869）刻本　二
十冊

500000－8702－0003180　VJ/26/46

池北偶談二十六卷　（清）王士禎撰　清康熙
福建刻本　七冊　存二十三卷（一至十九、二
十三至二十六）

500000－8702－0003181　VJ/26/48

天香閣隨筆二卷附天香閣集一卷　（清）李介
撰　清咸豐伍氏粵雅堂刻本　一冊

500000－8702－0003182　VJ/26/50

柳南隨筆六卷續筆四卷　（清）王應奎撰　清
光緒四年（1878）上海申報館鉛印本　一冊

500000－8702－0003183　VJ/26/51

西青散記四卷　（清）史震林撰　清光緒石印
本　一冊　存一卷（三）

500000－8702－0003184　VJ/26/52

南野堂筆記十二卷　（清）吳文溥撰　清宣統
三年（1911）石印本　二冊

500000－8702－0003185　VJ/26/53

兩般秋雨盦隨筆八卷　（清）梁紹壬撰　清光
緒十年（1884）錢塘許氏刻本　八冊

500000－8702－0003186　VJ/26/59

無名雜鈔本一卷　（清）□□輯　清光緒抄本
　一冊

500000－8702－0003187　VJ/26/72

續博物志十卷　（宋）李石撰　清光緒元年
（1875）湖北崇文書局刻本　一冊

500000－8702－0003188　VJ/26/73

**神異經一卷海內十洲記一卷洞冥記四卷穆天
子傳六卷**　（漢）東方朔等撰　清光緒元年
（1875）湖北崇文書局刻本　一冊

500000－8702－0003189　VJ/26/74

拾遺記十卷　（晉）王嘉著　（南朝梁）蕭綺錄
　清光緒元年（1875）湖北崇文書局刻本
一冊

500000－8702－0003190　VJ/26/75

述異記二卷　（南朝梁）任昉撰　清光緒元年
（1875）湖北崇文書局刻本　一冊

500000－8702－0003191　VJ/26/76

述異記二卷　（南朝梁）任昉撰　清光緒元年
（1875）湖北崇文書局刻本　一冊

500000－8702－0003192　VJ/26/78

夷堅志五十卷　（宋）洪邁撰　清宣統三年
（1911）上海黎光社石印本　十六冊

500000－8702－0003193　VJ/20/84

豈有此理四卷更豈有此理四卷　題（清）半軒
主人撰　清道光刻本　四冊

500000－8702－0003194　VJ/26/85

豈有此理四卷更豈有此理四卷　題（清）半軒
主人撰　清道光刻本　四冊

500000－8702－0003195　VJ/26/87

世界第一譚不分卷　（日本）村上俊藏著
（日本）茂原周輔譯　清光緒二十九年（1903）
上海文明書局鉛印本　一冊

500000－8702－0003196　VJ/26/90

西湖佳話古今遺跡十六卷　題（清）墨浪子編
輯　清同治四川宏道堂刻本　四冊

500000－8702－0003197　VJ/26/91

十二圓覺不分卷　（□）□□撰　清光緒刻本
　一冊

500000－8702－0003198　VJ/26/92

雕龍扇三卷　（□）□□撰　清光緒合川文茂
堂刻本　一冊

500000－8702－0003199　VJ/26/93

躋春臺二集八卷　劉省三編輯　清宣統三年
（1911）蜀東善成堂刻本　八冊

500000－8702－0003200　VJ/26/96

苦心救世錄□□卷　（□）□□撰　清光緒刻
本　一冊　存一卷（四）

500000－8702－0003201　VJ/26/100

詳註聊齋志異圖詠十六卷　（清）蒲松齡撰
（清）呂湛恩註　清光緒十二年（1886）上海共
和書局石印本　十二冊

500000－8702－0003202　VJ/26/101

詳註聊齋志異圖詠十六卷　（清）蒲松齡撰
（清）呂湛恩註　清光緒上海共和書局石印本

一册　存八卷(一至八)

500000－8702－0003203　VJ/26/102

詳註聊齋志異圖詠十六卷　(清)蒲松齡撰
(清)呂湛恩註　清光緒石印本　一册　存四
卷(一至四)

500000－8702－0003204　VJ/26/103

詳註聊齋志異圖詠十六卷　(清)蒲松齡撰
(清)呂湛恩註　清光緒上海鴻寶齋書局石印
本　三册　存六卷(一至六)

500000－8702－0003205　VJ/26/104

詳註聊齋志異圖詠十六卷　(清)蒲松齡撰
(清)呂湛恩註　清光緒石印本　一册　存二
卷(十三至十四)

500000－8702－0003206　VJ/26/105

聊齋志異新評十六卷　(清)蒲松齡撰　(清)
王士正評　(清)但明倫新評　清光緒刻本
一册　存一卷(十五)

500000－8702－0003207　VJ/26/106

聊齋續編八卷　(清)柳春浦撰　(清)宋永岳
編　清道光十年(1830)揚州秋聲館刻本
八册

500000－8702－0003208　VJ/26/107

閱微草堂筆記二十四卷　(清)紀昀撰　(清)
盛時彥編輯　清道光十三年(1833)羊城刻本
十册

500000－8702－0003209　VJ/26/114

夜談隨錄十二卷　題(清)霽園主人閑齋氏撰
　清刻本　十册　存十卷(一至七、九、十一
至十二)

500000－8702－0003210　VJ/26/115

秋燈叢話十八卷　(清)王椷撰　清嘉慶十七
年(1812)刻本　八册

500000－8702－0003211　VJ/26/116

挑燈新錄六卷　(清)吳荆園撰　清道光三年
(1823)嘯月樓刻本　三册

500000－8702－0003212　VJ/26/117

螢牕異草初編四卷　題(清)浩歌子著　清光

緒上海申報館鉛印本　二册　存三卷(一、三
至四)

500000－8702－0003213　VJ/26/119

**繪圖增像第五才子書水滸全傳七卷首一卷七
十回**　(元)施耐庵著　(清)金人瑞評　清宣
統二年(1910)上海章福記石印本　六册　存
六卷(一至二、五至七,首一卷)

500000－8702－0003214　VJ/26/120

夏商合傳十卷三十一回　(明)鍾惺編撰　清
光緒三十二年(1906)四川宏道堂刻本　八册

500000－8702－0003215　VJ/26/121

禪真逸史四十回　題(明)清溪道人編次　清
咸豐至同治文順堂刻本　十二册

500000－8702－0003216　VJ/26/122

嬋真後史五十三回　題(明)清溪道人編次
清咸豐至同治四川文魁堂刻本　六册

500000－8702－0003217　VJ/26/123

醉菩提全傳四卷二十回　題(清)天花藏主人
編次　清同治至光緒四川刻本　一册

500000－8702－0003218　VJ/26/124

神仙鑑首二十二卷　(清)徐道撰　(清)程毓
奇續　清道光至咸豐刻本　二十二册

500000－8702－0003219　VJ/26/125

神仙鑑首二十二卷　(清)徐道撰　(清)程毓
奇續　清道光至咸豐刻本　十九册　存二十
卷(一、三至七、九至二十二)

500000－8702－0003220　VJ/26/129

增評加批金玉緣圖說十五卷一百二十回
(清)曹霑撰　題(清)蝶薌仙史評訂　清光緒
三十四年(1908)上海求志齋石印本　八册
存八卷六十四回(卷一至五之一至三十四回、
卷十三至十五之九十一至一百二十回)

500000－8702－0003221　VJ/26/134

東周列國全志二十三卷首一卷　(清)蔡元放
評　清光緒四川善成堂書刻本　二十三册

500000－8702－0003222　VJ/26/135

東周列國全志二十三卷首一卷　(清)蔡元放

評　清光緒十九年（1893）湖南瀚雅書局刻本
　　二十三冊　存二十三卷（一至二十一、二十
　　三,首一卷）

500000－8702－0003223　VJ/27/1
東周列國全志二十三卷首一卷　（清）蔡元放
評　清光緒石印本　一冊　存一卷（四）

500000－8702－0003224　VJ/27/1.1
東周列國全志二十三卷首一卷　（清）蔡元放
評　清光緒石印本　一冊　存一卷（八）

500000－8702－0003225　VJ/27/2
繡像全圖東西漢通俗演義八卷　（□）□□撰
　　清光緒三十年（1904）上海章福記石印本
六冊

500000－8702－0003226　VJ/27/3
繪圖東西漢演義六卷　（明）謝詔撰　清光緒
石印本　六冊

500000－8702－0003227　VJ/27/4
繡像繪圖二十四史通俗演義六卷　（清）呂安
世輯撰　清光緒上海進步書局石印本　六冊

500000－8702－0003228　VJ/27/15
牙牌圖詠不分卷　（清）晏雲耕撰　清光緒二
十九年（1903）鉛印本　一冊

500000－8702－0003229　VJ/27/17
文心雕龍十卷　（南朝梁）劉勰撰　（清）黃叔
琳注　清嘉慶四川知價宬刻本　五冊

500000－8702－0003230　VJ/27/18
文心雕龍十卷　（南朝梁）劉勰撰　（清）黃叔
琳注　（清）紀昀評　清道光十三年（1833）兩
廣節署朱墨套印本　四冊

500000－8702－0003231　VJ/27/19
文心雕龍十卷　（南朝梁）劉勰撰　（清）黃叔
琳注　（清）紀昀評　清道光至咸豐廣東翰墨
園朱墨套印本　四冊

500000－8702－0003232　VJ/27/20
文心雕龍十卷　（南朝梁）劉勰撰　（清）黃叔
琳注　（清）紀昀評　清道光至咸豐廣東翰墨
園朱墨套印本　三冊　存八卷（三至十）

500000－8702－0003233　VJ/27/35
詩品一卷詩品三卷四庫全書辨正通俗文字一
卷　（唐）司空圖　（南朝梁）鍾嶸　（清）陸
費墀撰　清乾隆南川陳氏刻本　一冊

500000－8702－0003234　VJ/27/38
詩品註釋一卷　（唐）司空圖撰　（清）鄭鑑注
　　清書香室刻本　一冊

500000－8702－0003235　VJ/27/39
圓機活法詩學全書二十四卷　（明）王世貞等
校輯　（清）蔣先庚重訂　清光緒四川宏道堂
刻本　十二冊

500000－8702－0003236　VJ/27/40
彙纂詩法度針八集三十三卷首一卷　（清）徐
文弼編輯　清四川刻本　八冊

500000－8702－0003237　VJ/27/41
彙纂詩法度針八集三十三卷首一卷　（清）徐
文弼編輯　清湖南刻本　六冊　缺四卷（一
至三、首一卷）

500000－8702－0003238　VJ/27/51
茗谿漁隱叢話前集六十卷後集四十卷　（宋）
胡仔撰　清耘經樓刻本　四冊

500000－8702－0003239　VJ/27/57
滄浪詩話註五卷　（宋）嚴羽撰　（清）胡鑑註
　　清光緒石印本　三冊

500000－8702－0003240　VJ/27/61
漁洋詩話二卷　（清）王士禛撰　清宣統二年
（1910）掃葉山房石印本　一冊

500000－8702－0003241　VJ/27/63
帶經堂詩話三十卷首一卷　（清）王士禛撰
（清）張宗柟輯　清同治十二年（1873）廣州藏
修堂刻本　四冊

500000－8702－0003242　VJ/27/73
定香亭筆談四卷　（清）阮元撰　清光緒二十
五年（1899）浙江書局刻本　四冊

500000－8702－0003243　VJ/27/75
樵說十卷　題（清）蜀西樵也撰　清光緒十八
年（1892）刻本　二冊

500000 – 8702 – 0003244　VJ/27/76

藝概六卷　（清）劉熙載撰　清光緒二十九年（1903）成都官書局鉛印本　二冊

500000 – 8702 – 0003245　VJ/27/77

明詩紀事甲乙丙丁籤八十一卷　陳田輯　清光緒二十五年至三十三年（1899 – 1907）貴陽陳氏聽詩齋刻本　十六冊

500000 – 8702 – 0003246　VJ/27/89

詩韻集成十卷附詞林典腋五卷　（清）余照輯　清光緒大文堂刻本　二冊

500000 – 8702 – 0003247　VJ/27/90

詩韻集成十卷附詞林典腋五卷　（清）余照輯　清光緒四年（1878）四川刻本　四冊

500000 – 8702 – 0003248　VJ/27/94

詩韻合璧五卷附六種十八卷　（清）許時庚編　清光緒十二年（1886）上海公興書局鉛印本　五冊

500000 – 8702 – 0003249　VJ/27/99

詩韻類錦十二卷　（清）郭化霖編　清光緒刻本　一冊　存一卷（二）

500000 – 8702 – 0003250　VJ/27/101

詩句題解彙編四卷附姓氏考一卷　檢古齋編　清光緒十六年（1890）上海檢古齋石印本　四冊

500000 – 8702 – 0003251　VJ/27/104

金石三例十五卷　（明）楊本編　（清）王芑孫評　清光緒四年（1878）南海馮氏讀有用書齋朱墨套印本　四冊

500000 – 8702 – 0003252　VJ/27/105

金石三例續編十卷　（清）徐士愷　（清）朱記榮輯校　清光緒十二年（1886）觀自得齋刻本　四冊

500000 – 8702 – 0003253　VJ/27/108

讀文雜記一卷　（清）方宗誠撰　清光緒四年（1878）刻本　一冊

500000 – 8702 – 0003254　VJ/27/109

制義叢話二十四卷　（清）梁章鉅撰　清咸豐九年（1859）廣州刻本　七冊　存二十一卷（一至二十一）

500000 – 8702 – 0003255　VJ/27/113

賦學正鵠集釋十卷　（清）李元度輯撰　清光緒十一年（1885）文昌書局刻本　八冊

500000 – 8702 – 0003256　VJ/27/114

賦學正鵠集釋十一卷　（清）李元度輯撰　清光緒九年（1883）巴蜀善成書屋刻本　六冊

500000 – 8702 – 0003257　VJ/27/115

十四層啓蒙捷訣二卷　（清）曹原亮撰　清同治至光緒四川世順堂刻本　一冊

500000 – 8702 – 0003258　VJ/27/116

文思比類六卷　（清）廖玉湘輯　清光緒十四年（1888）新都廖氏誦芬書屋刻本　六冊

500000 – 8702 – 0003259　C/20/8

廣漢魏叢書八十種　（明）何允中增輯　清嘉慶刻本　九十二冊　缺一種三十卷（論衡三十卷）

500000 – 8702 – 0003260　C/21/2

增訂漢魏叢書八十六種　（清）王謨增輯　清乾隆五十六年（1791）王氏刻本　一百八冊

500000 – 8702 – 0003261　C/21/1

增訂漢魏叢書八十六種　（清）王謨增輯（清）盧秉鈞校　清光緒三年（1877）盧氏紅杏山房刻本　一百四冊

500000 – 8702 – 0003262　C/21/3

增訂漢魏叢書八十六種　（清）王謨增輯（清）盧秉鈞校　清光緒三年（1877）盧氏紅杏山房刻本　一百冊

500000 – 8702 – 0003263　C/21/4

增訂漢魏叢書八十六種　（清）王謨增輯　清光緒二十年（1894）湖南藝文書局刻本　一百冊

500000 – 8702 – 0003264　C/21/5

增訂漢魏叢書九十六種　（清）王謨增輯　清宣統三年（1911）上海大通書局石印本　三十二冊

500000 – 8702 – 0003265　C/2X/1

正誼堂全書六十三種　（清）張伯行輯撰　清同治五年(1866)福州正誼書院刻本　一百冊

500000 – 8702 – 0003266　C/21/8

武英殿聚珍版叢書五十四種　江西書局輯　清同治十三年(1874)刻本　一百二十八冊

500000 – 8702 – 0003267　C/5X/1

武英殿聚珍版叢書五十四種　江西書局輯　清同治十三年(1874)刻本　一百二十八冊

500000 – 8702 – 0003268　C/6X/1

武英殿聚珍版叢書一百四十九種　（清）□□輯　清光緒十八年(1892)聚珍版印本　一千冊

500000 – 8702 – 0003269　C/18/1

知不足齋叢書三十集二百種　（清）鮑廷博編輯　清道光刻本　二百四十冊

500000 – 8702 – 0003270　C/19/1

知不足齋叢書三十集二百種　（清）鮑廷博編輯　清廣州刻本　二百四十冊

500000 – 8702 – 0003271　C/19/3

函海一百六十八種　（清）李調元彙輯　清嘉慶十四年至道光五年(1809 – 1825)李氏萬卷樓刻本　一百六十五冊

500000 – 8702 – 0003272　C/20/1

經訓堂叢書二十一種　（清）畢沅校輯　清光緒十三年(1887)同文書局影印本　十八冊　缺十四卷(夏小正攷注一卷、老子道德經攷異二卷、呂氏春秋一至十一)

500000 – 8702 – 0003273　C/1X/2

平津館叢書四十三種　（清）孫星衍輯　清光緒十一年(1885)吳縣朱氏槐廬刻本　五十冊

500000 – 8702 – 0003274　C/14/3

二酉堂叢書三十六種　（清）張澍輯校　清道光元年(1821)武威張氏二酉堂刻本　十二冊

500000 – 8702 – 0003275　C/14/2

湖海樓叢書十三種　（清）陳春編輯　清嘉慶陳氏湖海樓刻本　三十二冊

500000 – 8702 – 0003276　C/14/1

湖海樓叢書十三種　（清）陳春編輯　清嘉慶二十年(1815)湖海樓刻本　十九冊　存八種五十三卷(孟子雜記四卷、列子八卷附釋文二卷、尸子二卷存疑一卷、尹文子一卷、學林十卷、厄林十卷補遺一卷、訂譌雜錄十卷、龍筋鳳髓判四卷)

500000 – 8702 – 0003277　C/14/4

古棠書屋叢書十八種　（清）孫澍等纂輯　清道光十四年(1834)岷陽孫氏刻本　三十冊　存十二種六十八卷(杜主開明前志四卷岷陽古帝墓祠後志八卷，楊文憲公[慎]年譜一卷，蜀詩一至四、七至十一，何竹有詩集二卷，國朝古文選二卷，童山詩選五卷，虞文靖公道園全集詩八卷，掣鯨堂詩選九卷，孫春皋詩集二卷，瘦石文抄十三卷，小方壺試律詩三卷，許水南詩集二卷)

500000 – 8702 – 0003278　C/14/5

惜陰軒叢書正編三十四種續編五種　（清）李錫齡輯刊　清光緒二十二年(1896)湖南長沙刻本　九十八冊

500000 – 8702 – 0003279　C/15/2

海山仙館叢書五十六種　（清）潘仕成輯刊　清道光至咸豐海南潘氏刻本　一百二十冊

500000 – 8702 – 0003280　C/15/3

粵雅堂叢書二十五集一百六十九種　（清）伍崇曜輯　清道光至咸豐伍氏粵雅堂刻本　三百十九冊　缺一種一卷(日湖漁唱一卷)

500000 – 8702 – 0003281　C/15/4

小石山房叢書四十種　（清）顧湘編輯　清同治十三年(1874)虞山顧氏刻本　十六冊

500000 – 8702 – 0003282　C/15/5

式訓堂叢書四十一種　（清）章壽康輯　清光緒四年至六年(1878 – 1880)會稽章氏刻本　十二冊　存十二種四十九卷(古易音訓二卷、傳經表二卷、漢書西域傳補注二卷、晉書地理志新補正五卷、乾道臨安志十五卷附札記一卷、弟子職集解一卷、呂子校補二卷、拜經樓藏書題跋記五卷附錄一卷、經籍跋文一卷附

對策六卷、溉亭述古錄二卷、志銘廣例二卷、金石例補二卷）

500000 - 8702 - 0003283　C/16/1
十萬卷樓叢書初編十七種　（清）陸心源輯　清光緒五年(1879)吳興陸氏刻本　四十八冊

500000 - 8702 - 0003284　C/71X/1
十萬卷樓叢書初編十七種二編二十種三編十五種　（清）陸心源輯　清光緒五年至十八年(1879 - 1892)歸安陸氏刻本　一百二十冊

500000 - 8702 - 0003285　C/16/2
仰視千七百二十九鶴齋叢書五集三十種　（清）趙之謙輯　清光緒六年(1880)浙江趙氏刻本　三十冊

500000 - 8702 - 0003286　C/16/3
後知不足齋叢書初編二十五種　（清）鮑廷爵編輯　清光緒七年至十年(1881 - 1884)常熟鮑氏刻本　二十四冊

500000 - 8702 - 0003287　C/16/5
玉函山房輯佚書六百四十四種　（清）馬國翰輯刊　清光緒九年(1883)長沙瑯環仙館刻本　一百冊

500000 - 8702 - 0003288　C/16/4
玉函山房輯佚書六百四十四種　（清）馬國翰輯刊　清光緒九年(1883)長沙瑯環仙館刻本　九十五冊　缺四十種五十一卷（五經通論一卷、五經鉤沉一卷、五經大義一卷、六經要注一卷、七經義綱一卷、五經折疑一卷、尚書中候三卷、尚書緯璇璣鈐一卷、尚書緯考靈曜一卷、尚書緯刑德放一卷、尚書緯帝命驗一卷、尚書緯運期授一卷、詩緯推度災一卷、詩緯汜歷樞一卷、詩緯含神霧一卷、禮緯舍文嘉一卷、禮緯稽命徵一卷、禮緯斗威儀一卷、樂緯動聲儀一卷、樂緯稽耀嘉一卷、樂緯叶圖徵一卷、春秋緯感精符一卷、春秋緯文耀鉤一卷、春秋緯運斗樞一卷、春秋緯合誠圖一卷、春秋緯考異郵一卷、春秋緯保乾圖一卷、春秋緯元命苞二卷、春秋命歷序一卷、春秋內事一卷、孝經緯援神契二卷、孝經緯鉤命訣一卷、孝經中契一卷、孝經左契一卷、孝經右契一

卷、孝經內事圖一卷、孝經章句一卷、孝經雌雄圖一卷、孝經古祕一卷、論語讖八卷）

500000 - 8702 - 0003289　C/16/6
邵武徐氏叢書初刻十五種　（清）徐幹輯　清光緒邵武徐氏刻本　二十冊

500000 - 8702 - 0003290　C/16/7
花雨樓七種　（清）張壽榮輯　清光緒蛟川張氏刻本　十冊

500000 - 8702 - 0003291　C/16/8
益雅堂叢書六十五種　（清）傅世洵輯校　清光緒華陽藝林山房刻本　二十二冊　存十三種七十九卷（埤雅二十卷、比雅十九卷、廣雅十卷、別雅五卷、篆訣辯釋一卷、六藝綱目二卷附錄二卷、字林經策萃華八卷、菊逸山房天學一卷、天元一術圖說一卷、五經算術二卷附考證一卷、人物志三卷、人倫大統賦二卷、經書算學天文考二卷）

500000 - 8702 - 0003292　C/16/9
榆園叢書十六種　（清）許增輯　清同治至光緒刻本　十六冊

500000 - 8702 - 0003293　C/16/10
崇文書局彙刻書三十一種　崇文書局輯　清光緒三年(1877)湖北崇文書局刻本　六十冊

500000 - 8702 - 0003294　C/16/11
正覺樓叢刻二十九種　崇文書局輯　清光緒崇文書局刻本　三十六冊

500000 - 8702 - 0003295　C/17/1
藕香零拾三十九種　繆荃孫輯　清光緒二十二年至宣統二年(1896 - 1910)刻本　三十二冊

500000 - 8702 - 0003296　C/17/2
觀古堂所刊書十種　葉德輝輯　清光緒二十八年(1902)刻本　十五冊

500000 - 8702 - 0003297　C/17/3
雙楳景闇叢書十七種　葉德輝輯　清光緒、宣統長沙葉氏刻本　四冊　存十二種二十卷（觀戲絕句三卷、木皮散人鼓詞一卷、萬古愁

曲一卷、乾嘉詩壇點將錄一卷、重刻點將錄一卷、東林點將錄一卷、秦雲擷英譜一卷、燕蘭小譜五卷、海鷗小譜一卷、青樓集一卷、板橋雜記三卷、吳門畫舫錄一卷)

500000－8702－0003298　C/17/4

聚學軒叢書第二集十種　劉世珩輯　清光緒貴池劉氏刻本　十六冊

500000－8702－0003299　C/11/4

適園叢書十二集七十六種　張鈞衡輯刊　清宣統三年(1911)南林張氏刻本　一百九十二冊

500000－8702－0003300　C/12/9

嶺南遺書六集五十九種　(清)伍元薇　(清)伍崇曜輯　清道光至同治南海伍氏粵雅堂刻本　一百二冊　缺二種六十卷(毛詩通考三十卷、毛詩識小三十卷)

500000－8702－0003301　C/12/10

嶺南遺書六集五十九種　(清)伍元薇　(清)伍崇曜輯　清道光至同治南海伍氏粵雅堂刻本　八十九冊　缺二卷(端溪硯史一至二)

500000－8702－0003302　C/12/11

永嘉叢書八種　(清)孫衣言輯　清同治十年(1871)瑞安孫氏江蘇書局刻本　十九冊

500000－8702－0003303　C/61X/1

武林掌故叢編二十二集一百七十五種　(清)丁丙輯　清光緒十二年(1886)錢塘丁氏嘉惠堂刻本　一百七十六冊

500000－8702－0003304　C/1/1

三蘇全集九十四卷目錄二卷　(宋)蘇洵等著　(清)王之俊輯　清嘉慶二十五年(1820)刻道光五年(1825)眉州三蘇祠印本　四十冊

500000－8702－0003305　C/1/2

三蘇全集六種　(宋)蘇洵等著　清道光十二年至十三年(1832－1833)眉州三蘇祠刻本　八十一冊

500000－8702－0003306　C/1/3

三蘇全集六種　(宋)蘇洵等著　清道光十二

年至十三年(1832－1833)眉州三蘇祠刻本　八十冊

500000－8702－0003307　C/1/4

三蘇全集六種　(宋)蘇洵等著　清道光十二年至十三年(1832－1833)眉州三蘇祠刻本　七十二冊

500000－8702－0003308　C/1/5

三蘇全集六種　(宋)蘇洵等著　清道光十二年至十三年(1832－1833)眉州三蘇祠刻本　八十冊

500000－8702－0003309　C/1/6

三蘇全集六種　(宋)蘇洵等著　清道光十二年至十三年(1832－1833)眉州三蘇祠刻本　七十三冊

500000－8702－0003310　C/1/7

三蘇全集六種　(宋)蘇洵等著　清道光十二年至十三年(1832－1833)眉州三蘇祠刻本　八十冊

500000－8702－0003311　C/2/1

三蘇全集六種　(宋)蘇洵等著　清道光十二年至十三年(1832－1833)眉州三蘇祠刻本　七十八冊

500000－8702－0003312　C/2/6

寧都三魏全集三種　(清)魏際瑞等撰　清道光二十五年(1845)謝氏刻本　五十冊

500000－8702－0003313　C/2/7

寧都三魏全集三種　(清)魏際瑞等撰　清道光二十五年(1845)謝氏刻本　四十八冊　缺一種八卷(魏叔子詩集八卷)

500000－8702－0003314　C/2/8

洛陽曹氏叢書八種　(清)曹曾矩編輯　清光緒二十五年(1899)曹氏養雲山房刻本　八冊

500000－8702－0003315　C/2/9

曹氏傳芳錄三種　(宋)曹淇等著　清宣統元年(1909)天台曹氏木活字印本　二冊

500000－8702－0003316　C/2/12

歐陽文忠公集十種　(宋)歐陽修著　(宋)周

168

必大編 清光緒十九年(1893)湖南澹雅書局刻本 四十冊

500000－8702－0003317 C/3/2
石林遺書十三種 (宋)葉夢得撰 清光緒至宣統長沙葉氏觀古堂刻本 十六冊

500000－8702－0003318 C/3/3
蘇東坡全集七種 (宋)蘇軾著 繆荃孫校 清光緒三十四年(1908)影印本 四十八冊

500000－8702－0003319 C/3/4
蘇東坡全集七種 (宋)蘇軾著 繆荃孫校 清光緒三十四年(1908)影印本 四十八冊

500000－8702－0003320 C/3/5
蘇東坡全集七種 (宋)蘇軾著 繆荃孫校 清光緒三十四年(1908)影印本 四十三冊 缺十卷(正集二至四,後集十五至十七,奏議一至二,續集三、十一)

500000－8702－0003321 C/3/9
宋黃文節公全集三十二卷 (宋)黃庭堅著 清光緒二十年(1894)義寧縣署黃氏刻本 二十八冊

500000－8702－0003322 C/3/10
周益國文忠公集二十五種 (宋)周必大撰 清道光二十八年(1848)歐陽棨刻咸豐元年(1851)增刻本 四十冊

500000－8702－0003323 C/3/11
周益國文忠公集二十五種 (宋)周必大撰 清道光二十八年(1848)歐陽棨刻咸豐元年(1851)增刻本 六十冊

500000－8702－0003324 C/3/13
真文忠公全集七種 (宋)真德秀著 清乾隆二年(1737)真氏祠堂拱極堂刻本 八十四冊 缺一種四十卷(讀書志四十卷)

500000－8702－0003325 C/4/7
孫文恭公遺書八種 (明)孫應鰲著 清宣統二年(1910)南洋官書局鉛印本 八冊

500000－8702－0003326 C/4/8
黎洲遺著彙刊二十七種 (清)黃宗羲撰 清

宣統二年(1910)時中書局鉛印本 十冊

500000－8702－0003327 C/4/10
西堂全集十五種 (清)尤侗著 清乾隆文富堂刻本 二十冊

500000－8702－0003328 C/4/11
船山遺書六十二種 (清)王夫之撰 清同治四年(1865)曾國荃金陵刻本 一百冊

500000－8702－0003329 C/4/12
船山遺書六十二種 (清)王夫之撰 清同治四年(1865)曾國荃金陵刻本 一百冊

500000－8702－0003330 C/5/3
王船山先生經史論八種 (清)王夫之撰 清光緒二十五年(1899)慎記書局石印本 十六冊

500000－8702－0003331 C/5/4
王船山先生經史論八種 (清)王夫之撰 清光緒二十五年(1899)慎記書局石印本 十六冊

500000－8702－0003332 C/5/5
貫華堂才子書彙稿十種 (清)金人瑞撰 清宣統二年(1910)順德鄧氏刻本 四冊

500000－8702－0003333 C/5/6
貫華堂才子書彙稿十種 (清)金人瑞撰 清宣統二年(1910)順德鄧氏刻本 四冊

500000－8702－0003334 C/5/7
湯文正公全集四種 (清)湯斌撰 清同治九年(1870)湯氏祠堂刻本 三十二冊

500000－8702－0003335 C/5/9
藏書十八種 (清)朱軾撰輯 清康熙至乾隆刻嘉慶增刻本 六十四冊

500000－8702－0003336 C/5/11
劉海峯集五種十九卷 (清)劉大櫆撰 清同治十三年至光緒二年(1874－1876)劉氏刻本 十三冊

500000－8702－0003337 C/5/12
鮚埼亭集三十八卷經史問答十卷 (清)全祖望著 清嘉慶九年(1804)餘姚史夢蛟刻本

十二冊

500000－8702－0003338　C/5/15
隨園三十種　（清）袁枚撰　清咸豐四年（1854）刻本　八十冊

500000－8702－0003339　C/5/16
隨園三十種　（清）袁枚撰　清咸豐四年（1854）刻本　九十九冊　缺二卷（新齊諧九至十）

500000－8702－0003340　C/6/3
洪北江先生遺集二十種　（清）洪亮吉撰　清光緒三年至五年（1877－1879）洪氏授經堂刻本　五十冊

500000－8702－0003341　C/6/5
焦氏叢書二十二種　（清）焦循撰　清光緒二年（1876）衡陽魏氏刻本　四十八冊

500000－8702－0003342　C/6/6
有正味齋全集二十一種　（清）吳錫麒撰　清道光刻本　十六冊

500000－8702－0003343　C/6/7
槐軒全書二十二種　（清）劉沅撰　清咸豐至民國西充鮮于氏特園刻本　一百三冊　缺三種三卷（明良志略一卷、下學梯航一卷、蒙訓一卷）

500000－8702－0003344　C/6/8
槐軒全書二十二種　（清）劉沅撰　清咸豐至民國西充鮮于氏特園刻本　一百五冊　缺三卷（贅言一卷、家言一卷、雜問一卷）

500000－8702－0003345　C/7/1
槐軒全書二十二種　（清）劉沅撰　清咸豐至民國西充鮮于氏特園刻本　一百五冊　缺三卷（贅言一卷、家言一卷、雜問一卷）

500000－8702－0003346　C/7/4
左海全集八種　（清）陳壽祺撰　清嘉慶至道光陳氏刻本　二十三冊

500000－8702－0003347　C/7/5
崇百藥齋集文集二十卷續集四卷三集十二卷　（清）陸繼輅著　清嘉慶二十五年（1820）合

肥學社刻光緒四年（1878）重修本　十二冊

500000－8702－0003348　C/7/8
曾文正公全集十三種　（清）曾國藩撰　清光緒二年至三年（1876－1877）湖南傳忠書局刻本　一百十三冊

500000－8702－0003349　C/7/9
曾文正公全集十七種　（清）曾國藩撰　清光緒二年至五年（1876－1879）湖南傳忠書局刻本　一百六十冊

500000－8702－0003350　C/8/1
曾文正公全集十四種　（清）曾國藩撰　清光緒湖南傳忠書局刻本　一百二十冊

500000－8702－0003351　C/8/2
曾文正公全集十四種　（清）曾國藩撰　清光緒二十八年（1902）耕餘書屋石印本　二十四冊　缺二種五十四卷（十八家詩抄二十八卷、經史百家雜抄二十六卷）

500000－8702－0003352　C/3X/2
嘉定錢氏潛研堂全書二十二種　（清）錢大昕著　清光緒十年（1884）長沙龍氏家塾刻本　六十四冊

500000－8702－0003353　C/8/5
頻羅庵遺集七種　（清）梁同書撰　清嘉慶二十二年（1817）梁氏刻本　五冊

500000－8702－0003354　C/8/6
惜抱軒全集十四種　（清）姚鼐著　清同治五年（1866）李氏省心閣刻本　十六冊

500000－8702－0003355　C/8/11
左文襄公全集六種　（清）左宗棠著　清光緒十八年（1892）刻本　一百四冊

500000－8702－0003356　C/8/12
左文襄公全集七種　（清）左宗棠著　清光緒十八年（1892）刻本　一百十四冊

500000－8702－0003357　C/8/13
郁鄦山房集五種　（清）趙樹吉撰　清光緒八年至十一年（1882－1885）成都汗青簃刻本　三冊

500000－8702－0003358　C/8/14

春在堂全書一百六十二種　（清）俞樾撰　清同治十年(1871)俞氏刻本　一百冊

500000－8702－0003359　C/9/1

春在堂全書二十八種　（清）俞樾撰　清光緒十五年(1889)刻本　八十冊

500000－8702－0003360　C/9/2

曾忠襄公全集五種　（清）曾國荃著　蕭榮爵輯　清光緒二十九年(1903)長沙刻本　六十四冊

500000－8702－0003361　C/9/3

學壽堂叢書十二種　（清）徐紹楨輯撰　清咸豐至光緒刻本　二十六冊

500000－8702－0003362　C/9/4

魏稼孫先生全集四種　（清）魏錫曾撰　清光緒九年(1883)魏氏羊城刻本　十四冊

500000－8702－0003363　C/9/6

坦園叢稿八種　（清）楊恩壽撰　清光緒三年(1877)長沙楊氏坦園刻本　八冊

500000－8702－0003364　C/9/7

觀象廬叢書二十七種　（清）呂調陽撰　清光緒十四年(1888)彭縣刻本　六十冊

500000－8702－0003365　C/9/8

香禪精舍集十六種　（清）潘鍾瑞撰輯　清光緒潘氏刻本　八冊　存七種十六卷(奉思錄四卷、庚申噩夢記二卷、蘇臺麋鹿記二卷、游記三卷、鄂行日記二卷、歙行日記二卷、虎阜石刻僅存錄一卷)

500000－8702－0003366　C/9/9

觀古堂所著書十九種　葉德輝輯　清光緒二十一年至三十年(1895－1904)刻本　四十一冊　缺二種六卷(覺迷要錄四卷、消夏百一詩二卷)

500000－8702－0003367　C/10/23

西學啟蒙　（英國）赫德輯　（英國）艾約瑟譯　清光緒二十二年(1896)上海著易堂鉛印本　十四冊　存十四種(辨學啟蒙二十七章附一章、格致總學啟蒙一至二、天文啟蒙七卷、地志啟蒙四卷附錄三卷、地學啟蒙八卷、動物學啟蒙八卷、地理質學啟蒙七卷、身理啟蒙十章、植物學啟蒙三十章、化學啟蒙二十二章首一章、羅馬志略十三卷首一卷、希臘志略七卷、歐洲史略十三卷、富國養民策十六章)

500000－8702－0003368　C/10/24

格致叢書一百種　（清）徐建寅編　清光緒二十六年(1900)石印本　三十二冊

500000－8702－0003369　C/10/25

格致叢書一百種　（清）徐建寅編　清光緒二十六年(1900)石印本　三十二冊

500000－8702－0003370　C/10/26

西學富強叢書八十種　題（清）富強齋主人編輯　清光緒二十七年(1901)寶善齋石印本　六十四冊

500000－8702－0003371　C/11/1

普通百科全書不分卷　會文學社編譯　清光緒二十九年(1903)石印本　二十七冊　存十九種(教育學新書、物理學新書、動物通解、植物學新書、礦物學新書、美術新書、算術新書、代術學新書、幾何學新書、測量速成、簡易測圖法、星線學、政治訊論、財政學、經濟汛論、法律訊論、國際公法、商法訊論、民法總則編物權編釋義)

500000－8702－0003372　C/1X/3

孝經衍義一百卷首三卷　（清）張英等纂修　清康熙三十年(1691)蘇州刻本　三十二冊

500000－8702－0003373　C/70X/1

五種紀事本末五百八卷　（宋）袁樞等撰　清光緒二十四年(1898)湖南思賢書局刻本　一百二十冊

500000－8702－0003374　VS/1/1

二十四史三千二百九卷附十八卷　（漢）司馬遷等撰　清同治至光緒五省官書局刻本　五百九十九冊　缺五卷(宋史三百三十二至三百三十六)

500000－8702－0003375　VS/2/1

二十四史三千二百九卷附十八卷　（漢）司馬遷等撰　清同治至光緒五省官書局刻本　五百四十冊　缺二十七卷(前漢書一,後漢書一,三國志一、四十七,晉書卷一,新唐書二,宋史一至三,金史六十二至七十六,明史一至三)

500000－8702－0003376　VS/4/1

二十四史三千二百九卷附十八卷　（漢）司馬遷等撰　清同治至光緒五省官書局刻本　六百冊

500000－8702－0003377　VS/6/1

二十四史三千二百十卷附四十四卷　（漢）司馬遷等撰　清光緒十年(1884)同文書局影印本　七百十一冊

500000－8702－0003378　VS/8/1

二十四史三千二百十卷附四十四卷　（漢）司馬遷等撰　清光緒十四年(1888)上海圖書集成局鉛印本　三百九十二冊

500000－8702－0003379　VS/8/2

二十四史三千二百十卷附四十四卷　（漢）司馬遷等撰　清光緒三十四年(1908)上海圖書集成局鉛印本　三百七十六冊　缺二百六十二卷(史記三十七至三十八、遼史七十一至一百十六、金史一至四十一、元史八十九至二百十、明史一至五十一)

500000－8702－0003380　VS/9/1

二十四史三千二百十卷附四十四卷　（漢）司馬遷等撰　清光緒二十八年(1902)上海文瀾書局石印本　一百二十四冊

500000－8702－0003381　VS/10/1

四史四百十五卷附一卷　（漢）司馬遷等撰　清同治十年至十一年(1871－1872)四川成都書局刻本　一百十四冊

500000－8702－0003382　VS/10/2

四史四百十五卷附一卷　（漢）司馬遷等撰　清同治十年至十一年(1871－1872)四川成都書局刻本　一百冊

500000－8702－0003383　VS/10/3

四史四百十五卷　（漢）司馬遷等撰　清光緒四年至十三年(1878－1887)五省官書局刻本　一百冊

500000－8702－0003384　VS/11/1

四史四百十五卷附一卷　（漢）司馬遷等撰　清光緒湖南刻本　一百八冊

500000－8702－0003385　VS/11/2

四史四百十五卷附一卷　（漢）司馬遷等撰　清光緒十四年(1888)上海蜚英館鉛印本　四十八冊

500000－8702－0003386　VS/11/3

四史四百十五卷附一卷　（漢）司馬遷等撰　清光緒二十三年(1897)慎記書局石印本　十六冊

500000－8702－0003387　VS/11/10

史記一百三十卷　（漢）司馬遷著　（南朝宋）裴駰集解　清古吳書業趙氏刻本　九冊　存八十七卷(一至八十七)

500000－8702－0003388　VS/11/11

史記集解索引正義合刻一百三十卷　（漢）司馬遷撰　（唐）司馬貞索引　（唐）張守節正義　（南朝宋）裴駰集解　清同治五年至九年(1866－1870)金陵書局刻本　二十冊

500000－8702－0003389　VS/11/12

史記集解索引正義合刻一百三十卷　（漢）司馬遷撰　（唐）司馬貞索引　（唐）張守節正義　（南朝宋）裴駰集解　清同治五年至九年(1866－1870)金陵書局刻本　二十冊

500000－8702－0003390　VS/11/13

史記一百三十卷附一卷　（漢）司馬遷撰　(南朝宋)裴駰集解　清同治十一年(1872)成都書局刻本　二十四冊　存一百十八卷(一至七十三、八十三至一百二十六,附一卷)

500000－8702－0003391　VS/12/1

史記一百三十卷附一卷　（漢）司馬遷撰　(唐)司馬貞索引　(唐)張守節正義　(南朝宋)裴駰集解　清光緒三十年(1904)武林竹簡齋石印本　八冊

500000 – 8702 – 0003392　VS/12/10

史記一百三十卷首一卷　（漢）司馬遷撰
（明）陳子龍　（明）徐孚遠測議　清素位堂刻
本　三十二冊

500000 – 8702 – 0003393　VS/12/11

史記一百三十卷附方望溪史記評點四卷
（漢）司馬遷撰　（明）歸有光　（清）方苞評
點　清光緒二年(1876)武昌張氏刻本　十冊

500000 – 8702 – 0003394　VS/12/12

史記一百三十卷附方望溪史記評點四卷
（漢）司馬遷撰　（明）歸有光　（清）方苞評
點　清光緒二年(1876)武昌張氏刻本　二
十冊

500000 – 8702 – 0003395　VS/12/13

歸方評點史記合筆六卷　（清）王拯纂輯　清
光緒元年(1875)吳氏望三益齋刻本　四冊

500000 – 8702 – 0003396　VS/12/14

**桐城吳汝綸點勘史記一百三十卷諸家評語一
卷初校本點識一卷**　（漢）司馬遷撰　（清）吳
汝綸點勘　清宣統元年(1909)南宮邢氏刻本
二十冊

500000 – 8702 – 0003397　VS/12/16

史記菁華錄六卷　（清）姚祖恩輯　清光緒七
年(1881)扶荔山房刻本　六冊

500000 – 8702 – 0003398　VS/12/18

史記選八卷　（清）儲欣輯　（清）李敬跡增
清滇南在成堂刻本　七冊　存七卷(一至七)

500000 – 8702 – 0003399　VS/12/21

通志二百卷　（宋）鄭樵撰　清光緒二十七年
(1901)上海圖書集成局鉛印本　六十冊

500000 – 8702 – 0003400　VS/12/22

蒙求箋註十卷　（唐）李瀚撰　（清）譚言藹重
註　清光緒四川刻本　三冊

500000 – 8702 – 0003401　VS/12/23

十七史蒙求十六卷　（宋）王令撰　清道光二
十八年(1848)文奎堂刻本　四冊

500000 – 8702 – 0003402　VS/12/24

十七史蒙求十六卷　（宋）王令撰　清光緒四
年(1878)四川元亨書坊刻本　三冊

500000 – 8702 – 0003403　VS/12/29

紀元編三卷韻補一卷　（清）李兆洛撰　清光
緒二十九年(1903)方亭知不足齋刻本　三冊

500000 – 8702 – 0003404　VS/12/32

廿一史約編八卷首一卷　（清）鄭元慶撰　清
光緒六年(1880)得月樓刻本　八冊

500000 – 8702 – 0003405　VS/12/33

廿一史約編八卷首一卷　（清）鄭元慶撰　清
光緒四川善成堂刻本　八冊

500000 – 8702 – 0003406　VS/12/34

廿一史約編八卷首一卷　（清）鄭元慶撰　清
光緒四川善成堂刻本　八冊

500000 – 8702 – 0003407　VS/12/35

史目表不分卷　（清）洪飴孫編　清光緒二十
五年(1899)京都官書局石印本　一冊

500000 – 8702 – 0003408　VS/12/42

東洋史要二卷　（日本）桑原隲藏著　樊炳清
譯　清光緒二十五年(1899)東文學社石印本
二冊

500000 – 8702 – 0003409　VS/12/43

東洋史要二卷　（日本）桑原隲藏著　樊炳清
譯　清光緒二十五年(1899)東文學社石印本
二冊

500000 – 8702 – 0003410　VS/12/44

增補東洋史要四卷補四卷　（日本）桑原隲藏
著　樊炳清譯　清光緒二十五年(1899)文學
圖書公司石印本　六冊

500000 – 8702 – 0003411　VS/12/45

續支那通史二卷　（日本）山峰峻藏著　題中
國漢陽青年編譯　清光緒二十九年(1903)崇
實書局石印本　八冊

500000 – 8702 – 0003412　VS/12/46

增補支那通史十卷　（日本）那珂通世撰
（日本）狩野良知增訂　清光緒三十年(1904)
文學圖書公司石印本　六冊

500000－8702－0003413　VS/12/47

增補支那通史十卷　（日本）那珂通世撰
（日本）狩野良知增訂　清光緒三十年（1904）
文學圖書公司石印本　六冊

500000－8702－0003414　VS/12/48

前漢書一百二十卷　（漢）班固撰　（唐）顏師
古注　清同治八年（1869）金陵書局刻本　三
十二冊

500000－8702－0003415　VS/12/49

前漢書一百二十卷　（漢）班固撰　（唐）顏師
古注　清同治八年（1869）金陵書局刻本　十
六冊

500000－8702－0003416　VS/12/50

前漢書一百二十卷　（漢）班固撰　（唐）顏師
古注　清同治十年（1871）成都書局刻本　三
十六冊

500000－8702－0003417　VS/12/51

前漢書一百二十卷　（漢）班固撰　（唐）顏師
古注　清光緒十四年（1888）圖書集成局鉛印
本　二十冊

500000－8702－0003418　VS/12/52

前漢書一百二十卷　（漢）班固撰　（唐）顏師
古注　清光緒十八年（1892）竹簡齋石印本
十二冊

500000－8702－0003419　VS/13/8

虛受堂刊前漢書一百二十卷　（漢）班固撰
（唐）顏師古注　王先謙補注　清長沙王先謙
刻本　五冊　存二卷（二十七至二十八）

500000－8702－0003420　VS/13/11

後漢書一百二十卷　（南朝宋）范曄撰　（唐）
李賢注　（晉）司馬彪續志　（南朝梁）劉昭注
清同治八年（1869）金陵書局刻本　二十
四冊

500000－8702－0003421　VS/13/12

後漢書一百二十卷　（南朝宋）范曄撰　（唐）
李賢注　（晉）司馬彪續志　（南朝梁）劉昭注
清光緒十三年（1887）金陵書局刻本　十
一冊

500000－8702－0003422　VS/13/13

後漢書一百二十卷　（南朝宋）范曄撰　（唐）
李賢注　（晉）司馬彪續志　（南朝梁）劉昭注
清刻本　二十四冊

500000－8702－0003423　VS/13/14

後漢書一百二十卷　（南朝宋）范曄撰　（唐）
李賢注　（晉）司馬彪續志　（南朝梁）劉昭注
清同治四川成都書局刻本　三十冊

500000－8702－0003424　VS/13/15

後漢書一百二十卷　（南朝宋）范曄撰　（唐）
李賢注　（晉）司馬彪續志　（南朝梁）劉昭注
清光緒十八年（1892）武林竹簡齋石印本
八冊

500000－8702－0003425　VS/13/16

後漢書一百二十卷　（南朝宋）范曄撰　（唐）
李賢注　（晉）司馬彪續志　（南朝梁）劉昭注
清光緒二十四年（1898）點石齋石印本
六冊

500000－8702－0003426　VS/13/25

後漢書補注二十四卷　（清）惠棟撰　清光緒
二十年（1894）廣雅書局刻本　二十冊

500000－8702－0003427　VS/13/26

後漢書補注二十四卷　（清）惠棟撰　清光緒
二十年（1894）廣雅書局刻本　十四冊

500000－8702－0003428　VS/13/27

後漢書補注續一卷　（清）侯康撰　清光緒十
七年（1891）廣雅書局刻本　一冊

500000－8702－0003429　VS/13/28

後漢書補注續一卷　（清）侯康撰　清光緒十
七年（1891）廣雅書局刻本　一冊

500000－8702－0003430　VS/13/29

後漢書注又補一卷　（清）沈銘彝撰　清光緒
十四年（1888）廣雅書局刻本　一冊

500000－8702－0003431　VS/13/30

後漢書注補正八卷　（清）周壽昌撰　清光緒
十七年（1891）廣雅書局刻本　二冊

500000－8702－0003432　VS/13/31

補續漢書藝文志一卷後漢郡國令長考一卷後漢書注又補一卷　（清）錢大昭　（清）沈銘彝撰　清光緒十四年至十七年(1888－1891)廣雅書局刻本　一冊

500000－8702－0003433　VS/13/32

後漢書補表八卷　（清）錢大昭撰　清光緒十七年(1891)廣雅書局刻本　三冊

500000－8702－0003434　VS/13/33

後漢書辨疑十一卷　（清）錢大昭撰　清光緒十四年(1888)廣雅書局刻本　二冊

500000－8702－0003435　VS/13/34

後漢書辨疑十一卷　（清）錢大昭撰　清光緒十四年(1888)廣雅書局刻本　二冊

500000－8702－0003436　VS/13/35

續漢書辨疑九卷　（清）錢大昭撰　清光緒十四年(1888)廣雅書局刻本　一冊

500000－8702－0003437　VS/13/36

續漢書辨疑九卷　（清）錢大昭撰　清光緒十四年(1888)廣雅書局刻本　二冊

500000－8702－0003438　VS/13/37

兩漢書注考證二卷　（清）何若瑤撰　後漢郡國令長考一卷　（清）錢大昭撰　清光緒十七年至二十年(1891－1894)廣雅書局刻本　一冊

500000－8702－0003439　VS/13/38

漢書辨疑二十二卷　（清）錢大昭撰　清光緒十三年(1887)廣雅書局刻本　五冊

500000－8702－0003440　VS/13/39

七家後漢書二十卷附失名後漢書一卷　（清）汪文臺輯　清光緒八年(1882)林粲英刻本　六冊

500000－8702－0003441　VS/13/42

三國志六十五卷　（晉）陳壽撰　（南朝宋）裴松之註　清光緒十三年(1887)金陵書局刻本　四冊　存四十七卷（九至十八、二十九至六十五）

500000－8702－0003442　VS/13/43

三國志六十五卷　（晉）陳壽撰　（南朝宋）裴松之註　清光緒三十年(1904)竹簡齋石印本　三冊　存五十卷（魏書三十卷、吳書二十卷）

500000－8702－0003443　VS/13/48

三國志辨疑三卷　（清）錢大昭撰　清光緒十五年(1889)廣雅書局刻本　一冊

500000－8702－0003444　VS/13/49

三國志辨疑三卷　（清）錢大昭撰　清光緒十五年(1889)廣雅書局刻本　一冊

500000－8702－0003445　VS/13/51

晉書一百三十卷　（唐）房玄齡撰　清刻本　十冊　存五十三卷（十二至十五、二十至三十八、七十七至八十七、九十三至九十七、一百四至一百九、一百十八至一百二十五）

500000－8702－0003446　VS/14/2

九家舊晉書輯本十種四十三卷　（清）湯球輯　清光緒至民國徐紹棨刻本　六冊

500000－8702－0003447　VS/14/5

晉紀輯本七種七卷　（清）湯球輯　清光緒至民國徐紹棨刻本　一冊

500000－8702－0003448　VS/14/6

晉陽秋輯本二種五卷　（清）湯球輯　清光緒至民國徐紹棨刻本　一冊

500000－8702－0003449　VS/14/7

漢晉春秋輯本二種四卷　（清）湯球輯　清光緒至民國徐紹棨刻本　一冊

500000－8702－0003450　VS/14/8

三十國春秋輯本十八種十八卷　（清）湯球輯　清光緒至民國徐紹棨刻本　一冊

500000－8702－0003451　VS/14/12

宋書一百卷　（南朝梁）沈約撰　清同治十一年(1872)金陵書局刻本　十六冊

500000－8702－0003452　VS/14/13

宋書一百卷　（南朝梁）沈約撰　清光緒十八年(1892)竹簡齋石印本　六冊

500000－8702－0003453　VS/14/17

南齊書五十九卷　（南朝梁）蕭子顯撰　清光緒十八年(1892)竹簡齋石印本　二冊

500000－8702－0003454　VS/14/18

南齊書五十九卷　（南朝梁）蕭子顯撰　清光緒三十四年(1908)圖書集成公司鉛印本　六冊

500000－8702－0003455　VS/14/22

梁書五十六卷　（唐）姚思廉撰　清古吳書業趙氏刻本　六冊

500000－8702－0003456　VS/14/23

梁書五十六卷　（唐）姚思廉撰　清光緒三十四年(1908)上海集成圖書公司鉛印本　四冊

500000－8702－0003457　VS/14/27

陳書三十六卷　（唐）姚思廉撰　清光緒三十四年(1908)上海集成圖書公司鉛印本　四冊

500000－8702－0003458　VS/14/31

魏書一百十四卷　（北齊）魏收撰　清光緒三十四年(1908)上海集成圖書公司鉛印本　十六冊

500000－8702－0003459　VS/14/39

周書五十卷　（唐）令狐德棻等撰　清同治十三年(1874)金陵書局刻本　四冊

500000－8702－0003460　VS/14/40

周書五十卷　（唐）令狐德棻等撰　清光緒三十四年(1908)上海集成圖書鉛印本　四冊

500000－8702－0003461　VS/14/45

隋書八十五卷附考異　（唐）魏徵等撰　（清）薛濤考異　清同治十年(1871)淮南書局刻本　十六冊

500000－8702－0003462　VS/14/50

南史八十卷　（唐）李延壽撰　清光緒六年(1880)四川尊經書局刻本　二十冊

500000－8702－0003463　VS/14/51

南史八十卷　（唐）李延壽撰　清光緒六年(1880)四川尊經書局刻本　十三冊　存六十七卷(一至四十七、五十三至七十二)

500000－8702－0003464　VS/14/55

北史一百卷　（唐）李延壽撰　清光緒六年(1880)四川尊經書局刻本　二十四冊

500000－8702－0003465　VS/14/56

北史一百卷　（唐）李延壽撰　清光緒十四年(1888)上海圖書集成局鉛印本　八冊　存四十五卷(一至四十五)

500000－8702－0003466　VS/15/8

舊五代史一百五十卷目錄二卷　（宋）薛居正等撰　清嘉慶元年(1796)蘇州掃葉山房刻本　四十冊

500000－8702－0003467　VS/15/9

舊五代史一百五十卷目錄二卷　（宋）薛居正等撰　清嘉慶元年(1796)蘇州掃葉山房刻本　十六冊

500000－8702－0003468　VS/15/10

舊五代史一百五十卷目錄二卷　（宋）薛居正等撰　清同治十一年(1872)湖北崇文書局刻本　十六冊

500000－8702－0003469　VS/15/11

舊五代史一百五十卷目錄二卷　（宋）薛居正等撰　清光緒十八年(1892)竹簡齋石印本　六冊

500000－8702－0003470　VS/15/12

舊五代史一百五十卷目錄二卷　（宋）薛居正等撰　清光緒二十九年(1903)五洲同文書局石印本　二十四冊

500000－8702－0003471　VS/15/17

五代史七十一卷四夷附錄三卷　（宋）歐陽修撰　（宋）徐無黨註　清古吳書業趙氏刻本　八冊

500000－8702－0003472　VS/15/18

五代史七十四卷　（宋）歐陽修撰　（宋）徐無黨註　清同治十一年(1872)湖北崇文書局刻本　八冊

500000－8702－0003473　VS/15/19

五代史七十四卷　（宋）歐陽修撰　（宋）徐無黨註　清光緒元年(1875)成都書局刻本　十

二册

500000－8702－0003474　VS/15/20

五代史七十四卷　（宋）歐陽修撰　（宋）徐無黨註　清光緒二十九年(1903)五洲同文書局石印本　十册

500000－8702－0003475　VS/15/24

五代史補五卷　（宋）陶岳撰　清嘉慶蘇州掃葉山房刻本　一册

500000－8702－0003476　VS/15/25

五代史闕文一卷五代春秋二卷五代故事二卷　（宋）王禹偁等撰　清嘉慶蘇州掃葉山房刻本　一册

500000－8702－0003477　VS/15/26

續唐書七十卷　（清）陳鱣撰　清光緒至民國徐紹棨刻本　八册

500000－8702－0003478　VS/15/27

南唐書合刻二種四十八卷附音釋一卷　（宋）馬令　（宋）陸游撰　（清）蔣國祥釋校（元）戚光音釋　清同治十三年(1874)三餘書屋刻本　八册

500000－8702－0003479　VS/15/33

宋史四百九十六卷目錄三卷　（元）脫脫等撰　清光緒元年(1875)浙江書局刻本　九十册　存四百五十六卷(一至二百三十四、二百七十五至四百九十六)

500000－8702－0003480　VS/16/3

南宋書六十八卷　（明）錢士升撰　（明）許重熙贊　清嘉慶二年(1797)席氏掃葉山房刻本　十二册

500000－8702－0003481　VS/16/4

遼史一百十五卷　（元）脫脫等纂　清同治十二年(1873)江蘇書局刻本　十二册

500000－8702－0003482　VS/16/9

遼史語解十卷　（清）高宗弘曆撰　清光緒四年(1878)江蘇書局刻本　二册

500000－8702－0003483　VS/16/14

金史語解十二卷　（清）高宗弘曆撰　清光緒

四年(1878)江蘇書局刻本　二册

500000－8702－0003484　VS/16/15

元史二百十卷目錄二卷　（明）宋濂等纂修　清光緒十八年(1892)竹簡齋石印本　十四册

500000－8702－0003485　VS/16/19

續弘簡錄元史類編四十二卷　（清）邵遠平撰　清康熙三十八年(1699)邵氏刻本　十六册

500000－8702－0003486　VS/16/21

遼金元三史語解四十六卷　（清）高宗弘曆撰　清光緒四年(1878)江蘇書局刻本　十册

500000－8702－0003487　VS/17/4

潛菴先生擬明史稿二十卷列傳四十六卷附乾坤兩卦解一卷　（清）湯斌撰　清康熙刻本　十册　存五十九卷(史稿九至二十、列傳四十六卷、乾坤兩卦解一卷)

500000－8702－0003488　VS/17/12

資治通鑑二百九十四卷附釋文辨誤十二卷　（宋）司馬光撰　（元）胡三省注　清同治八年(1869)江蘇書局刻本　一百册

500000－8702－0003489　VS/17/13

資治通鑑二百九十四卷　（宋）司馬光撰　清光緒二十四年(1898)上海積山書局影印本　二十八册　存二百七十四卷(一至四十、六十一至二百九十四)

500000－8702－0003490　VS/17/14

資治通鑑二百九十四卷附釋文辨誤十二卷　（宋）司馬光撰　（元）胡三省注　清同治刻本　一百四册

500000－8702－0003491　VS/18/1

通鑑目錄三十卷　（宋）司馬光撰　**問疑一卷**　（宋）劉恕撰　清光緒十三年(1887)山西解州書院刻本　十五册

500000－8702－0003492　VS/18/2

資治通鑑二百九十四卷釋文辨誤十二卷　（宋）司馬光撰　**通鑑外紀十卷目錄五卷**　（宋）劉恕撰　（元）胡三省註　清光緒十三年(1887)山西解州書院刻本　一百五册

500000 – 8702 – 0003493　VS/18/3

資治通鑑二百九十四卷通鑑目錄三十卷釋文辨誤十二卷　（宋）司馬光撰　**通鑑外紀十卷目錄五卷**　（宋）劉恕撰　（元）胡三省注　清光緒三十一年(1905)成都官書局石印本　一百六十冊

500000 – 8702 – 0003494　VS/19/11

資治通鑑外紀十卷目錄三卷　（宋）劉恕撰　清同治江蘇書局刻本　八冊

500000 – 8702 – 0003495　VS/19/12

稽古錄二十卷　（宋）司馬光撰　清同治十一年(1872)湖北崇文書局刻本　四冊

500000 – 8702 – 0003496　VS/19/15

通鑑地理今釋十六卷　（清）吳熙載撰　清光緒二十三年(1897)廣東經史閣刻本　四冊

500000 – 8702 – 0003497　VS/19/16

通鑑地理今釋十六卷　（清）吳熙載撰　清光緒二十三年(1897)廣東經史閣刻本　四冊

500000 – 8702 – 0003498　VS/19/17

續資治通鑑二百二十卷　（清）畢沅編　清同治八年(1869)江蘇書局刻本　八十冊

500000 – 8702 – 0003499　VS/19/18

續資治通鑑二百二十卷　（清）畢沅編　清光緒二十九年(1903)珠江同馨書局刻本　八十三冊　存二百一十七卷(一至二十八、三十二至二百二十)

500000 – 8702 – 0003500　VS/19/21

資治通鑑綱目前編二十五卷正編五十九卷續編二十七卷末一卷　（宋）朱熹原撰　（明）陳仁錫評閱　清康熙六十一年(1722)刻本　九十五冊　存一百九卷(前編四至二十五、正編五十九卷、續編二十七卷、末一卷)

500000 – 8702 – 0003501　VS/20/1

資治通鑑綱目前編二十五卷正編五十九卷續編二十七卷末一卷　（宋）朱熹原撰　（明）陳仁錫評閱　清嘉慶十三年(1808)江南同人堂刻本　一百十九冊　存一百十一卷(前編二十五卷,正編五十九卷,續編一至八、十至二十七,末一卷)

500000 – 8702 – 0003502　VS/20/2

資治通鑑綱目前編二十五卷正編五十九卷續編二十七卷末一卷　（宋）朱熹原撰　（明）陳仁錫評閱　清同治三年(1864)漁鼓山房刻本　一百三十九冊　存一百十一卷(前編二十五卷,正編一至三十九、四十一至五十九,續編二十七卷,末一卷)

500000 – 8702 – 0003503　VS/20/3

資治通鑑綱目前編二十五卷正編五十九卷續編二十七卷末一卷　（宋）朱熹原撰　（明）陳仁錫評閱　清同治至光緒春明堂刻本　一百五冊　存一百九卷(前編二十五卷,正編一至三十五、三十九至五十九,續編二十七卷,末一卷)

500000 – 8702 – 0003504　VS/20/4

御批資治通鑑綱目前編十八卷正編五十九卷首一卷續編二十七卷三編二十卷　（宋）朱熹等撰　清康熙四十六年至乾隆十一年(1707 – 1746)刻本　八十冊

500000 – 8702 – 0003505　VS/20/5

御批資治通鑑綱目前編三卷又前編十八卷首一卷正編五十九卷首一卷續編二十七卷　（宋）朱熹等撰　（清）張廷玉編次　清光緒十三年(1887)同文書局影印本　二十四冊

500000 – 8702 – 0003506　VS/20/6

御批資治通鑑綱目前編三卷又前編十八卷首一卷正編五十九卷首一卷續編二十七卷　（宋）朱熹等撰　（清）張廷玉編次　清光緒上海同文書局石印本　二十四冊

500000 – 8702 – 0003507　VS/20/7

御批資治通鑑綱目前編三卷又前編十八卷首一卷正編五十九卷首一卷續編二十七卷附三篇六卷　（宋）朱熹等撰　（清）張廷玉編次　清光緒二十八年(1902)久敬齋石印本　二十六冊

500000 – 8702 – 0003508　VS/20/8

御批資治通鑑綱目三編二十卷　（宋）朱熹等

撰　明紀綱目二十卷　（清）張廷玉等撰　清同治至光緒四川刻本　四冊

500000－8702－0003509　VS/20/9
御撰資治通鑑綱目三編二十卷末一卷　（清）張廷玉等撰　清光緒二十八年(1902)四川刻本　四冊

500000－8702－0003510　VS/20/10
綱鑑正史約編三十六卷附甲子紀元一卷　(明)顧錫疇編　（清）陳宏謀增訂　清乾隆二年(1737)陳氏刻本　二十冊

500000－8702－0003511　VS/21/1
御批歷代通鑑輯覽一百二十卷　（清）傅恆等修　（清）楊述曾等纂　清同治十年(1871)潯陽萬氏刻本　一百一冊　存一百十三卷(一至二十四、三十一至八十九、九十一至一百二十)

500000－8702－0003512　VS/21/2
御批歷代通鑑輯覽一百二十卷　（清）傅恆等修　（清）楊述曾等纂　清同治十一年(1872)湖北崇文書局刻本　六十冊

500000－8702－0003513　VS/21/3
御批歷代通鑑輯覽一百二十卷　（清）傅恆等修　（清）楊述曾等纂　清同治十一年(1872)湖北崇文書局刻本　五十八冊　存一百十五卷(一至一百十五)

500000－8702－0003514　VS/21/4
御批歷代通鑑輯覽一百二十卷　（清）傅恆等修　（清）楊述曾等纂　清同治江西朱墨套印本　六十冊

500000－8702－0003515　VS/21/5
御批歷代通鑑輯覽一百二十卷　（清）傅恆等修　（清）楊述曾等纂　清同治至光緒湖南書局刻本　六十四冊

500000－8702－0003516　VS/21/6
御批歷代通鑑輯覽一百二十卷　（清）傅恆等修　（清）楊述曾等纂　清光緒二十年(1894)上海書局石印本　二十四冊

500000－8702－0003517　VS/21/7
御批歷代通鑑輯覽一百二十卷　（清）傅恆等修　（清）楊述曾等纂　清光緒二十四年(1898)湖北書局刻本　六十冊

500000－8702－0003518　VS/21/8
御批歷代通鑑輯覽一百二十卷　（清）傅恆等修　（清）楊述曾等纂　清光緒四川刻本　六十冊

500000－8702－0003519　VS/22/1
御批歷代通鑑輯覽一百二十卷　（清）傅恆等修　（清）楊述曾等纂　清光緒二十四年(1898)上海圖書集成局鉛印本　二十四冊

500000－8702－0003520　VS/22/2
御批歷代通鑑輯覽一百二十卷　（清）傅恆等修　（清）楊述曾等纂　清光緒三十年(1904)上海圖書集成局鉛印本　二十四冊

500000－8702－0003521　VS/22/3
御批歷代通鑑輯覽一百二十卷　（清）傅恆等修　（清）楊述曾等纂　清光緒二十七年(1901)慎記書莊石印本　十冊

500000－8702－0003522　VS/22/4
兩朝御批歷代通鑑輯覽一百二十卷　（清）傅恆等修　（清）楊述曾等纂　清光緒二十八年(1902)蜀東善成堂刻本　四十冊

500000－8702－0003523　VS/22/5
御批歷代通鑑輯覽一百二十卷　（清）傅恆等修　（清）楊述曾等纂　清光緒二十八年(1902)什邡白氏刻本　四十二冊　存八十四卷(一至四十二、七十九至一百二十)

500000－8702－0003524　VS/22/6
御批歷代通鑑輯覽一百二十卷　（清）傅恆等修　（清）楊述曾等纂　清光緒二十八年(1902)三省堂石印本　二十冊

500000－8702－0003525　VS/22/7
御批歷代通鑑輯覽一百二十卷　（清）傅恆等修　（清）楊述曾等纂　清光緒二十九年(1903)上海通元書局石印本　二十四冊

500000 – 8702 – 0003526　VS/22/8

御批歷代通鑑輯覽一百二十卷　（清）傅恆等修　（清）楊述曾等纂　清光緒二十九年（1903）上海商務鉛印本　十二冊

500000 – 8702 – 0003527　VS/22/9

御批歷代通鑑輯覽一百二十卷　（清）傅恆等修　（清）楊述曾等纂　清光緒上海商務館鉛印本　四十冊

500000 – 8702 – 0003528　VS/22/10

御批歷代通鑑輯覽一百二十卷　（清）傅恆等修　（清）楊述曾等纂　清光緒三十年（1904）經藝書局石印本　二十四冊

500000 – 8702 – 0003529　VS/22/11

御批歷代通鑑輯覽一百二十卷　（清）傅恆等修　（清）楊述曾等纂　清光緒石印本　十六冊

500000 – 8702 – 0003530　VS/22/15

御批分類通鑑輯覽六十四卷附歷代治亂興亡鏡一卷　（清）陳善勗編　清光緒二十九年（1903）文瀾書局石印本　二十四冊

500000 – 8702 – 0003531　VS/22/17

王鳳洲先生綱鑑會纂四十六卷續宋元二十三卷　（明）王世貞撰　（明）陳仁錫訂　**通鑑綱目三編二十卷**　（清）張廷玉等纂　清光緒二十八年（1902）聚和堂刻本　四十八冊

500000 – 8702 – 0003532　VS/22/18

歷朝綱鑑會纂三十九卷首一卷　（明）王世貞編　**通鑑綱目三編二十卷**　（清）張廷玉纂　清光緒四川刻本　三十七冊　存五十卷（一至六、八至三十九、首一卷,通鑑綱目三編一至十一）

500000 – 8702 – 0003533　VS/22/19

了凡綱鑑補三十九卷首一卷　（明）袁黃撰　清道光怡古堂刻本　二十四冊

500000 – 8702 – 0003534　VS/22/20

了凡綱鑑補三十九卷首一卷　（明）袁黃撰　**通鑑綱目三編二十卷**　（清）張廷玉等纂　清道光七年（1827）同文堂刻光緒印本　三十

二冊

500000 – 8702 – 0003535　VS/22/21

了凡綱鑑補三十九卷首一卷御批文一卷　（明）袁黃撰　**通鑑綱目三編二十卷末一卷**　（清）張廷玉等纂　清光緒二十年（1894）四川宏道堂刻本　三十二冊

500000 – 8702 – 0003536　VS/23/1

了凡綱鑑補三十九卷首一卷　（明）袁黃撰　**通鑑綱目三編二十卷**　（清）張廷玉等纂　清光緒二十三年（1897）成都書局刻本　四十冊

500000 – 8702 – 0003537　VS/23/2

了凡綱鑑補三十九卷首一卷　（明）袁黃撰　**通鑑綱目三編二十卷**　（清）張廷玉等纂　清光緒二十五年（1899）刻本　三十九冊　存五十八卷（二至三十九、通鑑綱目三編二十卷）

500000 – 8702 – 0003538　VS/23/3

了凡綱鑑補四十卷首一卷　（明）袁黃撰　**通鑑綱目三編二十卷末一卷**　（清）張廷玉等纂　清光緒二十九年（1903）同心書局刻本　二十冊

500000 – 8702 – 0003539　VS/23/4

了凡綱鑑補四十卷首一卷　（明）袁黃撰　**通鑑綱目三編二十卷末一卷**　（清）張廷玉等纂　清光緒同心書局刻本　三十二冊

500000 – 8702 – 0003540　VS/23/6

新增加批綱鑑補注二十四卷首一卷　（明）袁黃撰　清光緒二十三年（1897）文盛書局石印本　十二冊

500000 – 8702 – 0003541　VS/23/7

增評加批歷史綱鑑補三十九卷首一卷附御撰通鑑綱目三編六卷　（明）袁黃撰　清光緒二十八年（1902）富強書局石印本　十二冊

500000 – 8702 – 0003542　VS/23/8

加批袁王綱鑑合編三十九卷首一卷附御撰明紀綱目二十卷御批通鑑輯覽補一卷　（明）袁黃　（明）王世貞撰　清光緒三十一年（1905）上海育文書局石印本　十六冊

500000－8702－0003543　　VS/23/9

二百名家評注袁王加批綱鑑三十九卷首一卷
附明紀綱目三編二十卷福唐桂王本末一卷
(明)袁黃　(明)王世貞撰　清光緒上海掃葉
山房石印本　二十四冊

500000－8702－0003544　　VS/23/15

綱鑑易知錄九十二卷　(清)吳乘權等輯　清
咸豐至同治刻本　三十五冊　存七十六卷
(十六至九十一)

500000－8702－0003545　　VS/23/16

綱鑑易知錄九十二卷明鑑易知錄十五卷
(清)吳乘權等輯　清咸豐至同治江西三元堂
刻本　四十冊　存七十五卷(八至六十四、七
十五至九十二)

500000－8702－0003546　　VS/23/17

綱鑑易知錄九十二卷明鑑易知錄十五卷
(清)吳乘權等輯　清咸豐八年至同治二年
(1858－1863)湖南寶慶經綸堂刻本　四十冊

500000－8702－0003547　　VS/23/18

綱鑑易知錄九十二卷明鑑易知錄十五卷
(清)吳乘權等輯　清光緒三十年(1904)上海
校經山房鉛印本　十六冊

500000－8702－0003548　　VS/23/21

綱鑑易知錄九十二卷　(清)吳乘權等輯　**通**
鑑綱目三編二十卷　(清)張廷玉等纂　清咸
豐至同治江蘇南山堂刻本　四十冊

500000－8702－0003549　　VS/23/22

綱鑑易知錄九十二卷　(清)吳乘權等輯　**通**
鑑綱目三編二十卷　(清)張廷玉等纂　清咸
豐至同治金陵敬書堂刻本　四十冊

500000－8702－0003550　　VS/23/23

綱鑑易知錄九十二卷　(清)吳乘權等輯　**通**
鑑綱目三編二十卷　(清)張廷玉等纂　清咸
豐至光緒四川宏道堂刻本　四十冊

500000－8702－0003551　　VS/23/24

綱鑑易知錄九十二卷　(清)吳乘權等輯　**通**
鑑綱目三編二十卷　(清)張廷玉等纂　清咸
豐至光緒四川宏道堂刻本　四十冊

500000－8702－0003552　　VS/24/1

鑑撮四卷附陳鍾珂紀年一卷　(清)曠敏本編
清同治湖南刻本　四冊

500000－8702－0003553　　VS/24/2

峋嶁鑑撮四卷附陳鍾珂紀年便覽一卷讀史論
略一卷　(清)曠敏本編　清光緒二十八年
(1902)湖南澹雅書局刻本　五冊

500000－8702－0003554　　VS/24/3

鑑史提綱四卷　(清)潘榮撰　(清)盧文錦注
清嘉慶十三年(1808)盧氏刻本　二冊

500000－8702－0003555　　VS/24/4

鑑略五卷　(清)李廷基撰　(清)鄒聖脈訂
清道光十六年(1836)刻本　一冊

500000－8702－0003556　　VS/24/5

史鑑節要便讀六卷　(清)鮑東里編輯　清同
治十二年(1873)廣州刻本　二冊

500000－8702－0003557　　VS/24/6

史鑑節要便讀六卷　(清)鮑東里編輯　清光
緒二十七年(1901)浦城啟蒙學社刻本　二冊

500000－8702－0003558　　VS/24/7

歷代帝王年表三卷　(清)齊召南編　**帝王廟**
諡年諱譜一卷　(清)陸費墀撰　清同治二年
(1863)武林葉敦怡堂刻本　四冊

500000－8702－0003559　　VS/24/8

歷代帝王年表三卷附紀元編三卷末一卷
(清)齊召南編　清咸豐南海伍氏粵雅堂刻本
五冊

500000－8702－0003560　　VS/24/9

歷代帝王年表三卷　(清)齊召南編　(清)阮
福續　清光緒二十九年(1903)方亨知不足齋
刻本　三冊

500000－8702－0003561　　VS/24/15

四裔編年表四卷　(清)李鳳苞匯編　清光緒
二十三年(1897)石印本　四冊

500000－8702－0003562　　VS/24/20

元經薛氏傳十卷　(隋)王通撰　(唐)薛收傳
(宋)阮逸註　清四川刻本　一冊　存三卷

（一至三）

500000－8702－0003563　VS/24/22

建炎以來繫年要錄二百卷　（宋）李心傳撰
清光緒五年（1879）四川仁壽蕭氏刻本　五十
五冊　存一百九十卷（二至二十、二十二至一
百八十九、一百九十六至一百九十八）

500000－8702－0003564　VS/24/27

東華錄三十二卷（太祖天命至雍正六年）
（清）蔣良騏編纂　清咸豐至同治如不及齋刻
本　八冊

500000－8702－0003565　VS/24/28

東華錄二十六卷（雍正朝）　王先謙編　清光
緒上海圖書集成公司鉛印本　八冊

500000－8702－0003566　VS/24/29

東華錄二十六卷（雍正朝）　王先謙編　清光
緒二十五年（1899）石印本　六冊

500000－8702－0003567　VS/24/30

東華續錄六十九卷（咸豐朝）　（清）潘頤福編
清光緒十三年（1887）京都刻本　二十四冊

500000－8702－0003568　VS/24/31

東華續錄六十九卷（咸豐朝）　（清）潘頤福編
清光緒十八年（1892）上海圖書集成局鉛印
本　十六冊

500000－8702－0003569　VS/24/32

東華續錄一百卷（咸豐朝）　王先謙編　清光
緒十九年（1893）會稽籀三倉室石印本　二十
四冊

500000－8702－0003570　VS/24/33

東華續錄一百卷（同治朝）　王先謙編　清光
緒二十四年（1898）文瀾書局石印本　二十
四冊

500000－8702－0003571　VS/24/34

九朝東華錄四百二十五卷　王先謙編　清光
緒長沙王氏刻本　一百冊　缺六十卷（道光
朝六十卷）

500000－8702－0003572　VS/24/35

九朝東華錄四百二十五卷　王先謙編　清光

緒十三年（1887）京都琉璃廠刻本　一百六十
四冊

500000－8702－0003573　VS/25/1

九朝東華錄四百二十五卷　王先謙編　清光
緒十七年（1891）上海廣百宋齋鉛印本　七十
六冊

500000－8702－0003574　VS/25/2

九朝東華錄一百二十卷　王先謙編　清光緒
石印本　六十冊

500000－8702－0003575　VS/25/3

十一朝東華錄六百二十五卷　王先謙等編
清光緒二十五年（1899）石印本　八十八冊

500000－8702－0003576　VS/25/4

十一朝東華錄五百九十四卷　王先謙等編
清宣統三年（1911）存古齋鉛印本　一百二十
四冊

500000－8702－0003577　VS/25/5

十一朝東華錄詳節二十四卷　（清）鄔樹廷編
清光緒二十六年（1900）東文字堂石印本
十六冊

500000－8702－0003578　VS/25/8

光緒政要三十四卷　沈桐生編輯　清宣統元
年（1909）上海崇義堂石印本　三十冊

500000－8702－0003579　VS/25/9

皇朝政典摰要六卷　（日本）增田貢撰　清光
緒石印本　一冊

500000－8702－0003580　VS/25/10

皇朝政典摰要六卷　（日本）增田貢撰　清光
緒二十八年（1902）上海中西譯書會石印本
一冊

500000－8702－0003581　VS/25/11

清史覽要八卷　（日本）增田貢撰　（清）毛淦
編補　清光緒二十八年（1902）上海鉛印本
四冊

500000－8702－0003582　VS/25/12

五種紀事本末五百八卷　（宋）袁樞等撰　清
同治十二年（1873）江西書局刻本　一百三十

六冊

500000－8702－0003583　VS/25/13

五種紀事本末五百八卷　（宋）袁樞等撰　清
光緒二十四年(1898)湖南思賢書局刻本　一
百十九冊　存五百二卷(左傳紀事本末五十
三卷,通鑑紀事本末二百三十九卷,宋史紀事
本末一至二十九、三十六至一百九,元史紀事
本末二十七卷,明史紀事本末八十卷)

500000－8702－0003584　VS/26/1

九朝紀事本末六百六十三卷　（清）高士奇等
撰　清光緒二十五年(1899)慎記書局石印本
五十六冊

500000－8702－0003585　VS/26/5

蜀鑑十卷　（宋）郭允蹈撰　**札記一卷**　（清）
吳文昇撰　清光緒五年至七年(1879－1881)
吳興吳氏詒穀堂刻本　一冊

500000－8702－0003586　VS/26/7

**三朝北盟會編二百五十卷首一卷附校勘記三
卷**　（宋）徐夢莘撰　清光緒四年(1878)越東
鉛印本　四十二冊

500000－8702－0003587　VS/26/9

宋史紀事本末一百九卷　（明）馮琦撰　（明）
陳邦瞻增補　清光緒十三年(1887)文雅書局
刻本　十六冊

500000－8702－0003588　VS/26/10

元史紀事本末二十七卷　（明）陳邦瞻編撰
清光緒十三年(1887)廣雅書局刻本　三冊

500000－8702－0003589　VS/26/11

明史紀事本末八十卷　（清）谷應泰編　清光
緒十三年(1887)廣雅書局刻本　十六冊

500000－8702－0003590　VS/26/12

聖武記十四卷　（清）魏源撰　清咸豐刻本
十四冊

500000－8702－0003591　VS/26/13

聖武記十四卷　（清）魏源撰　清同治湖南刻
本　十二冊

500000－8702－0003592　VS/26/14

聖武記十四卷二編二卷　（清）魏源撰　清光
緒十五年(1889)成都志古堂刻本　十一冊

500000－8702－0003593　VS/26/19

中西紀事二十四卷　（清）夏燮撰　清光緒十
年(1884)江上草堂木活字印本　六冊

500000－8702－0003594　VS/26/20

平定粵匪紀略十八卷附記四卷　（清）杜文瀾
撰　清同治湖南刻本　八冊

500000－8702－0003595　VS/26/21

平定粵匪紀略十八卷附記四卷　（清）杜文瀾
撰　清光緒上海申報館鉛印本　六冊

500000－8702－0003596　VS/26/22

湘軍志十六卷　王闓運撰　清光緒成都刻本
四冊

500000－8702－0003597　VS/26/30

平定關隴紀略十三卷　（清）楊昌濬等修　清
光緒十三年(1887)刻本　十三冊

500000－8702－0003598　VS/26/31

各國通商始末記二十卷　（清）王之春編　清
光緒二十一年(1895)寶善書局石印本　六冊

500000－8702－0003599　VS/26/33

中東戰紀本末初編八卷續編四卷三編四卷
(美國)林樂知等纂　蔡爾康等編譯　清光緒
二十二年至二十六年(1896－1900)圖書集成
局鉛印本　十五冊　缺一卷(三編四)

500000－8702－0003600　VS/26/34

**中東戰紀本末初編八卷續編四卷三編四卷
附文學興國策二卷**　（美國）林樂知等纂　蔡
爾康等編譯　清光緒二十二年至二十六
年(1896－1900)圖書集成局鉛印本　十一冊
缺四卷(初編三、三編四、附文學興國策二
卷)

500000－8702－0003601　VS/26/35

拳匪紀事六卷　（日本）佐原篤介撰　（清）浙
西漚隱輯　清光緒二十七年(1901)鉛印本
六冊

500000－8702－0003602　VS/26/36

路史前紀九卷後紀十三卷發揮六卷餘論十卷
　（宋）羅泌撰　清敦化堂刻本　十一冊

500000 – 8702 – 0003603　VS/26/37
路史前紀九卷後紀十三卷發揮六卷餘論十卷
國名記十一卷　（宋）羅泌撰　清西山堂刻本
　二十冊

500000 – 8702 – 0003604　VS/27/8
國語二十一卷　（三國吳）韋昭注　札記一卷
　（清）黃丕烈撰　戰國策三十三卷　（漢）高
誘注　札記三卷　（清）黃丕烈撰　清咸豐至
同治刻本　十冊

500000 – 8702 – 0003605　VS/27/9
國語二十一卷　（三國吳）韋昭注　札記一卷
　（清）黃丕烈撰　戰國策三十三卷　（漢）高
誘注　札記三卷　（清）黃丕烈撰　清咸豐至
同治刻本　十冊

500000 – 8702 – 0003606　VS/27/10
國語二十一卷　（三國吳）韋昭注　札記一卷
　（清）黃丕烈撰　戰國策三十三卷　（漢）高
誘注　札記三卷　（清）黃丕烈撰　清光緒二
十三年(1897)成都書局刻本　十二冊

500000 – 8702 – 0003607　VS/27/11
國語二十一卷　（三國吳）韋昭注　札記一卷
　（清）黃丕烈撰　戰國策三十三卷　（漢）高
誘注　札記三卷　（清）黃丕烈撰　清光緒二
十三年(1897)成都書局刻本　十冊

500000 – 8702 – 0003608　VS/27/12
國語二十一卷　（三國吳）韋昭注　札記一卷
　（清）黃丕烈撰　清光緒二十一年(1895)寶
善書局刻本　五冊

500000 – 8702 – 0003609　VS/27/13
國語二十一卷　（三國吳）韋昭注　札記一卷
　（清）黃丕烈撰　清光緒成都書局刻本
四冊

500000 – 8702 – 0003610　VS/27/22
戰國策三十三卷　（漢）高誘注　札記三卷
(清)黃丕烈撰　清同治八年(1869)崇文書局
刻本　五冊

500000 – 8702 – 0003611　VS/27/23
戰國策三十三卷　（漢）高誘注　札記三卷
(清)黃丕烈撰　清同治八年(1869)崇文書局
刻本　五冊

500000 – 8702 – 0003612　VS/27/24
戰國策三十三卷　（漢）高誘注　札記三卷
(清)黃丕烈撰　清同治八年(1869)崇文書局
刻本　五冊

500000 – 8702 – 0003613　VS/27/25
戰國策三十三卷　（漢）高誘注　札記三卷
(清)黃丕烈撰　清光緒二年(1876)成都尊經
書院刻本　五冊

500000 – 8702 – 0003614　VS/27/27
戰國策三十三卷　（漢）高誘注　札記三卷
(清)黃丕烈撰　清光緒二年(1876)成都尊經
書院刻本　五冊

500000 – 8702 – 0003615　VS/27/26
戰國策三十三卷　（漢）高誘注　札記三卷
(清)黃丕烈撰　清光緒二年(1876)成都尊經
書院刻本　六冊

500000 – 8702 – 0003616　VS/27/28/
戰國策三十三卷　（漢）高誘注　札記三卷
(清)黃丕烈撰　清光緒成都書局刻本　六冊

500000 – 8702 – 0003617　VS/27/38
戰國策去毒二卷　（清）陸隴其評選　清同治
九年(1870)六安求我齋刻本　一冊

500000 – 8702 – 0003618　VS/27/40
燕丹子三卷　（清）孫星衍校集　玉泉子一卷
　（唐）□□撰　金華子雜編二卷　（五代）劉
崇遠撰　清光緒元年(1875)湖北崇文書局刻
本　一冊

500000 – 8702 – 0003619　VS/27/56
吳越備史四卷補遺一卷　（宋）錢儼撰　清道
光二年(1822)席氏掃葉山房刻本　二冊

500000 – 8702 – 0003620　VS/27/79
荊駝逸史五十二種　題（清）陳湖逸士輯　清
咸豐至同治廣東刻本　二十冊

500000－8702－0003621　　VS/27/80

南天痕二十六卷附錄一卷　　（清）淩雪纂修
清宣統二年（1910）復古社鉛印本　　六冊

500000－8702－0003622　　VS/27/81

小腆紀年附攷二十卷　　（清）徐鼒撰　　清咸豐
福建刻本　　十二冊

500000－8702－0003623　　VS/27/82

明季北略二十四卷明季南略十八卷　　（清）季
六奇編輯　　清道光都城琉璃廠半松居士鉛印
本　　二十四冊

500000－8702－0003624　　VS/27/83

明季南略十八卷　　（清）季六奇編輯　　清刻本
十冊

500000－8702－0003625　　VS/27/84

明季稗史彙編十六種二十七卷　　題（清）留雲
居士輯　　清光緒刻本　　十冊

500000－8702－0003626　　VS/27/87

綏寇紀略十二卷補遺三卷　　（清）吳偉業輯
清嘉慶張氏照曠閣刻本　　八冊

500000－8702－0003627　　VS/27/97

蜀碧二卷　　（清）彭遵泗撰　　清光緒成都肇經
堂刻本　　二冊

500000－8702－0003628　　VS/27/98

張獻忠軼事不分卷　　（清）歐陽直撰　　清光緒
二十六年（1900）廣安刻本　　一冊

500000－8702－0003629　　VS/27/100

蜀龜鑑七卷首一卷　　（清）劉景伯撰　　清宣統
三年（1911）裴氏刻本　　二冊

500000－8702－0003630　　VS/27/101

嘯亭雜錄十卷　　（清）昭槤撰　　清宣統元年
（1909）中國圖書公司鉛印本　　三冊

500000－8702－0003631　　VS/28/12

中國六十年大戰史十三章　　（英國）愛特華斯
著　　程履祥譯　　清光緒二十九年（1903）上海
華美書館鉛印本　　六冊

500000－8702－0003632　　VS/28/14

西國近事彙編三十六卷　　（美國）金楷理等譯

（清）蔡錫齡等述　　清光緒七年（1881）上海
機器製造局鉛印本　　三十三冊　　缺三卷（癸
酉一、丁丑三至四）

500000－8702－0003633　　VS/28/15

西史彙四種二十二卷　　（英國）慕維廉等撰譯
清光緒二十二年至二十三年（1896－1897）
湖南新學書局刻本　　十四冊

500000－8702－0003634　　VS/28/16

泰西新史攬要二十四卷圖說一卷　　（英國）李
提摩太輯譯　　蔡爾康述　　清光緒二十三年
（1897）刻本　　八冊

500000－8702－0003635　　VS/28/17

泰西新史攬要二十四卷首一卷　　（英國）李提
摩太輯譯　　蔡爾康述　　清光緒二十三年
（1897）美華書館鉛印本　　八冊

500000－8702－0003636　　VS/28/18

泰西新史攬要二十四卷首一卷　　（英國）李提
摩太輯譯　　蔡爾康述　　清光緒二十三年
（1897）美華書館鉛印本　　八冊

500000－8702－0003637　　VS/28/19

泰西新史攬要二十四卷首一卷　　（英國）李提
摩太輯譯　　蔡爾康述　　清光緒二十七年
（1901）美華書館鉛印本　　八冊

500000－8702－0003638　　VS/28/20

萬國史記二十卷　　（日本）岡本監輔撰　　清光
緒二十六年（1900）華國堂刻本　　六冊

500000－8702－0003639　　VS/28/22

萬國通史前編十卷　　（英國）李思倫　　（英國）
白約翰輯譯　　蔡爾康筆述　　清光緒二十九年
（1903）上海廣學會鉛印本　　十冊

500000－8702－0003640　　VS/28/23

萬國歷史彙編一百卷　　江子雲等編譯　　清光
緒二十九年（1903）上海官書局石印本　　十
六冊

500000－8702－0003641　　VS/28/24

地球十五大戰記十五卷　　（清）賴鴻翰譯　　清
光緒、宣統上海大同譯書局石印本　　二冊

500000 – 8702 – 0003642　　VS/28/25

歐羅巴通史不分卷　　（日本）箕作元八等纂
（清）胡文瀾等譯　清光緒二十六年（1900）東
亞譯書會鉛印本　　四冊

500000 – 8702 – 0003643　　VS/28/26

俄史輯譯四卷　　（清）徐景羅譯　清光緒二十
三年（1897）湖南書局刻本　　五冊

500000 – 8702 – 0003644　　VS/28/27

日本新史攬要七卷　　（日本）石村貞一編輯
清光緒二十五年（1899）石印本　　七冊

500000 – 8702 – 0003645　　VS/28/53

**宋名臣言行錄前集十卷後集十四卷續集八卷
別集二十六卷外集十七卷**　　（宋）朱熹　（宋）
李幼武編　（清）李衡校　清道光二十二年
（1842）丹徒包氏刻本　　十二冊

500000 – 8702 – 0003646　　VS/28/54

**宋名臣言行錄前集十卷後集十四卷續集八卷
別集二十六卷外集十七卷**　　（宋）朱熹　（宋）
李幼武編　（清）李衡校　清同治七年（1868）
臨川桂氏刻本　　十二冊

500000 – 8702 – 0003647　　VS/28/55

歷代名臣言行錄二十四卷　　（清）朱桓輯　清
同治四年（1865）寶仁堂石印本　　三十六冊

500000 – 8702 – 0003648　　VS/28/56

歷代名臣言行錄二十四卷　　（清）朱桓輯　清
光緒元年（1875）湖北文源堂刻本　　三十二冊

500000 – 8702 – 0003649　　VS/28/57

歷代名臣言行錄二十四卷　　（清）朱桓輯　清
光緒十八年（1892）湖南務本書局刻本　　三十
一冊　存二十四卷（一至十一、十二下至二十
四）

500000 – 8702 – 0003650　　VS/28/58

歷代名臣言行錄二十四卷　　（清）朱桓輯　清
光緒二十六年（1900）湖南書局刻本　　十九冊
　存二十三卷（一至十、十二至二十四）

500000 – 8702 – 0003651　　VS/28/59

歷代名臣言行錄二十四卷　　（清）朱桓輯　清

光緒江西刻本　　三十冊　存十八卷（一至十
三、二十至二十四）

500000 – 8702 – 0003652　　VS/28/60

歷代名臣言行錄二十四卷　　（清）朱桓輯　清
光緒四川刻本　　十六冊

500000 – 8702 – 0003653　　VS/28/61

歷代名臣言行錄二十四卷　　（清）朱桓輯　清
光緒上海文瑞樓鴻章書局石印本　　十六冊

500000 – 8702 – 0003654　　VS/28/62

歷代名臣言行錄二十四卷　　（清）朱桓輯　清
光緒二十八年（1902）寶善書局石印本　　八冊

500000 – 8702 – 0003655　　VS/28/63

歷代名臣言行錄二十四卷　　（清）朱桓輯　清
光緒二十九年（1903）錦章書局石印本　　八冊

500000 – 8702 – 0003656　　VS/28/64

歷代名臣言行錄二十四卷　　（清）朱桓輯　清
光緒二十九年（1903）上海吳雲記鉛印本　　
十冊

500000 – 8702 – 0003657　　VS/28/67

**歷代名儒傳八卷名臣傳三十五卷循吏傳八卷
名臣傳續編五卷**　　（清）朱軾　（清）蔡世遠編
　清同治三年（1864）鄒氏刻本　　二十四冊

500000 – 8702 – 0003658　　VS/28/68

**歷代名儒傳八卷名臣傳三十五卷循吏傳八卷
名臣傳續編五卷**　　（清）朱軾　（清）蔡世遠編
　清同治三年（1864）鄒氏刻本　　十七冊

500000 – 8702 – 0003659　　VS/28/69

**歷代名儒傳八卷名臣傳三十五卷循吏傳八卷
名臣傳續編五卷**　　（清）朱軾　（清）蔡世遠編
　清同治三年（1864）鄒氏刻本　　十八冊　存
五十一卷（名儒傳八卷,名臣傳一至四、七至
十一、十五至三十五,循吏傳八卷,名臣傳續
編五卷）

500000 – 8702 – 0003660　　VS/28/70

名儒傳八卷　　（清）朱軾　（清）蔡世遠編　清
同治古唐朱氏古歡齋刻本　　四冊

500000 – 8702 – 0003661　　VS/28/71

詞科掌錄十七卷詞科餘話七卷 　(清)杭世駿
編輯　清乾隆杭氏道古堂刻本　六冊

500000－8702－0003662　VS/28/73

二十四史分類言行錄四十二卷　(清)錢大昕
輯　清光緒二十八年(1902)上海書局石印本
八冊

500000－8702－0003663　VS/28/74

碑傳集一百六十卷　(清)錢儀吉編纂　清光
緒十九年(1893)江蘇書局刻本　六十冊

500000－8702－0003664　VS/29/1

續碑傳集八十六卷　繆荃孫纂　清宣統二年
(1910)江楚編譯書局刻本　三十冊

500000－8702－0003665　VS/29/3

碧血錄五卷　(清)莊仲方撰　(清)夏紫笙繪
圖　清光緒八年(1882)上海同文書局石印本
五冊

500000－8702－0003666　VS/29/4

國朝先正事略六十卷　(清)李元度撰　清同
治五年(1866)循陔草堂刻本　二十四冊

500000－8702－0003667　VS/29/5

國朝先正事略六十卷　(清)李元度撰　清光
緒二十八年(1902)湖南益元書局刻本　三十
二冊

500000－8702－0003668　VS/29/6

國朝先正事略六十卷　(清)李元度撰　清光
緒森寶齋刻本　二十七冊　存五十八卷(一
至十四、十七至六十)

500000－8702－0003669　VS/29/7

國朝先正事略六十卷首一卷　(清)李元度撰
清光緒十二年(1886)鉛印本　十冊

500000－8702－0003670　VS/29/8

國朝先正事略六十卷首一卷　(清)李元度撰
清光緒十五年(1889)上海廣百宋齋鉛印本
十冊

500000－8702－0003671　VS/29/9

國朝先正事略六十卷首一卷　(清)李元度撰
清光緒十五年(1889)上海廣百宋齋鉛印本
十冊

500000－8702－0003672　VS/29/12

國朝先正事略六十卷續編三十卷　(清)李元
度撰　朱孔彰續　清光緒二十八年(1902)上
海點石齋石印本　十冊

500000－8702－0003673　VS/29/13

史外八卷　(清)汪有典撰　清同治九年
(1870)成都陝甘公所刻本　八冊

500000－8702－0003674　VS/29/14

三忠合編忠烈編四卷表忠錄一卷蓮花山紀略
一卷　(清)胡長新重編　清同治至光緒貴陽
彭應珠刻本　四冊

500000－8702－0003675　VS/29/15

三忠合編忠烈編四卷表忠錄一卷蓮花山紀略
一卷　(清)胡長新重編　清同治至光緒貴陽
彭應珠刻本　三冊　存五卷(三忠合編忠烈
編四卷、蓮花山紀略一卷)

500000－8702－0003676　VS/29/17

中興名臣事略八卷　朱孔彰撰　清光緒二十
七年(1901)上海書局石印本　四冊

500000－8702－0003677　VS/29/23

滿洲名臣傳四十八卷漢名臣傳三十二卷
(清)國史館纂輯　清光緒京都榮錦書坊木活
字印本　八十冊

500000－8702－0003678　VS/29/24

滿洲名臣傳四十八卷漢名臣傳三十二卷
(清)國史館纂輯　清光緒京都榮錦書坊木活
字印本　七十九冊　存七十九冊(滿洲名臣
傳四十八卷,漢名臣傳一至十二、十四至三十
二)

500000－8702－0003679　VS/29/25

貳臣傳十二卷　(清)國史館編輯　清光緒四
川坊刻本　十二冊

500000－8702－0003680　VS/29/26

貳臣傳十二卷附逆臣傳四卷　(清)國史館編
輯　清光緒都城琉璃廠半松居士校經山房鉛
印本　九冊　存十三卷(貳臣傳一至二、五至

十一,逆臣傳四卷)

500000－8702－0003681　VS/29/29

逆臣傳四卷　（清）國史館編輯　清光緒善成
堂刻本　一冊

500000－8702－0003682　VS/29/37

錦里新編十六卷首一卷　（清）張邦伸纂輯
清嘉慶五年(1800)敦彝堂刻本　八冊

500000－8702－0003683　VS/29/43

張博望班定遠合傳意大利三傑合傳　題中國
之新民輯撰　清光緒鉛印本　一冊

500000－8702－0003684　VS/29/45

地球一百名人傳三卷　（英國）李提摩太輯譯
（清）林朝圻述　清光緒二十七年(1901)刻
本　一冊　存一卷(一)

500000－8702－0003685　VS/29/46

先聖生卒年月日考二卷　（清）孔廣牧述　清
光緒十九年(1893)浙江書局刻本　一冊

500000－8702－0003686　VS/29/57

鄂國金佗粹編二十八卷續編三十卷　（宋）岳
珂編　清光緒九年(1883)浙江書局刻本　十
二冊

500000－8702－0003687　VS/29/28

鄂國金佗粹編二十八卷續編三十卷　（宋）岳
珂編　清光緒九年(1883)浙江書局刻本　十
二冊

500000－8702－0003688　VS/29/59

鄂國金佗粹編二十八卷續編三十卷　（宋）岳
珂編　清光緒九年(1883)浙江書局刻本　六
冊　存三十卷(續編三十卷)

500000－8702－0003689　VS/30/3

林文忠公外集三種三卷　（清）林則徐撰　清
光緒三年(1877)刻本　一冊

500000－8702－0003690　VS/30/5

曾文正公大事記四卷　（清）王定安編　清光
緒石印本　一冊

500000－8702－0003691　VS/30/8

李鴻章不分卷　梁啟超撰　清光緒二十八年

(1902)刻本　一冊

500000－8702－0003692　VS/30/19

拿破崙本紀四卷　（英國）洛加德著　林紓譯
清光緒三十二年(1906)京師學務處刻本
四冊

500000－8702－0003693　VS/30/20

歷代名人年譜十卷附存疑及生卒年月無考一
卷　（清）吳榮光撰　清光緒二年(1876)京都
寶經書坊刻本　五冊

500000－8702－0003694　VS/30/21

孔子編年四卷　（清）狄子奇編　清光緒十三
年(1887)浙江書局刻本　一冊

500000－8702－0003695　VS/30/22

孟子編年四卷　（清）狄子奇編　清光緒十三
年(1887)浙江書局刻本　一冊

500000－8702－0003696　VS/30/23

朱子[熹]年譜四卷　（清）王懋竑纂訂　清四
砭齋刻本　二冊

500000－8702－0003697　VS/30/26

顧亭林先生[炎武]年譜四卷附錄一卷　（清）
張穆編　清咸豐伍氏粵雅堂刻本　二冊

500000－8702－0003698　VS/30/27

閻潛邱先生年譜四卷　（清）張穆編　清咸豐
伍氏粵雅堂刻本　二冊

500000－8702－0003699　VS/30/28

駱秉章年譜不分卷　（清）駱秉章撰　清同治
四川刻本　一冊

500000－8702－0003700　VS/30/29

唐公[友耕]年譜一卷附錄一卷　唐鴻學撰
清光緒三十四年(1908)石印本　一冊

500000－8702－0003701　VS/30/34

曾文正公手書日記不分卷(清道光二十一年
至同治十一年二月)　（清）曾國藩撰　清宣
統元年(1909)上海中國圖書公司景印本　四
十冊

500000－8702－0003702　VS/30/41

英軺日記十二卷(清光緒二十七年十二月至

二十八年八月) 載振撰 清光緒二十九年
(1903)上海文明編譯書局鉛印本 四冊

500000－8702－0003703 VS/30/42
烏岡張氏族譜不分卷 (清)張廷柱等修 清
咸豐四年(1854)江西臨川木活字印本 四冊

500000－8702－0003704 VS/30/43
簡州傅氏譜六卷首一卷末一卷 (清)傅爲霖
撰輯 附存稿一卷 (清)傅懷焜撰 清光緒
二十六年(1900)鳳山書院刻本 三冊

500000－8702－0003705 VS/30/48
國朝歷科題名碑錄初集不分卷(嘉慶至咸豐)
(清)李周望輯錄 清咸豐刻本 六冊

500000－8702－0003706 VS/30/49
淡墨錄七卷 (清)李調元撰 清乾隆李氏萬
卷樓刻本 三冊

500000－8702－0003707 VS/30/50
余良述四川鄉試試卷履歷不分卷 余良述撰
清光緒二十九年(1903)刻本 一冊

500000－8702－0003708 VS/30/51
關中同官錄不分卷 (□)□□撰 清光緒九
年(1883)刻本 十五冊

500000－8702－0003709 VS/30/52
[光緒]爵秩全覽不分卷 (清)□□輯 清光
緒二十八年(1902)榮祿堂刻本 四冊

500000－8702－0003710 VS/30/53
[光緒]爵秩全覽不分卷 (清)□□輯 清光
緒二十四年(1898)京都琉璃廠榮寶齋刻本
四冊

500000－8702－0003711 VS/30/54
大清直省同寅錄不分卷 (清)□□輯 清光
緒刻本 一冊

500000－8702－0003712 VS/30/55
大清最新百官錄四卷 (清)彭汝疇編 清光
緒三十四年(1908)京都槐蔭山房刻本 四冊

500000－8702－0003713 VS/30/57
史學提要箋釋五卷 (宋)黃繼善撰 (清)楊
錫祐箋 清乾隆游氏宜園刻巴蜀善成堂印本

五冊

500000－8702－0003714 VS/30/58
史學提要箋釋五卷 (宋)黃繼善撰 (清)楊
錫祐箋 清咸豐至同治四川坊刻本 五冊

500000－8702－0003715 VS/30/59
史學提要箋釋五卷 (宋)黃繼善撰 (清)楊
錫祐箋 清咸豐至同治四川坊刻本 五冊

500000－8702－0003716 VS/30/60
兩漢博聞十二卷 (宋)楊侃編 清道光至咸
豐廣東伍氏刻本 一冊 存二卷(二至三)

500000－8702－0003717 VS/30/61
讀史快編六十卷續明史快編十五卷 (明)趙
維寰編輯 清光緒三年至七年(1877－1881)
古渝李承薰刻本 四十八冊

500000－8702－0003718 VS/30/62
史記鈔四卷 (清)高塘輯評 清咸豐至同治
善成堂刻本 四冊

500000－8702－0003719 VS/30/64
會心堂綱鑑鈔略四卷 (清)周焯輯 清道光
四川刻本 四冊

500000－8702－0003720 VS/30/65
綱鑑擇語十卷 (清)司徒修輯 清道光至咸
豐陝西刻本 五冊

500000－8702－0003721 VS/30/66
綱鑑擇語十卷 (清)司徒修輯 清光緒二十
四年(1898)上海書局石印本 六冊

500000－8702－0003722 VS/30/68
南北史捃華八卷 (清)周嘉猷輯 清光緒六
年(1880)廣州翰墨園刻本 四冊

500000－8702－0003723 VS/30/69
史存三十卷 (清)劉沅輯撰 清宣統富順縣
凝善堂刻本 十六冊

500000－8702－0003724 VS/30/72
讀史碎金六卷注八十卷 (清)胡文炳撰輯
清光緒元年(1875)蘭石齋刻本 八十冊

500000－8702－0003725 VS/31/1

讀史碎金六卷注八十卷　（清）胡文炳撰輯
清光緒元年（1875）蘭石齋刻本　八十冊

500000－8702－0003726　VS/31/2
史略八十七卷　（清）朱坤輯撰　清光緒二十
四年（1898）上海古香閣石印本　二冊

500000－8702－0003727　VS/31/7
史通通釋二十卷　（唐）劉知幾撰　（清）浦起
龍釋　清光緒二十八年（1902）益友書局刻本
八冊

500000－8702－0003728　VS/31/8
史通通釋二十卷　（唐）劉知幾撰　（清）浦起
龍釋　清光緒二十八年（1902）益友書局刻本
十二冊

500000－8702－0003729　VS/31/13
史通削繁四卷　（清）紀昀評點　清光緒元年
（1875）湖北崇文書局刻本　四冊

500000－8702－0003730　VS/31/15
唐鑑十二卷　（宋）范祖禹撰　（宋）呂祖謙注
清光緒解梁書院刻本　四冊

500000－8702－0003731　VS/31/16
唐鑑十二卷　（宋）范祖禹撰　（宋）呂祖謙注
清光緒解梁書院刻本　四冊

500000－8702－0003732　VS/31/17
東萊博議四卷　（宋）呂祖謙撰　清光緒七年
至八年（1881－1882）崇明馮泰松刻本　四冊

500000－8702－0003733　VS/31/18
東萊博議四卷　（宋）呂祖謙撰　清光緒二十
七年（1901）文奎堂刻本　四冊

500000－8702－0003734　VS/31/19
東萊博議四卷　（宋）呂祖謙撰　清光緒瀛洲
書屋刻本　四冊

500000－8702－0003735　VS/31/20
東萊博議四卷　（宋）呂祖謙撰　清光緒瀛洲
書屋刻本　四冊

500000－8702－0003736　VS/31/21
東萊博議四卷　（宋）呂祖謙撰　清光緒三十
二年（1906）商務館鉛印本　二冊

500000－8702－0003737　VS/31/22
東萊博議四卷　（宋）呂祖謙撰　清光緒三十
二年（1906）商務館鉛印本　二冊

500000－8702－0003738　VS/31/24
增補東萊博議二十五卷附增補虛字註釋六卷
　（宋）呂祖謙撰　題（清）點石齋主人增補
清光緒二十四年（1898）上海書局石印本
一冊

500000－8702－0003739　VS/31/25
東萊左氏博議輯注六卷　（宋）呂祖謙撰
（清）駱根深輯　清光緒二十九年（1903）東莞
天香吟館刻本　六冊

500000－8702－0003740　VS/31/28
涉史隨筆一卷　（宋）葛洪撰　客杭日記一卷
（元至大元年九月至十一月）　（元）郭畀撰
清乾隆三十年（1765）長塘鮑氏刻知不足齋叢
書本　一冊

500000－8702－0003741　VS/31/29
綱鑑總論二卷　（明）顧充撰　清光緒二十八
年（1902）巴縣善成堂刻本　二冊

500000－8702－0003742　VS/31/30
綱鑑總論二卷　（明）顧充撰　清光緒二十八
年（1902）巴縣善成堂刻本　二冊

500000－8702－0003743　VS/31/31
綱鑑總論二卷　（明）顧充撰　清光緒二十八
年（1902）文光書局刻本　二冊

500000－8702－0003744　VS/31/32
綱鑑總論二卷　（明）顧充撰　清光緒二十九
年（1903）華英書屋刻本　二冊

500000－8702－0003745　VS/31/33
綱鑑總論二卷　（明）顧充撰　清光緒三十年
（1904）四川成都書局刻本　四冊

500000－8702－0003746　VS/31/35
歷代史論十二卷宋史論三卷元史論一卷
（明）張溥論正　左傳史論二卷　（清）高士奇
論正　明史論四卷　（清）谷應泰論正　清同
治至光緒湖南文餘堂刻本　五冊

500000 - 8702 - 0003747　VS/31/36

歷代史論十二卷宋史論三卷元史論一卷
(明)張溥論正　**左傳史論二卷**　(清)高士奇論正　**明史論四卷**　(清)谷應泰論正　清光緒九年(1883)都城蒼松山房刻本　十冊

500000 - 8702 - 0003748　VS/31/37

歷代史論十二卷宋史論三卷元史論一卷
(明)張溥論正　**左傳史論二卷**　(清)高士奇論正　**明史論四卷**　(清)谷應泰論正　清光緒四川刻本　十冊

500000 - 8702 - 0003749　VS/31/40

歷代帝王論四卷　(明)張溥撰　清光緒二十八年(1902)成都四文會刻本　二冊

500000 - 8702 - 0003750　VS/31/41

船山史論四種五十二卷　(清)王夫之撰　清光緒二十六年(1900)湖南澹雅書局刻本　二十冊

500000 - 8702 - 0003751　VS/31/42

讀通鑑論三十卷宋論十五卷　(清)王夫之撰　清光緒二十八年(1902)成都志古堂刻本　二十冊

500000 - 8702 - 0003752　VS/31/47

讀史大略六十卷首一卷附小沙子史略一卷
(清)沙張白撰　清咸豐七年(1857)沙氏刻本　十冊

500000 - 8702 - 0003753　VS/31/48

文史通義内篇五卷　(清)章學誠撰　清道光至咸豐南海伍氏粵雅堂刻本　二冊

500000 - 8702 - 0003754　VS/31/49

文史通義内外篇八卷　(清)章學誠撰　清光緒湖南坊刻本　七冊

500000 - 8702 - 0003755　VS/31/55

欽定明鑑二十四卷首一卷　(清)托津等纂修　清同治九年(1870)湖北崇文書局刻本　十冊

500000 - 8702 - 0003756　VS/31/56

十七史商榷一百卷　(清)王鳴盛撰　清光緒六年(1880)太原王氏刻本　二十四冊

500000 - 8702 - 0003757　VS/31/57

歷朝史案二十卷　(清)洪亮吉編　清道光刻本　六冊

500000 - 8702 - 0003758　VS/31/58

洪稚存評史十八卷　(清)龔熙評點　清光緒三十一年(1905)石印本　二冊

500000 - 8702 - 0003759　VS/31/59

廿二史劄記三十六卷補遺一卷　(清)趙翼撰　清光緒二十五年(1899)湖南書局刻本　十二冊

500000 - 8702 - 0003760　VS/31/62

史論五種十一卷邁堂文略一卷　(清)李祖陶撰　清同治十年(1871)尚友樓刻本　六冊

500000 - 8702 - 0003761　VS/31/63

史論啟蒙一卷附論法須知虛字詳註二卷
(清)□□纂　清光緒三十一年(1905)正蒙公塾刻本　一冊

500000 - 8702 - 0003762　VS/31/66

欽定九通二千三百十四卷附考證八卷　(清)嵇璜等著　清光緒八年至二十二年(1882 - 1896)浙江書局刻本　九百三十九冊　存一千八百二十七卷(通典二百卷,通志一至一百六、一百十下至一百五十五、一百五十八至一百六十一、一百六十七至一百六十九、一百八十七,文獻通攷三百四十八卷,考證三卷,續通典一百五十卷,續通志一至一百六十,續文獻通攷二至二十二、二十七至二十九、三十一至三十七、五十一至一百九十四、一百九十七至二百四十五,皇朝通典一百卷,皇朝通志一百二十六卷,考證二卷,皇朝文獻通攷三百卷)

500000 - 8702 - 0003763　VS/33/1

欽定九通二千三百十四卷附考證七卷　(清)嵇璜等著　清光緒二十七年(1901)上海圖書集成局鉛印本　二百九十二冊

500000 - 8702 - 0003764　VS/33/2

三通考輯要七十六卷　湯壽潛編輯　清光緒

二十五年(1899)圖書集成局鉛印本　三十冊

500000－8702－0003765　VS/33/3

三通考輯要七十六卷　湯壽潛編輯　清光緒二十八年(1902)圖書集成局鉛印本　三十二冊

500000－8702－0003766　VS/33/4

三通考輯要七十六卷　湯壽潛編輯　清光緒二十八年(1902)圖書集成局鉛印本　三十一冊　存七十三卷(文獻通考輯要二十四卷,續文獻通考輯要二十六卷,皇朝文獻通考輯要一至四、八至二十六)

500000－8702－0003767　VS/33/5

三通序不分卷　(清)□□輯　清光緒二十八年(1902)浦城啟蒙學社刻本　二冊

500000－8702－0003768　VS/33/6

通典二百卷考證一卷　(唐)杜佑撰　清光緒二十八年(1902)上海圖書集成局鉛印本　十六冊

500000－8702－0003769　VS/33/7

皇朝通典一百卷　(清)嵇璜等撰　清光緒元年(1875)廣東學海堂刻本　三十二冊

500000－8702－0003770　VS/33/10

皇朝通志一百二十六卷　(清)嵇璜等撰　清光緒八年(1882)浙江書局刻本　三十六冊　存一百二十二卷(一至二、五至一百二十四)

500000－8702－0003771　VS/33/11

皇朝通志一百二十六卷　(清)嵇璜等撰　清光緒二十八年(1902)上海鴻寶書局石印本　八冊

500000－8702－0003772　VS/33/12

文獻通考三百四十八卷　(元)馬端臨撰　清光緒十一年(1885)上海點石齋石印本　二十冊

500000－8702－0003773　VS/33/13

文獻通考三百四十八卷　(元)馬端臨撰　清光緒十一年(1885)上海點石齋石印本　二十冊

500000－8702－0003774　VS/33/14

文獻通考詳節二十四卷　(清)嚴虞惇輯錄　清同治至光緒五鳳樓書坊刻本　八冊

500000－8702－0003775　VS/33/15

文獻通考詳節二十四卷　(清)嚴虞惇輯錄　清光緒墨潤堂石印本　六冊

500000－8702－0003776　VS/33/16

文獻通考詳節二十四卷　(清)嚴虞惇輯錄　清光緒二十七年(1901)煥文書局石印本　一冊

500000－8702－0003777　VS/33/17

續文獻通考節要二十六卷　湯壽潛編輯　清光緒上海圖書集成公司鉛印本　十冊

500000－8702－0003778　VS/33/18

皇朝文獻通考三百卷　(清)嵇璜等撰　清光緒二十七年(1901)上海圖書集成局鉛印本　四十二冊

500000－8702－0003779　VS/33/19

西漢會要七十卷　(宋)徐天麟撰　清光緒五年(1879)嶺南學海堂刻本　九冊

500000－8702－0003780　VS/33/20

東漢會要四十卷　(宋)徐天麟撰　清光緒五年(1879)嶺南學海堂刻本　七冊

500000－8702－0003781　VS/33/21

西漢會要七十卷東漢會要四十卷　(宋)徐天麟撰　清光緒十年(1884)江蘇書局刻本　十八冊

500000－8702－0003782　VS/33/22

唐會要一百卷　(宋)王溥撰　清光緒江蘇書局刻本　二十四冊

500000－8702－0003783　VS/33/23

五代會要三十卷　(宋)王溥撰　清光緒十二年(1886)江蘇書局刻本　六冊

500000－8702－0003784　VS/33/24

二十四史九通正典類要合編三百二十卷　題(清)約雅堂主人輯　清光緒二十八年(1902)約雅堂石印本　六十冊

500000－8702－0003785　VS/33/25

二十四史九通正典類要合編三百二十卷　題
（清）約雅堂主人輯　清光緒二十八年(1902)
約雅堂石印本　六十冊

500000－8702－0003786　VS/33/26

歷代政治彙編十二卷　（清）柴紹炳纂　清光
緒石印本　五冊　存十卷（三至十二）

500000－8702－0003787　VS/33/27

閩政領要三卷　（清）德福編　（清）顏希深重
訂　清刻本　一冊

500000－8702－0003788　VS/33/28

晉政輯要四十卷　（清）剛毅等修　（清）安頤
等纂　清光緒十三年(1887)刻本　三十二冊

500000－8702－0003789　VS/34/2

美國民治考二卷　（美國）勃拉斯著　章宗元
節譯　清光緒二十八年(1902)鉛印本　一冊

500000－8702－0003790　VS/34/3

歐美政治要義不分卷　（清）端方等編　清光
緒三十三年(1907)上海商務印書館石印本
四冊

500000－8702－0003791　VS/34/16

皇朝詞林典故六十四卷　（清）朱珪等纂　清
宣統元年(1909)石印本　三十四冊

500000－8702－0003792　VS/34/18

牧民忠告二卷　（元）張養浩撰　清同治七年
(1868)姑蘇書局刻本　一冊

500000－8702－0003793　VS/34/19

實政錄七卷　（明）呂坤撰　清同治十年
(1871)浙江書局刻本　六冊

500000－8702－0003794　VS/34/20

資治新書初集十四卷二集二十卷　（清）李漁
輯　清咸豐至同治四川刻本　二十四冊

500000－8702－0003795　VS/34/21

欽頒州縣事宜一卷　（清）田文鏡　（清）李衛
撰　清同治七年(1868)江蘇書局刻本　一冊

500000－8702－0003796　VS/34/22

欽頒州縣事宜一卷附直隸請訟事宜一卷

（清）田文鏡　（清）李衛撰　清同治七年
(1868)黔陽藩署刻本　一冊

500000－8702－0003797　VS/34/23

官話三卷　（清）李調元撰　清乾隆刻本
一冊

500000－8702－0003798　VS/34/24

牧令書二十三卷附保甲書四卷　（清）徐棟輯
清道光二十八年(1848)浙江刻本　二十
一冊

500000－8702－0003799　VS/34/25

牧令書輯要十卷　（清）徐棟輯　（清）丁日昌
選輯　清同治十年(1871)黔陽官署刻本
十冊

500000－8702－0003800　VS/34/26

牧令書輯要十卷　（清）徐棟輯　（清）丁日昌
選輯　清同治江蘇書局刻本　二冊　存二卷
（九至十）

500000－8702－0003801　VS/34/27

吏治三書六卷　（清）劉衡撰　清同治七年
(1868)江蘇書局刻本　一冊

500000－8702－0003802　VS/34/28

吏治三書六卷　（清）劉衡撰　清同治十年
(1871)黔陽官署刻本　一冊　存二卷（庸吏
庸言二卷）

500000－8702－0003803　VS/34/29

保甲書輯要四卷　（清）徐棟輯　（清）丁日昌
選輯　清同治七年(1868)江蘇書局刻本
一冊

500000－8702－0003804　VS/34/30

保甲書輯要四卷　（清）徐棟輯　（清）丁日昌
選輯　清同治十年(1871)黔陽官署刻本
一冊

500000－8702－0003805　VS/34/31

牧民寶鑑七種十七卷　（清）王文韶輯　清光
緒二十年(1894)雲南釐金總局刻本　十二冊

500000－8702－0003806　VS/34/34

兩淮鹽法志五十六卷首四卷　（清）佶山等修

（清）單渠等纂　清同治九年（1870）揚州書局刻本　二十四冊

500000－8702－0003807　VS/34/35

兩淮鹽法志五十六卷首四卷　（清）佶山等修（清）單渠等纂　清同治九年（1870）揚州書局刻本　二十四冊

500000－8702－0003808　VS/34/36

四川鹽法志四十卷首一卷　（清）丁寶楨等纂　清光緒八年（1882）丁氏刻本　十二冊

500000－8702－0003809　VS/34/37

四川鹽法志四十卷首一卷　（清）丁寶楨等纂　清光緒八年（1882）丁氏刻本　二十冊

500000－8702－0003810　VS/34/38

四川鹽法志四十卷首一卷　（清）丁寶楨等纂　清光緒八年（1882）刻本　二十冊

500000－8702－0003811　VS/34/39

四川鹽法志四十卷首一卷　（清）丁寶楨等纂　清光緒八年（1882）刻本　二十冊

500000－8702－0003812　VS/34/40

四川官運鹽案類編八十卷首一卷　（清）唐炯編　（清）王季寅續　清光緒二十四年（1898）瀘州鹽局刻本　二十四冊

500000－8702－0003813　VS/35/20

各國通商和約條款十六種十六卷　（清）□□輯　清光緒二年（1876）浙江刻本　十六冊

500000－8702－0003814　VS/35/21

庚子海外紀事四卷　呂海寰撰　清光緒二十八年（1902）上海辦理商約行轅鉛印本　四冊

500000－8702－0003815　VS/35/22

約章分類輯要三十八卷首一卷　蔡乃煌等纂輯　清光緒二十六年（1900）湖南商務局刻本　三十冊

500000－8702－0003816　VS/35/23

約章分類輯要三十八卷首一卷　蔡乃煌等纂輯　清光緒二十六年（1900）湖南商務局刻本　三十冊

500000－8702－0003817　VS/35/24

約章成案匯覽甲篇十卷乙篇四十二卷　（清）顏世清等纂　清光緒三十一年（1905）上海點石齋石印本　四十六冊

500000－8702－0003818　VS/35/25

約章成案匯覽甲篇十卷乙篇四十二卷　（清）顏世清等纂　清光緒三十一年（1905）上海點石齋石印本　四十六冊

500000－8702－0003819　VS/35/31

欽定軍器則例十二卷　（清）趙蟠等纂修　清嘉慶六年（1801）兵部刻本　六冊

500000－8702－0003820　VS/35/38

十朝聖訓九百二十二卷　（清）太祖努爾哈赤等撰　清光緒刻本　二百五十冊

500000－8702－0003821　VS/35/39

十朝聖訓九百二十二卷　（清）太祖努爾哈赤等撰　清光緒點石齋石印本　一百冊

500000－8702－0003822　VS/36/1

[雍正]硃批諭旨三百六十卷　（清）鄂爾泰等編　清雍正十年（1732）江陵書局木活字朱墨套印本　一百十二冊

500000－8702－0003823　VS/36/2

[雍正]硃批諭旨不分卷　（清）鄂爾泰等編　清木活字朱墨套印本　十冊

500000－8702－0003824　VS/36/3

[雍正]硃批諭旨三百六十卷　（清）鄂爾泰等編　清光緒上海點石齋石印本　六十冊

500000－8702－0003825　VS/36/4

[雍正]硃批諭旨三百六十卷　（清）鄂爾泰等編　清光緒上海點石齋石印本　六十冊

500000－8702－0003826　VS/36/5

歷代名臣奏議選二十七卷　（清）趙承恩輯　清同治十三年（1874）趙氏紅杏山房刻本　十六冊

500000－8702－0003827　VS/36/6

同治中興京外奏議約編八卷　（清）陳弢編輯　清光緒元年（1875）篋劍囊琴之室刻本　八冊

500000－8702－0003828　VS/36/7

教案奏議彙編八卷首一卷　（清）程宗裕編
清光緒二十七年（1901）上海書局石印本
六冊

500000－8702－0003829　VS/36/8

兩漢策要十二卷　（宋）陶淑獻等編輯　清光
緒十三年（1887）上海同文書局石印本　八冊

500000－8702－0003830　VS/36/9

唐陸宣公奏議全集四卷首一卷　（清）汪銘謙
編輯　清光緒十五年（1889）長沙楊氏刻本
四冊

500000－8702－0003831　VS/36/12

包孝肅公奏議十卷　（宋）包拯撰　（宋）張田
編次　清同治二年（1863）合肥李瀚章刻本
四冊

500000－8702－0003832　VS/36/17

陶雲汀先生奏疏八十四卷　（清）陶澍撰
（清）李廷錫編　清道光八年（1828）湖南刻本
四十六冊

500000－8702－0003833　VS/36/18

林文忠公政書甲乙丙集三十七卷附四種四卷
　（清）林則徐撰　清同治至光緒福建林氏刻
本　十二冊

500000－8702－0003834　VS/36/19

林文忠公政書甲乙丙集三十七卷附四種四卷
　（清）林則徐撰　清同治至光緒福建林氏刻
本　十二冊

500000－8702－0003835　VS/36/19.1

林文忠公政書甲乙丙集三十七卷附五種五卷
　（清）林則徐撰　清光緒三年（1877）福建林
氏刻本　十六冊

500000－8702－0003836　VS/36/20

林文忠公政書甲乙丙集三十七卷附四種四卷
　（清）林則徐撰　清光緒二十四年（1898）天
津文德堂石印本　六冊

500000－8702－0003837　VS/36/21

胡文忠公遺集八十六卷　（清）胡林翼撰

（清）鄭敦謹　（清）曾國荃編輯　清同治六年
（1867）湖北刻本　二十四冊

500000－8702－0003838　VS/36/22

胡文忠公遺集八十六卷　（清）胡林翼撰
（清）鄭敦謹　（清）曾國荃編輯　清同治湖北
刻本　三十冊　存八十五卷(二至八十六)

500000－8702－0003839　VS/36/23

胡文忠公遺集八十六卷　（清）鄭敦謹等編輯
　清同治刻本　四十冊

500000－8702－0003840　VS/36/24

胡文忠公遺集八十六卷　（清）鄭敦謹等編輯
　清同治湖南刻本　三十二冊

500000－8702－0003841　VS/37/1

胡文忠公遺集八十六卷　（清）鄭敦謹等編輯
　清同治湖南刻本　三十二冊

500000－8702－0003842　VS/37/2

胡文忠公遺集八十六卷　（清）胡林翼撰
（清）鄭敦謹等編輯　（清）胡鳳丹重編　清光
緒元年（1875）湖北崇文書局刻本　三十二冊

500000－8702－0003843　VS/37/2.1

胡文忠公遺集八十六卷　（清）胡林翼撰
（清）鄭敦謹等編輯　（清）胡鳳丹重編　清光
緒元年（1875）湖北崇文書局刻本　三十一冊

500000－8702－0003844　VS/37/4

胡文忠公遺集八十六卷　（清）胡林翼撰
（清）鄭敦謹等編輯　（清）胡鳳丹重編　清光
緒二十七年（1901）圖書集成印書局鉛印本
八冊

500000－8702－0003845　VS/37/5

胡文忠公遺集八十六卷　（清）鄭敦謹等編輯
　（清）胡鳳丹重編　清光緒上海著易堂鉛印
本　六冊　存六十七卷(一至四十九、六十九
至八十六)

500000－8702－0003846　VS/37/6

沈文肅公政書七卷首一卷　（清）沈葆楨撰
清光緒六年（1880）吳門節署木活字印本　十
四冊

500000－8702－0003847　VS/37/7

沈文肅公政書七卷首一卷　（清）沈葆楨撰　清光緒六年（1880）吳門節署木活字印本　十二冊

500000－8702－0003848　VS/37/8

左文襄公奏疏初編三十八卷續編七十六卷三編六卷　（清）左宗棠撰　清光緒十六年（1890）圖書集成局鉛印本　二十冊

500000－8702－0003849　VS/37/9

駱文忠公奏稿十一卷　（清）駱秉章撰　清光緒十七年（1891）刻本　十冊　存十卷（一至十）

500000－8702－0003850　VS/37/10

丁文成公奏稿二十六卷首一卷附十五弗齋詩存一卷文存一卷　（清）丁寶楨撰　陳夔龍編　清光緒十九年（1893）丁氏京師刻本　二十四冊

500000－8702－0003851　VS/37/11

丁文成公奏稿二十六卷首一卷附十五弗齋詩存一卷文存一卷　（清）丁寶楨撰　清光緒十九年至二十年（1893－1894）京師刻本　二十八冊

500000－8702－0003852　VS/37/12

丁文成公奏稿二十六卷首一卷附十五弗齋詩存一卷文存一卷　（清）丁寶楨撰　清光緒十九年（1893）成都刻本　二十六冊

500000－8702－0003853　VS/37/13

丁文成公奏稿二十六卷首一卷　（清）丁寶楨撰　清光緒十九年（1893）成都刻本　二十七冊　存二十六卷（一至二十六）

500000－8702－0003854　VS/37/14

岑襄勤公奏稿三十卷首一卷　（清）岑毓英撰　清光緒二十三年（1897）武昌督糧官署刻本　三十二冊

500000－8702－0003855　VS/37/15

李文忠公全集一百六十五卷　（清）李鴻章撰　清光緒三十一年（1905）金陵書局刻本　一百冊

500000－8702－0003856　VS/37/17

劉壯肅公奏議二卷　（清）劉銘傳撰　清光緒鉛印本　二冊

500000－8702－0003857　VS/37/19

曾惠敏公奏疏六卷　（清）曾紀澤撰　清光緒二十七年（1901）上海圖書集成局鉛印本　一冊

500000－8702－0003858　VS/37/25

樊山政書二十卷　樊增祥撰　清宣統二年（1910）政學社石印本　十冊

500000－8702－0003859　VS/37/48

欽定大清律例三十九卷首一卷　（清）唐紹祖等纂　清咸豐至同治刻本　六冊　存十一卷（一至十、首一卷）

500000－8702－0003860　VS/38/1

大清律例增修統纂集成四十卷附督捕則例附纂二卷　（清）姚潤纂　（清）胡璋增輯　清道光二十二年（1842）浙江刻本　二十四冊

500000－8702－0003861　VS/38/2

大清律例增修統纂集成三十三卷附督捕則例附纂二卷大清律例續纂條例六卷　（清）姚潤纂輯　清道光二十九年（1849）四川刻本　二十四冊

500000－8702－0003862　VS/38/3

大清律例彙輯便覽四十卷附督捕則例二卷五軍道里表一卷三流道里表一卷　（清）□□輯　清同治十一年（1872）湖北讞局刻本　三十二冊

500000－8702－0003863　VS/38/4

駁案新編三十二卷續編七卷　（清）全士潮等纂輯　清乾隆四十六年（1781）刻嘉慶全氏刻本　二十四冊

500000－8702－0003864　VS/38/5

刑案匯覽六十卷首一卷　（清）祝慶祺編輯　清咸豐二年（1852）刻本　三十二冊　存三十一卷（一至三十、首一卷）

500000－8702－0003865　VS/38/6

讀法圖存四卷 （清）邵繩清編 清道光二十三年（1843）邵氏刻本 四冊

500000 – 8702 – 0003866 VS/38/7

律例便覽八卷附處分則例圖要六卷 （清）蔡嵩年等編輯 清同治四年（1865）增刻本 五冊 存十卷（一至八、處分則例圖要五至六）

500000 – 8702 – 0003867 VS/38/8

明刑管見錄不分卷 （清）穆翰撰 清光緒二十八年（1902）邠州刻本 一冊

500000 – 8702 – 0003868 VS/38/9

刑部通行章程六卷附新增通行章程一卷 （清）王汝礪編輯 清光緒三十三年（1907）京都琉璃廠宏道堂刻本 九冊

500000 – 8702 – 0003869 VS/38/15

路政匯鈔四卷 （清）馮煦纂輯 清光緒三十年（1904）成都四川官報書局鉛印本 四冊

500000 – 8702 – 0003870 VS/38/18

萬國公法四卷 （美國）丁韙良譯 清光緒二十七年（1901）鑄記書莊鉛印本 四冊

500000 – 8702 – 0003871 VS/38/19

公法會通十卷 （美國）丁韙良譯 清光緒三十四年（1908）長沙南學會刻本 四冊

500000 – 8702 – 0003872 VS/38/20

日本法規大全二十五類附解字一冊 張元濟等譯校 清光緒三十三年（1907）上海商務館鉛印本 八十一冊

500000 – 8702 – 0003873 VS/38/21

法律名辭通釋十卷 （清）何道貞等編輯 清光緒三十四年（1908）四川法政學堂刻本 十冊

500000 – 8702 – 0003874 VS/38/22

何有錄一卷續錄一卷定安策一卷 （清）劉愚撰 清同治至光緒刻本 三冊

500000 – 8702 – 0003875 VS/38/23

普天忠憤集十四卷首一卷 （清）魯陽生編 清光緒二十一年（1895）石印本 十二冊

500000 – 8702 – 0003876 VS/38/24

齊書內外編五卷附四卷 （清）吳天成撰 清光緒二十七年（1901）楊光錫刻本 五冊

500000 – 8702 – 0003877 VS/38/37

月令粹編二十四卷 （清）秦嘉謨編輯 清嘉慶十七年（1812）秦氏琳琅仙館刻本 四冊

500000 – 8702 – 0003878 VS/38/38

庚戌年官商快覽不分卷 上海書業公所編 清宣統二年（1910）上海書業公所石印本 一冊

500000 – 8702 – 0003879 VS/38/39

辛亥年官商快覽不分卷 （清）□□輯 清宣統三年（1911）掃葉山房石印本 一冊

500000 – 8702 – 0003880 VS/38/43

李氏五種合刊五種 （清）李兆洛撰 清同治十年（1871）合肥李氏刻本 十二冊 存四種二十六卷（歷代地理韻編二十卷、皇朝輿地韻編二卷、歷代地理沿革圖一卷、歷代紀元編三卷）

500000 – 8702 – 0003881 VS/38/44

李氏五種合刊五種 （清）李兆洛撰 清光緒二十四年（1898）上海掃葉山房石印本 八冊

500000 – 8702 – 0003882 VS/38/47

廣輿記二十四卷 （明）陸應陽輯 （清）蔡方炳增輯 清嘉慶七年（1802）刻本 十四冊

500000 – 8702 – 0003883 VS/38/52

大清中外一統輿圖三十一卷首一卷 （清）嚴樹森輯 清同治二年（1863）湖北撫署刻本 十八冊

500000 – 8702 – 0003884 VS/38/53

中外地輿圖說集成一百三十卷 題（清）同康廬主人編輯 清光緒二十年（1894）上海順成書局石印本 二十四冊

500000 – 8702 – 0003885 VS/38/54

晉太康三年地記一卷晉書地道記一卷 （清）畢沅輯撰 （清）王秉恩校 清光緒二十一年（1895）廣雅書局刻本 一冊

500000 – 8702 – 0003886 VS/38/55

元和郡縣圖志四十卷 （唐）李吉甫撰 志補

九卷　（清）嚴觀輯　清光緒八年（1882）金陵書局刻本　九冊　存四十五卷（元和郡縣圖志三至二十二、二十五至四十，志補九卷）

500000－8702－0003887　VS/38/56
太平寰宇記二百卷　（宋）樂史撰　清乾隆五十八年（1793）樂氏刻本　四十八冊

500000－8702－0003888　VS/38/57
太平寰宇記二百卷目錄二卷　（宋）樂史撰　（清）陳蘭森補　清江西萬廷蘭刻本　三十二冊

500000－8702－0003889　VS/38/58
太平寰宇記二百卷　（宋）樂史撰　（清）陳蘭森補　清江西萬廷蘭刻本　三十二冊

500000－8702－0003890　VS/39/1
讀史方輿紀要一百三十卷輿圖要覽四卷　（清）顧祖禹輯　清道光十年（1830）成都龍萬育敷文閣刻本　六十六冊

500000－8702－0003891　VS/39/2
讀史方輿紀要一百三十卷輿圖要覽四卷　（清）顧祖禹輯　清光緒五年（1879）蜀南桐華書屋薛氏刻本　六十冊

500000－8702－0003892　VS/39/3
讀史方輿紀要一百三十卷　（清）顧祖禹輯　清光緒五年（1879）蜀南桐華書屋薛氏刻本　六十四冊

500000－8702－0003893　VS/39/4
讀史方輿紀要一百三十卷輿圖要覽四卷　（清）顧祖禹輯　清光緒刻本　七十冊

500000－8702－0003894　VS/39/5
讀史方輿紀要一百三十卷輿圖要覽四卷　（清）顧祖禹輯　清光緒刻本　六十四冊

500000－8702－0003895　VS/39/6
讀史方輿紀要一百三十卷輿圖要覽四卷　（清）顧祖禹輯　清光緒二十五年（1899）湖南新北三味書室刻本　六十冊　存一百三十二卷（一至七十四、七十七至一百三十，輿圖要覽四卷）

500000－8702－0003896　VS/39/7
讀史方輿紀要一百三十卷方輿全圖總說五卷　（清）顧祖禹輯　清光緒二十五年至二十七年（1899－1901）二林齋圖書集成局鉛印本　三十二冊

500000－8702－0003897　VS/39/8
讀史方輿紀要一百三十卷方輿全圖總說五卷　（清）顧祖禹輯　清光緒二十五年至二十七年（1899－1901）二林齋圖書集成局鉛印本　三十二冊

500000－8702－0003898　VS/39/9
讀史方輿紀要一百三十卷輿圖要覽四卷　（清）顧祖禹輯　清光緒二十五年（1899）慎記書莊石印本　三十二冊

500000－8702－0003899　VS/39/10
讀史方輿紀要一百三十卷方輿全圖總說四卷　（清）顧祖禹輯　清光緒二十九年（1903）上海益吾齋石印本　二十四冊

500000－8702－0003900　VS/39/11
讀史方輿紀要一百三十卷方輿全圖總說四卷　（清）顧祖禹輯　清光緒二十九年（1903）上海益吾齋石印本　十六冊

500000－8702－0003901　VS/39/12
天下郡國利病書一百二十卷　（清）顧炎武輯　（清）龍萬育訂　清道光成都龍萬育敷文閣刻本　五十冊

500000－8702－0003902　VS/40/1
天下郡國利病書一百二十卷　（清）顧炎武輯　（清）龍萬育訂　清道光成都龍萬育敷文閣刻本　六十二冊

500000－8702－0003903　VS/40/2
天下郡國利病書一百二十卷　（清）顧炎武輯　（清）龍萬育訂　清光緒五年（1879）桐華閣薛氏刻本　六十冊

500000－8702－0003904　VS/40/3
天下郡國利病書一百二十卷　（清）顧炎武輯　（清）龍萬育訂　清光緒五年（1879）桐華閣薛氏刻本　五十冊

500000 - 8702 - 0003905　VS/40/4

天下郡國利病書一百二十卷　（清）顧炎武輯
清光緒二十五年(1899)上海二林齋鉛印本
二十八冊

500000 - 8702 - 0003906　VS/40/5

天下郡國利病書一百二十卷　（清）顧炎武輯
清光緒二十五年(1899)上海二林齋鉛印本
十九冊

500000 - 8702 - 0003907　VS/40/6

天下郡國利病書一百二十卷　（清）顧炎武輯
清光緒二十七年(1901)上海二林齋圖書集
成局鉛印本　二十八冊

500000 - 8702 - 0003908　VS/40/7

天下郡國利病書一百二十卷　（清）顧炎武輯
清光緒二十九年(1903)上海舉益吾齋石印
本　二十四冊

500000 - 8702 - 0003909　VS/40/8

天下郡國利病書一百二十卷　（清）顧炎武輯
清光緒二十九年(1903)上海舉益吾齋石印
本　十二冊

500000 - 8702 - 0003910　VS/40/9

乾隆府廳州縣圖志五十卷　（清）洪亮吉編
清光緒五年(1879)授經堂刻本　二十冊

500000 - 8702 - 0003911　VS/40/10

地利握要□□卷　（□）□□撰　清抄本　一
冊　存一卷(下)

500000 - 8702 - 0003912　VS/40/11

皇朝直省府廳州縣方名歌不分卷　葉瀚撰
（清）鄭鎔補　清光緒二十四年(1898)廣業書
局刻本　一冊

500000 - 8702 - 0003913　VS/40/12

皇朝直省府廳州縣歌括不分卷　（清）蔣升編
清光緒二十八年(1902)内江縣萬軸樓刻本
一冊

500000 - 8702 - 0003914　VS/40/16

黔書二卷　（清）田雯編　清貴陽刻本　二冊

500000 - 8702 - 0003915　VS/40/23

滇雲歷年傳十二卷　（清）倪蛻輯　清道光二
十六年(1846)昆明倪氏刻本　十冊

500000 - 8702 - 0003916　VS/40/27

東三省沿革表六卷　吳廷燮編撰　清宣統元
年(1909)天津徐世昌刻本　六冊

500000 - 8702 - 0003917　VS/40/28

吉林外紀十卷　（清）薩英額撰　清光緒二十
一年(1895)漸西村舍刻本　四冊

500000 - 8702 - 0003918　VS/40/29

黑龍江外紀八卷　（清）西清撰　清光緒二十
年(1894)漸西村舍刻本　二冊

500000 - 8702 - 0003919　VS/40/30

黑龍江外紀八卷　（清）西清撰　清光緒二十
年(1894)漸西村舍刻本　二冊

500000 - 8702 - 0003920　VS/40/32

新疆圖志一百十六卷　王樹柟等撰　清宣統
三年(1911)新疆官書局鉛印本　十一冊　存
十卷(兵事志一卷、禮俗志一卷、物候志一、國
界志五、山脈志一至六)

500000 - 8702 - 0003921　VS/40/33

**山東考古錄一卷京東考古錄一卷救文格論一
卷**　（清）顧炎武撰　（清）朱記榮校字　清光
緒十一年(1885)上海掃葉山房刻本　一冊

500000 - 8702 - 0003922　VS/40/34

廣陵事略七卷　（清）姚文田輯撰　清嘉慶十
七年(1812)河南開封節院刻本　四冊

500000 - 8702 - 0003923　VS/40/35

**浙江省通志圖說一卷附八十壽序壽詩二卷九
十壽序壽詩二卷歸田集一卷**　（清）沈德潛撰
清乾隆刻本　一冊

500000 - 8702 - 0003924　VS/40/36

永嘉見聞錄二卷　（清）孫同元撰　清光緒十
四年(1888)浙江徐希勉刻本　二冊

500000 - 8702 - 0003925　VS/40/37

光緒仙居志二十四卷首一卷　（清）王壽頤等
修　清光緒木活字印本　一冊　存二卷(九
至十)

500000－8702－0003926　VS/40/38

江城舊事十六卷附九芝仙館文鈔一卷詩俠圖
題錄一卷　（清）朱欒撰　清道光九年（1829）
朱氏梯香閣刻本　八冊

500000－8702－0003927　VS/40/39

江城舊事十六卷　（清）朱欒撰　清道光九年
（1829）朱氏梯香閣刻本　八冊

500000－8702－0003928　VS/40/41

江漢叢談二卷　（明）陳士元撰　清光緒十七
年（1891）三餘草堂刻本　一冊

500000－8702－0003929　VS/40/43

粵東筆記十六卷附羊城八景圖詠一卷　（清）
李調元撰　清嘉慶至道光同文堂刻本　六冊

500000－8702－0003930　VS/40/44

嶺南叢述六十卷　（清）鄧淳輯撰　清道光十
五年（1835）刻本　十六冊

500000－8702－0003931　VS/40/45

四川全省簡要歌一卷　袁漢昌編輯　清光緒
四川刻本　一冊

500000－8702－0003932　VS/40/54

蜀故二十七卷　（清）彭遵泗撰　清光緒二年
（1876）讀書堂刻本　六冊

500000－8702－0003933　VS/40/55

蜀故二十七卷　（清）彭遵泗撰　清光緒二十
八年（1902）丹稜彭氏刻本　六冊

500000－8702－0003934　VS/40/56

蜀典十二卷　（清）張澍撰　清光緒二年
（1876）成都尊經書院刻本　四冊

500000－8702－0003935　VS/40/57

蜀典十二卷　（清）張澍撰　清光緒二年
（1876）成都尊經書院刻本　四冊

500000－8702－0003936　VS/40/58

蜀典十二卷　（清）張澍撰　清光緒二年
（1876）成都尊經書院刻本　六冊

500000－8702－0003937　VS/40/59

蜀典十二卷　（清）張澍撰　清光緒二年
（1876）成都尊經書院刻本　四冊

500000－8702－0003938　VS/41/3

洛陽伽藍記五卷　（北魏）楊衒之撰　（清）吳
若華校　清光緒二年（1876）洛陽西華禪院刻
本　一冊

500000－8702－0003939　VS/41/8

忠武祠墓志七卷首一卷末一卷　題（清）虛白
道人輯　清道光沔縣武侯祠刻本　四冊

500000－8702－0003940　VS/41/9

忠武祠墓志七卷首一卷末一卷　題（清）虛白
道人輯　清同治五年（1866）沔縣署刻本
四冊

500000－8702－0003941　VS/41/10

湖山便覽十二卷十景圖一卷　（清）翟灝等輯
　（清）王維翰重訂　清光緒元年（1875）槐蔭
堂王氏刻本　六冊

500000－8702－0003942　VS/41/18

山海經十八卷　（晉）郭璞傳　清光緒元年
（1875）湖北崇文書局刻本　一冊　存四卷
（一至四）

500000－8702－0003943　VS/41/19

山海經存九卷首一卷　（清）汪紱釋　清光緒
二十一年（1895）石印本　四冊

500000－8702－0003944　VS/41/20

山海經箋疏十八卷圖讚一卷訂譌一卷　（晉）
郭璞傳　（清）郝懿行箋疏　清光緒七年
（1881）郝氏刻本　四冊

500000－8702－0003945　VS/41/26

水經注四十卷　（漢）桑欽撰　（北魏）酈道元
注　清閩省張氏勵志書屋刻四川印本　十
二冊

500000－8702－0003946　VS/41/27

水經注四十卷首一卷　（漢）桑欽撰　（北魏）
酈道元注　清光緒三年（1877）湖北崇文書局
刻本　十二冊

500000－8702－0003947　VS/41/28

水經注四十卷首一卷　（漢）桑欽撰　（北魏）
酈道元注　清光緒三年（1877）湖北崇文書局

刻本　十冊　存三十五卷(四至三十八)

500000 - 8702 - 0003948　VS/41/35
今水經一卷　(清)黃宗羲撰　清乾隆三十八
年(1773)長塘鮑氏刻本　一冊

500000 - 8702 - 0003949　VS/41/36
今水經一卷　(清)黃宗羲撰　清嘉慶至道光
明辨齋刻本　一冊

500000 - 8702 - 0003950　VS/41/37
水道提綱二十八卷　(清)齊召南編　清光緒
四年(1878)霞城精舍刻本　八冊

500000 - 8702 - 0003951　VS/41/40
平灘紀略六卷附蜀江指掌一卷　(清)李本忠
撰　清道光二十年(1840)青蓮堂刻本　六冊

500000 - 8702 - 0003952　VS/41/41
導江三議一卷　(清)王柏心撰　**雲杜故事一
卷**　(清)易本烺撰　清光緒十七年(1891)三
餘草堂刻本　一冊

500000 - 8702 - 0003953　VS/41/42
海道圖說十五卷附長江圖說一卷　(英國)金
約翰輯　傅蘭雅等譯　清光緒江南製造局刻
本　十冊

500000 - 8702 - 0003954　VS/41/46
通典二百卷考證一卷　(唐)杜佑撰　清光緒
圖書集成局鉛印本　一冊　存九卷(一百八
十五至一百九十三)

500000 - 8702 - 0003955　VS/41/48
三省邊防備覽十四卷　(清)嚴如熤輯撰　清
道光二年(1822)刻本　六冊

500000 - 8702 - 0003956　VS/41/49
朔方備乘六十八卷首十二卷　(清)何秋濤編
撰　清光緒石印本　八冊

500000 - 8702 - 0003957　VS/41/50
邊事彙鈔十二卷續鈔八卷　(清)朱克敬輯
清光緒六年(1880)長沙刻本　六冊　存十六
卷(一至三、八至十二,續抄八卷)

500000 - 8702 - 0003958　VS/41/51
歷代籌邊略八十四卷目錄類編三卷　(清)陳
麟圖輯　清光緒二十三年(1897)陳氏廣安學
署刻本　四十冊

500000 - 8702 - 0003959　VS/41/52
歷代籌邊略八十四卷目錄類編三卷　(清)陳
麟圖輯　清光緒二十三年(1897)陳氏廣安學
署刻本　四十冊

500000 - 8702 - 0003960　VS/41/60
環游地球新錄四卷　(清)李圭撰　清光緒四
年(1878)鉛印本　四冊

500000 - 8702 - 0003961　VS/41/61
得一齋襍著四種八卷　(清)黃楙材撰　清光
緒十二年(1886)夢花軒刻本　二冊

500000 - 8702 - 0003962　VS/41/64
**藕盦東游日記一卷(清光緒三十三年三月至
六月)**　(清)樓黎然撰　清光緒三十三年
(1907)鉛印本　一冊

500000 - 8702 - 0003963　VS/41/79
地勢略解二十章　(美國)李安德著　清光緒
十九年(1893)北京匯文書院木活字印本
一冊

500000 - 8702 - 0003964　VS/41/80
地理初桄十八章　(美國)卜舫濟譯著　清光
緒二十五年(1899)鉛印本　一冊

500000 - 8702 - 0003965　VS/41/81
海國圖志六十卷　(清)魏源撰　清道光二十
九年(1849)揚州古微堂刻本　二十冊

500000 - 8702 - 0003966　VS/41/82
海國圖志一百卷　(清)魏源撰　清同治七年
(1868)陳善圻刻本　二十四冊

500000 - 8702 - 0003967　VS/41/83
海國圖志一百卷　(清)魏源撰　清光緒六年
(1880)邵陽急當務齋湖南刻本　四十冊

500000 - 8702 - 0003968　VS/41/84
海國圖志一百卷　(清)魏源撰　清光緒十三
年(1887)渝善成堂刻本　三十二冊

500000 - 8702 - 0003969　VS/41/85
海國圖志一百卷　(清)魏源撰　**續集二十五**

卷首一卷 （英國）麥高爾撰 （美國）林樂知
瞿昂來口譯 清光緒二十一年(1895)積山
書局石印本 十八冊

500000－8702－0003970 VS/41/86

海國圖志一百卷 （清）魏源撰 **續集二十五
卷首一卷** （英國）麥高爾撰 （美國）林樂知
瞿昂來口譯 清光緒十四年(1888)文賢閣
石印本 十六冊

500000－8702－0003971 VS/41/87

海國圖志一百卷 （清）魏源撰 **續集二十五
卷首一卷** （英國）麥高爾撰 （美國）林樂知
瞿昂來口譯 清光緒二十四年(1898)文賢
閣石印本 十四冊 存一百十三卷(一至八
十七、續二十五卷、首一卷)

500000－8702－0003972 VS/41/88

瀛寰志略十卷 （清）徐繼畬輯撰 清同治十
二年(1873)捬雲樓刻本 六冊

500000－8702－0003973 VS/41/89

瀛寰志略十卷 （清）徐繼畬輯撰 清同治十
二年(1873)捬雲樓刻本 五冊 存八卷(一
至八)

500000－8702－0003974 VS/41/90

瀛寰志略十卷續集四卷末一卷 （清）徐繼畬
輯撰 清光緒二十八年(1902)日新書莊石印
本 五冊 存十二卷(瀛寰志略十卷、續集一
至二)

500000－8702－0003975 VS/41/91

地理全志不分卷 （英國）慕維廉撰 清光緒
二十一年(1895)陝西味經售書處刻本 二冊

500000－8702－0003976 VS/41/92

五洲圖考不分卷 （清）龔柴等纂譯 清光緒
二十八年(1902)上海徐家匯印書館鉛印本
四冊

500000－8702－0003977 VS/41/93

五洲圖考不分卷 （清）龔柴等纂譯 清光緒
二十八年(1902)上海徐家匯印書館鉛印本
四冊

500000－8702－0003978 VS/41/94

地球韻言四卷 （清）張士瀛撰 **天文歌略一
卷** 葉瀾撰 清光緒二十八年(1902)蜀東儒
興堂刻本 一冊

500000－8702－0003979 VS/41/98

日本國志四十卷首一卷 （清）黃遵憲撰 清
光緒二十四年(1898)浙江書局刻本 十冊

500000－8702－0003980 VS/41/97

日本國志四十卷首一卷 （清）黃遵憲撰 清
光緒二十七年(1901)上海書局石印本 八冊

500000－8702－0003981 VS/41/100

金石學錄補四卷 （清）陸心源撰 清光緒十
二年(1886)刻本 一冊

500000－8702－0003982 VS/41/106

集古錄跋尾十卷 （宋）歐陽修撰 清光緒十
三年(1887)朱氏槐廬刻本 二冊

500000－8702－0003983 VS/41/107

集古錄目五卷 （宋）歐陽棐撰 （清）黃本驥
重輯 清光緒十三年(1887)朱氏槐廬刻本
一冊

500000－8702－0003984 VS/41/110

金石文字記六卷 （清）顧炎武撰 清嘉慶十
三年(1808)借月山房刻本 六冊

500000－8702－0003985 VS/41/112

潛研堂金石文跋尾六卷 （清）錢大昕撰 清
乾隆五十二年(1787)刻本 三冊

500000－8702－0003986 VS/41/113

潛研堂金石文跋尾續七卷 （清）錢大昕撰
清乾隆四十六年(1781)刻本 三冊

500000－8702－0003987 VS/41/114

金石萃編一百六十卷續編二十一卷首一卷
（清）王昶纂輯 （清）陸耀遹續纂 清光緒十
九年(1893)上海醉六堂石印本 二十四冊

500000－8702－0003988 VS/42/4

金石萃編補略二卷 （清）王言纂輯 清光緒
八年(1882)王氏刻本 四冊

500000－8702－0003989 VS/42/8

海東金石苑一卷　（清）劉喜海輯撰　清同治
十二年（1873）觀古堂刻本　一冊

500000－8702－0003990　VS/42/11

隨軒金石文字九種　（清）徐渭仁輯　清道光
刻本　一冊　存三卷（周石鼓文一卷、漢雁足
鐙附考二卷）

500000－8702－0003991　VS/42/12

攗古錄二十卷　（清）吳式芬輯撰　清光緒刻
本　二十冊

500000－8702－0003992　VS/42/13

觀古閣叢稿三編二卷　（清）鮑康撰　清光緒
二年（1876）觀古閣刻本　一冊

500000－8702－0003993　VS/42/14

山右金石記九卷　（清）楊篤撰輯　清光緒十
五年（1889）刻本　六冊

500000－8702－0003994　VS/42/15

清儀閣題跋不分卷　（清）張廷濟撰　清光緒
十九年（1893）刻本　四冊

500000－8702－0003995　VS/42/16

藝風堂金石文字目十八卷　繆荃孫輯纂　清
光緒三十二年（1906）湖南刻本　八冊

500000－8702－0003996　VS/42/17

藝風堂金石文字目十八卷　繆荃孫輯纂　清
光緒三十二年（1906）湖南刻本　八冊

500000－8702－0003997　VS/42/26

西清續鑑甲編二十卷　（清）王傑等纂修　清
宣統二年（1910）涵芬樓影印本　二十一冊

500000－8702－0003998　VS/42/29

從古堂款識學十六卷　（清）徐同柏撰　清光
緒三十二年（1906）蒙學報館石印本　四冊

500000－8702－0003999　VS/42/34

蜀碑記補十卷　（清）李調元撰　清嘉慶至道
光李氏萬卷樓刻本　一冊

500000－8702－0004000　VS/42/35

國山碑考一卷補遺一卷　（清）吳騫撰　清乾
隆五十二年（1787）刻本　一冊

500000－8702－0004001　VS/42/36

寰宇訪碑錄十二卷附刊謬一卷補寰宇訪碑錄
五卷附刊誤一卷　（清）孫星衍等撰　清光緒
十年至二十年（1884－1894）吳縣朱氏槐廬刻
本　八冊

500000－8702－0004002　VS/42/38

至聖林廟碑目六卷　（清）孔昭薰等編　清道
光十八年（1838）曲阜孔廟刻本　一冊

500000－8702－0004003　VS/42/39

墨妙亭碑目考四卷　（清）張鑑撰　清光緒十
年（1884）江蘇刻本　一冊　存二卷（一至二）

500000－8702－0004004　VS/42/40

陶齋藏石記四十四卷首一卷藏甎記二卷
（清）端方等編　清宣統元年（1909）商務印書
館石印本　十二冊

500000－8702－0004005　VS/42/41

陶齋藏石記四十四卷首一卷藏甎記二卷
（清）端方等編　清宣統元年（1909）商務印書
館石印本　十二冊

500000－8702－0004006　VS/42/42

語石十卷　葉昌熾著　清宣統元年（1909）刻
本　四冊

500000－8702－0004007　VS/42/52

匋雅二卷　（清）陳瀏撰　清宣統三年（1911）
上海朝記書莊石印本　二冊

500000－8702－0004008　VS/42/55

古金待問錄五卷補遺一卷　（清）朱楓輯　清
光緒十六年（1890）常熟鮑氏後知不足齋刻本
一冊

500000－8702－0004009　VS/42/56

錢錄十六卷　（清）梁詩正等輯　清刻本　二
冊　存七卷（十至十六）

500000－8702－0004010　VS/42/59

吉金所見錄十六卷首一卷末一卷　（清）初尚
齡纂輯　清道光七年（1827）古香書舍刻二十
一年（1841）印本　四冊

500000－8702－0004011　VS/42/61

嘉蔭簃論泉絕句二卷　（清）劉喜海輯撰　清
同治十二年（1873）歙鮑氏觀古閣刻本　一冊

500000 – 8702 – 0004012　VS/42/62

古泉匯六十四卷　（清）李佐賢編輯　清同治
三年（1864）利津李氏石泉書屋刻本　九冊

500000 – 8702 – 0004013　VS/42/63

大錢圖錄不分卷　（清）鮑康撰　清光緒二年
（1876）鮑氏刻本　一冊

500000 – 8702 – 0004014　VS/42/64

古泉書錄解題三卷　（清）黎尹驄著　清光緒
二十一年（1895）遵義黎氏刻本　一冊

500000 – 8702 – 0004015　VS/42/65

洪氏泉志校誤四卷　（清）金嘉撰　清觀自得
齋徐氏刻本　一冊

500000 – 8702 – 0004016　VS/42/70

古玉圖考不分卷　（清）吳大澂編輯　清光緒
十五年（1889）上海同文書局石印本　二冊

500000 – 8702 – 0004017　VS/42/71

八史經籍志二十九卷附補三史藝文志一卷
（清）張壽榮編　清光緒八年至九年（1882 –
1883）刻本　十四冊

500000 – 8702 – 0004018　VS/42/72

漢書藝文志考證十卷　（宋）王應麟撰　清光
緒十一年（1885）成都刻本　四冊

500000 – 8702 – 0004019　VS/42/73

欽定四庫全書總目二百卷首一卷　（清）永瑢
等纂修　清乾隆揚州刻本　一百十二冊

500000 – 8702 – 0004020　VS/42/74

欽定四庫全書總目二百卷首一卷　（清）永瑢
等纂修　清同治七年（1868）廣東書局刻本
一百二十冊

500000 – 8702 – 0004021　VS/43/1

欽定四庫全書總目二百卷首一卷　（清）永瑢
等纂修　清同治七年（1868）廣東書局刻本
一百二十冊

500000 – 8702 – 0004022　VS/43/2

欽定四庫全書總目二百卷首一卷　（清）永瑢

等纂修　清同治七年（1868）廣東書局刻本
一百冊

500000 – 8702 – 0004023　VS/43/3

欽定四庫全書總目二百卷首一卷附四庫未收
書目五卷欽定四庫全書簡明目錄二十卷
（清）永瑢等纂修　清光緒十四年（1888）上海
漱元山莊石印本　二十四冊

500000 – 8702 – 0004024　VS/43/5

欽定四庫全書簡明目錄二十卷　（清）永瑢等
纂修　清光緒刻本　八冊

500000 – 8702 – 0004025　VS/43/6

欽定四庫全書簡明目錄二十卷　（清）永瑢等
纂修　清同治廣東經韻樓刻本　八冊

500000 – 8702 – 0004026　VS/43/8

四庫書目略二十卷附錄一卷　（清）費莫文良
編　清同治九年（1870）滿洲費莫文良刻本
十二冊

500000 – 8702 – 0004027　VS/43/18

天祿琳瑯書目十卷續二十卷　（清）于敏中等
纂　（清）彭元瑞等續　清光緒十年（1884）長
沙王先謙刻本　十冊

500000 – 8702 – 0004028　VS/43/19

天祿琳瑯書目十卷續二十卷　（清）于敏中等
纂　（清）彭元瑞等續　清光緒十年（1884）長
沙王先謙刻本　十冊

500000 – 8702 – 0004029　VS/43/20

天祿琳瑯書目十卷續二十卷　（清）于敏中等
纂　（清）彭元瑞等續　清光緒十年（1884）長
沙王先謙刻本　十冊

500000 – 8702 – 0004030　VS/43/38

皕宋樓藏書志一百二十卷續志四卷　（清）陸
心源撰　清光緒八年（1882）十萬卷樓陸氏刻
本　三十二冊

500000 – 8702 – 0004031　VS/44/1

皕宋樓藏書志一百二十卷續志四卷　（清）陸
心源撰　清光緒八年（1882）十萬卷樓陸氏刻
本　三十二冊

500000 – 8702 – 0004032　VS/44/2

廉石居藏書記二卷　（清）孫星衍撰　清光緒
十二年（1886）刻本　一冊

500000 – 8702 – 0004033　VS/44/3

求實濟齋書目提要一卷　（清）蕭開泰撰　清
光緒十二年（1886）蕭氏刻本　一冊

500000 – 8702 – 0004034　VS/44/5

鐵琴銅劍樓藏書目錄二十四卷　（清）瞿鏞撰
清光緒二十四年（1898）瞿氏刻本　十二冊

500000 – 8702 – 0004035　VS/44/6

善本書室藏書志四十卷附錄一卷　（清）丁丙
輯撰　清光緒二十七年（1901）錢唐丁氏刻本
八冊

500000 – 8702 – 0004036　VS/44/7

善本書室藏書志四十卷附錄一卷　（清）丁丙
輯撰　清光緒二十七年（1901）錢唐丁氏刻本
十五冊　存三十九卷（三至四十、附錄一
卷）

500000 – 8702 – 0004037　VS/44/8

藝風藏書記八卷續記八卷　繆荃孫輯纂　清
光緒二十六年至民國二年（1900 – 1913）刻本
六冊

500000 – 8702 – 0004038　VS/44/17

銷燬抽燬書目一卷禁書總目一卷違礙書目一
卷奏繳咨禁書目一卷　鄧實輯　清光緒三十
二年（1906）上海國學保存會鉛印本　一冊

500000 – 8702 – 0004039　VS/44/23

經籍訪古志六卷　（日本）森立之等撰　清光
緒十一年（1885）姚氏鉛印本　八冊

500000 – 8702 – 0004040　VS/44/24

徵訪明季遺書目一卷　劉世珩編　清宣統二
年（1910）北京鉛印本　一冊

500000 – 8702 – 0004041　VS/44/26

宋元舊本書經眼錄三卷附錄二卷　（清）莫友
芝撰　清同治十二年（1873）莫純孫刻本
一冊

500000 – 8702 – 0004042　VS/44/31

郡齋讀書志二十卷　（宋）晁公武撰　（宋）姚
應績編　清光緒六年（1880）會稽章氏刻本
四冊

500000 – 8702 – 0004043　VS/44/32

郡齋讀書志二十卷　（宋）晁公武撰　（宋）姚
應績編　附志一卷　（宋）趙希弁編　清光緒
十年（1884）長沙王氏刻本　十冊

500000 – 8702 – 0004044　VS/44/34

直齋書錄解題二十二卷　（宋）陳振孫撰　清
光緒九年（1883）江蘇書局刻本　六冊

500000 – 8702 – 0004045　VS/44/38

士禮居藏書題跋記六卷　（清）黃丕烈撰
（清）潘祖蔭輯　清光緒八年（1882）潘氏刻本
四冊

500000 – 8702 – 0004046　VS/44/40

儀顧堂續跋十六卷　（清）陸心源撰　清光緒
十八年（1892）刻本　三冊　存十三卷（一至
十三）

500000 – 8702 – 0004047　VS/44/41

經史百家序錄十七卷　（清）邵伯頴編　清光
緒二十八年（1902）瀘州開智書局鉛印本
十冊

500000 – 8702 – 0004048　VS/44/42

經史百家序錄十七卷　（清）邵伯頴編　清光
緒二十八年（1902）瀘州開智書局鉛印本
十冊

500000 – 8702 – 0004049　VS/44/43

華延年室題跋三卷　（清）傅以禮撰　清宣統
元年（1909）鉛印本　二冊

500000 – 8702 – 0004050　VS/44/50

家刻書目十卷　（清）錢培孫輯　清光緒四年
（1878）錢氏刻本　四冊

500000 – 8702 – 0004051　VS/44/60

通鑑引用書目考一卷　（清）胡元常輯　清光
緒十六年（1890）鉛印本　一冊

500000 – 8702 – 0004052　VS/44/61

皇清經解敬修堂編目十六卷　陶治元編輯

清光緒十二年(1886)石印本　四冊

500000－8702－0004053　VS/44/62

式古堂目錄十七卷　（清）尤瑩編輯　清光緒
石印本　一冊　存四卷(八至十一)

500000－8702－0004054　VS/44/64

**書目答問四卷附叢目一卷別錄一卷姓名略一
卷輶軒語一卷**　（清）張之洞撰　清光緒刻本
一冊

500000－8702－0004055　VS/44/65

**書目答問四卷附叢目一卷別錄一卷姓名略一
卷**　（清）張之洞撰　清光緒四川刻本　一冊

500000－8702－0004056　VS/44/66

**書目答問四卷附叢目一卷別錄一卷姓名略一
卷輶軒語一卷**　（清）張之洞撰　清光緒二十
三年(1897)湖南新化三味堂刻本　三冊

500000－8702－0004057　VS/44/67

書目答問箋補四卷　（清）江人度撰　清光緒
三十年(1904)漢川江氏刻本　四冊

500000－8702－0004058　VS/44/72

經籍舉要不分卷　（清）龍啟瑞撰　清光緒十
九年至二十年(1893－1894)中江講院刻本
一冊

500000－8702－0004059　VS/44/81

彙刻書目二十卷　（清）顧修原編　清光緒十
五年(1889)上海福瀛書局刻本　二十冊

500000－8702－0004060　VS/44/126

古今偽書考一卷　（清）姚際恆著　清光緒三
年(1877)廣漢張氏刻本　一冊

500000－8702－0004061　VS/44/127

古今偽書考二卷　（清）姚際恆著　清光緒鉛
印本　二冊

500000－8702－0004062　VS/44/150

留真譜初編十二卷　楊守敬輯　清光緒二十
七年(1901)楊氏刻本　十二冊

500000－8702－0004063　VS/45/5

藏書紀事詩七卷　葉昌熾著　清宣統刻本
六冊

500000－8702－0004064　Z/9/124

河洛理數七卷　（宋）陳摶撰　清光緒上海錦
章書局石印本　四冊

500000－8702－0004065　Z/9/130

天文大成管窺輯要八十卷附步天歌一卷
（清）黃鼎編撰　清道光至咸豐刻本　三十
八冊

500000－8702－0004066　Z/9/131

天文大成管窺輯要八十卷附步天歌一卷
（清）黃鼎編撰　清道光至咸豐刻本　二十
四冊

500000－8702－0004067　Z/9/132

撼龍經批注校補不分卷疑龍經批註校補三卷
（唐）楊益撰　（清）高其倬批　清光緒十八
年(1892)渝善成堂刻本　三冊

500000－8702－0004068　Z/9/134

七政通書便覽五卷　（清）傅楚卿編　清光緒
二十八年(1902)渝城兩儀堂刻本　一冊

500000－8702－0004069　Z/9/135

地理家藏秘錄不分卷　題(□)悟真子輯　清
抄本　一冊

500000－8702－0004070　Z/10/2

焦氏易林五卷　（漢）焦贛撰　清四川刻本
一冊　存一卷(一)

500000－8702－0004071　Z/10/3

卜法詳考四卷　（清）胡煦輯　清康熙葆璞堂
刻本　一冊　存一卷(四)

500000－8702－0004072　Z/10/4

斷易大全四卷　（清）余興國編輯　清同治談
易齋刻本　一冊

500000－8702－0004073　Z/10/5

皇極數不分卷　（宋）邵雍撰　清光緒抄本
一冊

500000－8702－0004074　Z/10/6

占卜一百二十課十卷　（清）□□輯　清光緒
抄本　一冊

500000－8702－0004075　Z/10/7

三式入門三卷 （□）□□撰 清抄本 一冊

500000－8702－0004076 Z/10/10

三命通會十二卷 （明）萬民英撰 清光緒上海廣益書局石印本 四冊 存四卷（三至六）

500000－8702－0004077 Z/10/13

神相鐵關刀四卷 （□）□□撰 清光緒二十年（1894）川坊恆及堂刻本 四冊

500000－8702－0004078 Z/10/14

增釋麻衣相法全編五卷 （□）陸位崇編 清光緒奎文堂刻本 四冊

500000－8702－0004079 Z/10/16

諸葛武侯行兵遁甲金函玉鏡全圖四卷 （三國蜀）諸葛亮撰 清同治至光緒鉛印本 一冊

500000－8702－0004080 Z/10/21

牙牌神數四種 題（清）岳慶山樵著 清光緒九年（1883）重慶大成書店刻本 一冊

500000－8702－0004081 Z/10/26

六千數不分卷 （□）□□撰 清抄本 一冊

500000－8702－0004082 Z/10/40

二教論一卷 （北周）釋道安撰 笑道論三卷 （北周）甄鸞撰 （唐）釋道宣輯 清光緒二十二年（1896）金陵刻經處刻本 一冊

500000－8702－0004083 Z/10/41

續原教論二卷 （明）沈士榮撰 清光緒四川刻經處刻本 一冊

500000－8702－0004084 Z/10/69

居士傳五十六卷 題（清）知歸子撰 清刻本 四冊

500000－8702－0004085 Z/10/71

大明三藏聖教目錄四卷續集一卷 （清）張心泰編譯 清光緒八年（1882）張氏刻本 二冊

500000－8702－0004086 Z/10/72

大清重刻龍藏彙記不分卷 （清）□□輯 清同治九年（1870）金陵刻經處刻本 一冊

500000－8702－0004087 Z/10/73

大清重刻龍藏彙記不分卷 （清）□□輯 清同治九年（1870）金陵刻經處刻本 一冊

500000－8702－0004088 Z/10/77

閱藏隨筆二卷 （清）釋元度撰 清宣統元年（1909）刻本 二冊

500000－8702－0004089 Z/10/81

一切經音義二十五卷附華嚴經音義二卷 （唐）釋元應等撰 清同治八年（1869）仁和曹氏刻本 四冊

500000－8702－0004090 Z/10/86

翻譯名義集二十卷 （宋）釋法雲編撰 清光緒四年（1878）金陵刻經處刻本 六冊

500000－8702－0004091 Z/10/87

佛爾雅八卷 （清）周春撰 清宣統二年（1910）國學扶輪社鉛印本 二冊

500000－8702－0004092 Z/10/91

佛所行讚經五卷 （印度）釋馬鳴撰 （晉）釋曇無讖譯 清四川刻本 二冊

500000－8702－0004093 Z/10/92

佛所行讚經五卷 （印度）釋馬鳴撰 （晉）釋曇無讖譯 清四川刻本 二冊

500000－8702－0004094 Z/10/93

佛所行讚經五卷 （印度）釋馬鳴撰 （晉）釋曇無讖譯 清四川刻本 二冊

500000－8702－0004095 Z/11/2

大方廣佛華嚴經八十卷 （唐）釋實叉難陀譯 清刻本 一冊 存一卷（十無盡藏品二十二）

500000－8702－0004096 Z/11/3

大方廣佛華嚴經普賢行願品一卷 （唐）釋三藏般若譯 清四川刻本 一冊

500000－8702－0004097 Z/11/11

地藏菩薩本願經三卷 （□）釋法燈譯 清光緒十二年（1886）福建鼓山涌泉寺刻本 三冊

500000－8702－0004098 Z/11/12

地藏菩薩本願經三卷 （唐）釋實叉難陀譯 清四川刻本 一冊

500000－8702－0004099　Z/11/16

彌勒下生經一卷　（晉）釋竺法護譯　清光緒三十四年（1908）涪州刻本　一冊

500000－8702－0004100　Z/11/19

維摩詰所說經註八卷　（晉）釋鳩摩羅什譯　清光緒十三年（1887）金陵刻經處刻本　二冊

500000－8702－0004101　Z/11/21

楞加阿跋多羅寶經義疏四卷　（南朝宋）釋求那跋陀羅譯　清四川刻本　四冊

500000－8702－0004102　Z/11/22

楞加阿跋多羅寶經玄義一卷　（清）釋智旭撰述　清四川刻本　一冊

500000－8702－0004103　Z/11/23

楞加阿跋多羅寶經玄義一卷　（清）釋智旭撰述　清四川刻本　一冊

500000－8702－0004104　Z/11/25

藥師瑠璃光如來本願功德經一卷　（唐）釋玄奘譯　清同治十一年（1872）如皋刻經處刻本　一冊

500000－8702－0004105　Z/11/26

大方廣圓覺修多羅了義經直解二卷　（明）釋德清解　清同治十年（1871）刻本　一冊

500000－8702－0004106　Z/11/30

金剛般若波羅蜜經一卷　（晉）釋鳩摩羅什譯　清刻本　一冊

500000－8702－0004107　Z/11/35

金剛決疑一卷　（晉）釋鳩摩羅什譯　清四川新都寶光寺刻本　一冊

500000－8702－0004108　Z/11/39

金剛般若波羅蜜經注解一卷　（清）石成金集注　清咸豐元年（1851）成都文書院刻本　一冊

500000－8702－0004109　Z/11/47

大智度論一百卷　（晉）釋鳩摩羅什譯　清光緒九年（1883）姑蘇刻經處刻本　二十五冊

500000－8702－0004110　Z/11/59

妙法蓮華經七卷　（晉）釋鳩摩羅什譯　清道光十二年（1832）紅螺山資福寺刻本　三冊

500000－8702－0004111　Z/11/65

大般涅槃經四十卷附二卷　（晉）釋曇無讖譯　清刻本　七冊　存三十七卷（六至四十、附二卷）

500000－8702－0004112　Z/11/70

大佛頂如來密因修證了義諸菩薩萬行首楞嚴經合轍十卷　（明）釋通潤述　清咸豐五年至同治十一年（1855－1872）刻本　十冊

500000－8702－0004113　Z/11/74

繪像大悲神咒一卷　（唐）釋伽梵達摩譯　清光緒二十六年（1900）明德堂刻本　一冊

500000－8702－0004114　Z/11/77

文殊五字根本真言念誦法一卷　（□）□□撰　清四川刻本　一冊

500000－8702－0004115　Z/11/83

增壹阿含經五十卷　（晉）釋曇摩難提譯　清光緒十二年（1886）江北刻經處刻本　六冊　存二十四卷（十六至二十一、二十九至三十二、三十七至五十）

500000－8702－0004116　Z/11/84

佛說樓炭經六卷　（晉）釋法立　（晉）釋法炬譯　清江蘇刻本　二冊

500000－8702－0004117　Z/11/87

大乘本生心地觀經八卷　（唐）釋三藏般若譯　清金陵刻本　二冊

500000－8702－0004118　Z/11/88

佛說梵網經菩薩心地品下略疏八卷　（晉）釋鳩摩羅什譯　清刻本　三冊　存六卷（三至八）

500000－8702－0004119　Z/11/114

淨土十要十卷　（清）釋智旭選輯　清同治十一年（1872）刻本　四冊

500000－8702－0004120　Z/11/115

西齋淨土詩四卷　（明）釋梵琦撰　清光緒新都寶光寺刻本　一冊

500000－8702－0004121　Z/12/1

小止觀二卷六妙法門一卷 （隋）釋智者大師
述 清成都刻本 一冊

500000－8702－0004122 Z/12/5

龐居士語錄三卷 （唐）龐蘊撰 清咸豐元年
(1851)蘇州虎丘刻本 一冊

500000－8702－0004123 Z/12/6

宗鏡錄一百卷 （宋）釋延壽編輯 清光緒二
十五年(1899)揚州江北刻經處刻本 二十冊

500000－8702－0004124 Z/12/8

指月錄三十二卷 （明）瞿汝稷輯 清同治六
年(1867)四川涪州崇興寺刻本 十冊

500000－8702－0004125 Z/12/9

指月錄三十二卷 （明）瞿汝稷輯 清同治十
年(1871)南海普陀佛頂山刻本 十冊

500000－8702－0004126 Z/12/9.2

指月錄三十二卷 （明）瞿汝稷輯 清同治十
年(1871)南海普陀佛頂山刻本 十冊

500000－8702－0004127 Z/12/10

指月錄三十二卷 （明）瞿汝稷輯 清同治衡
州開峰刻本 十冊

500000－8702－0004128 Z/12/11

續指月樓二十卷首一卷附尊宿集一卷 （清）
聶先編集 清光緒十二年(1886)金陵刻經處
刻本 六冊

500000－8702－0004129 Z/12/12

續指月樓二十卷首一卷附尊宿集一卷 （清）
聶先編集 清光緒十二年(1886)金陵刻經處
刻本 六冊

500000－8702－0004130 Z/12/13

續指月樓二十卷首一卷附尊宿集一卷 （清）
聶先編集 清光緒四川刻本 六冊

500000－8702－0004131 Z/12/14

六祖大師法寶壇經一卷 （唐）釋法海集錄
清嘉慶四年(1799)成都昭覺寺藏經樓刻本
一冊

500000－8702－0004132 Z/12/15

六祖大師法寶壇經一卷 （唐）釋法海集錄

清光緒十五年(1889)自流井刻本 一冊

500000－8702－0004133 Z/12/19

破山明禪師語錄二十一卷 （清）釋海明撰
清四川梁山雙桂堂刻本 六冊

500000－8702－0004134 Z/12/20

丈伯明錫和尚語錄三卷附行實錄一卷 （清）
釋明錫撰 清乾隆成都空林文殊院刻本
四冊

500000－8702－0004135 Z/12/21

彙集語錄一卷 （清）釋悟超輯 清嘉慶成都
文殊院刻本 一冊

500000－8702－0004136 Z/12/22

禪門鍛煉說十三篇 （清）釋戒顯撰 清同治
十一年(1872)如皋刻經處刻本 一冊

500000－8702－0004137 Z/12/23

萬法歸心錄不分卷 （清）釋祖源撰 清同治
十三年(1874)成都文殊院刻本 一冊

500000－8702－0004138 Z/12/24

禪門日誦不分卷 （清）□□輯 清光緒二十
六年(1900)江蘇常州天寧寺刻本 一冊

500000－8702－0004139 Z/12/25

溈山警策句釋記二卷 （清）釋宏贊註 清宣
統二年(1910)常州天寧寺刻本 一冊

500000－8702－0004140 Z/12/37

唯識二十論一卷述記四卷 （唐）釋三藏法師
譯 清宣統二年(1910)江西刻經處刻本
二冊

500000－8702－0004141 Z/12/43

佛教初學課本一卷註一卷 （清）楊文會撰
清光緒三十二年(1906)金陵刻經處刻本
一冊

500000－8702－0004142 Z/12/43.2

佛教初學課本一卷註一卷 （清）楊文會撰
清光緒三十二年(1906)金陵刻經處刻本
一冊

500000－8702－0004143 Z/12/50

萬福經一卷 （清）□□輯 清抄本 一冊

500000－8702－0004144　Z/12/51

教乘法數總覽一卷　（清）古音編輯　清道光
七年(1827)四川宕渠金山寺刻本　一冊

500000－8702－0004145　Z/13/2

呂祖全書三十二卷　（清）劉體恕彙輯　清道
光三十年(1850)刻本　十五冊

500000－8702－0004146　Z/13/7

洞天福地嶽瀆名山記一卷　（五代）杜光庭編
　南嶽總勝集一卷　（宋）陳田夫撰　梅仙觀
記一卷　（宋）楊智遠編　西山群仙會真記
(唐)施肩吾撰　清成都二仙菴刻本　一冊

500000－8702－0004147　Z/13/8

太上混元聖記十卷　（宋）謝守灝編　清光緒
成都二仙菴刻本　一冊

500000－8702－0004148　Z/13/9

道教靈驗記一卷　（宋）張君房輯　清光緒成
都二仙菴刻本　一冊

500000－8702－0004149　Z/13/10

長春真人西遊記一卷　（元）李志常撰　磻溪
集一卷　（元）丘處機撰　清光緒成都二仙菴
刻本　一冊

500000－8702－0004150　Z/13/13

呂帝聖蹟紀要一卷　（清）□□輯　清光緒成
都二仙菴刻本　一冊

500000－8702－0004151　Z/13/15

重刊道藏輯要總目一卷　（清）彭定求輯　清
光緒三十二年(1906)成都二仙菴刻本　一冊

500000－8702－0004152　Z/13/16

太上黃庭內景玉經三卷黃庭內景經注一卷外
景經注二卷　（清）蔣國祚注　太上黃庭內景
玉經一卷外景經一卷　（唐）梁丘子注　太上
黃庭中景經一卷　（金）李千乘注　清光緒成
都二仙菴刻本　一冊

500000－8702－0004153　Z/13/17

黃庭經注解二卷附考證一卷徵驗一卷　（明）
朱權注　清四川刻本　二冊

500000－8702－0004154　Z/13/18

黃庭經注解二卷附考證一卷徵驗一卷　（明）
朱權注　清四川刻本　一冊

500000－8702－0004155　Z/13/19

上清太上開天龍蹻經五卷　（□）□□撰　清
光緒成都二仙菴刻本　一冊

500000－8702－0004156　Z/13/21

文昌化書一卷　（清）王述亨輯　清道光十六
年(1836)刻民國合川會善堂印本　一冊

500000－8702－0004157　Z/13/22

文昌化書一卷　（清）王述亨輯　清道光十六
年(1836)刻民國合川會善堂印本　一冊

500000－8702－0004158　Z/13/26

關帝謨訓集註二卷　（□）□□撰　清道光十
六年(1836)刻民國合川會善堂印本　一冊

500000－8702－0004159　Z/13/27

關帝寶訓一卷　（□）□□撰　清道光十六年
(1836)刻民國合川會善堂印本　一冊

500000－8702－0004160　Z/13/42

雜修攝一卷齋戒一卷　（宋）張君房輯　清光
緒成都二仙菴刻本　一冊

500000－8702－0004161　Z/13/44

慧命真經一卷　柳華陽撰　清光緒十二年
(1886)四川成都刻本　一冊

500000－8702－0004162　Z/13/45

金丹雜記一卷　（清）廖復盛撰　清道光元年
(1821)刻本　一冊

500000－8702－0004163　Z/13/56

太上感應篇註釋四卷　（清）惠棟箋注　清光
緒成都扶經堂刻本　四冊

500000－8702－0004164　Z/13/60

陰騭文說證彙纂八卷末一卷　（清）□□纂
清光緒九年至十年(1883－1884)浙江吳興刻
本　八冊

500000－8702－0004165　Z/13/62

明道易經十二卷　題（清）敦厚老人註　清光
緒二十一年(1895)刻本　十二冊

500000－8702－0004166　　Z/13/66

王歷圖注案證三卷附因果全案一卷　（□）
□□輯　（□）王歷注　清光緒十年(1884)刻
本　一冊

500000－8702－0004167　　Z/13/74

哥林多前書釋義不分卷　（美國）翟雅各著
（清）姜子復筆述　清光緒二十一年(1895)九
江書局印本　一冊

500000－8702－0004168　　Z/13/77

類書十二種二十三卷　（清）□□輯　清咸豐
元年(1851)小琅嬛山館刻本　八冊

500000－8702－0004169　　Z/13/79

重訂事類賦三十卷　（宋）吳淑撰　清文盛堂
刻本　四冊

500000－8702－0004170　　Z/13/85

**玉海二百卷附詞學指南四卷坿刻十三種六十
一卷**　（宋）王應麟撰　清嘉慶刻本　一百二
十冊

500000－8702－0004171　　Z/13/88

新增說文韻府群玉二十卷　（元）陰時夫編輯
（元）陰中夫註　（明）王元貞校　清聚錦堂
刻本　十冊

500000－8702－0004172　　Z/13/89

姓觿十卷附錄一卷刊誤一卷剳記一卷　（明）
陳士元撰　（清）易本烺校訂　清光緒十七年
(1891)刻本　三冊

500000－8702－0004173　　Z/13/90

尚友錄二十二卷　（明）廖用賢編纂　（清）張
伯琮補續　清光緒二十九年(1903)經藝齋石
印本　四冊

500000－8702－0004174　　Z/13/91

增廣智囊補二十八卷　（明）馮夢龍輯　清宣
統三年(1911)上海文盛書局石印本　六冊

500000－8702－0004175　　Z/13/92

校補百子金丹十卷　（明）郭偉選注　清光緒
二十一年(1895)漢文堂刻本　十冊

500000－8702－0004176　　Z/13/94

古事比五十二卷　（清）方中德輯　清光緒十
九年(1893)上海寶善書局石印本　六冊

500000－8702－0004177　　Z/13/95

淵鑑類函四百五十卷目錄四卷　（清）張英等
纂修　清康熙揚州刻清吟堂補刻本　一百四
十冊

500000－8702－0004178　　Z/14/1

淵鑑類函四百五十卷目錄四卷　（清）張英等
纂修　清光緒十三年(1887)上海同文書局石
印本　四十八冊

500000－8702－0004179　　Z/14/2

佩文韻府一百六卷韻府拾遺一百六卷　（清）
張玉書等撰修　清江西刻本　一百十五冊

500000－8702－0004180　　Z/14/3

御定駢字類編二百四十卷　（清）聖祖玄燁撰
清光緒十三年(1887)上海同文書局石印本
四十八冊

500000－8702－0004181　　Z/14/4

子史精華一百六十卷　（清）允祿等修　（清）
吳襄等纂　清道光蘇州刻本　四十八冊

500000－8702－0004182　　Z/14/5

子史精華一百六十卷　（清）允祿等修　（清）
吳襄等纂　清道光蘇州刻本　三十八冊

500000－8702－0004183　　Z/15/1

子史精華一百六十卷　（清）允祿等修　（清）
吳襄等纂　清道光刻本　四十八冊

500000－8702－0004184　　Z/15/2

子史精華一百六十卷　（清）允祿等修　（清）
吳襄等纂　清道光湖南刻本　三十二冊

500000－8702－0004185　　Z/15/3

子史精華一百六十卷　（清）允祿等修　（清）
吳襄等纂　清同治刻本　三十二冊

500000－8702－0004186　　Z/15/4

子史精華一百六十卷　（清）允祿等修　（清）
吳襄等纂　清光緒十三年(1887)上海蜚英館
石印本　八冊

500000－8702－0004187　　Z/15/5

子史精華一百六十卷　（清）允禄等修　（清）吳襄等纂　清光緒十五年（1889）石印本　八冊

500000－8702－0004188　Z/16/3

子史輯要詩賦題解四卷續解四卷　（清）胡本淵編輯　清道光光華堂刻本　二冊

500000－8702－0004189　Z/16/4

史姓韻編二十四卷　（清）汪輝祖撰　清光緒二十九年（1903）文瀾書局石印本　八冊

500000－8702－0004190　Z/16/5

千金裘五十三卷　（清）蔣義彬等輯　清同治六年至光緒七年（1867－1881）廣東經國堂刻本　八冊

500000－8702－0004191　Z/16/7

事類統編九十三卷首一卷　（清）林意誠編　清道光十九年（1839）廣東林氏味經堂刻本　三十六冊

500000－8702－0004192　Z/17/1

增補事類統編九十三卷首一卷　（清）黃葆真增輯　清道光二十六年（1846）丹陽黃氏敦好堂刻本　四十八冊

500000－8702－0004193　Z/17/2

增補事類統編九十三卷首一卷　（清）黃葆真增輯　清道光二十九年（1849）丹陽黃氏敦好堂刻本　三十二冊

500000－8702－0004194　Z/17/3

增補事類統編九十三卷首一卷　（清）黃葆真增輯　清光緒四年（1878）四川學文堂刻本　四十冊

500000－8702－0004195　Z/17/4

增補事類統編九十三卷　（清）黃葆真增輯　清光緒十七年（1891）上海點石齋石印本　十冊　存二十七卷（一至二十七）

500000－8702－0004196　Z/17/5

增補五廣事類賦一百四十六卷　（清）□□輯　清道光四川文盛堂刻本　三十二冊

500000－8702－0004197　Z/17/6

酬世錦囊一集書啟合編八卷二集家禮集成七卷三集應酬寶要二卷四集類聯新編二卷　（清）鄒景陽編輯　清道光至咸豐雲林別墅刻本　一冊　存四卷（二集家禮集成一至四）

500000－8702－0004198　Z/17/8

廣治平略三十六卷　（清）蔡方炳編輯　清同治六年（1867）刻本　八冊

500000－8702－0004199　Z/17/9

人鏡類纂四十六卷　（清）程之楨輯　清同治十二年（1873）江夏程氏刻本　十六冊

500000－8702－0004200　Z/17/10

策學總纂大成四十六卷目錄二卷　（清）蔡壽祺編輯　清光緒三年（1877）京都琉璃廠觀文堂刻本　二十二冊

500000－8702－0004201　Z/17/11

策府統宗六十五卷　（清）劉昌齡編輯　清光緒二十四年（1898）耕余書屋石印本　二十冊

500000－8702－0004202　Z/17/12

六藝通考一百卷首一卷　（清）孫璧撰　清光緒二十七年（1901）兩湖書院刻本　四十八冊

500000－8702－0004203　Z/17/13

重編留青新集二十四卷　（清）陳枚輯　清光緒廣百宋齋鉛印本　十一冊　存二十二卷（三至二十四）

500000－8702－0004204　Z/17/14

重編留青新集二十四卷　（清）陳枚輯　清光緒廣百宋齋鉛印本　一冊　存六卷（十、十二至十三、十六、二十三至二十四）

500000－8702－0004205　Z/17/15

道岸先登十二卷首三卷　（清）張調元纂　清宣統二年（1910）學道書齋刻本　十三冊

500000－8702－0004206　Z/17/16

廣學類編十二卷　（英國）唐蘭孟編輯　清光緒鉛印本　一冊　存二卷（七至八）

500000－8702－0004207　Z/17/17

格物入門七卷　（美國）丁韙良撰　清光緒十五年（1889）石印本　七冊

500000 – 8702 – 0004208　Z/17/18

西學大成十二卷　（清）王西清編　清光緒二
十二年(1896)上海醉六堂石印本　十二冊

500000 – 8702 – 0004209　Z/17/19

中外經世緒言十五卷　（清）余貽範編輯　清
光緒二十一年(1895)上海文盛堂石印本
八冊

500000 – 8702 – 0004210　Z/17/20

萬國分類時務大成四十卷首一卷　（清）錢豐
撰　清光緒二十三年(1897)袖海山房石印本
二十八冊

500000 – 8702 – 0004211　Z/17/21

時務策府統宗十四卷　（清）顧其義　（清）吳
文藻輯　清光緒二十四年(1898)上海書局石
印本　二十冊

500000 – 8702 – 0004212　Z/17/22

洋務時事匯編八卷　（清）葛子源編輯　清光
緒二十四年(1898)上海書局石印本　十二冊

500000 – 8702 – 0004213　Z/17/23

洋務時事匯編八卷　（清）葛子源編輯　清光
緒二十四年(1898)上海書局石印本　十二冊

500000 – 8702 – 0004214　Z/17/24

中外政治彙編十五卷　（清）李鴻章鑒定　清
光緒二十六年(1900)上海漢讀樓鉛印本　十
二冊

500000 – 8702 – 0004215　Z/17/25

中外政治策論彙編二十四卷　（清）何溶洲輯
清光緒二十七年(1901)鴻寶書局石印本
二十四冊

500000 – 8702 – 0004216　Z/17/26

洋務經濟通考十六卷　應祖錫纂　清光緒二
十八年(1902)鴻寶齋石印本　十二冊

500000 – 8702 – 0004217　Z/17/27

**西政通典一百六十二卷西史通志一百二十八
卷西藝通考二百二十二卷**　（清）袁宗濂
（清）晏志清編輯　清光緒二十八年(1902)萃
新書館石印本　一百十八冊

500000 – 8702 – 0004218　Z/17/28

時務彙通一百八卷　（清）李作棟輯　清光緒
二十九年(1903)上海崇新書局石印本　三十
二冊

500000 – 8702 – 0004219　J/1/1

十三經古註二百九十七卷　（明）金蟠校訂
清同治八年(1869)浙江書局刻本　四十八冊
缺八卷(爾雅十二至十九)

500000 – 8702 – 0004220　J/1/2

十三經注疏三百三十三卷　（明）毛晉校訂
清嘉慶三年(1798)金閶書業堂刻本　一百冊

500000 – 8702 – 0004221　J/1/3

十三經注疏三百三十三卷　（明）毛晉校訂
清嘉慶刻本　一百二十冊

500000 – 8702 – 0004222　J/1/4

十三經注疏三百四十六卷　（清）張廷玉等校
清同治十年(1871)廣東書局刻本　一百二
十冊

500000 – 8702 – 0004223　J/1/5

十三經注疏四百十六卷　（唐）孔穎達等疏
校勘記四百十六卷　（清）阮元撰　（清）盧宣
旬摘錄　清嘉慶二十年(1815)南昌府刻道光
六年(1826)印本　一百四十冊

500000 – 8702 – 0004224　J/2/1

十三經注疏四百十六卷　（唐）孔穎達等疏
校勘記四百十六卷　（清）阮元撰　（清）盧宣
旬摘錄　清同治十年(1871)廣東書局刻本
一百六十冊

500000 – 8702 – 0004225　J/2/2

十三經注疏四百十六卷　（唐）孔穎達等疏
校勘記四百十六卷　（清）阮元撰　（清）盧宣
旬摘錄　清同治十二年(1873)江西書局刻本
一百八十冊

500000 – 8702 – 0004226　J/2/3

十三經注疏四百十六卷　（唐）孔穎達等疏
校勘記四百十六卷　（清）阮元校　（清）盧宣
旬摘錄　**識語四卷**　（清）汪文臺撰　清同治
十二年(1873)江西書局刻本　二百二冊

213

500000－8702－0004227　J/3/1

十三經注疏四百十六卷　（唐）孔穎達等疏
校勘記四百十六卷　（清）阮元校　（清）盧宣
旬摘錄　**識語四卷**　（清）汪文臺撰　清光緒
十三年(1887)脈望仙館石印本　三十二冊

500000－8702－0004228　J/3/2

十三經注疏四百十六卷　（唐）孔穎達等疏
校勘記四百十六卷　（清）阮元校　（清）盧宣
旬摘錄　**識語四卷**　（清）汪文臺撰　清光緒
十八年(1892)湖南寶慶務本書局刻本　一百
六十九冊　缺一卷(詩經二十)

500000－8702－0004229　J/3/3

十三經注疏四百十六卷　（唐）孔穎達等疏
校勘記四百十六卷　（清）阮元校　（清）盧宣
旬摘錄　**識語四卷**　（清）汪文臺撰　清光緒
十八年(1892)湖南寶慶務本書局刻本　一百
七十冊　缺四卷(識語四卷)

500000－8702－0004230　J/3/4

十三經注疏四百十六卷　（唐）孔穎達等疏
校勘記四百十六卷　（清）阮元校　（清）盧宣
旬摘錄　**識語四卷**　（清）汪文臺撰　清光緒
二十九年(1903)點石齋印書局石印本　三十
冊　缺四卷(詩經七至八、禮記九至十)

500000－8702－0004231　J/4/3

十三經讀本一百三十三卷附三卷　（宋）程頤
等傳　清同治七年(1868)湖北崇文書局刻本
六十冊

500000－8702－0004232　J/4/4

十一經初學讀本十一種　（清）萬廷蘭輯　清
光緒二年(1876)四川學院衙門刻本　二十
四冊

500000－8702－0004233　J/4/7

相臺五經九十三卷　（宋）岳珂輯　清光緒二
年(1876)江南書局刻本　二十六冊　存七十
三卷(周易十卷、尚書十三卷、禮記二十卷、春
秋三十卷)

500000－8702－0004234　J/4/8

相臺五經九十三卷　（宋）岳珂　清光緒二

年(1876)江南書局刻本　三十二冊

500000－8702－0004235　J/4/9

相臺五經九十三卷　（宋）岳珂輯　清光緒八
年(1882)湖南長沙龍氏家塾刻本　四十冊

500000－8702－0004236　J/4/10

相臺五經九十三卷　（宋）岳珂輯　清光緒十
年(1884)柚香閣刻本　四十冊

500000－8702－0004237　J/5/1

相臺五經九十三卷　（宋）岳珂輯　清光緒十
年(1884)柚香閣刻本　三十二冊

500000－8702－0004238　J/5/2

五經禮注二十六卷　（清）□□輯　清康熙、
雍正浙江益智堂刻本　十八冊

500000－8702－0004239　J/5/3

欽定篆文六經四書十種六十卷　（清）李光地
等纂修　清光緒九年(1883)上海同文書局影
印本　十冊

500000－8702－0004240　J/5/4

欽定篆文六經四書十種六十卷　（清）李光地
等纂修　清光緒九年(1883)上海同文書局影
印本　十冊

500000－8702－0004241　J/5/5

御纂七經二百八十三卷首十四卷　（清）李光
地等輯　清同治十年(1871)湖北崇文書局刻
本　一百七十冊

500000－8702－0004242　J/5/10

御纂七經二百八十卷首十四卷　（清）李光地
等輯　清同治西安刻本　一百八十八冊

500000－8702－0004243　J/6/1

御纂七經二百八十卷首十四卷　（清）李光地
等輯　清同治西安刻本　一百八十八冊

500000－8702－0004244　J/6/2

通志堂經解十九種　（清）徐乾學等輯　清康
熙納蘭成德刻本　六十冊

500000－8702－0004245　J/6/3

皇清經解一百八十三種　（清）阮元　（清）嚴
杰編輯　清道光九年(1829)廣東學海堂刻本

三百六十册

500000 - 8702 - 0004246　　J/7/1

皇清經解一百九十種　（清）阮元　（清）嚴杰編輯　（清）勞重光重校　清道光九年(1829)學海堂刻咸豐十年(1860)補刻本　三百六十册

500000 - 8702 - 0004247　　J/8/1

皇清經解一百九十種　（清）阮元　（清）嚴杰編輯　（清）勞重光重校　清道光九年(1829)學海堂刻咸豐十年(1860)補刻本　三百六十册

500000 - 8702 - 0004248　　J/9/1

皇清經解一百九十種　（清）阮元　（清）嚴杰編輯　（清）勞重光重校　清道光九年(1829)學海堂刻咸豐十年(1860)補刻本　三百六十册

500000 - 8702 - 0004249　　J/9/2

皇清經解一百九十種　（清）阮元　（清）嚴杰編輯　（清）勞重光重校　清道光刻咸豐十年至十一年(1860 - 1861)補刻本　三百五十四册　缺二種二十五卷(周易述二十一卷、周易述補四卷)

500000 - 8702 - 0004250　　J/10/1

皇清經解一百八十種　（清）阮元　（清）嚴杰編輯　清光緒十三年至十四年(1887 - 1888)上海書局石印本　六十四册

500000 - 8702 - 0004251　　J/10/2

皇清經解一百八十種　（清）阮元　（清）嚴杰編輯　清光緒十三年至十四年(1887 - 1888)上海書局石印本　四十五册　缺七十八卷(禹貢錐指二十一卷、春秋左氏傳校勘記四十二卷、尚書後案一至十五)

500000 - 8702 - 0004252　　J/10/3

皇清經解續編二百九種　王先謙　王先慎編輯　清光緒十一年至十四年(1885 - 1888)江陰南菁書院刻本　三百二十册

500000 - 8702 - 0004253　　J/11/1

皇清經解續編二百九種　王先謙　王先慎編

輯　清光緒十一年至十四年(1885 - 1888)江陰南菁書院刻本　三百二十册

500000 - 8702 - 0004254　　J/11/2

皇清經解續編二百九種　王先謙　王先慎編輯　清光緒十五年(1889)上海蜚英館石印本　三十一册　存一百九十九卷(一至十八、二十九至二百九)

500000 - 8702 - 0004255　　J/12/1

皇清經解一百九十種　（清）阮元輯　清光緒十四年(1888)上海點石齋石印本　二十四册

500000 - 8702 - 0004256　　J/12/2

皇清經解續編二百九種　王先謙　王先慎編輯　清光緒十五年(1889)上海蜚英館石印本　三十二册

500000 - 8702 - 0004257　　J/12/3

璜川吳氏經學叢書十五種　（清）吳志忠編輯　清道光十年(1830)寶仁堂刻本　四十七册　缺三種七卷(道德真經集注釋文一卷、春秋疑義二卷、懶庵先生經史論存四卷)

500000 - 8702 - 0004258　　J/12/5

古經解彙函二十三種附小學彙函十四種　（清）鍾謙鈞輯　清同治十二年至十三年(1873 - 1874)粵東書局刻本　六十六册

500000 - 8702 - 0004259　　J/12/6

古經解彙函二十三種附小學彙函十四種　（清）鍾謙鈞輯　清同治十二年至十三年(1873 - 1874)粵東書局刻本　六十八册

500000 - 8702 - 0004260　　J/12/7

古經解彙函二十三種附小學彙函十四種　（清）鍾謙鈞輯　清同治十二年至十三年(1873 - 1874)粵東書局刻本　八十册

500000 - 8702 - 0004261　　J/12/8

古經解彙函二十三種附小學彙函十四種　（清）鍾謙鈞輯　清同治十二年至十三年(1873 - 1874)粵東書局刻本　五十九册

500000 - 8702 - 0004262　　J/13/1

古經解彙函二十三種附小學彙函十四種續附十種 (清)鍾謙鈞輯 清光緒十四年(1888)上海蜚英館石印本 二十冊

500000－8702－0004263 J/13/3

經學輯要二十四種 (清)吳潁炎輯 清光緒十三年至十四年(1887－1888)上海點石齋石印本 三十二冊

500000－8702－0004264 J/13/4

經講類典合編十種六十二卷 題(清)鴻寶齋主人輯 清光緒十七年(1891)上海鴻寶齋石印本 十二冊

500000－8702－0004265 J/13/5

四經精華三十卷首四卷 (清)魏朝俊輯校 清光緒十四年(1888)新都古香閣魏氏刻本 十九冊

500000－8702－0004266 J/13/6

皮氏經學叢書九種二十四卷 (清)皮錫瑞撰 清光緒二十二年至三十四年(1896－1908)思賢書局刻本 十二冊

500000－8702－0004267 J/5/6

五經合纂大成四十四卷 (清)同文書局編輯 清光緒十一年(1885)同文書局石印本 二十冊

500000－8702－0004268 J/5/7

皇朝五經彙解二百七十卷 題(清)抉經心室主人纂 清光緒十四年(1888)鴻文書局石印本 三十二冊

500000－8702－0004269 J/5/8

皇朝五經彙解二百七十卷 題(清)抉經心室主人纂 清光緒十四年(1888)鴻文書局石印本 二十八冊 存二百三十二卷(一至二十二、六十一至二百七十)

500000－8702－0004270 J/5/9

皇朝五經彙解二百七十卷 題(清)抉經心室主人纂 清光緒二十二年(1896)上海書局石印本 三十二冊

500000－8702－0004271 J/13/15

周易注疏九卷附經典釋文二卷周易音譯一卷 (三國魏)王弼注 (唐)孔穎達正義 清光緒十八年(1892)寶慶務本書局刻本 五冊

500000－8702－0004272 J/13/18

易說六卷 (宋)司馬光撰 清光緒解梁書院刻本 二冊

500000－8702－0004273 J/13/24

周易本義四卷 (宋)朱熹撰 清宣書堂刻本 一冊

500000－8702－0004274 J/13/25

周易本義四卷 (宋)朱熹撰 清光緒五年(1879)永康退補齋胡氏刻本 二冊

500000－8702－0004275 J/13/26

周易本義四卷 (宋)朱熹撰 清宣統二年(1910)會文堂石印本 二冊

500000－8702－0004276 J/13/43

來瞿唐先生易注十五卷首一卷末一卷圖像一卷 (明)來知德撰 清嘉慶湖南寧遠堂符氏刻本 十冊

500000－8702－0004277 J/13/44

來瞿唐先生易注十五卷首一卷末一卷圖像一卷 (明)來知德撰 清嘉慶世興堂刻本 十二冊

500000－8702－0004278 J/13/45

周易來註十七卷附圖一卷 (明)來知德選註 清同治十年(1871)湖南刻本 十二冊

500000－8702－0004279 J/13/50

御纂周易述義十卷 (清)傅恆等纂修 清成都書局刻本 六冊

500000－8702－0004280 J/13/60

周易象義集成十九卷首一卷 (清)程茂熙輯纂 清道光二十七年(1847)松泉程氏家塾刻本 六冊

500000－8702－0004281 J/14/1

易經體註四卷 (清)李兆賢輯 清四川宏道堂刻本 四冊

500000－8702－0004282 J/14/2

易經體註大全四卷　（清）來爾繩纂輯　清四川同文堂刻本　二冊

500000－8702－0004283　J/14/3

易經精義旁訓三卷　（清）□□輯　清光緒二十三年(1897)古香閣魏氏刻本　一冊

500000－8702－0004284　J/14/5

周易備旨一見能解四卷　（清）鄒聖脈輯　清恒盛堂刻本　一冊

500000－8702－0004285　J/14/19

尚書大傳補注七卷　（漢）鄭玄註　清光緒十二年(1886)成都尊經書院刻本　一冊

500000－8702－0004286　J/14/25

尚書十三卷　（漢）孔安國傳　清同治成都書局刻本　三冊

500000－8702－0004287　J/14/26

尚書十三卷　（漢）孔安國傳　清同治成都書局刻本　三冊

500000－8702－0004288　J/14/27

尚書十三卷　（漢）孔安國傳　清同治四川刻本　三冊

500000－8702－0004289　J/14/28

尚書注疏二十卷附校刊記二十卷　（漢）孔安國傳　（唐）孔穎達義疏　清道光六年(1826)刻十三經注疏本　八冊

500000－8702－0004290　J/14/32

書經六卷　（宋）蔡沈集傳　清嘉慶三年(1798)四川文興堂刻本　六冊

500000－8702－0004291　J/14/33

書經六卷　（宋）蔡沈集傳　清同治七年(1868)湖北崇文書局刻本　四冊

500000－8702－0004292　J/14/34

書經六卷首一卷末一卷　（宋）蔡沈集傳　清江南狀元閣李光明家刻本　四冊

500000－8702－0004293　J/14/35

書經六卷　（宋）蔡沈集傳　清江西大文堂刻本　四冊

500000－8702－0004294　J/14/39

書經集傳音釋六卷首一卷末一卷　（宋）蔡沈集傳　清光緒十五年(1889)江南書局印本　六冊

500000－8702－0004295　J/14/42

禹貢錐指二十卷禹貢圖一卷　（清）胡渭撰　清康熙漱六軒刻本　十二冊

500000－8702－0004296　J/14/43

欽定書經傳說彙纂二十一卷首二卷　（清）王頊齡等纂修　清西安刻本　二十三冊

500000－8702－0004297　J/14/44

書經精華六卷　（清）薛嘉穎撰　清嘉慶二十四年(1819)福州坊刻本　六冊

500000－8702－0004298　J/14/45

書經精華十卷附禹貢圖　（清）王巨源選　清治經堂刻本　六冊

500000－8702－0004299　J/14/46

書經精華十卷附禹貢圖　（清）王巨源選　清古香閣魏氏墨耕堂刻本　六冊

500000－8702－0004300　J/14/47

書經精華十卷附禹貢圖　（清）王巨源選　清古香閣魏氏墨耕堂刻本　六冊

500000－8702－0004301　J/14/48

書經體注六卷　（宋）蔡沈集傳　（清）錢希祥纂輯　清光緒十年(1884)四川善成堂刻本　四冊

500000－8702－0004302　J/14/49

書經精義四卷首一卷末一卷　（清）黃淦纂　清令德堂書坊刻本　一冊

500000－8702－0004303　J/14/50

書經精義旁訓四卷　（宋）蔡沈集傳　清光緒二十三年(1897)墨耕堂刻本　四冊

500000－8702－0004304　J/14/51

書經精義旁訓四卷　（宋）蔡沈集傳　清光緒二十三年(1897)墨耕堂刻本　四冊

500000－8702－0004305　J/14/58

揚子書繹六卷　（清）楊文彩撰　（清）魏禧參

訂　清光緒二年(1876)韓懿章刻本　十冊

500000－8702－0004306　J/14/62

毛詩二十卷　(漢)鄭玄箋註　清同治四川刻本　七冊

500000－8702－0004307　J/14/76

詩經八卷　(宋)朱熹集注　清鎮江殷氏文成堂刻本　六冊

500000－8702－0004308　J/14/87

詩經傳說二十卷首二卷序二卷　(清)王鴻緒等纂　清初刻本　二十三冊　存二十三卷(一至十二、十四至二十,首二卷,序二卷)

500000－8702－0004309　J/14/88

欽定詩經傳說彙纂二十卷首二卷詩序二卷　(清)王鴻緒等纂修　清陝西刻本　二十三冊

500000－8702－0004310　J/14/89

欽定詩經傳說彙纂二十卷首二卷詩序二卷　(清)王鴻緒等纂修　清陝西刻本　二十四冊

500000－8702－0004311　J/14/95

詩經喈鳳詳解八卷　(清)陳抒孝輯解　(清)汪基增訂　清湖南經元堂刻本　四冊

500000－8702－0004312　J/14/100

詩經精義四卷傳序一卷末一卷　(清)黃淦纂　清嘉慶令德堂刻本　一冊

500000－8702－0004313　J/14/102

毛詩註疏二十卷附校刊記二十卷　(唐)孔穎達疏　清嘉慶二十年(1815)南昌府阮氏刻十三經注疏本　二十二冊

500000－8702－0004314　J/15/3

毛詩讀三十卷　(清)王劼著　清咸豐五年(1855)成都刻本　十冊

500000－8702－0004315　J/15/4

詩經原始二十卷　(清)方玉潤撰　清同治十年(1871)隴東分署刻本　十冊

500000－8702－0004316　J/15/6

詩傳名物集覽十二卷　(清)陳大章著　清光緒十七年(1891)三餘草堂刻本　六冊

500000－8702－0004317　J/15/12

詩經備旨八卷　(清)鄒聖脈纂輯　清刻本　二冊

500000－8702－0004318　J/15/18

周禮十二卷　(漢)鄭玄注　(唐)陸德明音義　清嘉慶十一年(1806)順德張氏清芬閣刻本　六冊

500000－8702－0004319　J/15/19

周禮十二卷　(漢)鄭玄注　(唐)陸德明音義　清嘉慶十一年(1806)順德張氏清芬閣刻本　六冊

500000－8702－0004320　J/15/20

周禮十二卷　(漢)鄭玄注　清光緒三年(1877)永康退補齋胡氏刻本　六冊

500000－8702－0004321　J/15/21

周禮十二卷　(漢)鄭玄注　清光緒十年(1884)成都葉氏刻本　六冊

500000－8702－0004322　J/15/32

周禮注疏刪翼三十卷　(明)王志長輯　明崇禎天德堂刻本　十九冊　存二十九卷(一至二十四、二十六至三十)

500000－8702－0004323　J/15/33

周禮義疏四十八卷首一卷　(清)允祿等纂修　清同治七年(1868)浙江刻本　二十四冊

500000－8702－0004324　J/15/34

周禮義疏四十八卷首一卷　(清)允祿等纂修　清同治湖南刻本　二十二冊

500000－8702－0004325　J/15/35

周禮義疏四十八卷首一卷　(清)允祿等纂修　清同治尊經閣刻本　二十四冊

500000－8702－0004326　J/15/36

周禮精義六卷首一卷　(清)黃淦纂　清嘉慶令德堂刻本　一冊

500000－8702－0004327　J/15/37

周禮精華六卷首一卷　(清)陳龍標輯　清嘉慶四川刻本　六冊

500000－8702－0004328　J/15/38

周禮精華六卷首一卷 （清）陳龍標輯 清道光十二年(1832)姑蘇步月樓刻本 六冊

500000－8702－0004329 J/15/39

周禮初學讀本六卷 （清）萬廷蘭輯 清光緒二年(1876)四川學院衙門刻本 六冊

500000－8702－0004330 J/15/40

周官箋六卷 （漢）鄭玄注 王闓運箋 清光緒二十六年(1900)成都呂氏刻本 六冊

500000－8702－0004331 J/15/41

周禮正義八十六卷 （清）孫詒讓著 清光緒二十一年(1895)鉛印本 十八冊

500000－8702－0004332 J/15/45

周禮政要二卷 （清）孫詒讓著 清光緒二十八年(1902)瑞安普通學堂刻本 二冊

500000－8702－0004333 J/15/53

讀禮通考一百二十卷 （清）徐乾學撰 清光緒七年(1881)江蘇書局刻本 三十二冊

500000－8702－0004334 J/15/54

欽定儀禮義疏四十八卷首二卷 （清）允祿等撰 清同治杭州刻本 四十冊

500000－8702－0004335 J/16/1

欽定儀禮義疏四十八卷首二卷 （清）允祿等撰 清同治陝西刻本 五十冊

500000－8702－0004336 J/16/2

儀禮鄭注句讀十七卷 （漢）鄭玄注 清同治七年(1868)金陵書局刻本 四冊

500000－8702－0004337 J/16/3

儀禮鄭注句讀十七卷 （漢）鄭玄注 （清）張爾岐句讀 清光緒十七年(1891)湖南務本書局刻本 八冊

500000－8702－0004338 J/16/4

儀禮鄭注句讀十七卷 （漢）鄭玄注 （清）張爾岐句讀 清同治十一年(1872)山東書局刻本 六冊

500000－8702－0004339 J/16/5

儀禮鄭注句讀十七卷 （漢）鄭玄注 （清）張爾岐句讀 清光緒八年(1882)成都錦江書局

刻本 六冊

500000－8702－0004340 J/16/7

儀禮精義不分卷 （清）黃淦纂 清嘉慶四川令德堂坊刻本 一冊

500000－8702－0004341 J/16/8

儀禮音訓不分卷 （清）楊國楨撰 清道光刻本 二冊

500000－8702－0004342 J/16/12

儀禮韻言二卷 （清）檀萃纂 清咸豐九年(1859)嘉樹堂刻本 一冊

500000－8702－0004343 J/16/13

儀禮經傳通解六十九卷 （清）梁萬方考訂 （清）翁荃校正 清咸豐敘府刻本 四十冊

500000－8702－0004344 J/16/14

禮經箋十七卷 （漢）鄭玄注 王闓運箋 清光緒二十六年(1900)成都呂氏刻本 八冊

500000－8702－0004345 J/16/15

禮經箋十七卷 （漢）鄭玄注 王闓運箋 清光緒二十六年(1900)成都呂氏刻本 六冊

500000－8702－0004346 J/16/16

禮經箋十七卷 （漢）鄭玄注 王闓運箋 清光緒二十六年(1900)成都呂氏刻本 六冊

500000－8702－0004347 J/16/18

儀禮句讀直音不分卷 （清）□□輯 清成都元尚居刻本 四冊

500000－8702－0004348 J/16/19

禮經通論一卷 （清）邵懿辰著 清宣統三年(1911)國學扶論社鉛印本 一冊

500000－8702－0004349 J/16/27

禮記十卷 （元）陳澔集說 清江蘇博古堂刻本 十冊

500000－8702－0004350 J/16/28

禮記十卷 （元）陳澔集說 清道光十六年(1836)揚州二郎廟片善堂惜字局刻本 十冊

500000－8702－0004351 J/16/29

禮記十卷 （元）陳澔集說 清江西文富堂刻

本　十冊

500000－8702－0004352　J/16/30
禮記十卷　（元）陳澔集說　清四川善成堂書坊刻本　十冊

500000－8702－0004353　J/16/31
禮記體註大全十卷　（元）陳澔集說　（清）范紫登(范翔)訂　清道光至咸豐刻本　二冊

500000－8702－0004354　J/16/32
禮記體註大全十卷　（元）陳澔集說　（清）徐瑄補輯　清光緒二十一年(1895)湖南澹雅書局刻本　十冊

500000－8702－0004355　J/16/33
禮記體註大全十卷　（元）陳澔集說　（清）范紫登(范翔)訂　清四川善成堂刻本　十冊

500000－8702－0004356　J/16/34
欽定禮記義疏八十二卷首三卷　（清）允祿等撰　清同治浙江刻本　三十二冊

500000－8702－0004357　J/16/35
欽定禮記義疏八十二卷首三卷　（清）允祿等撰　清同治杭州刻本　五十冊

500000－8702－0004358　J/16/36
欽定禮記義疏八十二卷首三卷　（清）允祿等撰　清同治四川尊經閣刻本　六十冊

500000－8702－0004359　J/17/1
欽定禮記義疏八十二卷首三卷　（清）允祿等撰　清同治湖北書局刻本　四十七冊　存五十二卷(一至二十四、四十一至四十八、五十七至六十六、七十六至八十二,首三卷)

500000－8702－0004360　J/17/2
欽定禮記義疏八十二卷首三卷　（清）允祿等撰　清同治陝西刻本　八十三冊

500000－8702－0004361　J/17/3
禮記備旨體註句解滙參十一卷　（清）鄒聖脈纂輯　清四川刻本　八冊

500000－8702－0004362　J/17/4
禮記備旨體註句解滙參十一卷　（清）鄒聖脈纂輯　清四川刻本　八冊

500000－8702－0004363　J/17/5
禮記句解體註備旨滙參十五卷　（清）馬履成編輯　清四川藜照書屋刻本　八冊

500000－8702－0004364　J/17/8
禮記增訂旁訓六卷　（元）陳澔集說　清江蘇吳郡張氏群玉山房刻本　六冊

500000－8702－0004365　J/17/9
禮記精義旁訓六卷　（元）陳澔集說　清光緒十年(1884)古香閣魏氏刻本　六冊

500000－8702－0004366　J/17/10
禮記精義旁訓六卷　（元）陳澔集說　清光緒十年(1884)古香閣魏氏刻本　六冊

500000－8702－0004367　J/17/11
禮記易讀旁訓四卷　（清）□□輯　清光緒二十二年(1896)刻本　四冊

500000－8702－0004368　J/17/12
批點禮記易讀旁訓四卷　（□）□□撰　清光緒三十三年(1907)四川宏道堂刻本　四冊

500000－8702－0004369　J/17/13
禮記箋四十六卷　（漢）鄭玄註　王闓運箋　清光緒二十六年(1900)成都呂氏刻本　十冊

500000－8702－0004370　J/17/14
夏小正一卷．王闓運註　清光緒三十年(1904)成都尊經書局刻本　一冊

500000－8702－0004371　J/17/15
禮記節本二卷　（清）□□輯　清光緒三十年(1904)刻本　二冊

500000－8702－0004372　J/17/24
書義十卷　（宋）司馬光撰　清光緒八年(1882)解梁書院刻本　二冊

500000－8702－0004373　J/17/25
文公家禮儀節八卷　（明）丘濬輯　清光緒十一年(1885)釜水書社刻本　三冊

500000－8702－0004374　J/17/27
家禮改良鄉禮改良合二卷　（清）陳嘉猷撰　清光緒三十三年(1907)巴縣陳氏刻本　四冊

500000 – 8702 – 0004375　J/17/28

家禮改良鄉禮改良合二卷　（清）陳嘉猷撰
清光緒三十三年(1907)巴縣陳氏刻本　四冊

500000 – 8702 – 0004376　J/17/29

文廟禮樂器圖考二卷首一卷末一卷　（清）蕭
大成輯撰　清康熙五十八年(1719)廣東蕭氏
刻本　六冊

500000 – 8702 – 0004377　J/17/30

文廟禮器樂舞圖譜附關廟文昌廟圖譜不分卷
　（清）易潤之編釋　清光緒十二年(1886)陝
西藩署刻本　一冊

500000 – 8702 – 0004378　J/17/31

聖廟祀典圖考三卷首一卷附孔孟聖跡圖二卷
　（清）顧沅編釋　清光緒上海同文書局影印
本　四冊

500000 – 8702 – 0004379　J/17/32

三禮約編十九卷　（清）汪基編輯　清雍正十
年(1732)江蘇汪氏刻本　七冊　存十七卷
(周禮約編三至六、儀禮約編三卷、禮記約編
十卷)

500000 – 8702 – 0004380　J/17/33

五禮通考二百六十二卷首四卷總目二卷
(清)秦蕙田編　（清）徐乾學撰　清光緒六年
至七年(1880 – 1881)江蘇書局刻本　一百冊

500000 – 8702 – 0004381　J/17/34

五禮通考二百六十二卷首四卷總目二卷
(清)秦蕙田編　（清）徐乾學撰　清光緒六年
至七年(1880 – 1881)江蘇書局刻本　一百冊

500000 – 8702 – 0004382　J/18/2

聲律通考十卷　（清）陳澧撰　清咸豐廣東陳
氏刻本　二冊

500000 – 8702 – 0004383　J/18/6

春秋經傳集解三十卷　（晉）杜預撰　清同治
四川成都書局刻本　十六冊

500000 – 8702 – 0004384　J/18/7

春秋經傳集解三十卷　（晉）杜預撰　清同治
四川成都書局刻本　十六冊

500000 – 8702 – 0004385　J/18/8

春秋經傳集解三十卷　（晉）杜預撰　清同治
永康胡氏退補齋刻本　十二冊

500000 – 8702 – 0004386　J/18/12

左傳杜注校勘記一卷覆校札記一卷　（清）黎
庶昌錄　清末唐氏怡蘭堂刻本　一冊

500000 – 8702 – 0004387　J/18/13

春秋左傳杜注補輯三十卷首一卷　（晉）杜預
原注　（清）姚培謙補輯　清光緒十五年
(1889)解梁書院刻本　十冊

500000 – 8702 – 0004388　J/18/21

春秋左傳杜林合註二十五卷　（晉）杜預註釋
　清宣統二年(1910)上海掃葉山房石印本
六冊

500000 – 8702 – 0004389　J/18/22

春秋左傳三十卷首一卷　（晉）杜預原注　清
同治七年(1868)湖北崇文書局刻本　十二冊

500000 – 8702 – 0004390　J/18/23

春秋左繡三十卷首一卷　（晉）杜預原注　清
康熙五十九年(1720)馮氏華川書屋刻本　十
四冊

500000 – 8702 – 0004391　J/18/24

春秋左繡三十卷首一卷　（晉）杜預原注　清
四川善成堂刻本　十六冊

500000 – 8702 – 0004392　J/18/25

春秋左繡三十卷首一卷　（晉）杜預原注　清
宣統三年(1911)上海會文堂石印本　八冊

500000 – 8702 – 0004393　J/18/31

春秋全經左傳句解八卷首一卷　（宋）朱申註
釋　（明）孫鑛批點　清道光九年(1829)四川
令德堂刻宏道堂印本　八冊

500000 – 8702 – 0004394　J/18/32

春秋全經左傳句解八卷首一卷　（宋）朱申註
釋　（明）孫鑛批點　清道光九年(1829)令德
堂刻宏道堂印本　八冊

500000 – 8702 – 0004395　J/18/33

評點春秋綱目左傳句解彙雋六卷　（清）韓菼

重訂　清光緒四川刻本　六冊

500000－8702－0004396　J/18/34

評點春秋綱目左傳句解彙雋六卷　（清）韓菼
重訂　清光緒江南恒新書社刻本　六冊

500000－8702－0004397　J/18/35

評點春秋綱目左傳句解彙雋六卷　（清）韓菼
重訂　清光緒江南恒新書社刻本　六冊

500000－8702－0004398　J/18/36

評點春秋綱目左傳句解彙雋六卷　（清）韓菼
重訂　清光緒十一年(1885)刻本　六冊

500000－8702－0004399　J/18/37

評點春秋綱目左傳句解彙雋六卷　（清）韓菼
重訂　清光緒四川刻本　六冊

500000－8702－0004400　J/18/38

評點春秋綱目左傳句解彙雋六卷　（清）韓菼
重訂　清光緒四川刻本　六冊

500000－8702－0004401　J/18/44

左通補釋三十二卷　（清）梁履繩撰　清光緒
元年(1875)汪氏刻本　十二冊

500000－8702－0004402　J/18/45

春秋左氏古經說十二卷　廖平著　清光緒三
十四年(1908)成都中學堂刻本　四冊

500000－8702－0004403　J/18/46

新訂批註左傳快讀十八卷首一卷　（晉）杜預
註　（清）李紹松選定　清曲江書屋刻本　十
四冊　存十六卷(二至十四、十六至十八)

500000－8702－0004404　J/18/47

左傳快讀十八卷首一卷　（漢）杜林著　（清）
李紹松選定　清光緒二十八年(1902)巴蜀善
成堂刻本　十六冊

500000－8702－0004405　J/18/48

左傳精義旁訓十八卷　（□）□□輯　清光緒
十年(1884)古香閣魏氏刻墨耕堂印本　十
六冊

500000－8702－0004406　J/18/52

左傳評十卷　（清）王源評　（清）張斌注　清
宣統二年(1910)啟渝公司鉛印本　三冊

222

500000－8702－0004407　J/18/60

春秋公羊注疏二十八卷附校勘記二十八卷
（漢）公羊壽傳　（漢）何休解詁　（唐）徐彥
疏　（清）阮元校　清道光六年(1826)南昌府
學刻本　八冊

500000－8702－0004408　J/18/61

公羊注疏二十八卷附校勘記二十八卷　（漢）
公羊壽傳　（漢）何休解詁　（唐）徐彥疏
（清）阮元校　清道光六年(1826)南昌府學刻
本　十冊　存四十八卷(一至二十四、校勘記
一至二十四)

500000－8702－0004409　J/18/62

公羊注疏二十八卷附校勘記二十八卷　（漢）
公羊壽傳　（漢）何休解詁　（唐）徐彥疏
（清）阮元校　清四川叙府刻本　十冊

500000－8702－0004410　J/19/2

春秋公羊箋十一卷　（漢）何休解詁　王闓運
箋　清光緒十一年(1885)成都書局刻本
六冊

500000－8702－0004411　J/19/9

春秋穀梁注疏二十卷附校勘記二十卷　（晉）
范寧集解　（唐）楊士勛疏　（清）阮元校　清
嘉慶二十年(1815)南昌府學阮氏刻本　六冊

500000－8702－0004412　J/19/12

春秋穀梁傳音訓二卷　（□）□□撰　清道光
刻本　二冊

500000－8702－0004413　J/19/15

穀梁春秋經傳古義疏十一卷　廖平撰　清光
緒二十五年(1899)成都刻本　八冊

500000－8702－0004414　J/19/18

春秋三十卷　（宋）胡安國傳　清杭州文苑堂
刻本　六冊

500000－8702－0004415　J/19/33

欽定春秋傳說彙纂三十八卷首二卷　（清）王
掞等纂修　清杭州刻本　二十四冊

500000－8702－0004416　J/19/34

欽定春秋傳說彙纂三十八卷首二卷　（清）王

捰等纂修　清成都書局刻本　二十冊

500000－8702－0004417　J/19/36
春秋說略十二卷附春秋比二卷　（清）郝懿行著　清道光七年(1827)海陽趙氏刻本　四冊

500000－8702－0004418　J/19/37
春秋三傳十六卷首一卷附陸氏釋文音義十六卷　清同治十年(1871)江寧王仁恒刻本　十四冊

500000－8702－0004419　J/19/38
春秋恒解八卷　（清）劉沅輯注　清同治十一年(1872)成都玉成堂刻本　八冊

500000－8702－0004420　J/19/40
春秋備旨十二卷　（清）鄒聖脈纂輯　清江西芸生堂刻本　四冊

500000－8702－0004421　J/19/52
篆文孝經一卷　（清）吳大澂書　清光緒十一年(1885)石印本　一冊

500000－8702－0004422　J/19/59
論語注疏二十卷附校勘記二十卷　（三國魏）何晏注　（清）阮元校　清光緒二十七年(1901)敘府刻本　四冊

500000－8702－0004423　J/19/62
論語十卷　（宋）朱熹集注　清四川刻本　一冊

500000－8702－0004424　J/19/63
論語十卷　（宋）朱熹集注　清光緒三十二年(1906)商務館鉛印本　二冊

500000－8702－0004425　J/19/65
明道春院論語講義偶存不分卷　（清）孫景烈撰　清乾隆四十二年(1777)滋樹堂刻本　一冊

500000－8702－0004426　J/19/68
戴氏註論語二十卷　（清）戴望撰　清同治十年(1871)刻本　二冊

500000－8702－0004427　J/19/69
論語話解十卷　（清）陳濬撰　清同治十三年(1874)四川宏道堂刻本　四冊

500000－8702－0004428　J/19/70
論語話解十卷　（清）陳濬撰　清宣統元年(1909)上海鑄記書局石印本　一冊

500000－8702－0004429　J/19/73
論語稽二十卷　（清）宦懋庸撰　（清）宦應清校注　清宣統三年至民國二年(1911－1913)維新印書館鉛印本　四冊

500000－8702－0004430　J/19/76
篆文論語一卷　（清）吳大澂書　清光緒十一年(1885)石印本　一冊

500000－8702－0004431　J/19/77
鄉黨圖考十卷　（清）江永撰　清乾隆三十二年(1767)致和堂刻本　四冊

500000－8702－0004432　J/19/80
大學中庸不分卷　（宋）朱熹註　清光緒三十二年(1906)商務館鉛印本　一冊

500000－8702－0004433　J/19/84
勉學堂中庸講義一卷　（清）孫景烈撰　清乾隆刻本　一冊

500000－8702－0004434　J/19/94
中庸直講三卷　（清）吉雛灘注　清光緒二十九年(1903)成都刻本　一冊

500000－8702－0004435　J/19/101
孟子註疏十四卷附校勘記十四卷　（漢）趙岐注　（清）阮元校　清道光六年(1826)南昌府學刻本　八冊

500000－8702－0004436　J/19/102
孟子註疏十四卷附校勘記十四卷　（漢）趙岐注　（清）阮元校　清光緒敘府刻本　七冊

500000－8702－0004437　J/19/105
蘇批孟子二卷　（宋）蘇洵評注　（清）趙大波補　清嘉慶羊城醉經樓朱墨套印本　一冊

500000－8702－0004438　J/20/12
孟子弟子考補正不分卷　（清）朱彝尊原本（清）陳矩補正　清光緒二十四年(1898)貴陽陳氏刻本　一冊

500000－8702－0004439　J/20/14

223

四書十九卷附四書圖一卷四書字辨一卷
(宋)朱熹集注　清博古堂刻本　六冊

500000－8702－0004440　J/20/15
四書十九卷　(宋)朱熹集注　清春秀堂刻廣
益堂印本　六冊

500000－8702－0004441　J/20/16
四書十九卷　(宋)朱熹集注　清道光八年至
九年(1828－1829)崇道堂刻本　六冊

500000－8702－0004442　J/20/24
松陽講義十二卷　(清)陸隴其撰　清道光刻
本　十冊

500000－8702－0004443　J/20/25
四書玩注詳說四十卷　(清)冉覲祖撰　清康
熙三十年(1691)寄顧堂刻本　四十冊

500000－8702－0004444　J/20/26
四書反身錄八卷　(清)王心敬輯　清道光二
十四年(1844)江西祝氏刻本　四冊

500000－8702－0004445　J/20/27
四書諸儒輯要四十卷　(清)李沛霖輯　清乾
隆五年(1740)刻本　三十一冊

500000－8702－0004446　J/20/28
四書合講十九卷圖說一卷　(清)翁復編撰
清道光至咸豐泉州刻本　六冊

500000－8702－0004447　J/20/29
四書合講十九卷圖說一卷　(清)翁復編撰
清浙江文奎堂刻本　六冊

500000－8702－0004448　J/20/30
四書合講十九卷　(清)翁復編撰　清光緒五
年(1879)葉蘭軒刻本　六冊

500000－8702－0004449　J/20/31
四書典林三十卷附四書古人典林十二卷
(清)江永編　清光緒十八年(1892)鴻寶齋石
印本　四冊

500000－8702－0004450　J/20/32
四書朱子本義滙參四十三卷首四卷　(清)王
步青纂輯　清乾隆十年(1745)敦復堂刻本
三十九冊

224

500000－8702－0004451　J/20/33
四書朱子本義滙參四十三卷首四卷　(清)王
步青纂輯　清乾隆十年(1745)敦復堂刻江蘇
學源堂印本　二十四冊

500000－8702－0004452　J/20/34
四書朱子大全經傳蘊萃四十卷　(清)朱良玉
纂輯　清同治八年(1869)川東凝香閣刻本
十六冊

500000－8702－0004453　J/20/35
四書述要十九卷　(清)楊玉緒撰　清川宏道
堂刻本　六冊

500000－8702－0004454　J/20/36
四書撮言三十七卷　(清)胡蓉芝輯　清乾隆
廣東刻本　二十冊

500000－8702－0004455　J/20/37
四書撮言三十七卷　(清)胡蓉芝輯　清四川
刻本　十六冊

500000－8702－0004456　J/20/38
四書撮言三十七卷　(清)胡蓉芝輯　清四川
刻本　十六冊

500000－8702－0004457　J/20/39
四書引解二十六卷　(清)鄧柱瀾纂輯　清四
川宏道堂刻本　十二冊

500000－8702－0004458　J/20/40
四書引解二十六卷　(清)鄧柱瀾纂輯　清四
川善成堂刻本　十冊

500000－8702－0004459　J/20/41
關中書院四書講義九卷四書講義辨二卷
(清)孫景烈撰　清乾隆三十四年至四十一年
(1769－1776)陝西張氏滋樹堂刻本　九冊

500000－8702－0004460　J/20/42
四書翼註論文三十八卷　(清)張甄陶撰　清
乾隆四十二年(1777)福清張氏刻本　十二冊

500000－8702－0004461　J/20/43
四書備旨十卷　(明)鄧林撰　(清)杜定基增
訂　清四川宏道堂刻本　六冊

500000－8702－0004462　J/20/44

四書典制類聯音註三十三卷 （清）閻其淵編輯　清乾隆刻本　十一冊　存三十卷（一至十五、十九至三十三）

500000－8702－0004463　J/20/45

四書人物類典串珠四十卷 （清）臧志仁編輯　清同治刻本　十二冊

500000－8702－0004464　J/20/47

四書人物類典串珠四十卷 （清）臧志仁編輯　清令德堂刻本　十冊

500000－8702－0004465　J/20/48

四書人物類典串珠四十卷 （清）臧志仁編輯　清光緒十九年（1893）上海寶善書局石印本　四冊

500000－8702－0004466　J/20/49

四書大成直講二十卷附百辨錄二卷 （清）李錫春撰　清道光十一年（1831）劉氏校經堂刻本　十七冊

500000－8702－0004467　J/20/50

四書味根錄三十九卷 （清）金澂撰輯　清道光二十二年（1842）刻本　十冊

500000－8702－0004468　J/20/51

四書味根錄三十九卷 （清）金澂撰輯　清同治六年（1867）刻本　二十三冊　存三十六卷（大學一卷,中庸二卷,論語一至十三、十六至二十,孟子十四卷,首一卷）

500000－8702－0004469　J/20/52

四書味根錄三十九卷 （清）金澂撰輯　清光緒八年（1882）刻本　十二冊

500000－8702－0004470　J/21/1

四書味根錄三十九卷 （清）金澂撰輯　清光緒十一年（1885）四川務本堂刻本　十二冊

500000－8702－0004471　J/21/2

四書味根錄題鏡合編三十八卷 （清）金澂撰輯　清光緒十三年（1887）上海點石齋石印本　六冊

500000－8702－0004472　J/21/3

四書恒解十三卷 （清）劉沅輯注　清浙江鉛印本　六冊

500000－8702－0004473　J/21/4

四書字義二卷附錄一卷 （宋）陳淳撰　清浙江永嘉坊刻本　二冊

500000－8702－0004474　J/21/5

四書速成新體讀本二十卷 （清）王有宗等校訂　清光緒三十一年（1905）重慶正蒙社刻本　十六冊

500000－8702－0004475　J/21/10

經典釋文三十卷 （唐）陸德明撰　考證一卷 （清）盧文弨撰　清同治八年（1869）湖北崇文書局刻本　十二冊

500000－8702－0004476　J/21/11

經典釋文三十卷 （唐）陸德明撰　考證一卷 （清）盧文弨撰　清同治十三年（1874）成都尊經書院刻本　十二冊

500000－8702－0004477　J/21/18

五經類編二十八卷 （清）周世樟輯　清乾隆四十四年（1779）龍江書屋刻本　十二冊

500000－8702－0004478　J/21/20

經義軌範不分卷 （清）王夫之著　清玉青書屋刻本　二冊

500000－8702－0004479　J/21/21

傳經表二卷附通經表二卷 （清）洪亮吉撰　清光緒五年（1879）授經堂刻本　一冊

500000－8702－0004480　J/21/23

羣經字詁七十二卷 （清）段諤廷撰　清道光二十九年（1849）黔陽楊氏刻本　二十冊

500000－8702－0004481　J/21/24

十三經集字摹本不分卷 （清）彭玉雯纂　清道光二十九年（1849）彭氏刻本　八冊

500000－8702－0004482　J/21/25

十三經集字摹本不分卷 （清）彭玉雯纂　清道光三十年（1850）刻本　八冊

500000－8702－0004483　J/21/26

十三經集字摹本不分卷 （清）彭玉雯纂　清咸豐元年（1851）梓潼會刻本　八冊

225

500000－8702－0004484　J/21/27

十三經集字不分卷　（□）□□輯　清光緒十四年(1888)何詒孫刻本　一冊

500000－8702－0004485　J/21/29

經義述聞三十二卷　（清）王引之撰　清道光七年(1827)刻本　二十冊

500000－8702－0004486　J/21/32

羣經評議三十五卷　（清）俞樾著　清同治十年(1871)刻本　十六冊

500000－8702－0004487　J/21/33

新學偽經考十四卷　（清）康祖貽撰　清光緒十七年(1891)武林望云樓石印本　八冊

500000－8702－0004488　J/21/34

羣經大義不分卷　（清）楊士欽著　清光緒三十四年(1908)重慶廣益書局鉛印本　一冊

500000－8702－0004489　J/21/41

五經味根錄四十二卷　（清）□□纂　清光緒石印本　九冊　存二十五卷(書經一至六、禮記一至十、春秋六至十四)

500000－8702－0004490　J/21/42

五經味根錄四十二卷　（清）□□纂　清光緒石印本　七冊　存十八卷(書經三至六、詩經一至四、春秋一至十)

500000－8702－0004491　J/21/43

石經考異二卷附諸史然疑一卷　（清）杭世駿撰　清咸豐元年(1851)刻本　一冊

500000－8702－0004492　J/21/44

石經補考十一卷　（清）馮登府輯撰　清嘉慶元尚居刻本　四冊

500000－8702－0004493　J/21/45

唐石經校文十卷　（清）嚴可均撰　清嘉慶元尚居刻本　四冊

500000－8702－0004494　J/21/46

歷代石經略二卷　（清）桂馥撰　清光緒九年(1883)陳州郡齋刻本　二冊

500000－8702－0004495　J/21/49

爾雅二卷　（清）張孝楷校　清光緒二十五年

(1899)重慶中西書屋刻本　二冊

500000－8702－0004496　J/21/54

爾雅三卷　（晉）郭璞註　（唐）陸德明音釋　清光緒五年(1879)山西睿文書局刻本　三冊

500000－8702－0004497　J/21/56

爾雅音圖三卷　（晉）郭璞註　清道光二十九年(1849)刻本　三冊

500000－8702－0004498　J/21/58

爾雅注疏十一卷　（晉）郭璞註　清嘉慶書業堂刻本　五冊

500000－8702－0004499　J/21/59

爾雅注疏十一卷　（晉）郭璞註　清道光九年(1829)富文閣刻本　四冊

500000－8702－0004500　J/21/60

爾雅注疏十一卷　（晉）郭璞註　清道光正學齋刻本　四冊

500000－8702－0004501　J/21/61

爾雅注疏十卷　（晉）郭璞註　清道光文秀堂刻本　四冊　存七卷(一至七)

500000－8702－0004502　J/21/64

爾雅注疏旁訓四卷附錄釋名四卷　（晉）郭璞註　清嘉慶五年(1800)浙江石門馬氏刻本　二冊

500000－8702－0004503　J/21/65

爾雅義疏二十卷　（清）郝懿行疏　清光緒七年(1881)刻本　八冊

500000－8702－0004504　J/21/68

爾雅義疏二十卷　（清）郝懿行撰　清光緒十年(1884)四川榮縣蜀南閣刻本　八冊

500000－8702－0004505　J/21/69

爾雅義疏二十卷　（清）郝懿行撰　清光緒十年(1884)四川榮縣蜀南閣刻本　八冊

500000－8702－0004506　J/21/70

爾雅義疏二十卷　（清）郝懿行撰　清光緒十三年(1887)湖北官書局刻本　六冊

500000－8702－0004507　J/21/71

爾雅補郭二卷　（清）翟灝撰　（清）傅世洵校
　清光緒八年(1882)成都刻本　一冊

500000 – 8702 – 0004508　J/21/74

倉頡篇三卷續本一卷補本二卷補本續一卷
（清）孫星衍撰集　清光緒二十三年(1897)成
都刻本　二冊

500000 – 8702 – 0004509　J/21/75

小學鉤沉十九卷　（清）任大椿撰　清光緒十
年(1884)龍氏刻本　二冊

500000 – 8702 – 0004510　J/21/76

小學鉤沉十九卷　（清）任大椿撰　清光緒湖
南刻本　四冊

500000 – 8702 – 0004511　J/21/77

別雅五卷　（清）吳玉搢輯　清乾隆山陽吳氏
刻本　五冊

500000 – 8702 – 0004512　J/21/78

別雅五卷　（清）吳玉搢輯　清光緒藝林山房
刻本　二冊

500000 – 8702 – 0004513　J/21/79

廣雅疏証十卷附博雅音十卷　（清）王念孫撰
　清嘉慶王氏刻本　八冊

500000 – 8702 – 0004514　J/21/80

廣雅疏証十卷附博雅音十卷　（清）王念孫撰
　清光緒五年(1879)淮南書局刻本　八冊

500000 – 8702 – 0004515　J/21/85

小爾雅疏證五卷　（清）葛其仁撰　清光緒成
都書局刻本　一冊

500000 – 8702 – 0004516　J/21/86

蠕範八卷附劄記一卷　（清）李元著　清光緒
刻本　四冊

500000 – 8702 – 0004517　J/22/1

彬雅八卷　題(清)墨莊氏輯　清光緒成都藝
林山房刻本　二冊　存五卷(四至八)

500000 – 8702 – 0004518　J/22/8

經傳釋詞補一卷再補一卷　（清）孫經世撰
清光緒十一年(1885)蔣氏刻本　一冊

500000 – 8702 – 0004519　J/22/9

經傳釋詞再補一卷　（清）孫經世撰　清光緒
十一年(1885)長洲蔣氏刻本　一冊

500000 – 8702 – 0004520　J/22/13

經籍纂詁一百六卷首一卷附補遺　（清）阮元
撰　清嘉慶十七年(1812)琅環仙館刻同治十
二年(1873)淮南局補刻本　六十冊

500000 – 8702 – 0004521　J/22/14

經籍纂詁一百六卷首一卷附補遺　（清）阮元
撰　清嘉慶阮氏刻光緒六年(1880)淮南書局
補刻本　四十八冊　存一百二卷(一至一百
一、首一卷)

500000 – 8702 – 0004522　J/22/15

普通百科新大辭典附補遺　黃摩西編　清宣
統三年(1911)中國辭典公司鉛印本　十四冊

500000 – 8702 – 0004523　J/22/21

方言疏證十三卷　（清）戴震撰　清光緒八年
(1882)敘府汗青簃刻本　四冊

500000 – 8702 – 0004524　J/22/23

方言藻二卷粵風四卷　（清）李調元輯撰　清
道光李氏萬卷樓刻本　一冊

500000 – 8702 – 0004525　J/22/24

新方言十一卷　章炳麟著　清光緒三十四年
(1908)鉛印本　一冊

500000 – 8702 – 0004526　J/22/26

說文解字十五卷　（漢）許慎撰　（宋）徐鉉校
定　清光緒二年(1876)合川刻本　八冊

500000 – 8702 – 0004527　J/22/27

說文解字十五卷　（漢）許慎撰　（宋）徐鉉校
定　清光緒七年(1881)刻本　四冊

500000 – 8702 – 0004528　J/22/28

說文解字十五卷　（漢）許慎撰　（宋）徐鉉校
定　說文通檢十四卷首一卷末一卷　（清）黎
永椿撰　清光緒九年(1883)山西書局刻本
十二冊

500000 – 8702 – 0004529　J/22/42

說文解字繫傳四十卷　（五代）徐鍇釋撰　清

光緒姚覲元刻本　二冊　存十卷(五至八、十七至二十二)

500000－8702－0004530　J/22/43

說文解字注三十卷附六書音韻表二卷說文訂一卷　(清)段玉裁註　清同治十一年(1872)湖北崇文書局刻本　三十冊

500000－8702－0004531　J/22/44

說文解字注三十卷附六書音韻表二卷說文訂一卷　(清)段玉裁註　清同治十一年(1872)湖北崇文書局刻本　三十二冊

500000－8702－0004532　J/22/45

說文解字注三十卷附六書音韻表二卷說文訂一卷　(清)段玉裁註　清光緒五年(1879)成都尊經書院刻本　十六冊

500000－8702－0004533　J/22/46

說文解字注三十卷附六書音韻表二卷說文訂一卷　(清)段玉裁註　清光緒五年(1879)成都尊經書院刻本　十六冊

500000－8702－0004534　J/22/47

說文解字注三十卷　(清)段玉裁註　**通檢十四卷首一卷末一卷**　(清)黎永椿撰　清光緒十四年(1888)蜚英館石印本　七冊

500000－8702－0004535　J/22/53

說文解字注箋十四卷　(清)段玉裁註　(清)徐灝箋　清光緒二十年(1894)刻本　二十一冊　存十卷(一至六、九至十二)

500000－8702－0004536　J/22/54

說文解字義證五十卷　(清)桂馥撰　清同治九年(1870)湖北崇文書局刻本　四十八冊

500000－8702－0004537　J/23/1

說文解字義證五十卷　(清)桂馥撰　清同治九年(1870)湖北崇文書局刻本　三十二冊

500000－8702－0004538　J/23/2

說文釋例二十卷　(清)王筠撰　清光緒九年(1883)成都御風樓刻本　二十冊

500000－8702－0004539　J/23/3

說文釋例二十卷　(清)王筠撰　清光緒九年

(1883)成都御風樓刻本　十五冊　存十八卷(三至二十)

500000－8702－0004540　J/23/4

說文釋例二十卷　(清)王筠撰　清光緒十二年(1886)上海積山書局石印本　五冊　存十七卷(一至七、十一至二十)

500000－8702－0004541　J/23/5

說文通訓定聲十八卷柬韻一卷附說雅十九篇古今韻準一卷行述一卷　(清)朱駿聲撰　清道光三十年(1850)臨嘯閣刻同治九年(1870)朱孔彰補刻本　二十冊

500000－8702－0004542　J/23/6

說文通訓定聲十八卷柬韻一卷附說雅十九篇古今韻準一卷行述一卷　(清)朱駿聲撰　清道光三十年(1850)臨嘯閣刻同治九年(1870)朱孔彰補刻本　二十四冊

500000－8702－0004543　J/23/8

苗氏說文四種四十六卷　(清)苗夔撰　清道光至咸豐壽陽祁氏漢專亭刻本　八冊

500000－8702－0004544　J/23/9

說文解字木部箋異一卷　(清)莫友芝撰　清同治三年(1864)刻本　二冊

500000－8702－0004545　J/23/11

說文校議三十卷　(清)姚文田　(清)嚴可均撰　清同治十三年(1874)歸安姚氏刻本　四冊

500000－8702－0004546　J/23/37

廣金石韻府六卷附五篇字畧一卷　(明)朱時望原纂　(清)張鳳藻增訂　清咸豐七年(1857)巴郡理董軒張氏刻本　六冊

500000－8702－0004547　J/23/38

廣金石韻府六卷附五篇字畧一卷　(明)朱時望原纂　(清)張鳳藻增訂　清咸豐七年(1857)巴郡理董軒張氏刻本　六冊

500000－8702－0004548　J/23/40

積古齋鐘鼎彝器款識十卷　(清)阮元編　清光緒五年(1879)楊守敬武昌刻本　六冊

500000－8702－0004549　　J/23/41

積古齋鐘鼎彝器款識十卷　（清）阮元編　清刻本　二冊

500000－8702－0004550　　J/23/43

鐘鼎字源五卷附錄一卷　（清）汪立名輯　清光緒二年(1876)秦氏麟慶堂石印本　一冊

500000－8702－0004551　　J/23/46

隸辨八卷　（清）顧靄吉撰　清同治十二年(1873)漁古山房刻本　八冊

500000－8702－0004552　　J/23/48

六書通十卷　（明）閔齊伋撰　（清）畢弘述篆訂　清同治、光緒四川刻本　八冊

500000－8702－0004553　　J/23/50

六書分類十二卷首一卷　（清）傅世垚撰　清乾隆五十四年(1789)刻嘉慶元年(1796)傅錫信印本　十三冊

500000－8702－0004554　　J/23/51

康熙字典四十二卷　（清）張玉書等纂修　清江南刻本　四十冊

500000－8702－0004555　　J/23/52

康熙字典四十二卷　（清）張玉書等纂修　清江蘇刻本　四十冊

500000－8702－0004556　　J/23/53

康熙字典四十二卷　（清）張玉書等纂修　清道光七年(1827)四川善成堂刻本　四十冊

500000－8702－0004557　　J/23/54

康熙字典四十二卷　（清）張玉書等纂修　清道光江蘇刻本　四十冊

500000－8702－0004558　　J/23/55

康熙字典四十二卷　（清）張玉書等纂修　清廣東黃氏文林堂刻本　四十冊

500000－8702－0004559　　J/23/56

康熙字典四十二卷　（清）張玉書等纂修　清光緒元年(1875)湖北崇文書局刻本　四十冊

500000－8702－0004560　　J/24/1

康熙字典四十二卷　（清）張玉書等纂修　清光緒二年(1876)商務印書館石印本　六冊

500000－8702－0004561　　J/24/2

康熙字典四十二卷　（清）張玉書等纂修　清光緒八年(1882)點石齋石印本　四冊

500000－8702－0004562　　J/24/3

康熙字典四十二卷　（清）張玉書等纂修　清光緒二十年(1894)上海點石齋石印本　六冊

500000－8702－0004563　　J/24/4

康熙字典四十二卷　（清）張玉書等纂修　清光緒三十年(1904)錦章書局石印本　六冊

500000－8702－0004564　　J/24/5

康熙字典四十二卷　（清）張玉書等纂修　清宣統二年(1910)上海天寶書局石印本　六冊

500000－8702－0004565　　J/24/14

奇字名五卷　（清）李調元著　清道光李氏萬卷樓刻本　一冊

500000－8702－0004566　　J/24/15

辨字摘要四卷　（清）饒應召撰　清抄本　一冊　存一卷(三)

500000－8702－0004567　　J/24/16

增訂臨文便覽二卷　（清）怡雲僊館主人編訂　清光緒二年(1876)怡雲僊館刻本　四冊

500000－8702－0004568　　J/24/17

文字蒙求四卷　（清）王筠編輯　清光緒五年(1879)會稽章氏刻本　一冊

500000－8702－0004569　　J/24/18

文字蒙求四卷　（清）王筠編輯　清成都刻本　二冊

500000－8702－0004570　　J/24/19

文字蒙求廣義四卷　（清）王筠撰　清光緒二十七年(1901)江楚書局刻本　五冊

500000－8702－0004571　　J/24/20

用拙齋塜綆四十八卷目錄一卷　（清）杜大恒編　清光緒二十二年(1896)四川儼峰書屋刻本　八冊

500000－8702－0004572　　J/24/21

同音集字便覽摘要不分卷　（清）張小浦輯　清光緒四川富順萃文會刻本　六冊

500000－8702－0004573　J/24/24

草字彙十二卷　（清）石梁輯　清刻本　四冊

500000－8702－0004574　J/24/30

音學五書三十八卷　（清）顧炎武著　清光緒十六年(1890)湖南思賢講舍刻本　十六冊

500000－8702－0004575　J/24/43

古今韻略五卷　（清）邵長蘅纂　清康熙刻本　四冊　存四卷(二至五)

500000－8702－0004576　J/24/47

四聲便覽不分卷　（清）余六師編　清同治十二年(1873)福德堂刻本　一冊

500000－8702－0004577　J/24/50

聲類四卷　（清）錢大昕撰　清道光二十九年(1849)陳士安刻本　四冊

500000－8702－0004578　J/24/51

音學秘書四卷　（清）涂謙著　清道光九年(1829)涂氏六吉居刻本　二冊

500000－8702－0004579　J/24/54

韻辨附文五卷　（清）沈兆霖編輯　清同治十二年(1873)潼川東川書院刻本　五冊

500000－8702－0004580　J/24/55

韻辨附文五卷　（清）沈兆霖編輯　清同治十二年(1873)潼川東川書院刻本　五冊

500000－8702－0004581　J/24/59

五音集字十卷附集字繫聲二卷　（清）汪朝思輯　清光緒三十四年(1908)渝城聖家書局刻本　十二冊

500000－8702－0004582　J/24/60

五音集字十卷附集字繫聲二卷　（清）汪朝思輯　清光緒三十四年(1908)渝城聖家書局刻本　十二冊

500000－8702－0004583　J/24/61

六書十二聲傳十二卷附古律考一卷　（清）呂調陽選　清光緒十四年(1888)彭縣刻本　八冊

500000－8702－0004584　J/24/62

古今中外音韻通例不分卷　（清）胡垣著　清

光緒十四年(1888)金陵書局刻本　四冊

500000－8702－0004585　J/24/63

標射韻學不分卷　（清）喻大琢重訂　清光緒抄本　一冊

500000－8702－0004586　J/24/72

澤存堂叢刻五種五十卷　（清）張士俊輯　清光緒十四年(1888)上海蜚英館影印本　七冊　存四十卷(群經音辨七卷、廣韻五卷、佩觿三卷、玉篇十一至三十、字鑑五卷)

500000－8702－0004587　J/24/73

小學類編八種　（清）李祖望輯　清咸豐元年至二年(1851－1852)李氏半畝園刻本　八冊

500000－8702－0004588　J/24/74

六藝綱目二卷附六藝發源一卷字原一卷　（元）舒天民撰　（元）舒恭等註　**札記一卷**（清）管禮耕撰　清光緒七年(1881)籀春簃刻本　二冊

500000－8702－0004589　J/24/75

六藝綱目二卷附六藝發源一卷字原一卷　（元）舒天民撰　（元）舒恭等註　**札記一卷**（清）管禮耕撰　清光緒解梁書院刻本　二冊

500000－8702－0004590　J/24/76

六藝綱目二卷附六藝發源一卷字原一卷　（元）舒天民撰　（元）舒恭等註　**札記一卷**（清）管禮耕撰　清光緒解梁書院刻本　二冊

500000－8702－0004591　J/24/77

小學考五十卷　（清）謝啟昆撰　清光緒十四年(1888)浙江書局刻本　二十冊

500000－8702－0004592　J/24/78

小學答問一卷　章炳麟著　清宣統元年(1909)刻本　一冊

500000－8702－0004593　J/24/96

三字經註解備要二卷　（宋）王應麟撰　（清）賀興思註　清咸豐十年(1860)樓外樓刻本　一冊　存一卷(一)

500000－8702－0004594　J/24/103

養蒙針度五卷　（清）潘子聲輯　清光緒元年

（1875）合川會善堂刻本　二冊

500000－8702－0004595　J/24/104
正蒙字義二卷　重慶正蒙公塾輯刻　清光緒刻本　一冊　存一卷（二）

500000－8702－0004596　J/24/105
課蒙舉隅二卷　杜成章撰輯　清光緒二十六年（1900）巴縣正蒙會刻本　二冊

500000－8702－0004597　J/24/107
小學韻語讀本不分卷　（清）羅澤南撰　清光緒七年（1881）江北清平場熊氏刻本　一冊

500000－8702－0004598　J/24/109
廣宜襍字二卷附萬物雜字一卷　陳晴山編　清四川銅梁同文書堂刻本　一冊

500000－8702－0004599　J/24/112
註釋啓蒙對偶續編四卷　（明）孟紱編　清乾隆四十九年（1784）李氏萬卷樓刻本　一冊　存二卷（一至二）

500000－8702－0004600　J/24/113
聲律啓蒙撮要二卷　（清）車萬育撰　（清）聶銑敏重訂　清光緒銅邑榮豐堂刻本　一冊

500000－8702－0004601　J/24/114
聲律啓蒙撮要二卷　（清）車萬育撰　（清）聶銑敏重訂　清光緒四川銅邑榮豐堂刻本　一冊

500000－8702－0004602　J/24/115
聲律啓蒙撮要二卷　（清）車萬育撰　（清）聶銑敏重訂　清光緒四川刻本　一冊

500000－8702－0004603　J/24/117
龍文鞭影二卷　（明）蕭良有纂　（清）楊臣諍增訂　清光緒二十五年（1899）四川中西書屋刻本　二冊

500000－8702－0004604　J/24/118
龍文鞭影四卷　（明）蕭良有纂　（清）楊臣諍增訂　清光緒三十年（1904）蜀善成堂刻本　四冊

500000－8702－0004605　J/24/119
龍文鞭影四卷　（明）蕭良有纂　（清）楊臣諍

增訂　清光緒三十年（1904）蜀善成堂刻本　二冊

500000－8702－0004606　J/24/120
龍文鞭影四卷　（明）蕭良有纂　（清）楊臣諍增訂　清宣統元年（1909）宏道堂刻本　四冊

500000－8702－0004607　J/24/122
新增幼學故事瓊林四卷　（清）程允升撰　清光緒古香閣魏氏刻本　四冊

500000－8702－0004608　J/24/123
新增幼學故事瓊林四卷首一卷　（清）程允升撰　清光緒古香閣魏氏刻本　四冊

500000－8702－0004609　J/24/124
新增幼學故事瓊林四卷首一卷　（清）程允升撰　清光緒二十六年（1900）四川宏道堂刻本　四冊

500000－8702－0004610　J/24/131
澄衷學堂課本四篇　澄衷學堂編　清末鉛印本　一冊

500000－8702－0004611　Z/1/8
子書百家五百二卷　崇文書局輯　清光緒元年（1875）湖北崇文書局刻本　六十冊

500000－8702－0004612　Z/1/12
二十二子三百二十三卷　（清）浙江書局輯　清光緒元年（1875）浙江書局刻本　八十三冊

500000－8702－0004613　Z/1/13
二十二子三百二十三卷　（清）浙江書局輯　清光緒元年（1875）浙江書局刻本　七十一冊　缺四十五卷（老子二卷、文子纘義一至二、黃帝內經二十四卷、靈樞十二卷、商君書五卷）

500000－8702－0004614　Z/1/14
二十二子二十二種　（清）積山書局輯　清光緒十九年至二十年（1893－1894）上海積山書局石印本　七冊

500000－8702－0004615　Z/1/15
二十二子二十二種　（清）積山書局輯　清光緒二十年（1894）積山書局石印本　九冊　缺

四十二卷(荀子二十卷、尸子二卷、韓非子二十卷)

500000－8702－0004616　Z/2/1

子書二十八種　育文書局輯　清宣統元年(1909)上海育文書局石印本　十三冊　存十一種一百三十一卷(老子道德經二卷、末一卷,莊子一至六,呂氏春秋十六至二十六、末一卷,孔子集語一至六、首一卷,管子二十四卷、首一卷,荀子十至二十一,靈樞十二卷,賈子新書十卷,竹書紀年十二卷、首一卷,墨子十五卷、首一卷,孫子十家注十三卷、首一卷、末一卷)

500000－8702－0004617　Z/2/12

任氏述記四卷　(清)任兆麟輯　清光緒十年(1884)新都廖氏閒雲精舍刻本　一冊

500000－8702－0004618　Z/2/14

諸子平議三十五卷　(清)俞樾撰　清同治九年(1870)浙江刻本　十二冊

500000－8702－0004619　Z/2/19

孔子家語十卷　(三國魏)王肅注　清同治登雲堂刻本　四冊

500000－8702－0004620　Z/2/20

孔子家語十卷　(三國魏)王肅注　清同治十二年(1873)四川善成堂刻本　二冊

500000－8702－0004621　Z/2/21

孔子家語十卷　(三國魏)王肅注　清光緒上海同文書局影印本　五冊

500000－8702－0004622　Z/2/31

孔子集語十七卷　(清)孫星衍撰　清光緒湖南刻本　六冊

500000－8702－0004623　Z/2/34

曾子家語六卷　(清)曾國荃輯　(清)王定安訂　清光緒十六年(1890)刻本　二冊

500000－8702－0004624　Z/2/38

荀子二十卷校勘補遺一卷　(唐)楊倞註　清嘉慶九年(1804)姑蘇聚文堂刻本　四冊

500000－8702－0004625　Z/2/40

荀子二十卷校勘補遺一卷　(唐)楊倞註　清光緒二年(1876)浙江書局刻本　六冊

500000－8702－0004626　Z/2/41

荀子二十卷校勘補遺一卷　(唐)楊倞註　清光緒二年(1876)浙江書局刻本　六冊

500000－8702－0004627　Z/2/45

荀子集解二十卷　(唐)楊倞註　王先謙集解　清光緒十七年(1891)湖南思賢講舍刻本　五冊　存十六卷(一至八、十三至二十)

500000－8702－0004628　Z/2/48

刪定荀子不分卷　(清)方苞著　清同治至光緒木活字印本　一冊

500000－8702－0004629　Z/2/65

鹽鐵論十卷　(漢)桓寬撰　清江西汪氏刻本　二冊

500000－8702－0004630　Z/2/83

揚子法言十卷　(晉)李軌　(唐)柳宗元註　(宋)司馬光等添註　清嘉慶九年(1804)姑蘇聚文堂刻本　二冊

500000－8702－0004631　Z/2/84

揚子法言十卷　(漢)揚雄撰　**申鑒五卷**　(漢)荀悅撰　清汪氏述古山莊刻本　一冊

500000－8702－0004632　Z/2/90

揚子法言十三卷議一卷　(漢)揚雄撰　(晉)李軌注　**文子纘義十二卷**　(宋)杜道聖撰　清光緒十九年(1893)鴻文書局石印本　一冊

500000－8702－0004633　Z/2/92

潛夫論十卷　(漢)王符著　清江西汪氏述古山莊刻本　一冊

500000－8702－0004634　Z/2/105

申鑒五卷中論二卷　(漢)荀悅　(漢)徐幹撰　清光緒元年(1875)湖北崇文書局刻本　一冊

500000－8702－0004635　Z/2/109

中論二卷　(漢)徐幹撰　**中說二卷**　(隋)王通撰　**風俗通義四卷**　(漢)應劭撰　清江西汪氏述古山莊刻本　二冊

500000 - 8702 - 0004636　Z/2/115

伸蒙子三卷素履子三卷　（唐）林慎思　（唐）
張弧撰　清光緒元年(1875)崇文書局刻本
一冊

500000 - 8702 - 0004637　Z/2/116

家範十卷　（宋）司馬光撰　清光緒六年
(1880)解梁書院刻本　二冊

500000 - 8702 - 0004638　Z/2/118

張子全書十五卷　（宋）張載撰　（清）朱熙注
釋　清光緒二十三年(1897)刻本　六冊

500000 - 8702 - 0004639　Z/2/124

二程全書七種六十四卷附三卷　（宋）程顥
（宋）程頤撰　清光緒三十四年(1908)湖南澹
雅書局刻本　二十冊

500000 - 8702 - 0004640　Z/2/128

近思錄十四卷附考異一卷　（宋）朱熹等撰
（宋）葉采集解　清光緒九年(1883)傳經堂刻
本　二冊

500000 - 8702 - 0004641　Z/2/131

**近思錄集註十四卷附考訂朱子世家一卷校勘
記一卷**　（宋）朱熹　（宋）呂祖謙撰　（清）
江永集註　清同治八年(1869)江蘇書局刻本
四冊

500000 - 8702 - 0004642　Z/2/132

近思錄集註十四卷附考訂朱子世家一卷
（宋）朱熹　（宋）呂祖謙撰　（清）江永集註
清光緒三十年(1904)蜀東善成堂刻本
四冊

500000 - 8702 - 0004643　Z/2/135

五子近思錄發明十四卷　（清）施璜纂注　清
咸豐至同治聚元堂刻本　八冊

500000 - 8702 - 0004644　Z/2/136

小學集解六卷　（宋）朱熹編　清同治九年
(1870)巴縣土主場刻本　四冊

500000 - 8702 - 0004645　Z/2/140

小學集注四卷附孝經集註一卷忠經集註一卷
（明）陳選集註　清同治至光緒宏道堂刻本

二冊

500000 - 8702 - 0004646　Z/2/141

小學集解六卷附綱領題辭合一卷　（宋）朱熹
原撰　（清）張伯行纂輯　清道光文選樓刻本
三冊

500000 - 8702 - 0004647　Z/2/144

胡子知言六卷附錄一卷疑義一卷　（宋）胡宏
撰　**薛子道論三卷**　（明）薛瑄撰　**海樵子一
卷**　（明）王崇慶撰　清光緒元年(1875)湖北
崇文書局刻本　一冊

500000 - 8702 - 0004648　Z/2/145

大學衍義四十三卷　（宋）真德秀撰　清同治
十一年(1872)浙江書局刻本　八冊　存三十
三卷(一至二十三、二十九至三十三、三十九
至四十三)

500000 - 8702 - 0004649　Z/2/146

大學衍義四十三卷　（宋）真德秀撰　清同治
十三年(1874)四川夔府雲陽郭氏刻本　八冊

500000 - 8702 - 0004650　Z/2/148

王文成公傳習錄三卷　（明）王守仁撰　清宣
統二年(1910)成都國學研究會刻本　三冊

500000 - 8702 - 0004651　Z/2/150

聖學格物通一百卷　（明）湛若水撰　清同治
五年(1866)資正堂刻本　二十冊

500000 - 8702 - 0004652　Z/2/152

人譜一卷人譜類記二卷　（明）劉宗周撰　清
嘉慶十九年(1814)刻本　二冊

500000 - 8702 - 0004653　Z/2/153

人譜類記六卷　（明）劉宗周撰　清光緒三年
(1877)湖北崇文書局刻本　二冊

500000 - 8702 - 0004654　Z/2/154

人譜一卷人譜類記二卷　（明）劉宗周撰　清
光緒三十二年(1906)文明會社石印本　一冊

500000 - 8702 - 0004655　Z/2/157

聖諭像解二十卷　（清）梁延年編　清光緒二
十八年(1902)江蘇撫署石印本　十冊

500000 - 8702 - 0004656　Z/2/158

233

庭訓格言一卷　（清）世宗胤禛纂輯　清江蘇
刻本　一冊

500000－8702－0004657　Z/2/162

御纂朱子全書六十六卷　（宋）朱熹原著
（清）李光地等纂　清刻本　三十一冊　存五
十七卷（六至六十二）

500000－8702－0004658　Z/2/163

御纂朱子全書六十六卷　（清）李光地等纂
清同治宏達堂刻本　四十八冊

500000－8702－0004659　Z/2/164

盍書二卷附錄一卷　（清）吳之挺撰　清咸豐
六年（1856）刻九年（1859）補刻本　一冊

500000－8702－0004660　Z/2/165

明夷待訪錄一卷　（清）黃宗羲撰　清光緒二
十四年（1898）石印本　二冊

500000－8702－0004661　Z/2/166

明夷待訪錄一卷　（清）黃宗羲撰　清光緒三
十一年（1905）重慶開智書局鉛印本　一冊

500000－8702－0004662　Z/2/171

明儒學案六十二卷　（清）黃宗羲撰　清道光
二年（1822）會稽莫晉刻本　二十四冊

500000－8702－0004663　Z/2/172

明儒學案六十二卷　（清）黃宗羲撰　清光緒
十四年（1888）南昌縣學刻本　二十四冊

500000－8702－0004664　Z/3/1

明儒學案六十二卷　（清）黃宗羲撰　清光緒
二十八年（1902）文淵書局石印本　八冊　存
十六卷（一至十六）

500000－8702－0004665　Z/3/5

宋元學案一百卷首一卷　（清）黃宗羲撰
（清）全祖望修訂　清光緒五年（1879）長沙刻
本　三十八冊

500000－8702－0004666　Z/3/6

宋元學案一百卷首一卷　（清）黃宗羲撰
（清）全祖望修訂　清光緒五年（1879）長沙刻
本　四十八冊

500000－8702－0004667　Z/3/7

宋元學案一百卷首一卷　（清）黃宗羲撰
（清）全祖望修訂　清光緒五年（1879）長沙刻
本　四十冊

500000－8702－0004668　Z/3/12

五種遺規十六卷　（清）陳宏謀編輯　清道光
十八年（1838）四川合川唐氏刻咸豐十年
（1860）印本　三冊　存八卷（養正遺規一至
二、補編一，教女遺規一至三，訓俗遺規一至
二）

500000－8702－0004669　Z/3/13

五種遺規十六卷　（清）陳宏謀編輯　清光緒
十九年（1893）廣東刻本　八冊

500000－8702－0004670　Z/3/14

五種遺規十六卷　（清）陳宏謀編輯　清光緒
三十二年（1906）重慶公樂堂刻本　八冊

500000－8702－0004671　Z/3/17

四種遺規約鈔四卷　（清）陳宏謀原編　清同
治十年（1871）遵義刻本　三冊　存三卷（養
正遺規約抄一卷、訓俗遺規約抄一卷、從政遺
規約抄一卷）

500000－8702－0004672　Z/3/18

教女遺規三卷　（清）陳宏謀編輯　清道光培
遠堂刻本　一冊

500000－8702－0004673　Z/3/19

關中書院課解五卷附蘭山書院課解一卷
（清）孫景烈撰　清乾隆二十六年（1761）張氏
滋樹堂刻本　四冊

500000－8702－0004674　Z/3/20

國朝漢學師承記八卷附經師經義一卷宋學淵
源記二卷附記一卷　（清）江藩撰　清光緒二
十二年（1896）四川成都志書堂刻本　四冊

500000－8702－0004675　Z/3/21

國朝漢學師承記八卷附經師經義一卷宋學淵
源記二卷附記一卷　（清）江藩撰　清光緒刻
本　四冊

500000－8702－0004676　Z/3/24

漢學商兌三卷　（清）方東樹撰　清同治浙江

書局刻本　二冊

500000－8702－0004677　Z/3/25

漢學商兌三卷　（清）方東樹撰　清光緒八年
（1882）四明花雨樓刻本　二冊

500000－8702－0004678　Z/3/26

取友編不分卷　（清）聶秉誠編輯　清道光十
九年（1839）皮氏仁慶堂刻本　一冊

500000－8702－0004679　Z/3/27

學案小識十四卷首一卷末一卷　（清）唐鑑撰
　清道光湖南刻本　十二冊

500000－8702－0004680　Z/3/31

正誼八卷　（清）劉沅撰　清咸豐四年（1854）
豫誠堂刻本　四冊

500000－8702－0004681　Z/3/32

漢儒通義七卷　（清）陳澧輯撰　清咸豐八年
（1858）刻本　二冊

500000－8702－0004682　Z/3/33

顏氏學記十卷　（清）戴望撰　清宣統國學保
存會鉛印本　一冊　存五卷（一至五）

500000－8702－0004683　Z/3/34

課子隨筆節鈔六卷附錄一卷續編一卷　（清）
張師戴輯　（清）徐桐節抄并續編　清同治貴
陽刻本　四冊

500000－8702－0004684　Z/3/35

課子隨筆節鈔六卷附錄一卷續編一卷　（清）
張師戴輯　（清）徐桐節抄并續編　清光緒二
十七年（1901）浦城李氏酌海樓刻本　四冊

500000－8702－0004685　Z/3/36

訟過齋日記六卷（清咸豐至同治）　（清）毛輝
鳳撰　（清）毛小梧編類　清同治十一年
（1872）成都毛氏刻本　二冊

500000－8702－0004686　Z/3/36.2

訟過齋日記六卷（清咸豐至同治）　（清）毛輝
鳳撰　（清）毛小梧編類　清同治十一年
（1872）成都毛氏刻本　二冊

500000－8702－0004687　Z/3/37

輶軒語不分卷　（清）張之洞撰　清光緒成都

書局刻本　一冊

500000－8702－0004688　Z/3/38

輶軒語七篇　（清）張之洞撰　清光緒十四年
（1888）山西解梁書院刻本　一冊

500000－8702－0004689　Z/3/40

悔言六卷　（清）夏震武撰　清光緒七年
（1881）富陽夏氏刻本　一冊

500000－8702－0004690　Z/3/41

有諸己齋格言叢書十七種三十二卷　（清）閻
敬銘輯　清光緒十四年（1888）山西解梁書院
刻本　十八冊

500000－8702－0004691　Z/4/5

老子道德經二卷附釋文一卷校勘記一卷
（□）河上公注　清光緒二十年（1894）湖南字
庫山房元記書局刻本　二冊

500000－8702－0004692　Z/4/6

老子道德經二篇　（三國魏）王弼注　清光緒
元年（1875）浙江書局刻本　一冊

500000－8702－0004693　Z/4/13

太上道德真經集註三卷附釋文一卷雜說一卷
　（宋）彭耜纂輯　清光緒三十二年（1906）成
都二仙庵刻本　三冊

500000－8702－0004694　Z/4/13.2

太上道德真經集註三卷附釋文一卷雜說一卷
　（宋）彭耜纂輯　清光緒三十二年（1906）成
都二仙庵刻本　三冊

500000－8702－0004695　Z/4/13.3

太上道德真經集註三卷附釋文一卷雜說一卷
　（宋）彭耜纂輯　清光緒三十二年（1906）成
都二仙庵刻本　三冊

500000－8702－0004696　Z/4/14

道德真經註四卷　（元）吳澄述　清光緒三十
二年（1906）成都二仙庵刻本　一冊

500000－8702－0004697　Z/4/15

老子翼八卷首一卷　（明）焦竑輯　清光緒二
十一年（1895）浙江袁氏刻本　四冊

500000－8702－0004698　Z/4/34

列子沖虛至德真經釋文二卷　（宋）陳景元補遺　清抄本　一冊

500000－8702－0004699　Z/4/35
列子釋文考異一卷　（清）任大椿撰　清抄本　一冊

500000－8702－0004700　Z/4/36
莊子十卷　（晉）郭象注　（唐）陸德明音義　清光緒四川刻本　六冊

500000－8702－0004701　Z/4/37
莊子十卷　（晉）郭象注　（唐）陸德明音義　清光緒湖南刻本　六冊

500000－8702－0004702　Z/4/46
南華真經解三卷　（清）宣穎撰　清光緒宏達堂刻本　六冊

500000－8702－0004703　Z/4/48
莊子集釋十卷　（清）郭慶藩輯　清光緒湖南思賢講舍刻本　八冊

500000－8702－0004704　Z/4/51
莊子集解八卷　王先謙解撰　清宣統元年（1909）湖南思賢書局刻本　四冊

500000－8702－0004705　Z/4/64
文子纘義十二卷　（宋）杜道聖撰　清光緒三年（1877）浙江書局刻本　一冊　存六卷（一至六）

500000－8702－0004706　Z/4/73
抱朴子內篇四卷外篇四卷　（晉）葛洪撰　清道光江蘇刻本　七冊

500000－8702－0004707　Z/4/74
抱朴子內篇四卷　（晉）葛洪撰　清光緒二十年（1894）湖南刻本　四冊

500000－8702－0004708　Z/4/75
抱朴子內外篇不分卷　（晉）葛洪撰　清光緒成都二仙庵刻本　一冊

500000－8702－0004709　Z/4/76
玄真子一卷附天隱子一卷素書一卷劉子一卷　（唐）張志和撰　清光緒成都二仙庵刻本　一冊

500000－8702－0004710　Z/4/80
管子二十四卷　（春秋）管仲撰　（唐）房玄齡注　（明）劉績補　清光緒湖南刻本　六冊

500000－8702－0004711　Z/4/92
鄧子一卷尸子二卷　（春秋）鄧析撰　（清）孫星衍校集　清光緒元年（1875）湖北崇文書局刻本　一冊

500000－8702－0004712　Z/4/100
商子五卷　（戰國）商鞅撰　清光緒元年（1875）湖北崇文書局刻本　一冊

500000－8702－0004713　Z/4/107
韓非子二十卷　（戰國）韓非撰　清嘉慶九年（1804）經綸堂刻本　五冊

500000－8702－0004714　Z/4/108
韓非子二十卷附識誤三卷　（戰國）韓非撰　（清）顧廣圻校　清光緒二十三年（1897）新華三昧堂刻本　一冊　存十卷（一至十）

500000－8702－0004715　Z/4/109
韓非子二十卷附識誤三卷　（戰國）韓非撰　（清）顧廣圻校　清光緒二十三年（1897）湖南三昧堂刻本　六冊

500000－8702－0004716　Z/4/115
韓非子集解二十卷首一卷　王先謙解撰　清光緒二十二年（1896）湖南思賢講舍刻本　六冊

500000－8702－0004717　Z/4/116
韓非子集解二十卷首一卷　王先謙解撰　清光緒二十二年（1896）湖南思賢講舍刻本　六冊

500000－8702－0004718　Z/4/120
補注洗冤錄集證四卷檢骨圖格一卷作吏要言一卷　（宋）宋慈原撰　（清）王又槐輯証（清）阮其新補注　（清）葉玉屏撰附卷　清道光二十三年（1843）江都鍾氏雅松山房刻三色套印本　二冊

500000－8702－0004719　Z/4/121
補注洗冤錄集證四卷檢骨圖格一卷作吏要言

一卷 （宋)宋慈原撰 （清)王又槐輯証
(清)阮其新補注 （清)葉玉屏撰附要方 清
道光二十三年(1843)江都鍾氏雅松山房刻三
色套印本 四冊

500000－8702－0004720 Z/4/122
補注洗冤錄集證四卷檢骨圖格一卷作吏要言
一卷 （宋)宋慈原撰 （清)王又槐輯証
(清)阮其新補注 （清)葉玉屏撰附要言 清
道光二十三年(1843)鍾氏刻文元堂三色套印
本 二冊

500000－8702－0004721 Z/4/123
補注洗冤錄集證六卷 （宋)宋慈原撰 （清)
王又槐增輯 清道光二十四年(1844)文氏刻
廣東四色套印本 五冊

500000－8702－0004722 Z/4/124
補注洗冤錄集證六卷 （宋)宋慈原撰 （清)
王又槐增輯 清同治十一年(1872)刻四色套
印本 六冊

500000－8702－0004723 Z/4/125
洗冤錄詳義四卷附摭遺二卷摭遺補一卷首一
卷 （宋)宋慈原撰 （清)許槤增輯 （清)
萬元熙補遺 清光緒三年(1877)湖北藩署刻
本 二冊

500000－8702－0004724 Z/4/126
蕭曹遺筆四卷 題(清)閒閒子訂注 清光緒
至宣統石印本 一冊

500000－8702－0004725 Z/4/128
政法述義□□種 （□)□□編 清光緒至宣
統鉛印本 二十二冊 存三十種(憲法訊論
二編、比較憲法十章、政治學二編、行政法總
論五編、行政法各論五編、地方制度四章、應
用經濟學三編、純正經濟學六編、財政學二
編、民法總則四編、民法物權二編、民法債權
二卷、民法親族八章、民法相續七章、商法總
則八章、商法會社六章、民事訴訟法四編、刑
事訴訟法七編、裁判所構成法四編、破產法十
九章、監獄學二編、警察學二編、警察憲務二
編、平時國際公法七章、戰時國際公法本論五
編附說一編、國際私法三編、外交史十三章、

政治地理六篇、統計學三編、社會學二編)

500000－8702－0004726 Z/4/132
孫子兵法十三篇三卷 （三國魏)曹操注
(□)左樞箋 清光緒四川正字山房刻本
一冊

500000－8702－0004727 Z/4/133
孫子十家註十三卷敘錄一卷遺說一卷 （春
秋)孫武撰 （宋)吉天保輯 （清)孫星衍等
校 清咸豐四川木活字印本 四冊

500000－8702－0004728 Z/4/135
孫子十家註十三卷末一卷六韜六卷關尹子一
卷 （春秋)孫武 （戰國)呂望 （戰國)尹
喜撰 清宣統元年(1909)上海育文書局石印
本 一冊 存十二卷(孫子十家註十至十三、
末一卷,六韜六卷,關尹子一卷)

500000－8702－0004729 Z/4/155
武經七書彙解七卷首一卷末一卷 （清)朱墉
纂輯 清光緒二年(1876)廣東古經閣書坊刻
本 十冊

500000－8702－0004730 Z/4/156
三書寶鑑四十七卷首一卷 （明)戚繼光撰
清道光至咸豐成都來鹿堂刻本 十六冊

500000－8702－0004731 Z/4/157
三書寶鑑四十七卷首一卷 （明)戚繼光撰
清咸豐五年(1855)刻本 十六冊

500000－8702－0004732 Z/4/158
紀效新書十八卷首一卷 （明)戚繼光撰 清
道光京都琉璃廠刻本 六冊

500000－8702－0004733 Z/4/159
紀效新書十八卷首一卷 （明)戚繼光撰 清
光緒二十一年(1895)上海醉經樓石印本
四冊

500000－8702－0004734 Z/4/160
練兵實紀九卷雜集六卷 （明)戚繼光撰 清
道光至咸豐刻本 六冊

500000－8702－0004735 Z/4/161
練兵實紀九卷雜集六卷 （明)戚繼光撰 清

237

咸豐四年(1854)四川成都刻本　六冊

500000－8702－0004736　Z/4/162

練兵實紀九卷雜集六卷　(明)戚繼光撰　清
同治至光緒京都琉璃廠木活字印本　八冊

500000－8702－0004737　Z/4/163

金湯借箸十二籌十二卷　(明)李槃撰　清光
緒四川刻本　八冊

500000－8702－0004738　Z/4/165

讀史兵略四十六卷　(清)胡林翼纂　清咸豐
十一年(1861)武昌節署刻本　十六冊

500000－8702－0004739　Z/4/166

讀史兵略續編十卷　(清)胡林翼纂　清光緒
二十八年(1902)湘省學堂刻本　十冊

500000－8702－0004740　Z/4/167

讀史兵略十二卷　(清)胡林翼纂　清光緒二
十五年(1899)紹先書局石印本　十二冊

500000－8702－0004741　Z/4/168

江南製造局輯刊兵書□□種　(清)江南製造
局翻譯館輯　清同治福建江南製造局刻本
二十冊　存六種五十二卷(營城揭要二卷附
圖一卷、列國陸軍制一卷、臨陣傷科捷要四
卷、輪船布陣十二卷首一卷、防海新論十八
卷、測地繪圖十一卷附一卷表一卷)

500000－8702－0004742　Z/4/169

營城揭要二卷　(英國)儲意比撰　(英國)傅
蘭雅口譯　(清)徐壽筆述　清同治江南製造
局刻本　二冊

500000－8702－0004743　Z/4/170

列國陸軍制不分卷　(美國)歐潑登撰　(清)
瞿昂來同譯　清同治江南製造局刻本　三冊

500000－8702－0004744　Z/4/171

西洋兵書五種六十三卷首二卷附二卷　(清)
張之洞編撰　清光緒石印本　六冊

500000－8702－0004745　Z/4/172

西洋兵書五種十九卷圖三卷　(清)張之洞編
輯　清光緒石印本　六冊

500000－8702－0004746　Z/4/173

魚雷圖說不分卷　(清)黎晉賢編纂　清光緒
二十四年(1898)南洋魚雷營石印本　二冊

500000－8702－0004747　Z/4/174

養兵秘訣前後篇不分卷　(日本)倉明俊撰
清光緒成都四川官報書局鉛印本　二冊

500000－8702－0004748　Z/4/175

部隊指揮法不分卷　陸軍學堂編纂　清光緒
三十一年(1905)北洋武備研究所石印本
一冊

500000－8702－0004749　Z/4/176

中國歷史戰爭圖說附論二卷　盧彤撰　清宣
統二年(1910)武昌集文印書館鉛印本　一冊

500000－8702－0004750　Z/4/187

農政全書六十卷　(明)徐光啟纂輯　清同治
十三年(1874)山東書局刻本　二十冊

500000－8702－0004751　Z/4/189

三農紀十卷　(清)張宗法撰　清乾隆十五年
(1750)鑒雛山房刻本　十冊

500000－8702－0004752　Z/4/190

籌濟篇三十二卷首一卷　(清)楊景仁輯　清
光緒九年(1883)武昌書局刻本　八冊

500000－8702－0004753　Z/4/191

籌濟篇三十二卷首一卷　(清)楊景仁輯　清
光緒九年(1883)武昌書局刻本　八冊

500000－8702－0004754　Z/4/193

治蝗全法四卷附錄一卷　(清)顧彥輯　清光
緒十四年(1888)顧氏猶白雪齋刻本　一冊

500000－8702－0004755　Z/4/194

防旱要言不分卷　題(清)得閒居士撰　清光
緒刻本　一冊

500000－8702－0004756　Z/4/195

裨農最要三卷　(清)陳開沚撰　清光緒二十
三年(1897)潼川永義和刻本　一冊

500000－8702－0004757　Z/4/196

樗繭譜不分卷　(清)鄭珍纂　(清)莫友芝註
清宣統元年(1909)遵義官書局鉛印本
一冊

500000－8702－0004758　Z/4/201

花鏡六卷　（清）陳淏子輯撰　清光緒刻本
三冊

500000－8702－0004759　Z/4/208

陳修園南雅堂醫書全集十七種九十二卷
（清）陳念祖撰　清光緒十五年(1889)掃葉山
房刻本　四十八冊

500000－8702－0004760　Z/5/4

景岳全書六十四卷　（明）張介賓撰　清康熙
三十九年(1700)越郡黎照樓刻本　二十三冊
　存六十卷(一至二十一、二十六至六十四)

500000－8702－0004761　Z/5/6

御纂醫宗金鑑六十卷首一卷續編十四卷外科
金鑑十六卷　（清）吳謙等修　（清）李毓清等
纂　清光緒九年(1883)刻本　五十九冊　缺
八卷(續編三至十)

500000－8702－0004762　Z/5/7

御纂醫宗金鑑內科七十四卷外科十六卷首一
卷　（清）吳謙等修　（清）李毓清等纂　清光
緒三十二年(1906)上海錦章書局石印本　二
十冊

500000－8702－0004763　Z/5/10

御纂醫宗金鑑內科七十四卷外科十六卷
（清）吳謙等修　（清）李毓清等纂　清末民初
上海鉛印本　二十冊

500000－8702－0004764　Z/5/12

醫學心悟六卷首一卷　（清）彭鍾齡撰　清光
緒宏道堂刻本　二冊

500000－8702－0004765　Z/5/13

醫法圓通四卷　（清）鄭壽全撰　清同治至光
緒刻本　三冊　存三卷(二至四)

500000－8702－0004766　Z/5/14

醫理真傳四卷　（清）鄭壽全撰　清同治至光
緒刻本　一冊　存一卷(二)

500000－8702－0004767　Z/5/22

黃帝內經素問九卷　（清）張志聰集註　清光
緒三年(1877)瀛洲書屋刻本　十冊

500000－8702－0004768　Z/5/23

黃帝內經素問九卷　（清）張志聰集註　清光
緒瀛洲書屋刻本　十冊

500000－8702－0004769　Z/5/24

黃帝內經素問九卷　（清）張志聰集註　清光
緒瀛洲書屋刻本　十冊

500000－8702－0004770　Z/5/25

黃帝內經素問九卷　（清）張志聰集註　清光
緒十六年(1890)浙江書局刻本　六冊

500000－8702－0004771　Z/5/26

黃帝內經素問九卷　（清）張志聰集註　清光
緒刻本　十二冊

500000－8702－0004772　Z/5/31

靈樞經九卷　（清）張志聰集註　清道光同德
堂刻本　十二冊

500000－8702－0004773　Z/5/32

靈樞經九卷　（清）張志聰集註　清光緒京都
琉璃廠刻本　十三冊

500000－8702－0004774　Z/5/33

靈樞經九卷　（清）張志聰集註　清光緒京都
琉璃廠刻本　十冊

500000－8702－0004775　Z/5/34

靈樞經九卷　（清）張志聰集註　清光緒京都
琉璃廠刻本　十冊

500000－8702－0004776　Z/5/35

靈素集注節要十二卷　（清）陳念祖撰　清光
緒三十三年(1907)巴蜀善成堂刻本　三冊

500000－8702－0004777　Z/5/39

圖註八十一難經四卷　（戰國）秦越人撰
（明）張世賢註　清咸豐至同治刻本　四冊

500000－8702－0004778　Z/5/41

圖註八十一難經辨真四卷　（戰國）秦越人撰
　（明）張世賢註　（清）沈鏡校　清光緒文興
堂刻本　一冊　存二卷(三至四)

500000－8702－0004779　Z/5/44

唐卷子本新修本草十卷補輯一卷　（唐）李勣
等修　清光緒十五年(1889)德清傅氏刻本

二冊

500000 - 8702 - 0004780　Z/5/49

本草綱目五十二卷圖三卷附藥品總目一卷萬
方針線八卷瀕湖脈學一卷奇經八脈考一卷
(明)李時珍撰　(清)蔡烈先輯　清芥子園刻
本　三十冊　存五十二卷(一至十五、十七至
二十一、三十五至五十二,圖三卷,藥品總目
一卷,萬方針線八卷,瀕湖脈學一卷,奇經八
脈考一卷)

500000 - 8702 - 0004781　Z/5/52

神農本草經讀四卷　(清)陳念祖撰　清宣統
元年(1909)巴蜀善成堂刻本　一冊

500000 - 8702 - 0004782　Z/5/53

增訂本草備要十一卷醫方集解二十一卷附餘
二卷附圖像本草醫方合編一卷　(清)汪昂撰
輯　清四川刻本　六冊

500000 - 8702 - 0004783　Z/5/54

本草從新六卷　(清)吳儀洛輯　清咸豐至同
治刻本　四冊

500000 - 8702 - 0004784　Z/5/55

本草從新六卷　(清)吳儀洛輯　清同治至光
緒宏道堂刻本　二冊

500000 - 8702 - 0004785　Z/5/56

醫學入門藥性賦不分卷　(清)□□輯　清光
緒抄本　一冊

500000 - 8702 - 0004786　Z/5/57

醫學入門藥性賦不分卷　(清)□□輯　清光
緒抄本　一冊

500000 - 8702 - 0004787　Z/5/58

四言藥性不分卷　(清)□□撰　清光緒抄本
一冊

500000 - 8702 - 0004788　Z/5/66

刪註脈訣規正二卷　(清)沈鏡撰　清光緒二
年(1876)文興堂刻本　二冊

500000 - 8702 - 0004789　Z/5/67

經脈圖考四卷　(清)陳惠疇撰　清光緒四年
(1878)貴州巡撫署刻本　一冊　存二卷(一

至二)

500000 - 8702 - 0004790　Z/5/68

藥性脈訣雜鈔本一卷　(清)祝然輯　清光緒
九年(1883)祝然抄本　一冊

500000 - 8702 - 0004791　Z/5/69

六經定法歌一卷　(清)舒詔著　清光緒抄本
一冊

500000 - 8702 - 0004792　Z/5/78

孫真人千金方衍義三十卷　(清)張璐撰　清
同治至光緒四川刻本　二十八冊　存二十六
卷(一至十五、十七、十九至二十五、二十八至
三十)

500000 - 8702 - 0004793　Z/5/80

儒門事親十五卷　(金)張子和撰　清光緒千
頃堂書局石印本　六冊

500000 - 8702 - 0004794　Z/5/70

蘭臺軌範八卷　(清)徐大椿撰　清洄溪草堂
刻本　五冊

500000 - 8702 - 0004795　Z/5/84

臨證指南醫案十卷附種福堂精選良方四卷
(清)葉桂撰　清同治至光緒四川劉氏刻朱墨
套印本　十一冊　存十二卷(醫案十卷、精選
良方三至四)

500000 - 8702 - 0004796　Z/5/85

傷寒真方歌括三卷附神書一卷　(清)陳念祖
撰并注　清光緒三十三年(1907)巴蜀善成堂
刻本　一冊

500000 - 8702 - 0004797　Z/5/86

景岳新方砭四卷　(清)陳念祖撰　清光緒三
十三年(1907)巴蜀善成堂刻本　一冊

500000 - 8702 - 0004798　Z/5/87

醫方論四卷　(清)費伯雄撰　清光緒上海華
英書局石印本　一冊

500000 - 8702 - 0004799　Z/5/88

經驗良方不分卷　(清)陳□□輯　清道光二
十二年(1842)四川刻本　一冊

500000 - 8702 - 0004800　Z/5/89

方便一書不分卷 （清）玉錫鑫編輯 清光緒
十六年（1890）內邑刻本 一冊

500000－8702－0004801 Z/5/91

仲景存真集二卷 （清）吳懷德編輯 清光緒
合川刻本 一冊

500000－8702－0004802 Z/5/102

尚論前編四卷後編八卷寓意草一卷 （清）喻
昌撰 清光緒三十三年（1907）石印本 三冊

500000－8702－0004803 Z/5/103

傷寒論註四卷附論翼二卷附翼二卷 （漢）張
機撰 （清）柯琴編註 清務本堂刻本 六冊

500000－8702－0004804 Z/5/105

傷寒論註四卷附論翼二卷附翼二卷 （漢）張
機撰 （清）柯琴編註 清務本堂刻本 四冊

500000－8702－0004805 Z/5/109

傷寒瘟疫條辨六卷 （清）楊璿撰 清同治六
年（1867）刻本 一冊 存一卷（一）

500000－8702－0004806 Z/5/110

傷寒瘟疫條辨六卷 （清）楊璿撰 清光緒上
海普通書局石印本 一冊

500000－8702－0004807 Z/5/111

問心堂溫病條辨六卷 （清）吳瑭著 清光緒
四川刻本 二冊 存三卷（二至四）

500000－8702－0004808 Z/5/112

溫病條辨六卷 （清）吳瑭著 清末上海福記
書局石印本 三冊 存五卷（一至二、四至
六）

500000－8702－0004809 Z/5/113

時病論八卷 （清）雷豐撰 清宣統元年
（1909）廣益書局石印本 三冊 存六卷（一
至六）

500000－8702－0004810 Z/5/114

白喉忌表抉微不分卷 （□）□□輯 清末冬
青寄廬主人刻本 一冊

500000－8702－0004811 Z/5/115

白喉忌表抉微不分卷 （□）□□輯 清末冬
青寄廬主人刻本 一冊

500000－8702－0004812 Z/5/116

咽喉脈證通論一卷白喉治法忌表抉微一卷急
救喉疹要法一卷喉痧正的一卷 （清）王世雄
等撰 清光緒善成堂刻本 一冊

500000－8702－0004813 Z/5/117

醫門初步一卷切總傷寒一卷 （清）郭品亨輯
清光緒郭品亨抄本 二冊

500000－8702－0004814 Z/5/118

石室秘錄六卷 （清）陳士鐸撰 清光緒刻本
一冊 存一卷（六）

500000－8702－0004815 Z/5/122

萬氏女科三卷 （明）萬全撰 清光緒十五年
（1889）成都守經堂刻本 一冊

500000－8702－0004816 Z/5/124

女科要旨四卷 （清）陳念祖撰 清四川坊刻
本 一冊

500000－8702－0004817 Z/5/148

重訂濟陰綱目十四卷附錄保生碎事濟陰慈幼
外編 （清）武之望輯著 （清）汪洪篯釋 清
康熙四年（1665）宏道堂刻本 八冊

500000－8702－0004818 Z/5/125

胎產秘書三卷首一卷 題（□）越中錢氏原本
（清）翁元鈞增 清同治四年（1865）四川合
川刻本 一冊

500000－8702－0004819 Z/5/126

濟世達生撮要五卷 （清）□□撰 清光緒十
五年（1889）岳池刻本 一冊

500000－8702－0004820 Z/5/127

達生福幼合編四卷 題（清）亟齋居士撰 清
光緒十八年（1892）合川刻本 一冊

500000－8702－0004821 Z/5/128

達生編二卷補遺一卷 題（清）守恒山人編
清光緒二十年（1894）浙江台州刻本 一冊

500000－8702－0004822 Z/5/129

達生編二卷續編一卷 題（清）守恒山人編
清光緒四川刻本 一冊

500000－8702－0004823 Z/5/131

活幼心法大全九卷 （明）聶尚恒撰 清道光二十二年（1842）刻本 一冊 存二卷（一至二）

500000－8702－0004824 Z/5/132

活幼心法大全九卷 （明）聶尚恒撰 清同治、光緒宏道堂刻本 二冊

500000－8702－0004825 Z/5/133

幼科鐵鏡六卷 （清）夏鼎撰 清咸豐刻光緒印本 二冊

500000－8702－0004826 Z/5/134

幼科鐵鏡六卷 （清）夏鼎撰 清咸豐至同治宏道堂刻本 二冊

500000－8702－0004827 Z/5/136

引痘略合編不分卷 （清）邱熺撰 清光緒二十一年（1895）宏道堂刻本 一冊

500000－8702－0004828 Z/5/137

增補痘疹玉髓金鏡錄四卷首一卷 （清）翁仲仁輯撰 清光緒末石印本 一冊 存三卷（一至二、首一卷）

500000－8702－0004829 Z/5/138

麻疹不分卷 （明）萬全撰 清宣統元年（1909）重慶鉛印本 一冊

500000－8702－0004830 Z/5/142

小兒推拿方血脈活嬰秘旨全書三卷 （清）龔雲林撰 清道光至咸豐書林文發堂刻本 一冊

500000－8702－0004831 Z/5/143

小兒推拿方血脈活嬰秘旨全書三卷 （清）龔雲林撰 清同治石印本 一冊

500000－8702－0004832 Z/5/145

針灸大成十卷 （明）楊繼洲撰 （清）章廷圭修 清光緒三十四年（1908）上海章福記石印本 二冊

500000－8702－0004833 Z/5/151

元亨全圖療牛馬駝集三種九卷 （明）喻本元撰 清光緒十八年（1892）京都文成堂刻本 六冊

元亨牛經大全一卷豬經大全一卷 （明）喻本元 （明）喻本亨撰 清光緒合州松林堂刻本 一冊

500000－8702－0004834 Z/5/152

500000－8702－0004835 Z/5/153

增補豬經大全一卷 （清）□□撰 救生船畜藏一卷 （清）雷少逸撰 清光緒順慶博古齋刻本 一冊

500000－8702－0004836 Z/5/156

高厚蒙求四集八卷 （清）徐朝俊撰 清嘉慶十二年（1807）徐氏刻本 四冊 存六卷（天學入門一卷、海域大觀一卷、日晷測時圖法一卷、星月測時一卷、鐘表圖法一卷、天地圖儀一卷）

500000－8702－0004837 Z/5/157

格致譜二十四卷 （清）屠仁守纂述 清光緒二十八年（1902）刻本 三冊 存八卷（一至八）

500000－8702－0004838 Z/5/158

格致譜二十四卷 （清）屠仁守纂述 清光緒二十八年（1902）刻本 三冊

500000－8702－0004839 Z/5/159

天文答問□□卷 （□）□□撰 清光緒刻本 二冊 存二卷（二至三）

500000－8702－0004840 Z/5/163

古今圖書集成一萬卷 （清）陳夢雷等纂 清光緒圖書集成公司鉛印本 三十二冊 存一百八十八卷（曆象彙編庶徵典一至一百八十八）

500000－8702－0004841 Z/5/164

御製曆象考成前編上集十六卷下集十卷 （清）何國宗等彙編 清光緒二十三年（1897）雙梧書屋石印本 十六冊

500000－8702－0004842 Z/6/1

御製曆象考成後編十卷 （清）顧琮等彙編 清光緒二十四年（1898）富強齋石印本 十冊

500000－8702－0004843 Z/6/2

曆象考成前編二十六卷　（清）何國宗等彙編
清光緒二十四年（1898）杭州德記書莊石印本　十六冊

500000－8702－0004844　Z/6/13

五經算術二卷　（北周）甄鸞撰　（唐）李淳風注釋　天元一術圖說一卷　（清）葉裳撰　菊逸山房天學一卷　（清）寇宗撰　清光緒藝林山房刻本　一冊

500000－8702－0004845　Z/6/15

御製數理精蘊上編五卷下編四十卷表八卷（清）聖祖玄燁纂　清光緒八年（1882）江寧藩署刻本　四十冊

500000－8702－0004846　Z/6/16

御製數理精蘊上編五卷下編四十卷　（清）聖祖玄燁纂　清光緒八年（1882）江寧藩署刻本　二十六冊　存三十八卷（上編五卷，下編五至十三、十六至二十三、二十五至四十）

500000－8702－0004847　Z/6/17

御製數理精蘊上編五卷下編四十卷表八卷（清）聖祖玄燁纂　清光緒二十二年（1896）上海博文書局石印本　二十四冊

500000－8702－0004848　Z/6/18

梅氏算學叢書輯要二十九種六十二卷　（清）梅文鼎撰　清光緒石印本　六冊

500000－8702－0004849　Z/6/20

中西算學集要十卷　（清）朱熙編輯　清光緒七年（1881）會稽周氏刻本　六冊

500000－8702－0004850　Z/6/21

學算筆談十二卷　（清）華蘅芳撰　清光緒十一年（1885）金陵華氏刻本　六冊

500000－8702－0004851　Z/6/22

白芙堂算學叢書五十一種八十四卷　（清）吳嘉善等撰　清光緒二十三年（1897）上海文瀾書局石印本　八冊

500000－8702－0004852　Z/6/23

中西算學大成一百卷　（清）陳維祺編　清光緒上海書局石印本　八冊　存三十四卷（一

至三十四）

500000－8702－0004853　Z/6/24

九數通考十一卷首一卷末一卷　（清）屈曾發撰　清光緒二十四年（1898）復古書齋石印本　四冊　存十一卷（一至十、首一卷）

500000－8702－0004854　Z/6/25

筆算數學三卷　（美國）狄考文輯　（清）鄒立文譯述　清光緒二十四年（1898）上海美華書館鉛印本　三冊

500000－8702－0004855　Z/6/26

常用對數表四卷　（清）□□輯　清光緒二十四年（1898）上海鉛印本　四冊

500000－8702－0004856　Z/6/27

代數術補式二十六卷首一卷　（英國）華里司輯　（清）華蘅芳筆述　清光緒二十六年（1900）上海順城書局石印本　八冊

500000－8702－0004857　Z/6/28

增補代數備旨全草十三章　（清）□□纂　清光緒三十一年（1905）玉麟書局石印本　六冊

500000－8702－0004858　Z/6/29

微積學微分八章積分七章　（美國）路密司原本　（清）劉光照譯　清光緒三十一年（1905）上海美華書館鉛印本　一冊

500000－8702－0004859　Z/6/30

八線備旨四卷　（美國）羅密士原本　申江中西書局撰　清光緒三十二年（1906）上海美華書館鉛印本　一冊

500000－8702－0004860　Z/6/31

增註算法統宗大全不分卷　（清）樊陛榮編輯　清宣統元年（1909）京都琉璃廠刻本　一冊

500000－8702－0004861　Z/6/40

清河書畫舫十二卷　（明）張丑撰　清光緒十四年（1888）朱氏刻本　十二冊

500000－8702－0004862　Z/6/41

佩文齋書畫譜一百卷　（清）孫岳頒等撰　清光緒九年（1883）上海同文書局影印本　十六冊

500000－8702－0004863　Z/6/65

秘殿珠林二十四卷　（清）張照　（清）梁詩正撰　清光緒有正書局石印本　八冊

500000－8702－0004864　Z/6/66

吳越所見書畫錄六卷書畫說鈴一卷　（清）陸時化撰　清宣統二年（1910）順德鄧氏風雨樓鉛印本　六冊

500000－8702－0004865　Z/6/67

吳越所見書畫錄六卷書畫說鈴一卷　（清）陸時化編輯　清宣統二年（1910）鄧氏鉛印本　六冊

500000－8702－0004866　Z/6/69

丁亥燼遺錄四卷　（清）桂馥撰輯　清光緒二十二年（1896）貴陽刻本　四冊

500000－8702－0004867　Z/6/70

過雲樓書畫記十一卷　（清）顧文彬撰　清光緒八年（1882）蘇州顧氏刻本　四冊

500000－8702－0004868　Z/6/71

眼福編初集十四卷　（清）楊恩壽撰　清光緒十一年（1885）長沙楊氏刻本　六冊

500000－8702－0004869　Z/6/81

國朝書人輯略十一卷首一卷　震鈞輯撰　清光緒三十四年（1908）金陵刻本　四冊

500000－8702－0004870　Z/6/94

漢碑大觀五十二種八集　（清）錢泳臨寫　清光緒上海碧梧山莊石印本　八冊

500000－8702－0004871　Z/6/98

淳化秘閣帖釋文十卷　（清）徐朝弼集釋　清抄本　一冊

500000－8702－0004872　Z/7/104

鄧石如隸書張子西銘不分卷　（清）鄧石如書　清宣統元年（1909）上海文明書局石印本　一冊

500000－8702－0004873　Z/7/149

益州名畫錄三卷　（宋）黃休復撰　**山水純全集一卷**　（宋）韓拙撰　清道光李氏萬卷樓刻本　一冊

500000－8702－0004874　Z/7/151

六如畫譜三卷　（明）唐寅輯　清光緒西安李氏刻本　一冊

500000－8702－0004875　Z/7/155

歷代畫史彙傳七十二卷首一卷總目三卷附錄二卷　（清）彭蘊璨編輯　清道光五年（1825）吳門彭氏尚志堂刻本　三十二冊

500000－8702－0004876　Z/7/156

歷代畫史彙傳七十二卷首一卷總目三卷附錄二卷　（清）彭蘊璨編輯　清道光上海錦章書局石印本　十二冊

500000－8702－0004877　Z/7/158

墨林今話十八卷附續編一卷　（清）蔣寶齡撰　清咸豐二年（1852）刻本　四冊

500000－8702－0004878　Z/7/160

國朝畫家書小傳四卷　葉銘輯　吳隱校字　清宣統元年（1909）西泠印社鉛印本　一冊

500000－8702－0004879　Z/7/170

芥子園畫傳初集六卷二集九卷三集六卷　（清）王概等摹繪　清光緒十六年（1890）上海鴻寶齋石印本　十冊　存十七卷（初集六卷，二集一至四、八至九，三集一至二、四至六）

500000－8702－0004880　Z/7/171

芥子園畫傳初集六卷二集六卷三集九卷　（清）王概等摹繪　清光緒三十四年（1908）章福記書局石印本　十二冊

500000－8702－0004881　Z/7/178

印人傳三卷　（清）周亮工撰　**續印人傳八卷**　（清）汪啟淑撰　清道光刻本　四冊

500000－8702－0004882　Z/7/185

吉羅居士印譜不分卷　（清）西泠印社輯　清末西泠印社鉛印本　一冊

500000－8702－0004883　Z/7/193

封泥考略十卷　（清）吳式芬　（清）陳介祺輯　清光緒三十年（1904）上海石印本　十冊

500000－8702－0004884　Z/7/197

五知齋琴譜八卷　（清）徐祺撰　（清）徐俊輯

清同治至光緒間栖心心琴社刻本　　六冊

500000－8702－0004885　　Z/7/198
琴譜諧聲六卷　　（清）周顯祖撰　　清嘉慶二十
五年(1820)聽真軒刻本　　六冊

500000－8702－0004886　　Z/7/199
琴學入門二卷　　（清）張鶴輯　　（清）陸琮校
清同治四年(1865)上海玉清宮刻本　　二冊

500000－8702－0004887　　Z/7/200
琴學入門四卷　　（清）張鶴輯　　清宣統元年
(1909)蘇州刻本　　一冊

500000－8702－0004888　　Z/7/204
**歷代弈事輯略一卷國朝弈譜目錄一卷前代弈
譜目錄一卷國朝弈家姓名錄一卷**　　（清）鄧元
鏸輯　　清光緒二十四年(1898)上海文瑞樓書
局石印本　　一冊

500000－8702－0004889　　Z/7/207
奕理指歸圖三卷　　（清）施紹闇撰　　（清）錢長
澤繪圖　　清光緒上海文瑞樓石印本　　六冊

500000－8702－0004890　　Z/7/210
奕萃一卷附官子一卷　　（清）卞文煙撰　　清光
緒二十五年(1899)西蜀鄧氏刻本　　二冊

500000－8702－0004891　　Z/7/214
餐菊齋棋評一卷　　（清）周鼎撰　　清光緒十八
年(1892)漁古山房刻本　　一冊

500000－8702－0004892　　Z/7/216
弈理金鍼不分卷　　（清）劉福山輯撰　　清光緒
上海文瑞樓石印本　　一冊

500000－8702－0004893　　Z/7/224
端石擬三卷附十硯銘一卷　　（清）陳齡撰　　清
同治十二年(1873)陳氏刻本　　一冊

500000－8702－0004894　　Z/7/220
新刻陳搏象棋譜二卷　　（宋）陳搏撰　　清同治
十年(1871)游心齋刻本　　一冊

500000－8702－0004895　　Z/7/226
端溪硯史三卷　　（清）吳蘭修撰　　清道光十七
年(1837)刻本　　三冊

500000－8702－0004896　　Z/7/228
百獸集說圖考十科　　（美國）范約翰著　　（清）
吳子翔譯　　清光緒二十五年(1899)上海美華
書館鉛印本　　一冊

500000－8702－0004897　　Z/7/229
佩文齋廣群芳譜一百卷　　（清）汪灝等纂　　清
同治姑蘇刻本　　八冊　　存二十六卷(五十至
七十五)

500000－8702－0004898　　Z/7/230
佩文齋廣群芳譜一百卷目錄二卷　　（清）汪灝
等纂　　清同治七年(1868)姑蘇亦西齋刻本
三十冊　　存七十九卷(一至七十七、目錄二卷)

500000－8702－0004899　　Z/7/231
欽定古今圖書集成草木典三百二十卷　　（清）
陳夢雷等纂　　清光緒上海同文書局石印本
七冊　　存二十卷(二百一至二百二十)

500000－8702－0004900　　Z/7/232
欽定古今圖書集成草木典三百二十卷　　（清）
陳夢雷等纂　　清光緒上海圖書集成公司鉛印
本　　二十九冊　　存一百八十九卷(一百三十
二至三百二十)

500000－8702－0004901　　Z/7/236
墨子十五卷目錄一卷　　（清）畢沅校注　　清光
緒二年(1876)浙江書局刻本　　四冊

500000－8702－0004902　　Z/7/237
墨子十五卷目錄一卷　　（清）畢沅校注　　清光
緒湖南刻本　　六冊

500000－8702－0004903　　Z/7/241
墨子閒詁十五卷目錄一卷附錄一卷後語二卷
（清）孫詒讓撰　　清光緒三十三年(1907)浙
江刻本　　八冊

500000－8702－0004904　　Z/7/274
呂氏春秋二十六卷　　（秦）呂不韋撰　　清光緒
湖南刻本　　六冊

500000－8702－0004905　　Z/7/275
呂氏春秋二十六卷　　（秦）呂不韋撰　　（漢）高
誘注　　清光緒湖南刻本　　六冊

500000 - 8702 - 0004906　Z/7/280

淮南子二十一卷　（漢）劉安撰　（漢）高誘注
清光緒湖南刻本　六冊

500000 - 8702 - 0004907　Z/7/281

淮南子二十一卷　（漢）劉安撰　（漢）高誘注
清光緒湖南刻本　十冊

500000 - 8702 - 0004908　Z/7/289

淮南鴻烈解二十一卷附鹽鐵論考證十卷
（漢）劉安撰　（漢）高誘注　清汪氏述古山莊
刻本　五冊

500000 - 8702 - 0004909　Z/8/7

論衡三十卷　（漢）王充撰　清光緒湖北崇文
書局刻本　二冊　存十一卷(二十至三十)

500000 - 8702 - 0004910　Z/8/27

化書六卷　（五代）譚峭撰　（明）王一清注
清成都二仙菴刻本　一冊

500000 - 8702 - 0004911　Z/8/29

晁氏客語一卷　（宋）晁說之撰　清抄本
一冊

500000 - 8702 - 0004912　Z/8/33

叔苴子內篇四卷　（明）莊元臣撰　清咸豐南
海伍氏粵雅堂刻本　一冊

500000 - 8702 - 0004913　Z/8/34

因樹屋書影五卷　（清）周亮工撰　清雍正刻
本　三冊

500000 - 8702 - 0004914　Z/8/40

初學讀書要略四種四卷　葉瀚撰　清光緒二
十四年(1898)刻本　四冊

500000 - 8702 - 0004915　Z/8/43

訄書五十篇　章炳麟撰　清光緒刻本　一冊

500000 - 8702 - 0004916　Z/8/47

庸書四卷　宋育仁撰　清光緒二十二年
(1896)文茂山房刻本　四冊

500000 - 8702 - 0004917　Z/8/48

庸書四卷　宋育仁撰　清光緒二十三年
(1897)上海書局石印本　八冊

500000 - 8702 - 0004918　Z/8/49

庸書八卷　宋育仁撰　清光緒二十三年
(1897)慎記書店石印本　一冊

500000 - 8702 - 0004919　Z/8/50

力書不分卷附平等會公例　（清）周書培撰
清光緒二十四年(1898)湖南刻本　一冊

500000 - 8702 - 0004920　Z/8/51

新民論說第一集四卷　（清）□□輯　清光緒
二十九年(1903)開智書局鉛印本　二冊

500000 - 8702 - 0004921　Z/8/81

天演論二卷　（英國）赫胥黎撰　清光緒二十
四年(1898)刻本　二冊

500000 - 8702 - 0004922　Z/8/82

天演論二卷　（英國）赫胥黎撰　嚴復譯　清
光緒二十八年(1902)成都書局刻本　二冊

500000 - 8702 - 0004923　Z/8/83

天演論二卷　（英國）赫胥黎撰　嚴復譯　清
光緒二十九年(1903)成都書局刻本　二冊

500000 - 8702 - 0004924　Z/8/85

鐵鞭四卷　（日本）岡本監輔撰　清光緒二十
七年(1901)商務鉛印本　二冊

500000 - 8702 - 0004925　Z/8/86

原富八卷　（英國）斯密亞當著　嚴復譯　清
光緒二十八年(1902)南洋公學譯書院鉛印本
八冊

500000 - 8702 - 0004926　Z/8/87

進化論十六章　（英國）泰勒撰　（清）任保羅
譯　清光緒二十九年(1903)上海廣學會鉛印
本　二冊

500000 - 8702 - 0004927　Z/8/92

白虎通疏證十二卷　（清）陳立撰　清光緒元
年(1875)淮南書局刻本　四冊

500000 - 8702 - 0004928　Z/8/124

蘇氏演義二卷寶藏論一卷　（唐）蘇鶚著　清
嘉慶李氏萬卷樓刻本　一冊

500000 - 8702 - 0004929　Z/8/126

困學紀聞注二十卷　（宋）王應麟撰　（清）翁

元圻輯注　清道光五年(1825)餘姚守福堂翁氏刻本　十二冊

500000－8702－0004930　Z/8/127

困學紀聞注二十卷　(宋)王應麟撰　(清)翁元圻輯注　清咸豐元年(1851)湖南經綸堂刻本　十二冊

500000－8702－0004931　Z/8/128

困學紀聞注二十卷　(宋)王應麟撰　(清)翁元圻輯注　清咸豐廣漢鍾氏刻本　十二冊

500000－8702－0004932　Z/8/129

困學紀聞注二十卷首一卷　(宋)王應麟撰　(清)翁元圻輯注　清光緒十三年(1887)上海同文書局石印本　六冊

500000－8702－0004933　Z/8/132

日知錄三十二卷　(清)顧炎武撰　清康熙潘氏遂初堂刻本　十二冊

500000－8702－0004934　Z/8/133

日知錄集釋三十二卷刊誤二卷續刊誤二卷　(清)顧炎武撰　(清)黃汝成集釋　清道光十四年(1834)黃氏西谿草廬刻本　二十冊

500000－8702－0004935　Z/8/134

日知錄集釋三十二卷刊誤二卷續刊誤二卷　(清)顧炎武撰　(清)黃汝成集釋　清同治十一年(1872)湖北崇文書局刻本　十六冊

500000－8702－0004936　Z/8/135

日知錄集釋三十二卷刊誤二卷續刊誤二卷　(清)顧炎武撰　(清)黃汝成集釋　清光緒三年(1877)徐人驥刻本　十六冊

500000－8702－0004937　Z/8/136

日知錄集釋三十二卷刊誤二卷續刊誤二卷　(清)顧炎武撰　(清)黃汝成集釋　清光緒二十五年(1899)京都琉璃廠刻本　十六冊

500000－8702－0004938　Z/8/142

日知錄之餘四卷　(清)顧炎武撰　清宣統二年(1910)上海國光所鉛印本　二冊

500000－8702－0004939　Z/8/143

群書疑辨十二卷　(清)萬斯同撰　清嘉慶二

十一年(1816)浙江刻本　四冊

500000－8702－0004940　Z/8/144

義門讀書記五十八卷　(清)何焯撰　清光緒六年(1880)吳氏刻本　十六冊

500000－8702－0004941　Z/8/147

陔餘叢考四十三卷　(清)趙翼撰　清乾隆五十五年至五十六年(1790－1791)趙氏壽考堂刻本　八冊

500000－8702－0004942　Z/8/148

十駕齋養新錄二十卷餘錄三卷附年譜一卷　(清)錢大昕撰　清光緒二年(1876)浙江書局刻本　八冊

500000－8702－0004943　Z/8/151

讀書雜志八十二卷餘編二卷　(清)王念孫輯撰　清同治九年(1870)金陵書局刻本　二十四冊

500000－8702－0004944　Z/8/152

讀書雜志八十二卷餘編二卷　(清)王念孫輯撰　清同治九年(1870)金陵書局刻本　二十四冊

500000－8702－0004945　Z/9/1

讀書雜志八十二卷餘編二卷　(清)王念孫輯撰　清光緒上海文瑞樓石印本　二十四冊

500000－8702－0004946　Z/9/2

讀書雜志八十二卷餘編二卷　(清)王念孫輯撰　清光緒上海文瑞樓石印本　二十四冊

500000－8702－0004947　Z/9/4

考信錄提要二卷　(清)崔述撰　清道光二年(1822)刻本　一冊

500000－8702－0004948　Z/9/5

補上古考信錄提要二卷　(清)崔述撰　清道光二年(1822)刻本　一冊

500000－8702－0004949　Z/9/6

唐虞考信錄四卷　(清)崔述撰　清道光四年(1824)東陽縣署刻本　二冊

500000－8702－0004950　Z/9/7

豐鎬考信別錄三卷　（清）崔述撰　清道光四年(1824)東陽縣署刻本　一冊

500000－8702－0004951　Z/9/8

考信附錄二卷　（清）崔述撰　清道光四年(1824)東陽縣署刻本　一冊

500000－8702－0004952　Z/9/9

讀書叢錄二十四卷　（清）洪頤煊撰　清道光元年(1821)洪氏刻本　六冊

500000－8702－0004953　Z/9/10

東塾讀書記十五卷　（清）陳澧撰　清同治廣東陳氏刻本　六冊

500000－8702－0004954　Z/9/11

東塾讀書記十五卷　（清）陳澧撰　清光緒二十四年(1898)廣州刻本　四冊

500000－8702－0004955　Z/9/14

古書疑義舉例七卷　（清）俞樾撰　清光緒俞氏刻本　一冊

500000－8702－0004956　Z/9/18

孔子改制攷二十一卷　康有爲撰　清光緒二十四年(1898)上海大同譯書局刻本　六冊

500000－8702－0004957　Z/9/19

札迻十二卷　（清）孫詒讓撰　清光緒二十年(1894)刻本　四冊

500000－8702－0004958　Z/9/24

游日本學校筆記不分卷　（清）項文瑞撰　清光緒二十年(1894)瀘州開智書局鉛印本　一冊

500000－8702－0004959　Z/9/36

權衡一書四十一卷　（清）王植輯　清乾隆元年(1736)崇德堂刻本　二十七冊

500000－8702－0004960　Z/9/37

退菴隨筆二十二卷　（清）梁章鉅撰　清道光十七年(1837)廣西刻本　八冊

500000－8702－0004961　Z/9/38

福永堂彙鈔二卷　題(清)約盦居士輯　清光緒十四年(1888)解梁書院刻本　二冊

500000－8702－0004962　Z/9/39

典制易讀十四章　題(清)醉墨主人輯　清抄本　七冊

500000－8702－0004963　Z/9/41

改良繪圖解人頤廣集二卷　（清）錢德蒼增訂　清末石印本　一冊

500000－8702－0004964　Z/9/46

新增格古要論十三卷　（明）曹昭撰　（明）王佐增　清道光西安李氏刻本　六冊

500000－8702－0004965　Z/9/49

菜根譚不分卷附音釋　（明）洪應明撰　清乾隆三十三年(1768)刻本　一冊

500000－8702－0004966　Z/9/50

菜根譚二卷附音釋　（明）洪應明撰　清同治四年(1865)寶光寺刻本　一冊

500000－8702－0004967　Z/9/51

菜根譚二卷附音釋　（明）洪應明撰　清同治四年(1865)寶光寺刻本　一冊

500000－8702－0004968　Z/9/55

人生必讀書十二卷　（清）唐彪撰輯　清道光二十二年(1842)岳池刻本　八冊

500000－8702－0004969　Z/9/58

二十四孝圖說不分卷　（清）□□繪　清四川刻本　一冊

500000－8702－0004970　Z/9/59

二十四孝圖說不分卷　（清）□□繪　清四川刻本　一冊

500000－8702－0004971　Z/9/62

桂宮梯十二卷首一卷末一卷　（清）徐謙輯訂　清咸豐九年(1859)徐氏四香草堂刻本　六冊

500000－8702－0004972　Z/9/66

格言聯璧不分卷　（清）金纓輯　清同治十三年(1874)鎮江打索街善化堂刻本　一冊

500000－8702－0004973　Z/9/67

格言聯璧不分卷　（清）金纓輯　清光緒二年(1876)四川城古臥龍橋王成文齋刻本

一冊

500000－8702－0004974　Z/9/68

醒世新語一卷　（清）朱錦堂撰　清咸豐十一
年(1861)刻本　一冊

500000－8702－0004975　Z/9/69

戒淫寶訓二卷　（□）□□撰　清咸豐九年
(1859)合川刻本　一冊

500000－8702－0004976　Z/9/71

聖帝戒士千字文一卷　（□）□□纂　清同治
十三年(1874)段氏刻本　一冊

500000－8702－0004977　Z/9/73

絕慾舍丹貪花報二卷　（清）□□著　清光緒
八年(1882)合川刻本　一冊

500000－8702－0004978　Z/9/74

天津功過格言諧音讀本一卷　（清）黃泰初編
　清光緒十三年(1887)合川會善堂刻本

一冊

500000－8702－0004979　Z/9/75

太平大成集五卷　（清）王翰之纂輯　清光緒
二十年(1894)刻本　五冊

500000－8702－0004980　Z/9/76

戒淫寶訓二卷　（清）□□輯　清光緒二十年
(1894)成都守經堂刻本　一冊

500000－8702－0004981　Z/9/78

坤範實錄不分卷　（清）田子韋編　清光緒三
十一年(1905)合川刻本　一冊

500000－8702－0004982　Z/9/79

端蒙學要篇二章　周作人輯　清光緒刻本
一冊

500000－8702－0004983　Z/9/80

譜勸善言一卷　（清）□□輯　清合川刻本
一冊

重慶三峽醫藥高等專科學校圖書館

古籍普查登記目錄

全國古籍普查登記目錄

國家圖書館出版社

National Library of China Publishing House

500000－8753－0000001　001

醫略六書三十卷　（清）徐大椿撰　清光緒二十九年(1903)上海趙翰香居刻本　十二冊

500000－8753－0000002　002－1

傷寒說意十卷　（清）黃元御著　清刻本　一冊

500000－8753－0000003　002－2

四聖懸樞五卷　（清）黃元御著　清刻本　二冊

500000－8753－0000004　002－3

長沙藥解四卷　（清）黃元御著　清刻本　二冊

500000－8753－0000005　002－4

玉楸藥解八卷　（清）黃元御著　清刻本　一冊

500000－8753－0000006　002－5

四聖心源十卷　（清）黃元御著　清刻本　二冊

500000－8753－0000007　003

黃帝内經素問注證發微九卷黃帝内經靈樞注證發微九卷補遺一卷　（明）馬蒔注　清光緒五年(1879)太醫院刻本　二十二冊

500000－8753－0000008　004

傷寒懸解十四卷首一卷末一卷　（清）黃元御著　清刻本　六冊

500000－8753－0000009　005

金匱要略淺注十卷　（清）陳念祖注　清刻本　三冊　存八卷(三至十)

500000－8753－0000010　006

仲景全書二十六卷　（漢）張仲景著　清刻本　三冊　存九卷(二至十)

500000－8753－0000011　007

三家醫案合刻三卷醫效秘傳三卷　（清）葉桂等著　（清）吳金壽輯　清道光十一年(1831)貯春僊館吳氏刻本　四冊

500000－8753－0000012　008

金匱懸解二十二卷　（清）黃元御著　清刻本

三冊

500000－8753－0000013　009

金匱懸解二十二卷　（清）黃元御著　清刻本　三冊

500000－8753－0000014　010

醫書匯纂輯成二十四卷　（清）蔡宗玉輯　清咸豐刻本　二十三冊　存二十三卷(一至十九、二十一至二十四)

500000－8753－0000015　011

本草萬方鍼線八卷　（清）蔡烈先輯　清刻本　三冊

500000－8753－0000016　012

時方妙用四卷　（清）陳念祖著　清嘉慶尚友堂刻本　二冊

500000－8753－0000017　013

金匱方歌括六卷　（清）陳念祖著　清光緒十五年(1889)刻本　二冊

500000－8753－0000018　014

靈素提要淺注十二卷　（清）陳念祖著　清光緒十五年(1889)刻本　三冊　存十卷(一至二、五至八、九至十二)

500000－8753－0000019　015

女科證治準繩五卷　（明）王肯堂輯　清乾隆修敬堂刻本　四冊　存三卷(一至二、四)

500000－8753－0000020　016

本草綱目序例五十二卷圖三卷　（明）李時珍著　清刻本　三十七冊

500000－8753－0000021　017

幼科證治準繩九卷　（明）王肯堂輯　清刻本　四冊　存六卷(二至七)

500000－8753－0000022　019

臨證指南醫案十卷　（清）葉桂著　清刻雙色套印本　九冊　存九卷(二至十)

500000－8753－0000023　021

御纂醫宗金鑑外科金鑑十六卷　（清）吳謙等纂輯　清聚奎堂刻本　八冊

500000 - 8753 - 0000024　023

孫真人千金方衍義三十卷　（清）張璐撰　清
刻本　二十一冊　存二十七卷(一至十一、十
三至二十八)

500000 - 8753 - 0000025　025

唐王燾先生外臺秘要方四十卷　（唐）王燾著
清刻本　二十七冊　存三十六卷(一至四、
六至三十、三十二、三十五至四十)

500000 - 8753 - 0000026　026

唐王燾先生外臺秘要方四十卷　（唐）王燾著
清刻本　一冊　存一卷(十八)

500000 - 8753 - 0000027　027

蘇沈良方八卷　（宋）沈括　（宋）蘇軾著　清
武英殿聚珍本　二冊

500000 - 8753 - 0000028　028

景岳全書六十四卷　（明）張介賓著　清刻本
十二冊　存二十二卷(三至六、十三至十
五、二十二至二十三、四十三至四十五、四十
七至五十一、五十四、五十八至六十、六十四)

500000 - 8753 - 0000029　029

活人心法四卷　（清）劉以仁撰　（清）王文選
輯　清萬邑王同仁刻本　三冊　存三卷(一
至三)

500000 - 8753 - 0000030　032

壽世醫鑑三卷　（清）王文選輯　清光緒萬邑
王同仁刻遂生六種本　一冊　存一卷(一)

500000 - 8753 - 0000031　033

壽世醫鑑三卷　（清）王文選輯　清光緒萬邑
王同仁刻遂生六種本　一冊　存一卷(一)

500000 - 8753 - 0000032　034

尚論張仲景傷寒陰陽六經諸方脉證後四卷
(清)喻昌著　清刻本　一冊　存二卷(三至
四)

500000 - 8753 - 0000033　035

新鐫陶節菴家藏秘授傷寒六書六卷　（明）陶
華撰　清刻本　一冊　存二卷(一至二)

500000 - 8753 - 0000034　036

500000 - 8753 - 0000034　036

問心堂溫病條辨六卷首一卷　（清）吳瑭撰
清刻本　一冊　存一卷(三)

500000 - 8753 - 0000035　037

較正醫林狀元壽世保元十集五十五卷　（明）
龔廷賢編　清崇順堂刻本　一冊　存一卷
(丙集三)

500000 - 8753 - 0000036　038

張仲景傷寒論原文淺注六卷　（漢）張仲景撰
（清）陳念祖集注　清刻本　六冊

500000 - 8753 - 0000037　039

黃帝內經素問註證發微九卷　（明）馬崳著
清善成堂刻本　十冊

500000 - 8753 - 0000038　040

類方準繩八卷　（明）王肯堂輯　清刻本　十
三冊　存七卷(二至八)

500000 - 8753 - 0000039　041

雜症準繩八卷　（明）王肯堂輯　清刻本　七
冊　存七卷(一至七)

500000 - 8753 - 0000040　042

瘍醫準繩六卷　（明）王肯堂輯　清刻外科準
繩本　三冊　存二卷(二至三)

500000 - 8753 - 0000041　043

瘍科證治準繩六卷　（明）王肯堂輯　清乾隆
修敬堂刻本　二冊　存二卷(四至五)

500000 - 8753 - 0000042　044

醫原三卷　（清）石壽棠撰　清咸豐十一年
(1861)留耕書屋刻本　四冊　存二卷(一、
三)

500000 - 8753 - 0000043　045 - 1

女科要旨四卷　（清）陳念祖著　清光緒二十
一年(1895)倣南雅書屋多文會刻本　二冊

500000 - 8753 - 0000044　045 - 2

女科要旨四卷　（清）陳念祖著　清光緒十三
年(1887)務本堂倣南雅書屋刻本　一冊

500000 - 8753 - 0000045　046

醫學考辨十二卷　（清）羅紹芳纂輯　清刻本
二冊　存四卷(七至十)

500000－8753－0000046　047

長沙藥解四卷　（清）黃元御著　清刻本
二冊

500000－8753－0000047　048

傷寒論條辨八卷　（明）方有執著　清渭南嚴
氏孝義刻本　四冊

500000－8753－0000048　049

種福堂公選良方兼刻古吳名醫精論四卷
（清）葉桂著　清道光九年(1829)衛生堂刻本
二冊

500000－8753－0000049　050

醫學實在易八卷　（清）陳念祖著　清光緒十
五年(1889)遂甯務本堂刻本　四冊

500000－8753－0000050　051

幼幼集成□□卷　（□）□□著　清紫荑仙館
刻本　五冊　存十卷(二至三、五至九、十一
至十三)

500000－8753－0000051　052

新刊指迷醫碑□□卷　（□）蔡玉美纂輯　清
刻本　八冊　存五卷(一至二、四至六)

500000－8753－0000052　053

醫學集成四卷　（清）劉仕廉纂輯　清同治十
二年(1873)綿竹縣寶全堂刻本　四冊

500000－8753－0000053　054

圖注脈訣辨真四卷　（晉）王叔和撰　清宏道
堂刻本　二冊

500000－8753－0000054　055

編註醫學入門七卷首一卷　（明）李梴編著
清嘉慶二十四年(1819)文賢堂刻本　八冊

500000－8753－0000055　056

編註醫學入門七卷首一卷　（明）李梴編著
清嘉慶二十四年(1819)榮茂堂刻本　十二冊

500000－8753－0000056　057

較正醫林狀元壽世保元十集五十五卷　（明）
龔廷賢編　清青藜閣刻本　一冊　存一卷
(戊集五)

500000－8753－0000057　059

類經圖翼十一卷　（明）張介賓著　清刻本
六冊　存七卷(二至八)

500000－8753－0000058　060

傷寒瘟疫條辨六卷　（清）楊璿著　清刻本
三冊　存三卷(一、三、五)

500000－8753－0000059　061

新刊萬病回春原本八卷　（明）龔廷賢編　清
道光十七年(1837)崇讓堂刻本　三冊　存六
卷(一至四、七至八)

500000－8753－0000060　062－1

種福堂公選良方四卷　（清）葉桂著　清道光
九年(1829)衛生堂刻雙色套印本　二冊

500000－8753－0000061　062－2

種福堂公選良方四卷　（清）葉桂著　清道光
九年(1829)衛生堂刻雙色套印本　一冊　存
二卷(一至二)

500000－8753－0000062　063

張仲景傷寒論原文淺註六卷　（清）陳念祖著
清嘉慶刻本　三冊

500000－8753－0000063　064

傷寒懸解十四卷首一卷末一卷　（清）黃元御
著　清同治刻黃氏醫書八種本　五冊

500000－8753－0000064　065

四聖懸樞五卷　（清）黃元御著　清同治刻本
一冊

500000－8753－0000065　066

香山詩集四十卷　（唐）白居易撰　清康熙四
十二年(1703)一隅草堂刻本　十冊

500000－8753－0000066　067

陶靖節詩集四卷　（晉）陶潛撰　清貴文堂刻
本　二冊

500000－8753－0000067　068

遺山先生詩集二十卷　（金）元好問撰　清宣
統刻本　四冊

500000－8753－0000068　069

本經逢原四卷　（清）張璐纂述　清渭南嚴氏
彙刻醫學初階本　四冊　存三卷(二至四)

重慶三峽醫藥高等專科學校圖書館古籍普查登記目錄

500000 – 8753 – 0000069　070

石室秘籙六卷　（清）陳士鐸撰　清刻本　五冊　存五卷（二至六）

500000 – 8753 – 0000070　071

金匱翼八卷　（清）尤怡著　清刻本　五冊　存五卷（二至五、七）

500000 – 8753 – 0000071　072

痘科正傳六卷　（清）沈巨源撰　清刻本　四冊　存四卷（二至五）

500000 – 8753 – 0000072　073

湯液本草三卷　（元）王好古撰　清光緒三十四年（1908）清和月肇經堂刻本　二冊　存二卷（一至二）

500000 – 8753 – 0000073　074

王洪緒先生外科證治全生一卷　（清）王惟德撰　清光緒二十年（1894）刻本　一冊　存（論證、法治、醫方）

500000 – 8753 – 0000074　075

司空詩品註釋不分卷　（唐）司空圖撰　清同治九年（1870）寶文書局刻本　一冊

500000 – 8753 – 0000075　076

四聖心源十卷　（清）黃元御著　清刻本　一冊　存四卷（一至四）

500000 – 8753 – 0000076　077

杜工部集二十卷　（唐）杜甫撰　清道光十四年（1834）廣州盧坤芸葉盦刻六色套印本　六冊　存十三卷（三至九、十一至十四、十九至二十）

500000 – 8753 – 0000077　078

三刻太醫院補註婦人良方大全二十四卷　（宋）陳自明編輯　清竹林堂刻本　六冊

500000 – 8753 – 0000078　079

辨證錄十四卷　（清）陳士鐸撰　清同治六年（1867）綦邑刻本　五冊　存七卷（一、七至十二）

500000 – 8753 – 0000079　080

邵氏痘科一卷　（清）謝玉瓊輯　清同治十三

年（1874）刻本　一冊

500000 – 8753 – 0000080　082

素靈微蘊四卷　（清）黃元御著　清刻本　一冊

500000 – 8753 – 0000081　083

楊氏提綱醫方纂要四卷　（清）楊旦升輯　清刻本　一冊　存二集（利、貞）

500000 – 8753 – 0000082　084

神農本草經百種錄不分卷　（清）徐大椿撰　清乾隆刻本　一冊

500000 – 8753 – 0000083　085

神農本草經讀四卷　（清）陳念祖著　清光緒十三年（1887）務本堂倣南雅書屋刻本　一冊

500000 – 8753 – 0000084　086

本草綱目序例五十二卷　（明）李時珍撰　清乾隆四十九年（1784）書業堂刻本　三十三冊　缺三卷（十八下、五十一下、五十二）

500000 – 8753 – 0000085　087

圖注八十一難經辨真四卷　（戰國）秦越人著　清刻本　二冊

500000 – 8753 – 0000086　088

寓意草一卷　（清）喻昌撰　清竹秀山房刻本　一冊

500000 – 8753 – 0000087　089

三家醫案合刻三種三卷　（清）葉桂等著　清道光宏道堂刻本　二冊

500000 – 8753 – 0000088　090

本草三家合註六卷　（清）郭汝聰集注　清刻本　四冊　存四卷（二至三、五至六）

500000 – 8753 – 0000089　091

傷寒真方歌括六卷　（清）陳念祖著　清光緒二十四年（1898）多文會刻本　一冊

500000 – 8753 – 0000090　092

四聖心源十卷　（清）黃元御著　清刻本　一冊　存五卷（六至十）

500000 – 8753 – 0000091　093

素靈微蘊四卷　（清）黃元御著　清刻本
一冊

500000－8753－0000092　094

傷寒證治準繩八卷　（明）王肯堂輯　清修敬
堂刻本　一冊　存二卷(二至三)

500000－8753－0000093　095

傷寒醫訣串解六卷　（清）陳念祖著　清光緒
二十一年(1895)宏道堂刻本　一冊

500000－8753－0000094　096

疫診一得二卷　（清）余霖輯著　清刻本
一冊

500000－8753－0000095　097

蘭臺軌範八卷　（清）徐大椿撰　清刻本　一
冊　存一卷(三)

500000－8753－0000096　098

十藥神書註解一卷　（元）葛可久編　（清）陳
念祖註　清光緒二十四年(1898)多文會刻本
一冊

500000－8753－0000097　099

醫學考辨十二卷　（清）羅紹芳纂輯　清刻本
一冊　存五卷(二至六)

500000－8753－0000098　100－1

傷寒懸解十四卷末一卷　（清）黃元御著　清
咸豐十年(1860)刻黃氏醫書八種本　三冊
存十三卷(一至三、六至十四,末一卷)

500000－8753－0000099　100－2

醫學從眾八卷　（清）陳念祖著　清刻本　一
冊　存二卷(七至八)

500000－8753－0000100　101

景岳新方砭四卷　（清）陳念祖著　清光緒十
三年(1887)務本堂倣南雅書屋刻本　一冊

500000－8753－0000101　102

藥性簡要三百首一卷　（清）廖雲溪著　清光
緒三年(1877)興發堂刻醫學五則本　一冊

500000－8753－0000102　103

簡易醫訣四卷　（清）周雲章撰　清宣統元年
(1909)四川成都省城學道街志古堂刻本　一

冊　存一卷(一)

500000－8753－0000103　104

醫效秘傳三卷　（清）葉桂著　清刻本　二冊
存二卷(二至三)

500000－8753－0000104　105

御纂醫宗金鑑九十卷　（清）吳謙等輯　清刻
本　一冊　存二卷(七至八)

500000－8753－0000105　106

新刻校正大字李東垣先生珍珠囊二卷　（金）
李杲著　清刻本　一冊

500000－8753－0000106　107

醫方捷徑指南全書二卷　（明）王宗顯輯　清
道光十三年(1833)同文堂刻本　一冊

500000－8753－0000107　108

醫方捷徑指南全書四卷　（明）王宗顯輯　清
刻本　二冊　存二卷(二、四)

500000－8753－0000108　109

傷寒集注十卷六經定法一卷痢門挈綱一卷女
科要訣一卷痘疹真詮一卷問答一卷　（清）舒
詔著　清刻本　一冊　存五卷(六經定法一
卷、痢門挈綱一卷、女科要訣一卷、痘疹真詮
一卷、問答一卷)

500000－8753－0000109　110

醫門初步一卷　（清）廖雲溪著　清光緒七年
(1881)文明堂刻醫學五則本　一冊

500000－8753－0000110　111

靈素集註節要十二卷　（清）陳念祖著　清刻
本　一冊　存二卷(三至四)

500000－8753－0000111　112

黃帝素問宣明方論十五卷　（宋）劉完素撰
清宣統三年(1911)寧波汲緩齋石印本　一冊

500000－8753－0000112　113

醫門奇驗□□卷　（□）胡秋帆著　清刻本
一冊　存一卷(一)

500000－8753－0000113　114

臟腑圖說症治合璧醫案類錄三卷末一卷
（清）羅定昌稿　清刻本　一冊　存一卷(末

一卷）

500000－8753－0000114　115
湯頭歌括一卷　（清）廖雲溪著　清光緒三年(1877)刻醫學五則本　一冊

500000－8753－0000115　116
增補脈訣一卷　（清）廖雲溪著　清光緒三年(1877)興發堂刻醫學五則本　一冊

500000－8753－0000116　117
脈學輯要三卷　（日本）丹波元簡輯著　清刻本　一冊

500000－8753－0000117　118
洄溪醫案不分卷　（清）徐大椿著　清刻本　一冊

500000－8753－0000118　119
評選環溪草堂醫案二卷　（清）王泰林著　清刻江陰柳氏醫學叢書本　一冊　存一卷(二)

500000－8753－0000119　120
辨證奇聞十卷　（清）錢松著　清刻本　二冊　存二卷(五至六)

500000－8753－0000120　121
溫熱贅言一卷　（清）陳念祖著　清刻本　一冊

500000－8753－0000121　122
醒世六書瘟疫論二卷　（□）□□著　清刻本　一冊

500000－8753－0000122　123
醫學三字經四卷　（清）陳念祖著　清刻本　二冊

500000－8753－0000123　124
石室秘籙六卷　（清）陳士鐸撰　清清華堂刻本　一冊　存一卷(一)

500000－8753－0000124　125
傷寒懸解十四卷　（清）黃元御著　清刻本　一冊　存三卷(三至五)

500000－8753－0000125　126
傷寒說意十卷　（清）黃元御著　清刻本　一冊　存八卷(三至十)

500000－8753－0000126　127
羣方便覽一卷羣方便覽續編一卷　（□）□□著　清光緒三十一年(1905)刻本　一冊

500000－8753－0000127　128
醫方捷徑指南全書二卷　（明）王宗顯輯　清致盛堂刻本　一冊　存一卷(二)

500000－8753－0000128　129
醫方捷徑指南全書二卷　（明）王宗顯輯　清刻本　一冊　存一卷(一)

500000－8753－0000129　130
新刻校正大字李東垣先生珍珠囊二卷　（金）李杲著　清刻本　二冊

500000－8753－0000130　131
溫病條辨六卷　（清）吳瑭著　清刻本　一冊　存一卷(六)

500000－8753－0000131　132
御纂醫宗金鑑九十卷　（清）吳謙等輯　清刻本　九冊　存十四卷(一至六、九至十六)

重慶市第八中學校圖書館
古籍普查登記目錄

全國古籍普查登記目錄

國家圖書館出版社
National Library of China Publishing House

500000－8756－0000001　02480－02498

小倉山房文集三十五卷詩集三十七卷補遺二卷外集八卷袁太史稿不分卷尺牘十卷牘外餘言一卷 （清）袁枚撰　清光緒十八年（1892）上海圖書集成印書局鉛印本　十九冊

500000－8756－0000002　02593－02607

說文解字注三十二卷 （清）段玉裁注　清光緒三年（1877）成都尊經書院刻本　十五冊　存三十卷（一至三十）

500000－8756－0000003　02608－02609、02611－02625

說文解字注三十二卷 （清）段玉裁注　清同治十一年（1872）湖北崇文書局刻本　十七冊

500000－8756－0000004　02610

汲古閣說文訂一卷 （清）段玉裁注　清同治十一年（1872）湖北崇文書局刻本　一冊

500000－8756－0000005　02626－02636

三國志六十五卷 （晉）陳壽撰　（南朝宋）裴松之注　清光緒十三年（1887）江南書局刻本十一冊　存六十卷（一至七、十三至六十五）

500000－8756－0000006　02637－02652

史記一百三十卷 （漢）司馬遷撰　（南朝宋）裴駰注　清光緒四年（1878）金陵書局刻本十六冊

500000－8756－0000007　02672－02777

［嘉慶］四川通志二百四卷首二十二卷 （清）常明修　（清）楊芳燦　（清）譚光祜編　清嘉慶刻本　一百五冊　存一百二十四卷（一至二十一、二十三至五十七、六十二至七十五、七十七至一百一、一百四至一百三十二）

500000－8756－0000008　02784－02785

播雅二十四卷 （清）鄭珍編　清宣統三年（1911）貴陽文通書局鉛印本　二冊　存二卷（一、八）

重慶市聚奎中學校圖書館

古籍普查登記目錄

全國古籍普查登記目錄

國家圖書館出版社

National Library of China Publishing House

500000 – 8757 – 0000001　00418

廉吏傳二卷　（宋）費樞撰　清商務印書館刻本　一冊　存一卷(一)

500000 – 8757 – 0000002　00505

鐵崖先生古樂府十六卷　（元）吳復類編　清上海涵芬樓影印本　二冊

500000 – 8757 – 0000003　00506

古文辭類纂六十卷　（清）姚鼐纂集　清光緒三十三年(1907)商務印書館鉛印本　六冊

500000 – 8757 – 0000004　00507

梅村家藏集五十八卷補遺一卷年譜四卷（清）吳偉業撰　清上海涵芬樓影印本　八冊

500000 – 8757 – 0000005　00508

大般若經六百卷　（唐）釋玄奘譯　清刻本四冊　存二十五卷(四百一至四百五、四百五十九至四百七十八)

500000 – 8757 – 0000006　00510

阿含十二經彙刻一卷　清刻本　一冊

500000 – 8757 – 0000007　00511

馬鳴菩薩傳一卷龍樹菩薩傳一卷提婆菩薩傳一卷婆藪槃豆傳一卷　（晉）釋鳩摩羅什譯清刻本　一冊

500000 – 8757 – 0000008　00512

因明正理門論述記三卷　（唐）釋神泰撰　清刻本　一冊

500000 – 8757 – 0000009　00513

觀總相論頌一卷　（唐）釋義淨譯　清刻本一冊

500000 – 8757 – 0000010　00514

太上黃庭內景玉經一卷　（清）邵穆生撰　清刻本　一冊

500000 – 8757 – 0000011　00516

大佛頂首楞嚴經十卷　（明）釋真鑒述　清宣統三年(1911)刻本　三冊

500000 – 8757 – 0000012　00517

方便心論一卷如實論一卷回諍論一卷　（北魏）釋曇曜　（北魏）釋吉伽夜　（南朝梁）釋真諦譯　清刻本　一冊

500000 – 8757 – 0000013　00518

韻府羣玉二十卷　（元）陰時夫編輯　清刻本十冊　存十八卷(二至十七、十九至二十)

500000 – 8757 – 0000014　00519

新譯大乘起信論一卷　（南朝梁）釋真諦譯清刻本　一冊

500000 – 8757 – 0000015　00521

百法明門論疏二卷　（唐）釋普光撰　清刻本一冊

500000 – 8757 – 0000016　00522

近思錄十四卷考訂朱子世家一卷　（清）江永集註　清咸豐九年(1859)刻本　五冊　存十三卷(近思錄三至十四、朱子世家一卷)

500000 – 8757 – 0000017　00523

成唯識論十卷　（唐）釋玄奘譯　清光緒二十二年(1896)金陵刻經處刻本　二冊

500000 – 8757 – 0000018　00523 – 1

唯識三十論要釋一卷　（唐）釋玄奘撰　清刻本　一冊

500000 – 8757 – 0000019　00524

勸發菩提心集五卷　（唐）釋慧沼撰　清刻本一冊　存二卷(四至五)

500000 – 8757 – 0000020　00525

解深密經五卷　（唐）釋玄奘譯　清刻本一冊

500000 – 8757 – 0000021　00527

朱子小學集解六卷爲學大指一卷　（宋）朱熹撰　（明）陳選集註　（明）高愈纂註　清光緒二十九年(1903)成都志古堂刻本　四冊

500000 – 8757 – 0000022　00528

宋書一百卷　（南朝梁）沈約撰　清同治十二年(1873)金陵書局刻本　八冊

500000 – 8757 – 0000023　00529

金史一百三十五卷　（元）脫脫等撰　清同治十二年(1873)刻本　五冊　存一百三十二卷(一至五十二、五十三至五十八、六十二至一

百三十五)

500000－8757－0000024　00530

周書五十卷　(唐)令狐德棻撰　清同治十三年(1874)金陵書局刻本　二冊

500000－8757－0000025　00531

北齊書五十卷　(唐)李百藥撰　清同治十三年(1874)金陵書局刻本　二冊

500000－8757－0000026　00532

魏書一百十四卷　(北齊)魏收撰　清同治十二年(1873)金陵書局刻本　十冊　存一百七卷(一至五十二、六十至一百十四)

500000－8757－0000027　00533

而菴說唐詩二十二卷首一卷　(清)徐增輯並撰說　清刻本　四冊　存十二卷(一至六、十三至十八)

500000－8757－0000028　00534

南齊書五十九卷　(南朝梁)蕭子顯撰　清同治十三年(1874)金陵書局刻本　三冊

500000－8757－0000029　00535

陳書三十六卷　(唐)姚思廉撰　清同治十二年(1873)金陵書局刻本　二冊

500000－8757－0000030　00536

北史一百卷　(唐)李延壽撰　清同治十二年(1873)金陵書局刻本　九冊　存九十卷(一至三、九至五十九、六十五至一百)

500000－8757－0000031　00537

隋書八十五卷　(唐)魏徵等撰　清同治十二年(1873)刻本　六冊　存八十卷(六至八十五)

500000－8757－0000032　00538

明史三百三十二卷　(清)張廷玉等修　清刻本　三冊　存十六卷(三十六至三十九、八十二至八十四、一百九十一至一百九十四、二百七十七至二百七十九、三百三十一至三百三十二)

500000－8757－0000033　00539

南史八十卷　(唐)李延壽撰　清同治十二年

(1873)金陵書局刻本　六冊　存七十三卷(一至六十二、七十至八十)

500000－8757－0000034　00540

史畧八十七卷　(清)朱坤輯　清光緒二十六年(1900)萬本書局刻本　十二冊

500000－8757－0000035　00541

舊唐書二百卷　(五代)劉昫等撰　清同治十年(1871)刻本　十八冊　存一百八十九卷(四至三十四、四十三至二百)

500000－8757－0000036　00542

豫章黃先生文集三十卷　(宋)黃庭堅撰　清上海涵芬樓影印本　八冊

500000－8757－0000037　00543

南雷集二十卷附學箕初藁二卷　(清)黃宗羲著　清上海涵芬樓影印本　八冊

500000－8757－0000038　00544

柈湖文錄八卷首一卷　(清)吳敏樹著　清刻本　四冊

500000－8757－0000039　00546

羅忠節公遺集八卷　(清)羅澤南著　清咸豐九年(1859)刻本　二冊　存六卷(三至八)

500000－8757－0000040　00547

人極衍義一卷姚江學辨二卷　(清)羅澤南著　清咸豐九年(1859)刻本　二冊

500000－8757－0000041　00548

讀孟子劄記二卷　(清)羅澤南著　清咸豐九年(1859)刻本　一冊

500000－8757－0000042　00549

西銘講義一卷　(清)羅澤南著　清咸豐七年(1857)刻本　一冊

500000－8757－0000043　00550

周易附說一卷羅忠節公[澤南]年譜二卷　(清)羅澤南著　清咸豐九年(1859)刻本　一冊

500000－8757－0000044　00554

唐書二百二十五卷　(宋)歐陽修等撰　清同治十年(1871)刻本　十九冊　存一百十卷

(四至十六、二十九至一百二十五)

500000－8757－0000045　00555
晉書一百三十卷附音義三卷　（唐）房玄齡撰
清同治十年（1871）金陵書局刻本　九冊
存一百十卷（一至二十一、二十七至一百十
五）

500000－8757－0000046　00557
舊五代史一百五十卷目錄二卷　（宋）薛居正
等撰　清刻本　八冊

500000－8757－0000047　00558
元史二百十卷　（明）宋濂　（明）王褘撰　清
同治十二年（1873）刻本　二十二冊　存一百
五卷（一至一百五）

500000－8757－0000048　00560
遼史一百十五卷　（元）脫脫等撰　清同治十
二年（1873）江蘇書局刻本　六冊　存一百三
卷（一至四十七、六十至一百十五）

500000－8757－0000049　00561
八代詩選二十卷　王闓運撰　清刻本　八冊

500000－8757－0000050　00562
韓詩外傳十卷　（漢）韓嬰撰　清光緒元年
（1875）刻本　四冊

500000－8757－0000051　00563
讀雪山房唐詩三十四卷　（清）管世銘輯　清
刻本　九冊　存二十六卷（三至七、十四至三
十四）

500000－8757－0000052　00564
大學衍義四十三卷　（宋）真德秀撰　清同治
刻本　八冊

500000－8757－0000053　00565
楞伽阿跋多羅寶經註解四卷　（南朝宋）釋求
那跋多羅譯　清光緒四年（1878）長沙刻本
二冊

500000－8757－0000054　00566
劍南詩鈔不分卷　（宋）陸游撰　清刻本
四冊

500000－8757－0000055　00567

500000－8757－0000055　00567
罘罳草堂詩集四卷　（清）隆觀易著　清光緒
刻本　一冊　存二卷（三至四）

500000－8757－0000056　00571
白香亭詩一卷　（清）鄧輔綸撰　清刻本
一冊

500000－8757－0000057　00572
冰淵詩集一卷　（清）曹耀湘著　清光緒三十
年（1904）刻本　一冊

500000－8757－0000058　00573
募刻佛教全藏啟一卷　（□）□□撰　清刻本
一冊

500000－8757－0000059　00574
大般若波羅蜜多經六百卷　（唐）釋玄奘譯
清刻本　一冊　存一卷（五百五十六）

500000－8757－0000060　00576
大方廣佛華嚴經八十卷　（唐）釋實叉難陀譯
清刻本　六冊　存六十卷（一至二十、四十
一至八十）

500000－8757－0000061　00577
全唐詩九百卷　（清）曹寅等編　清光緒十三
年（1887）上海同文書局石印本　十冊　存十
卷（一至三、五、十、十二、十四、十六至十七、
三十六）

500000－8757－0000062　00578
群玉閣類書不分卷　（清）□□纂　清同治十
二年（1873）刻本　十一冊

500000－8757－0000063　00579
湘綺樓八代詩選二十卷　王闓運撰　清光緒
七年（1881）四川尊經書局刻本　六冊

500000－8757－0000064　00580
湘綺樓八代詩選二十卷　王闓運撰　清刻本
六冊

500000－8757－0000065　00582
輶軒語一卷　（清）張之洞撰　清刻本　一冊

500000－8757－0000066　00583
湘綺樓箋啟八卷附六卷　王闓運撰　清刻本
三冊　存六卷（七至八、附三至六）

500000 – 8757 – 0000067　00584

李義山詩集三卷詩評一卷詩譜一卷　（唐）李
商隱撰　清同治九年(1870)刻本　四冊

500000 – 8757 – 0000068　00585

論語集注十卷　（宋）朱熹集注　清刻本　一
冊　存五卷(一至五)

500000 – 8757 – 0000069　00586

經語二卷　廖平輯　清光緒二十三年(1897)
尊經書局刻本　二冊

500000 – 8757 – 0000070　00587

羣經凡例一卷　廖平撰　清刻本　三冊

500000 – 8757 – 0000071　00588

文史通義讖語三卷附錄一卷　（清）劉咸炘著
　清同治六年(1867)成都志古堂刻本　一冊

500000 – 8757 – 0000072　00589

校讎通義三卷補編一卷　（清）章學誠著　清
光緒十五年(1889)成都志古堂刻本　一冊

500000 – 8757 – 0000073　00590

文史通義八卷　（清）章學誠著　清光緒十九
年(1893)刻本　四冊

500000 – 8757 – 0000074　00591

大學衍義補一百六十卷目錄一卷首一卷
（明）丘濬輯　清同治刻本　三十一冊　存一
百五十七卷(一至一百四十、一百四十六至一
百六十,目錄一卷,首一卷)

500000 – 8757 – 0000075　00592

詩經毛詩鄭箋二十卷　（漢）鄭玄箋　清刻本
　四冊

500000 – 8757 – 0000076　00592 – 1

毛詩鄭箋二十卷　（漢）鄭玄注　清乾隆刻本
　四冊

500000 – 8757 – 0000077　00593

孝經集傳四卷　（明）黃道周撰　清同治元年
(1862)成都刻本　四冊

500000 – 8757 – 0000078　00594

禮記二十卷　（□）□□撰　清刻本　八冊

500000 – 8757 – 0000079　00595

洗冤錄詳義四卷首一卷　（宋）宋慈撰　（清）
許槤編校　清咸豐六年(1856)刻本　四冊

500000 – 8757 – 0000080　00596

楚辭釋十一卷　王闓運注　清刻本　一冊
存八卷(四至十一)

500000 – 8757 – 0000081　00597

子問二卷　（清）劉沅著　清同治二年(1863)
平遙李氏刻本　二冊

500000 – 8757 – 0000082　00598

又問一卷　（清）劉沅著　清同治二年(1863)
平遙李氏刻本　一冊

500000 – 8757 – 0000083　00599

四書反身錄十卷　（清）李顒口授　（清）王心
敬錄　清宣統二年(1910)成都國學研究會刻
本　四冊　存五卷(一至五)

500000 – 8757 – 0000084　00601

世說新語六卷引用書目一卷佚文一卷校勘小識
一卷小識補一卷考證一卷　（南朝宋）劉義慶
撰　清光緒十七年(1891)思賢講舍刻本　六冊

500000 – 8757 – 0000085　00602

四書集註孟子七卷　（宋）朱熹集註　清商務
印書館鉛印本　三冊

500000 – 8757 – 0000086　00605

荀子二十卷附考證二十一卷　（唐）楊倞注
清刻本　八冊

500000 – 8757 – 0000087　00606

杜詩鏡銓二十卷附錄一卷　（唐）杜甫撰
（清）楊倫編輯　清刻本　二冊　存五卷(一、
十一至十三,附錄一卷)

500000 – 8757 – 0000088　00608

珠泉草廬詩後集二卷　（清）廖樹蘅撰　清同
治二年(1863)平遙李氏刻本　一冊

500000 – 8757 – 0000089　00609

杜詩鏡銓二十卷附文集二卷目錄一卷　（唐）
杜甫撰　（清）楊倫纂輯　清同治七年(1868)
成都志古堂刻本　十一冊　存二十一卷(三

至二十、文集二卷、目錄一卷)

500000－8757－0000090　00610

三通考輯要二十四卷　湯壽潛輯　清光緒二十五年(1899)圖書集成局鉛印本　十冊

500000－8757－0000091　00611

湘綺先生唐詩選十三卷　王闓運撰　清光緒二年(1876)成都尊經書局刻本　六冊　存九卷(五言古體詩一卷、五言律體一卷、七言絕句詩一卷、七言律體詩一卷、七言歌行五卷)

500000－8757－0000092　00613

儀禮鄭注句讀十七卷　(漢)鄭玄注　(清)張爾岐句讀　清刻本　三冊　存十二卷(六至十七)

500000－8757－0000093　00615

亭林詩集五卷目錄一卷　(清)顧炎武著　清光緒三年(1877)湖南書局刻本　一冊　存三卷(一至二、目錄一卷)

500000－8757－0000094　00616

樂府詩集一百卷目錄二卷　(宋)郭茂倩編　清光緒元年(1875)湖北崇文書局刻本　十冊　存六十三卷(三十一至六十八、七十七至一百,目錄一)

500000－8757－0000095　00617

史記菁華錄六卷　(清)姚祖恩選評　清上海商務印書館鉛印本　三冊

500000－8757－0000096　00618

漢書藝文志考證十卷　(宋)王應麟著　清光緒十年(1884)志古堂刻本　四冊

500000－8757－0000097　00619

史記菁華錄六卷　(清)姚祖恩選評　清上海商務印書館鉛印本　二冊　存四卷(一至二、五至六)

500000－8757－0000098　00620

梁書五十六卷　(唐)姚思廉撰　清同治十三年(1874)金陵書局刻本　三冊

500000－8757－0000099　00621

校讎通義三卷　(清)章學誠著　清光緒二十

四年(1898)經文書局刻本　二冊

500000－8757－0000100　00622

文史通義八卷　(清)章學誠著　清光緒二十四年(1898)經文書局刻本　八冊

500000－8757－0000101　00623

史通削繁四卷　(清)紀昀撰　清光緒二十一年(1895)澹雅書局刻本　四冊

500000－8757－0000102　00624

古學攷一卷　廖平撰　清光緒二十三年(1897)尊經書局刻本　一冊

500000－8757－0000103　00625

湘軍志十六卷　王闓運撰　清光緒十一年(1885)刻本　四冊

500000－8757－0000104　00627

重刊八宗綱要二卷　(日本)釋凝然大德述　清宣統三年(1911)刻本　一冊

500000－8757－0000105　00628

歷代名人年譜十卷　(清)吳榮光撰　清光緒北京晉華書局刻本　九冊　存九卷(一至九)

500000－8757－0000106　00629

淵鑒齋御纂朱子全書六十六卷　(宋)朱熹撰　清同治八年(1869)成都書局刻本　三十二冊

500000－8757－0000107　00632

宋明兩大忠集合編二十四卷　(宋)文天祥(明)史可法撰　清誦芬堂刻本　五冊

500000－8757－0000108　00633

淨土聖賢錄九卷　(清)彭希涑述　清刻本　三冊

500000－8757－0000109　00635

經學歷史一卷　(清)皮錫瑞撰　清光緒三十二年(1906)刻本　一冊

500000－8757－0000110　00636

申鑒五卷中論二卷　(漢)荀悅　(漢)徐幹撰　清光緒元年(1875)崇文書局刻本　一冊

500000－8757－0000111　00637

湘綺樓全集三十卷　王闓運撰　清光緒三十三年(1907)刻本　五冊　存十卷(文集八卷、箋啟二卷)

500000 – 8757 – 0000112　00643

音注汪堯峰文一卷　(清)汪琬著　清上海文明書局刻本　一冊

500000 – 8757 – 0000113　00646

越絕書十五卷　(漢)袁康撰　清末刻本　一冊

500000 – 8757 – 0000114　00647

庚子國變一卷　(清)羅惇曧撰　清同治二年(1863)褻公堂刻本　一冊

500000 – 8757 – 0000115　00664

孔叢二卷　(漢)孔鮒著　清刻本　一冊

500000 – 8757 – 0000116　00665

涵芬樓古今文鈔一百卷　吳曾祺纂錄　清刻本　七十冊　存七十卷(一、五、八至二十二、二十四至二十五、二十九至三十一、三十三至三十七、四十至五十三、五十九、六十六至七十一、七十九至一百)

500000 – 8757 – 0000117　00668

方言十三卷　(漢)揚雄紀　清刻本　一冊

500000 – 8757 – 0000118　00679

文心雕龍十卷　(南朝梁)劉勰著　(清)彭瑞麟校　清刻本　一冊

500000 – 8757 – 0000119　00680

論衡三十卷　(漢)王充著　清刻本　八冊

500000 – 8757 – 0000120　00681

說苑二十卷　(漢)劉向著　清刻本　四冊

500000 – 8757 – 0000121　00684

春秋繁露十七卷　(漢)董仲舒撰　清刻本　二冊

500000 – 8757 – 0000122　00686

大戴禮記十三卷　(漢)戴德著　清刻本　二冊

500000 – 8757 – 0000123　00689

翻譯名義集選一卷　(宋)釋法雲編　清同治十二年(1873)刻本　一冊

500000 – 8757 – 0000124　00690

蕺山先生人譜一卷人譜類記二卷　(明)劉宗周撰　清光緒九年(1883)刻本　二冊

500000 – 8757 – 0000125　00692

梅氏遺書四卷附錄三卷　(清)梅鍾澍撰　清宣統三年(1911)刻本　三冊

500000 – 8757 – 0000126　00693

伊洛淵源錄十四卷　(宋)朱熹撰　清咸豐八年(1858)成都志古堂刻本　四冊

500000 – 8757 – 0000127　00695

象山集三十六卷　(宋)陸九淵撰　清上海涵芬樓影印本　九冊　存三十二卷(一至二、七至三十六)

500000 – 8757 – 0000128　00696

皇朝文獻通考輯要二十六卷　(清)楊壽潛輯　清刻本　十冊

500000 – 8757 – 0000129　00698

爾雅注疏十卷　(晉)郭璞注　清刻本　四冊

500000 – 8757 – 0000130　00700

毛詩故訓傳鄭箋三十卷　(漢)鄭玄注　清同治十一年(1872)刻本　六冊

500000 – 8757 – 0000131　00701

昌黎先生詩集注十一卷　(唐)韓愈撰　清光緒九年(1883)廣州翰墨園刻本　四冊

500000 – 8757 – 0000132　00791

東萊博議四卷　(宋)呂祖謙撰　清文明書局木活字印本　三冊　存三卷(一、三至四)

500000 – 8757 – 0000133　00792

汪本隸釋刊誤一卷　(清)黃丕烈撰　清刻本　一冊

500000 – 8757 – 0000134　00793

評校音注古文辭類纂七十四卷　(清)姚鼐纂　清文明書局木活字印本　一冊　存五卷(十四至十八)

500000－8757－0000135　00794

六一居士外集録二卷　（宋）歐陽修撰　清石印本　二冊

500000－8757－0000136　00795

本朝名家詩鈔小傳四卷　（清）鄭方坤撰　清刻本　二冊　存二卷（二至三）

500000－8757－0000137　00796

曾南豐文集四卷　（宋）曾鞏撰　清石印本　一冊　存二卷（三至四）

500000－8757－0000138　00798

王文成公全書三十八卷　（明）王守仁撰　清中華圖書館石印本　五冊　存十八卷（二十一至三十八）

500000－8757－0000139　00800

杜詩詳註二十五卷　（清）仇兆鰲輯註　清刻本　二冊　存二卷（十七、二十）

500000－8757－0000140　00801

雜著覆梅擷芸書七卷覆蒙文通書一卷　（清）楊仁山撰　**楊仁山居士傳一卷**　（清）歐陽竟无撰　清刻本　一冊

500000－8757－0000141　00805

天樂鳴空集三卷　（明）鮑宗肇述　清咸豐八年（1858）成都志古堂刻本　一冊

500000－8757－0000142　00806

南軒文集四十四卷　（宋）張栻撰　清刻本　七冊

500000－8757－0000143　00807

南軒先生論語解十卷　（宋）張栻撰　清刻本　二冊　存六卷（五至十）

500000－8757－0000144　00808

南軒先生孟子說七卷　（宋）張栻撰　清刻本　五冊

500000－8757－0000145　00809

賦話十卷　（清）李調元著　清光緒七年（1881）瀹雅齋刻本　四冊

500000－8757－0000146　00813

匯慧山房詩集四卷　（清）吳超然撰　清光緒

二十九年（1903）刻本　一冊

500000－8757－0000147　00817

雪竹樓詩稿十卷　（清）黃道讓撰　清刻本　一冊　存一卷（一）

500000－8757－0000148　00818

珠泉草廬詩鈔四卷　（清）廖樹蘅撰　清刻本　一冊　存二卷（三至四）

500000－8757－0000149　00825

黃龍士先生棋譜一卷補遺一卷　（清）黃龍士編　清上海文瑞樓刻本　一冊

500000－8757－0000150　00826

繹雅堂詩錄二卷　廖基瑜撰　清宣統二年（1910）刻本　一冊

500000－8757－0000151　00840

經濟原論二十七篇　（美國）麥喀梵撰　清光緒三十四年（1908）鉛印本　一冊

500000－8757－0000152　00847

水經注四十卷首一卷附錄二卷　（北魏）酈道元撰　清光緒十八年（1892）刻本　十六冊

500000－8757－0000153　00848

佩文韻府一百六卷韻府拾遺四卷　（清）張玉書等纂　清刻本　四十五冊　存七十五卷（二至四、六、七下、八至十、十二、十三下、十五、十六下、二十上、二十二下、二十三下、二十四上、二十五、二十六至二十八、三十至三十四、三十七至四十九、五十二、五十四至五十五、六十至六十四、六十六至六十九、七十七至八十二、八十四、八十六至九十、九十二至九十三、九十六至九十七、一百上、一百一至一百二上、一百五至一百六，拾遺四卷）

500000－8757－0000154　00851

譚瀏陽全集八卷傳一卷年譜一卷附續編一卷　梁啟超撰　清上海文明書局刻本　六冊

500000－8757－0000155　00852

歷代名人小簡二卷續編二卷　吳曾祺編　清商務印書館刻本　四冊

500000 – 8757 – 0000156　00854

音注龔定盦文一卷　（清）龔自珍著　清上海文明書局刻本　一冊

500000 – 8757 – 0000157　00855

音注袁子才文二卷　（清）袁枚著　清上海文明書局刻本　一冊　存一卷（一）

500000 – 8757 – 0000158　00856

音注吳摯甫文一卷　（清）吳汝綸著　清上海文明書局刻本　一冊

500000 – 8757 – 0000159　00858

東原錄一卷　（宋）龔鼎臣撰　清涵芬樓刻本　一冊

500000 – 8757 – 0000160　00859

河南邵氏聞見錄二十卷　（宋）邵伯溫撰　清涵芬樓刻本　二冊

500000 – 8757 – 0000161　00860

春渚紀聞十卷　（宋）何薳撰　清涵芬樓刻本　二冊

500000 – 8757 – 0000162　00862

白香山詩長慶集二十卷後集十七卷別集一卷補遺二卷　（唐）白居易撰　（清）汪立名編　清末石印本　十一冊

500000 – 8757 – 0000163　00865

維摩詰所說經註八卷　（晉）釋鳩摩羅什譯　清刻本　二冊

500000 – 8757 – 0000164　00866

相宗小品八要一卷　（□）□□撰　清刻本　一冊

500000 – 8757 – 0000165　00868

大學古本質言一卷　（清）劉沅撰　清刻本　一冊

500000 – 8757 – 0000166　00874

尚書旁注一卷　（□）□□撰　清刻本　一冊

500000 – 8757 – 0000167　00875

文心雕龍十卷　（南朝梁）劉勰撰　清光緒二十一年（1895）刻本　四冊

500000 – 8757 – 0000168　00877

俗言一卷　（清）劉沅著　清咸豐四年（1854）清和刻本　一冊

500000 – 8757 – 0000169　00878

精校左傳杜林合註五十卷　（明）王道焜（明）趙如源編　清上海錦章書局刻本　一冊　存八卷（一至八）

500000 – 8757 – 0000170　00879

周禮四十二卷　（漢）鄭玄注　札記一卷（清）黃丕烈撰　清刻本　三冊　存九卷（一至四、七至十,札記一卷）

500000 – 8757 – 0000171　00880

易林十六卷　（漢）焦贛撰　清刻本　一冊　存八卷（一至八）

500000 – 8757 – 0000172　00881

春秋左傳五十卷　（宋）杜預撰　清刻本　一冊　存十三卷（十三至二十五）

500000 – 8757 – 0000173　00882

困學紀聞注二十卷　（宋）王應麟撰　清刻本　六冊　存十四卷（一至十四）

500000 – 8757 – 0000174　00884

京氏易傳三卷　（漢）京房撰　清刻本　一冊

500000 – 8757 – 0000175　00885

春秋繁露十七卷　（漢）董仲舒著　清刻本　二冊

500000 – 8757 – 0000176　00890

因明入正理論疏八卷　（唐）釋玄奘譯　清刻本　二冊　存六卷（一至六）

500000 – 8757 – 0000177　00892

因明入正理論續疏二卷　（唐）釋慧沼述　清刻本　一冊

500000 – 8757 – 0000178　00896

藏要敘一卷　（□）□□撰　清刻本　一冊

500000 – 8757 – 0000179　00899

顯揚聖教論二十卷　（唐）釋玄奘譯　清刻本　二冊　存十卷（十一至二十）

500000 – 8757 – 0000180　　00900

經學通論五卷　（清）皮錫瑞撰　清刻本　三冊　存三卷(一至三)

500000 – 8757 – 0000181　　00901

大唐西域記十二卷　（唐）釋玄奘譯　（唐）釋辯機撰　清刻本　四冊

500000 – 8757 – 0000182　　00902

內學雜刊一卷　（□）□□撰　清刻本　一冊

500000 – 8757 – 0000183　　00903

佛典汎論一卷　（清）呂澂著　清刻本　一冊

500000 – 8757 – 0000184　　00904

入楞伽經十卷　（北魏）釋菩提流支譯　清刻本　一冊

500000 – 8757 – 0000185　　00905

瑜伽師地論記一百卷　（唐）釋遁倫集撰　清刻本　一冊　存一卷(上)

500000 – 8757 – 0000186　　00905 – 1

瑜伽師地論記一百卷　（唐）釋遁倫集撰　清刻本　一冊　存二卷(八十至八十一)

500000 – 8757 – 0000187　　00906

大智度論一百卷　（晉）釋鳩摩羅什譯　清刻本　一冊　存二卷(九十五至九十六)

500000 – 8757 – 0000188　　00907

成唯識論樞要記一卷　（唐）釋智周撰　清刻本　一冊

500000 – 8757 – 0000189　　00908

百法明門義記四卷　（唐）釋曇曠撰　清刻本　一冊

500000 – 8757 – 0000190　　00909

寶積經普明會一卷　（北魏）釋菩提流支譯　清刻本　一冊

500000 – 8757 – 0000191　　00910

湖南全省掌故備攷三十五卷　王先謙撰　清光緒十四年(1888)刻本　十一冊　存三十二卷(一至十四、十八至三十五)

500000 – 8757 – 0000192　　00911

楞伽疏決六卷　（□）□□撰　清刻本　二冊

500000 – 8757 – 0000193　　00924

欽定續文獻通考輯要二十六卷　（清）嵇璜等纂　清末鉛印本　十冊

重慶市中藥研究院圖書館

古籍普查登記目録

全國古籍普查登記目録

國家圖書館出版社
National Library of China Publishing House

500000－8761－0000001　001

[光緒]重纂秦州直隸州新志二十四卷首一卷
（清）余澤春修　（清）王權　（清）任其昌
纂　清光緒十五年(1889)刻本　二十三冊
存二十三卷(一至十八、二十至二十二、二十
四,首一卷)

500000－8761－0000002　002

全體通考十八卷圖二卷　（英國）德貞撰　清
光緒十二年(1886)鉛印本　四冊

500000－8761－0000003　003

醫書匯參輯成二十四卷　（清）蔡宗玉輯　清
道光十九年(1839)崇讓堂刻本　十六冊

500000－8761－0000004　004

醫門棒喝四卷　（清）章楠撰　清同治六年
(1867)刻本　二冊

500000－8761－0000005　005

黃帝內經素問直解九卷　（清）高世栻註解
清光緒十三年(1887)浙江書局刻本　八冊

500000－8761－0000006　006

醫林指月十二種　（清）王琦輯　清光緒二十
二年(1896)上海圖書集成局石印本　八冊

500000－8761－0000007　007

新增脈學本草醫方全書八種　（清）太醫院輯
　清光緒善成堂刻本　六冊

500000－8761－0000008　008

靈樞經十卷　（清）張志聰集註　清光緒三年
(1877)刻本　三冊

500000－8761－0000009　009

訂補明醫指掌十卷　（明）皇甫中撰註　（明）
王肯堂訂補　診家樞要一卷　（元）滑壽纂
清咸豐八年(1858)文富堂刻本　十冊

500000－8761－0000010　010

張氏醫書七種　（清）張璐　（清）張登撰　清
三元堂刻本　十冊

500000－8761－0000011　011

徐靈胎醫學全書十六種　（清）徐大椿著　清
光緒三十三年(1907)章福記書局石印本

四冊

500000－8761－0000012　012

徐靈胎醫學全書十六種　（清）徐大椿著　清
光緒三十三年(1907)章福記書局石印本
五冊

500000－8761－0000013　013

丹溪朱氏脈因證治二卷　（戰國）秦越人著
（元）朱震亨著　清江左書林石印本　一冊

500000－8761－0000014　204

黃帝內經素問二十四卷　（明）吳崐註　清刻
本　三冊

500000－8761－0000015　014

證治要訣類方十二卷　（元）朱震亨著　（明）
戴元禮輯　清刻本　一冊　存十卷(一至四、
七至十二)

500000－8761－0000016　015

奇方纂要一卷　（清）王錫鑫編輯　醫學一統
一卷　（清）黃為良編輯　清道光二十七年
(1847)刻本　一冊

500000－8761－0000017　016

黃氏醫方八種　（清）黃元御撰　清道光十四
年(1834)刻本　十二冊

500000－8761－0000018　017

醫宗備要三卷　（清）曾鼎撰　清同治八年
(1869)刻本　一冊

500000－8761－0000019　018

醫宗備要三卷　（清）曾鼎撰　清同治八年
(1869)刻本　一冊

500000－8761－0000020　019

圖註八十一難經四卷校正圖註脈訣四卷附方
一卷校正瀕湖脈學一卷　（明）張世賢註　清
光緒二十二年(1896)上海著易堂石印本
五冊

500000－8761－0000021　020

圖註八十一難經辨真四卷　（戰國）秦越人撰
　清乾隆三十四年(1769)刻本　二冊

500000－8761－0000022　021

醫學叢書初編十種　丁松生輯　清光緒稀見
當歸草堂刻本　四冊

500000－8761－0000023　022
中西滙通醫五種　唐宗海撰　清光緒三十四
年(1908)千頃堂石印本　二冊　存二種四卷
(中西匯通醫經精義上、血證論六至八)

500000－8761－0000024　023
補注黃帝內經素問二十四卷靈樞十二卷
(唐)王冰輯　清光緒二十三年(1897)新化三
昧書室刻本　六冊

500000－8761－0000025　024
醫宗寶鏡四卷　題(清)張真人秘本　清上海
文瑞樓石印本　四冊

500000－8761－0000026　025
傷寒懸解十四卷首一卷末一卷　(清)黃元御
撰　清同治五年(1866)成都刻本　二冊

500000－8761－0000027　026
馮氏錦囊秘錄雜症大小合參二十卷首二卷
(清)馮兆張纂輯　清刻本　二冊　存六卷
(一至六)

500000－8761－0000028　027
喻氏三書三種　(清)喻昌著　清刻本　九冊

500000－8761－0000029　028
喻氏三書三種　(清)喻昌著　清刻本　五冊

500000－8761－0000030　029
醫學實在易八卷附女科一卷　(清)陳念祖著
清咸豐二年(1852)刻本　二冊

500000－8761－0000031　030
醫學捷要四卷　(□)伊藥渠輯　清同治成都
正古堂刻本　二冊

500000－8761－0000032　031
儒門醫學三卷附一卷　(英國)海蘭得撰
(英國)傅蘭雅口譯　(清)趙元益筆述　清同
治六年(1867)刻本　二冊

500000－8761－0000033　032
張氏景岳全書六十四卷　(明)張介賓著　清
末石印本　四冊

500000－8761－0000034　033
圖註八十一難經辨真四卷　(明)張世賢註
清典龍堂刻本　一冊

500000－8761－0000035　034
傷寒論註四卷　(清)柯琴編注　清刻本
一冊

500000－8761－0000036　035
傷寒論註四卷　(清)柯琴編注　清刻本　一
冊　存二卷(三至四)

500000－8761－0000037　036
傷寒論翼二卷傷寒論註四卷　(清)柯琴撰
清宣統元年(1909)同文會刻本　一冊

500000－8761－0000038　037
傷寒論翼二卷　(清)柯琴撰　清務本堂刻本
一冊

500000－8761－0000039　038
溫熱暑疫全書四卷　(清)周揚俊輯　清刻本
一冊

500000－8761－0000040　039
醫醇賸義四卷　(清)費伯雄著　清光緒三年
(1877)李冬刻本　一冊

500000－8761－0000041　040
瘍醫大全十八卷　(清)顧世澄纂輯　清光緒
二十年(1894)刻本　十八冊

500000－8761－0000042　041
傷寒恒論十卷　(清)鄭欽安註　清光緒元年
(1875)成都志古堂刻本　一冊

500000－8761－0000043　042
醫學集成四卷　(清)劉仕廉纂輯　清同治十
二年(1873)刻本　一冊

500000－8761－0000044　043
醫經原旨六卷　(清)薛雪集註　清宣統元年
(1909)同文會刻本　三冊

500000－8761－0000045　044
醫學金鍼八卷　(清)陳念祖著　(清)潘霨增
輯　清光緒四年(1878)敏德堂刻本　四冊

278

500000－8761－0000046　045

四時病機十四卷　（清）邵登瀛輯　清光緒六年(1880)刻本　四冊

500000－8761－0000047　046

溫毒病論一卷　（清）邵登瀛輯　清刻本　一冊

500000－8761－0000048　047

疫痧二症合編六卷　（清）劉奎著　清道光二十六年(1846)刻本　二冊

500000－8761－0000049　048

張隱菴傷寒論集注六卷　（清）張志聰注釋　清同治九年(1870)刻本　三冊

500000－8761－0000050　049

新增傷寒集注十五卷　（清）舒詔著　清乾隆三十五年(1770)刻本　一冊

500000－8761－0000051　050

傷寒緒論二卷　（清）張璐纂述　清石印本　一冊

500000－8761－0000052　051

善成堂增訂士材三書□□卷　（明）李中梓著　清善成堂刻本　二冊

500000－8761－0000053　052

傷寒續論二卷　（清）張璐纂述　清廣益書局石印本　一冊

500000－8761－0000054　053

瘟疫明辨四卷末一卷　（清）鄭奠一著　清蜀東善成堂刻本　一冊

500000－8761－0000055　054

瘍科大全四十卷　（清）顧世澄纂輯　清上海通時書局石印本　四冊

500000－8761－0000056　055

幼科三種二卷　（清）夏鼎等著　清上海文元書局石印本　一冊

500000－8761－0000057　056

增補醫林狀元壽世保元十集　（明）龔廷賢編　清錦章書局石印本　一冊

500000－8761－0000058　058

溫病論二卷　（清）吳有性著　清光緒六年(1880)刻本　一冊

500000－8761－0000059　059

痧脹玉衡四卷　（清）郭志邃著　清同治十三年(1874)刻本　二冊

500000－8761－0000060　060

奇方纂要一卷　（清）王錫鑫編輯　清刻本　一冊

500000－8761－0000061　061

傷寒論類方一卷　（清）徐大椿編譯　清刻本　一冊

500000－8761－0000062　062

傷寒入微□□卷　沈伯超著　清西安競業印刷社刻本　一冊　存一卷(一)

500000－8761－0000063　063

瘍科臨證心得集二卷　（清）高秉鏞纂輯　清上海文瑞樓石印本　一冊

500000－8761－0000064　064

外證醫案彙編四卷　（清）余景和撰　清上海文瑞樓石印本　一冊

500000－8761－0000065　065

傷寒端類方一卷　（清）徐大椿編譯　清石印本　一冊

500000－8761－0000066　066

溫熱經緯五卷　（清）王士雄纂　清刻本　一冊　存一卷(四)

500000－8761－0000067　067

痘疹精詳十卷　（清）周冠輯　清廣益書局石印本　一冊

500000－8761－0000068　068

御纂周易折中二十二卷首一卷　（清）李光地等撰　清同治十年(1871)湖北崇文書局刻本　十二冊

500000－8761－0000069　069

種痘新書十二卷　（清）張琰輯　清石印本　一冊

500000 – 8761 – 0000070　070

新編女科指掌五卷　（清）費伯雄輯　清光緒
上海海左書局石印本　一冊

500000 – 8761 – 0000071　071

七十二種繪圖喉症全書二卷　（□）□□輯
清道光二十七年（1847）刻本　一冊

500000 – 8761 – 0000072　072

七十二種繪圖喉症全書二卷　（□）□□輯
清道光二十七年（1847）刻本　一冊

500000 – 8761 – 0000073　073

瘡瘍經驗全書六卷　（宋）竇傑輯著　清石印
本　一冊

500000 – 8761 – 0000074　074

傅青主男女科六卷　（清）傅山撰　清光緒三
十一年（1905）成都官報書局石印本　四冊

500000 – 8761 – 0000075　075

增評醫方集解二十卷　（清）汪昂撰輯　清石
印本　一冊

500000 – 8761 – 0000076　076

醫方集解二十一卷本草備要八卷　（清）汪昂
撰　清光緒十三年（1887）刻本　六冊

500000 – 8761 – 0000077　077

洞天奧旨十六卷　（清）陳士鐸撰　清石印本
四冊

500000 – 8761 – 0000078　078

洪氏集驗方五卷　（宋）洪遵著　清嘉慶二十
四年（1819）進業書局刻本　二冊

500000 – 8761 – 0000079　079

醫鈴八卷　（清）李舟虛著　清乾隆五十四年
（1789）乾元堂刻本　一冊

500000 – 8761 – 0000080　080

衛生鴻寶六卷　（清）祝補齋輯　清上海掃葉
山房石印本　一冊

500000 – 8761 – 0000081　081

本草求真九卷主治二卷　（清）黃宮繡撰　清
乾隆三十九年（1774）刻本　一冊

500000 – 8761 – 0000082　082

經驗奇方二卷　（清）周鍉撰　清石印本
二冊

500000 – 8761 – 0000083　083

脈理求真三卷　（清）黃宮繡撰　清乾隆三十
九年（1774）刻本　一冊

500000 – 8761 – 0000084　084

溫病條辨六卷　（清）吳瑭撰　清咸豐九年
（1859）天津孫氏刻本　三冊

500000 – 8761 – 0000085　085

重訂外科正宗十二卷　（明）陳實功撰　（清）
徐大椿補訂　清宏道堂刻本　二冊

500000 – 8761 – 0000086　086

萬國藥方八卷　（美國）洪士提反譯　清宣統
元年（1909）杜炳記石印書局刻本　四冊

500000 – 8761 – 0000087　087

萬國藥方八卷　（美國）洪士提反譯　清刻本
八冊

500000 – 8761 – 0000088　088

唐王燾先生外臺祕要四十卷　（唐）王燾撰
清光緒二十四年（1898）上海圖書集成印書局
刻本　八冊

500000 – 8761 – 0000089　089

醫門棒喝二集傷寒論本旨九卷　（清）章楠編
註　清刻本　六冊

500000 – 8761 – 0000090　090

古方選注□□卷　（清）王子接註　清上海千
頃堂書局石印本　一冊　存二卷（三至四）

500000 – 8761 – 0000091　091

弄丸心法八卷　（清）楊鳳庭撰　清宣統三年
（1911）成都刻本　四冊

500000 – 8761 – 0000092　092

弄丸見曉集八卷　（清）楊鳳庭撰　清宣統二
年（1910）刻本　四冊

500000 – 8761 – 0000093　093

活人書二十卷　（宋）朱肱撰　清刻本　四冊

500000－8761－0000094　094

本草述三十二卷首一卷　（清）劉若金撰　清嘉慶十五年(1810)還讀山房刻本　十三冊

500000－8761－0000095　095

麻科活人全書四卷　（清）謝玉瓊纂輯　清刻本　二冊

500000－8761－0000096　096

藥性通考八卷　（清）太醫院作　清道光二十九年(1849)刻本　二冊

500000－8761－0000097　097

中醫匯參西學圖說二編　（清）王友忠撰　清光緒三十二年(1906)廣益書局石印本　一冊

500000－8761－0000098　098

新鎸陶節菴家藏秘授六卷　（明）陶華撰　清刻本　二冊

500000－8761－0000099　099

瘟疫論補注二卷　（清）吳有性撰　（清）鄭重光補注　清上海廣益書局石印本　一冊

500000－8761－0000100　100

外科正宗十二卷　（明）陳實功撰　清光緒三十三年(1907)成都書局正字山房刻本　十一冊

500000－8761－0000101　101

本草綱目五十二卷圖三卷附脈訣攷證一卷奇經八脈攷一卷　（明）李時珍著　清雍正十三年(1735)刻本　十八冊

500000－8761－0000102　102

本草萬方鍼線八卷　（清）蔡烈先輯　清天德堂刻本　一冊

500000－8761－0000103　103

辨證錄十四卷附胎產秘書一卷　（清）陳士鐸著　清同治七年(1868)刻本　三冊

500000－8761－0000104　104

新編救急奇方二卷　（清）徐文弼輯　清刻本　一冊

500000－8761－0000105　105

徐批臨證指南醫案十一卷　（清）葉桂著（清）徐大椿評　清光緒十四年(1888)蒲圻但氏刻本　五冊

500000－8761－0000106　106

脈經十卷　（晉）王叔和著　清上海文瑞樓石印本　二冊

500000－8761－0000107　107

種福堂公選溫熱論醫案四卷　（清）葉桂論　清光緒十四年(1888)蒲圻但氏刻本　一冊

500000－8761－0000108　108

辨證錄十四卷　（清）陳士鐸著　清乾隆十三年(1748)刻本　六冊

500000－8761－0000109　109

醫學全書九卷　（清）劉常彥纂　清光緒五年(1879)術古堂刻本　三冊　存八卷(一至六、八下至九)

500000－8761－0000110　110

景岳全書發揮四卷　（清）葉桂著　清光緒五年(1879)吳氏醉六堂刻本　四冊

500000－8761－0000111　111

景岳全書發揮四卷　（清）葉桂著　清刻本　三冊　存三卷(二至四)

500000－8761－0000112　112

傷寒明理論四卷　（宋）成無己撰　清石印本　一冊

500000－8761－0000113　113

醫法圓通四卷　（清）鄭壽全編輯　清光緒二十九年(1903)刻本　一冊

500000－8761－0000114　114

蜀醫說法五卷　（清）胥紫來著　清光緒十三年(1887)刻本　一冊　存二卷(一至二)

500000－8761－0000115　115

瘟疫論二卷　（清）吳有性論　（清）洪吉人補註　清刻本　一冊　存一卷(瘟疫輯要一卷)

500000－8761－0000116　116

醫法圓通四卷　（清）鄭壽全編輯　清重慶中西醫書局鉛印本　一冊

500000－8761－0000117　117

集驗拔萃良方一卷　（清）廖壽祺輯　清道光
二十一年（1841）翔商印字館鉛印本　一冊

500000－8761－0000118　118

吳氏醫學述第四種成方切用□□卷　（清）吳
儀洛編　清刻本　八冊　存九卷（一至二、四
至十）

500000－8761－0000119　119

黃帝内經靈樞十二卷素問二十四卷素問遺篇
一卷　（清）張志聰輯　清刻本　四冊　存十
三卷（靈樞一至七、素問二十至二十四、遺篇
一卷）

500000－8761－0000120　120

圖註脈訣辨真四卷附方一卷　（晉）王叔和撰
　清刻本　二冊

500000－8761－0000121　121

傅氏眼科審視瑤函六卷　（明）傅仁宇纂輯
清石印本　一冊

500000－8761－0000122　122

重刊補注洗冤錄集證五卷附辨正一卷檢驗合
參一卷檢骨圖格一卷寶鑑編一卷急救方一卷
石香秘錄一卷洗冤錄解一卷　（清）阮其新補
註　清同治四年（1865）刻本　六冊

500000－8761－0000123　123

東垣十書二十二卷　（金）李杲等撰　清刻本
十冊

500000－8761－0000124　124

血證論八卷　唐宗海著　清光緒十九年
（1893）刻本　二冊

500000－8761－0000125　125

洄溪醫案一卷　（清）徐大椿著　（清）王士雄
編　清咸豐七年（1857）海昌蔣氏水芬草堂刻
本　一冊

500000－8761－0000126　126

種福堂公選溫熱論醫案四卷　（清）葉桂論
（清）田岫雲校　清乾隆四十年（1775）刻本
二冊

500000－8761－0000127　127

蘭臺軌範八卷　（清）徐大椿輯　清乾隆二十
九年（1764）刻本　二冊

500000－8761－0000128　128

醫學啟蒙輯覽四種八卷　（清）王守中編略
清宣統元年（1909）鉛印本　二冊

500000－8761－0000129　129

溫熱經緯五卷　（清）王士雄纂　（清）楊照藜
（清）汪曰楨評　清同治二年（1863）刻本
三冊　存四卷（一至三、五）

500000－8761－0000130　130

醫學五則五卷　（清）廖雲溪輯　清光緒二年
（1876）刻本　一冊

500000－8761－0000131　131

幾希錄不分卷　（清）張惟善輯　清同治八年
（1869）刻本　二冊

500000－8761－0000132　132

金匱懸解二十二卷　（清）黃元御著　清同治
七年（1868）刻本　二冊

500000－8761－0000133　133

輔孝兩書□□卷　（清）吳晼菴著　清乾隆六
十年（1795）刻本　二冊　存一種五卷（保命
真詮四卷、末一卷）

500000－8761－0000134　134

醫學三字經正文便讀□□卷　（清）陳念祖著
　清光緒十六年（1890）刻本　一冊　存一卷
（下）

500000－8761－0000135　135

重刻活幼心法大全二卷　（明）聶尚恒著　清
光緒二年（1876）刻本　一冊

500000－8761－0000136　136

增補醫方一盤珠十卷　（清）洪金鼎纂　清光
緒二十二年（1896）刻本　六冊　存九卷（一
至九）

500000－8761－0000137　137

簡易醫訣四卷　（清）周雲章著　清宣統元年
（1909）刻本　一冊

500000－8761－0000138　138

種福堂公選良方兼刻古吳名醫精論十卷
（清）葉桂論　清道光九年(1829)刻本　二冊
　存六卷(一至四、九至十)

500000－8761－0000139　139

補注黃帝内經素問二十四卷　（唐）王冰注
清刻本　一冊　存四卷(十六至十九)

500000－8761－0000140　140

胎產秘書二卷　（清）陳敬之著　清嘉慶十四
年(1809)刻本　一冊

500000－8761－0000141　141

薛氏醫案二十四種　（明）吳琯輯　清東堂刻
本　三十冊

500000－8761－0000142　142

瘍醫大全四十卷　（清）顧世澄輯　清刻本
二十二冊　存二十二卷(十九至四十)

500000－8761－0000143　143

孫真人備急千金要方三十卷　（唐）孫思邈撰
　（清）張璐衍義　清末中原書局石印本
二冊

500000－8761－0000144　144

秘傳證治要決十二卷　（明）戴元禮撰　**證治
要訣類方十二卷**　（清）戴元禮輯　清刻本
一冊　存十卷(秘傳證治要訣七至十二、證治
要訣類方一至四)

500000－8761－0000145　145

齊氏醫案崇證辨訛六卷　（清）齊秉慧撰　清
刻本　一冊　存二卷(五至六)

500000－8761－0000146　146

醫理真傳四卷　（清）鄭壽全撰　清光緒二十
九年(1903)刻本　一冊

500000－8761－0000147　147

傷寒瘟疫條辯六卷　（清）楊璿撰　清刻本
一冊　存三卷(四至六)

500000－8761－0000148　148

醫效秘傳三卷　（清）葉桂撰　清道光十一年
(1831)刻本　三冊

500000－8761－0000149　149

針灸大成十二卷　（明）楊維洲撰　（清）張廷
珪重修　清末石印本　二冊

500000－8761－0000150　150

雷氏醫書三種　（□）□□編　清末鉛印本
九冊

500000－8761－0000151　151

傷寒真方歌括六卷醫訣串解六卷　（清）陳念
祖著　**十藥神書註解一卷**　（元）葛可久編
（清）陳念祖註　（清）林壽萱韻　清光緒十五
年(1889)掃葉山房刻本　二冊

500000－8761－0000152　152

長沙方歌括六卷　（清）陳念祖著　（清）陳蔚
註　清光緒十五年(1889)掃葉山房刻本
三冊

500000－8761－0000153　153

醫學實在易八卷　（清）陳念祖著　（清）陳元
犀參訂　清光緒十五年(1889)掃葉山房刻本
四冊

500000－8761－0000154　154

女科要旨四卷　（清）陳念祖著　（清）陳蔚參
訂　（清）陳元犀韻　清光緒十五年(1889)掃
葉山房刻本　二冊

500000－8761－0000155　155

時方歌括二卷妙用四卷　（清）陳念祖著　清
光緒十五年(1889)江左書林刻本　二冊

500000－8761－0000156　156

醫學從眾八卷　（清）陳念祖著　（清）陳元犀
參訂　清光緒十五年(1889)上海朱氏刻本
四冊

500000－8761－0000157　157

醫學三字經四卷　（清）陳念祖著　清光緒十
五年(1889)孫谿逸士刻本　二冊

500000－8761－0000158　158

金匱要畧淺註十卷附讀法一卷　（漢）張仲景
原文　（清）陳念祖集註　清光緒十五年
(1889)掃葉山房刻本　四冊

500000 – 8761 – 0000159　159

金匱方歌括六卷　（清）陳念祖著　（清）陳蔚
參訂　（清）陳元犀韻註　清光緒十五年
(1889)掃葉山房刻本　四冊

500000 – 8761 – 0000160　160

靈素提要淺註十二卷　（清）陳念祖集註
（清）陳元犀參訂　清光緒十五年(1889)行素
堂朱氏刻陳修園醫書全集本　四冊

500000 – 8761 – 0000161　161

景岳新方砭四卷　（清）陳念祖著　清光緒十
五年(1889)吳縣孫谿逸士刻本　二冊

500000 – 8761 – 0000162　162

張仲景傷寒論原文淺註六卷　（清）陳念祖集
註　清道光元年(1821)刻本　四冊

500000 – 8761 – 0000163　163

瘟病明辨四卷附瘟疫辨方一卷　（清）戴元章
著　清同治六年(1867)刻本　二冊

500000 – 8761 – 0000164　164

傷寒論翼二卷　（清）柯琴著　清咸豐四年
(1854)刻本　一冊

500000 – 8761 – 0000165　165

傷寒附翼二卷　（清）柯琴著　（清）馬中驊較
　清光緒十二年(1886)刻本　一冊

500000 – 8761 – 0000166　166

外科證治全書五卷末一卷　（清）許克昌
（清）畢法輯　清同治六年(1867)刻本　五冊

500000 – 8761 – 0000167　167

痘疹詩賦二卷　（清）張鑾著　清末上海校經
山房石印本　一冊

500000 – 8761 – 0000168　168

痘疹正宗二卷　（清）宋麟祥著　清宣統三年
(1911)上海廣益書局石印本　一冊

500000 – 8761 – 0000169　169

本草衍義二十卷　（宋）寇宗奭編撰　清光緒
三年(1877)吳興陸氏萬卷樓刻本　一冊

500000 – 8761 – 0000170　170

銀海指南四卷　（清）顧錫著　清同治七年

(1868)刻本　一冊　存二卷(三至四)

500000 – 8761 – 0000171　171

新刊良朋彙集□□卷　（清）孫偉輯　清康熙
五十年(1711)刻本　一冊　存五卷(一至五)

500000 – 8761 – 0000172　172

隨山宇方鈔不分卷　（清）汪曰楨編　清光緒
八年(1882)刻本　一冊

500000 – 8761 – 0000173　173

吳氏醫學述□□卷　（清）吳鶴臯撰　（清）吳
遵程輯　清乾隆二十六年(1761)刻本　四冊
　存六卷(三、七、十一、十三,首一卷,末一
卷)

500000 – 8761 – 0000174　174

三家醫案合刻不分卷　（清）葉桂著　（清）吳
金壽纂　清道光十一年(1831)刻本　二冊

500000 – 8761 – 0000175　175

麻科合璧不分卷　（清）郁氏　（清）謝心陽著
　（清）楊開泰彙輯　清宣統元年(1909)刻本
　一冊

500000 – 8761 – 0000176　176

增輯普濟應驗良方八卷　（□）□□輯　清刻
本　一冊

500000 – 8761 – 0000177　177

瘟疫論二卷　（清）吳有性論　清刻本　一冊
　存一卷(癘病輯要一卷)

500000 – 8761 – 0000178　178

嵩厓尊生書十五卷　（清）嶽生堂纂著　清刻
本　三冊

500000 – 8761 – 0000179　179

草木便方二卷　（清）劉善述著　（清）尚驤士
編輯　清光緒六年(1880)刻本　一冊

500000 – 8761 – 0000180　180

外科□□卷　（□）□□著　清刻本　一冊
存三卷(四至六)

500000 – 8761 – 0000181　181

外科理例七卷附方一卷　（明）汪機編輯　清
末千頃堂書局石印本　十二冊

重慶市北碚圖書館等八家收藏單位古籍普查登記目錄

284

500000－8761－0000182　182

眼科龍目醫書十卷　（明）葆光道人編　清刻
本　四冊

500000－8761－0000183　183

痘科切要不分卷　（清）王文選輯　清刻本
一冊

500000－8761－0000184　184

幼科切要不分卷　（清）王文選輯　清道光二
十七年(1847)刻本　一冊

500000－8761－0000185　185

外科切要不分卷　（清）王文選輯　清道光二
十七年(1847)刻本　一冊

500000－8761－0000186　186

婦科精蘊五卷　（美國）妥瑪氏撰　（清）孔慶
高譯　清光緒十五年(1889)刻本　五冊

500000－8761－0000187　187

補注黃帝內經素問二十四卷　（唐）王冰注
清光緒三年(1877)浙江書局刻本　四冊　存
十五卷(一至十五)

500000－8761－0000188　188

孩童衛生編十二章　（英國）傅蘭雅譯　清末
石印本　一冊

500000－8761－0000189　189

景岳全書發揮四卷　（清）葉桂撰　清光緒五
年(1879)吳氏醉六堂刻本　一冊　存一卷
(一)

500000－8761－0000190　190

醫方易解新編六卷　（清）黃統　（清）龔自璋
輯　清刻本　三冊　存四卷(三至六)

500000－8761－0000191　191

黃帝內經靈樞十二卷　（唐）王冰注　清刻本
　一冊　存五卷(八至十二)

500000－8761－0000192　192

群經見智錄十六卷　（清）惲鐵樵撰　清末鉛
印本　二冊　存三卷(一至三)

500000－8761－0000193　193

溫熱贅言一卷　題(清)寄瓢子述　清刻本
一冊

500000－8761－0000194　194

彙集金鑑□□卷　（□）□□撰　清刻本　一
冊　存二卷(三至四)

500000－8761－0000195　195

先醒齋醫學廣筆記四卷　（明）繆希雍編　清
末石印本　一冊　存一卷(四)

500000－8761－0000196　196

牛痘新法全書□□卷　（□）□□撰　清光緒
二十一年(1895)刻本　一冊　存一卷(引痘
略合編一)

500000－8761－0000197　197

隨息居重訂霍亂論四卷　（清）王士雄纂　清
光緒十八年(1892)上海醉六堂刻本　二冊

500000－8761－0000198　198

外科症治全生集四卷　（清）王維德纂　清末
善成堂刻本　一冊

500000－8761－0000199　199

傷寒附翼二卷　（清）柯琴編　清刻本　一冊

500000－8761－0000200　200

傷寒醫約錄三卷　（清）陳念祖著　清咸豐九
年(1859)刻本　一冊

500000－8761－0000201　201

醫林改錯三卷　（清）王清任著　清末上海廣
益書局石印本　一冊

500000－8761－0000202　202

御纂醫宗金鑑九十卷　（清）吳謙輯　清刻本
　二冊　存十二卷(五至十六)

500000－8761－0000203　203

張仲景傷寒貫珠集八卷　（清）尤怡註　清刻
本　一冊

重慶市中醫院文獻檢索中心

古籍普查登記目錄

全國古籍普查登記目錄

國家圖書館出版社
National Library of China Publishing House

500000 – 8797 – 0000001　001

寒疫合編歌括四卷　（清）王光甸編輯　清同治二年（1863）什邡徐家場藥善公所刻本　四冊

500000 – 8797 – 0000002　002

吳醫彙講十一卷　（清）唐大烈纂輯　（清）沈文爕校訂　清嘉慶元年（1796）刻本　四冊

500000 – 8797 – 0000003　003

醫法圓通四卷　（清）鄭壽全編輯　清光緒二十九年（1903）刻本　一冊

500000 – 8797 – 0000004　004

新刻傷寒六書纂要辨疑四卷　（清）童養學纂輯　（清）余景玉較閱　清刻本　二冊

500000 – 8797 – 0000005　005

蘇沈良方八卷　（宋）蘇軾　（宋）沈括著　清宣統二年（1910）刻本　一冊

500000 – 8797 – 0000006　006

本經疏證十二卷本經續疏六卷　（清）鄒澍學　（清）胡杰校　清韓文煥齋刻本　三冊

500000 – 8797 – 0000007　007

傷寒瘟疫條辨七卷　（清）楊璿撰　（清）楊鼎編次　清光緒三十三年（1907）渝城文治堂刻本　四冊

500000 – 8797 – 0000008　008

黃帝內經素問九卷　（清）張志聰集註　清刻本　八冊

500000 – 8797 – 0000009　009

脈訣采真三卷　（清）王鴻驥編輯　清宣統元年（1909）成都閑存齋刻本　一冊

500000 – 8797 – 0000010　010

治痧全編二卷　（清）郭志邃著　（清）高亭午增編　（清）陳啟懷纂輯　清宣統三年（1911）重慶中西書局石印本　一冊

500000 – 8797 – 0000011　011

傷寒方經解一卷　（清）姜國伊註　清咸豐十一年（1861）刻本　一冊

500000 – 8797 – 0000012　012

500000 – 8797 – 0000012　012

救急編不分卷　題（清）三近居士增纂　清瀛斗主人刻本　一冊

500000 – 8797 – 0000013　013

藥治通義輯要二卷　（日本）丹波元堅撰　清刻本　一冊

500000 – 8797 – 0000014　014

新刻四科簡便良方□□卷　（□）□□輯　清刻本　一冊

500000 – 8797 – 0000015　015

本經逢原四卷　（清）張璐纂述　清光緒三十四年（1908）嚴氏彙刻醫學初階本　二冊

500000 – 8797 – 0000016　016

保嬰秘笈一卷　（清）楊鳳庭纂輯　**新刊經驗痘疹不求人方論一卷**　（明）朱棟隆著　（清）朱捷明錄　清刻本　一冊

500000 – 8797 – 0000017　017

胎產金針三卷　（清）何榮撰　清光緒二年（1876）刻本　一冊

500000 – 8797 – 0000018　018

蘇沈良方八卷　（宋）蘇軾　（宋）沈括著　清光緒十八年（1892）刻本　一冊

500000 – 8797 – 0000019　019

新訂小兒科臍風驚風合編一卷附刻時疫白喉捷要一卷專治跌打損傷方　（清）鮑雲韶輯　清光緒二十四年（1898）成都會文堂刻本　一冊

500000 – 8797 – 0000020　020

痧症全書三卷　（清）林森傳授　（清）王凱編輯　**咽喉秘集不分卷**　（清）海山仙館編　清光緒八年（1882）渝城尊古堂刻本［咽喉秘集爲清同治元年（1862）海山仙館刻本］　一冊

500000 – 8797 – 0000021　020 – 1

本草備要八卷　（清）汪昂撰　清道光二十五年（1845）瓶花書屋刻本　六冊

500000 – 8797 – 0000022　021

本草從新十八卷　（清）吳儀洛撰　清道光二十六年（1846）瓶花書屋刻本　六冊

500000－8797－0000023　022

沈氏尊生書七種　（清）沈金鰲撰　清同治十三年(1874)湖北崇文書局刻本　二十六冊
存五種六十八卷(雜病源流三十卷、傷寒論綱目十六卷、婦科玉尺六卷、幼科釋謎六卷、要藥分劑十卷)

500000－8797－0000024　023

雜病證治類方八卷　（明）王肯堂輯　清光緒十八年(1892)上海圖書集成書局石印本　八冊

500000－8797－0000025　024

金匱翼八卷　（清）尤怡撰　清鴻章書局石印本　一冊

500000－8797－0000026　025

渡生寶筏一卷　（□）□□撰　清光緒二十三年(1897)刻本　一冊

500000－8797－0000027　026

四時病機十四卷溫毒病論一卷女科歌訣六卷　（清）邵登瀛輯　**經驗方一卷**　（清）邵炳揚輯　清宣統元年(1909)江南醫學公會石印本　一冊

500000－8797－0000028　027

郁謝麻科合璧一卷　（清）楊開泰輯　清刻本　一冊

500000－8797－0000029　028

嵩厓尊生書十五卷　（清）景日昣撰　清刻本　二冊

500000－8797－0000030　029

醫門棒喝二集傷寒論本旨九卷　（漢）張仲景撰　（清）章楠編註　清宣統元年(1909)蠹城三友益齋石印本　一冊

500000－8797－0000031　030

傷寒證治準繩八卷　（明）王肯堂輯　清光緒十八年(1892)上海圖書集成書局石印本　四冊

500000－8797－0000032　031

傷寒論淺註補正七卷首一卷　（漢）張仲景撰

（清）陳念祖註　清光緒三十四年(1908)上海千頃堂書局石印本　一冊

500000－8797－0000033　032

醫方藥性合編不分卷　（□）□□撰　清刻本　一冊

500000－8797－0000034　033

女科準繩五卷　（明）王肯堂輯　清光緒十八年(1892)上海圖書集成書局石印本　五冊

500000－8797－0000035　034

醫方簡易二卷　（□）□□撰　清同治十年(1871)刻本　一冊

500000－8797－0000036　035

女科歌訣六卷　（清）邵登瀛輯　**經驗方一卷**（清）邵炳揚輯　清刻本　一冊

500000－8797－0000037　036

劉氏以仁先生編輯脈法條辨不分卷　（清）劉以仁撰　清光緒四年(1878)刻本　一冊

500000－8797－0000038　037

活人書二十卷　（宋）朱肱撰　清刻本　二冊

500000－8797－0000039　038

痧喉正義一卷附音釋一卷　（清）張震鋆輯　清刻本　一冊

500000－8797－0000040　039

羣方便覽續編一卷　（□）□□輯　清同治五年(1866)刻本　一冊

500000－8797－0000041　040

重刻活幼心法大全二卷　（明）聶尚恒撰　清光緒二年(1876)刻本　一冊

500000－8797－0000042　041

新訂小兒科臍風驚風合編一卷附刻時疫白喉捷要一卷專治跌打損傷方遂生編痘證治法一卷幼幼集成增入用火口訣一卷太乙神鍼方　（清）鮑雲韶輯　清光緒二十四年(1898)成都會文堂刻本　一冊

500000－8797－0000043　042

醫學一統一卷疔瘡要書一卷　（清）黃為良編輯　清光緒三十三年(1907)刻本　一冊

500000 - 8797 - 0000044　043

家傳醫學入門二卷　（清）江本乾編輯　清宣
統三年（1911）師古堂江氏刻本　一冊

500000 - 8797 - 0000045　044

重刊補註洗冤錄集證六卷　（宋）宋慈撰
（清）阮其新補註　（清）王又槐集證　清道光
二十四年（1844）三色套印本　五冊

500000 - 8797 - 0000046　045

瘟疫合璧二卷　（清）王嘉謨輯　清光緒三十
四年（1908）刻本　一冊

500000 - 8797 - 0000047　046

白喉忌表抉微一卷　題（清）耐修子纂輯　清
刻本　一冊

500000 - 8797 - 0000048　047

神農本經經釋三卷　（清）姜國伊著　清刻本
一冊

500000 - 8797 - 0000049　048

痧脹全編書三卷　（清）郭志邃著　清光緒三
十年（1904）瀘州宏道堂刻本　一冊

500000 - 8797 - 0000050　049

古方奇急方不分卷　（□）□□輯　清刻本
一冊

500000 - 8797 - 0000051　050

醫理真傳四卷　（清）鄭壽全著　清光緒二十
九年（1903）刻本　一冊

500000 - 8797 - 0000052　051

新刻驚風闢謬一卷　（清）陳復正輯訂　清咸
豐七年（1857）博學齋刻本　一冊

500000 - 8797 - 0000053　052

洞天奧旨十六卷　（清）陳士鐸著　（清）陶式
玉評　清刻本　二冊

500000 - 8797 - 0000054　053

金匱要略淺註方論合編十卷　（清）陳念祖著
清宣統元年（1909）渭南嚴氏刻醫學初階本
一冊

500000 - 8797 - 0000055　054

醫學常識不分卷　（清）□□纂　清末石印本
一冊

500000 - 8797 - 0000056　055

本經逢原四卷　（清）張璐撰　清光緒三十四
年（1908）成都嚴氏刻本　二冊

500000 - 8797 - 0000057　056

枌榆小草二卷　（□）趙澍雨著　清光緒元年
（1875）刻本　一冊

500000 - 8797 - 0000058　057

痘疹摘錄一卷　（清）費伯雄鑒定　清刻本
一冊

500000 - 8797 - 0000059　058

證治準繩八卷　（明）王肯堂輯　清光緒十八
年（1892）上海圖書集成書局石印本　三冊
存四卷（一、三至五）

500000 - 8797 - 0000060　059

外科準繩六卷　（明）王肯堂輯　清石印本
四冊　存四卷（二至三、五至六）

500000 - 8797 - 0000061　060

幼科準繩九卷　（明）王肯堂輯　清光緒十八
年（1892）上海圖書集成書局石印本　九冊
存八卷（一至六、八至九）

500000 - 8797 - 0000062　061

御纂醫宗金鑑九十卷外科十六卷　（清）吳謙
等輯　清刻本　二十六冊　存六十五卷（二
至二十、二十八至三十五、三十八至三十九、
四十二至四十四、四十八至七十四,外科四至
九）

重慶市南岸道教老君洞古籍普查登記目錄

全國古籍普查登記目錄

國家圖書館出版社
National Library of China Publishing House

500000－8798－0000001　001

大孝目連傳一卷　題(□)了塵居士編輯　清刻本　一冊

500000－8798－0000002　002

新鐫陳氏用事宜吉凶應驗藏書不分卷　(清)陳子性著　(清)陳式基　(清)陳式猷纂輯　清刻本　一冊

500000－8798－0000003　003

□文堂新訂增補和節鰲頭通書大全十卷　(□)□□集　清刻本　一冊　存一卷(十)

500000－8798－0000004　004

經國堂新訂增補合節鰲頭通書□□卷　(□)□□集　新補歷法總覽合節鰲頭通書大全十卷　(明)熊宗立集　清刻本　一冊　存一卷(一)

500000－8798－0000005　005

返本歸真□□卷　(□)□□集　清刻本　一冊　存一卷(三)

500000－8798－0000006　006

玉皇錫福寶懺一卷　(□)□□集　清同治九年(1870)刻本　一冊

500000－8798－0000007　007

覺迷靈丹二卷　題(□)虛靈子撰　清道光十年(1830)刻本　一冊

500000－8798－0000008　008

太上洞玄靈寶高上玉皇本行集經三卷　(□)□□集　清刻本　一冊　存二卷(一至二)

500000－8798－0000009　009

天元古佛救劫大梵王經一卷　(□)□□集　清刻本　一冊

500000－8798－0000010　010

通關文三卷　題(□)素樸老人著　清刻本　一冊　存一卷(三)

500000－8798－0000011　011

大團圓集利品一卷　(□)□□集　清刻本　一冊

500000－8798－0000012　012

利幽左臺一卷　(□)□□集　清刻本　一冊

500000－8798－0000013　013

課誦楞嚴集註□□卷　(□)福宗大和尚集解　清刻本　一冊　存一卷(一)

500000－8798－0000014　014

五公末劫經一卷　(□)□□集　清宣統三年(1911)刻本　一冊

500000－8798－0000015　015

新刻輪廻寶傳一卷　(□)□□集　清刻本　一冊

500000－8798－0000016　016

新刻地母經一卷　(□)□□集　清宣統三年(1911)刻本　一冊

500000－8798－0000017　018

十二圓覺一卷　(□)□□集　清光緒三十三年(1907)刻本　一冊

500000－8798－0000018　019

重鐫曆法便覽象吉備要通書大全二十九卷　(清)魏鑑彙述　清同治三年(1864)刻本　二冊　存八卷(一至四、二十至二十三)

500000－8798－0000019　020

新鐫象吉備要通書十卷　(□)□□集　清刻本　一冊　存三卷(八至十)

500000－8798－0000020　021

禮秩昭然一卷　(清)許楣輯錄　清光緒二十七年(1901)刻本　一冊

500000－8798－0000021　022

無上虛空地母玄化養生保命真經一卷　(□)□□集　清光緒三十年(1904)刻本　一冊

500000－8798－0000022　023

破迷宗旨一卷　題(□)儒童老人著　清咸豐四年(1854)刻本　一冊

500000－8798－0000023　024

聲律啟蒙撮要二卷　(清)車萬育著　清光緒十八年(1892)刻本　一冊　存一卷(一)

500000－8798－0000024　025

重刊三子明言一卷　（清）溪新吾　（清）李悍
著　（清）伍輔祥編次并增補　（清）萬咸熙增
註　清光緒十二年(1886)刻本　一冊

500000－8798－0000025　026
救刼皇經三卷　（□）□□集　清咸豐十一年
(1861)黃都垻刻本　一冊　存一卷（一）

500000－8798－0000026　027
重鐫曆法便覽象吉備要通書大全二十九卷
（清）魏鑑彙述　清同治三年(1864)刻本　七
冊　存二十二卷（一至二十二）

500000－8798－0000027　028
四時表一卷　　（□）□□集　清同治二年
(1863)刻本　一冊

500000－8798－0000028　030
靈山大路二卷　題（清）了塵子撰　清光緒三
十三年(1907)刻本　一冊

500000－8798－0000029　031
靈山大路二卷　題（清）了塵子撰　清光緒三
十三年(1907)刻本　一冊

500000－8798－0000030　032
歸原寶筏□□卷　題（清）慈尊老人著　清
光緒三十四年(1908)刻本　一冊　存一卷
（三）

500000－8798－0000031　033
欽定四庫全書總目二百卷首四卷　（清）紀昀
等纂　清刻本　一冊　存二卷（三至四）

500000－8798－0000032　034
信德洽孚一卷　（□）□□撰　清光緒三十四
年(1908)刻本　一冊

500000－8798－0000033　035
儒典歸真疏三卷　（□）□□撰　清光緒四年
(1878)川南刻本　一冊　存一卷（一）

500000－8798－0000034　036
醒世圖一卷洗塵銘箴一卷　（□）□□撰　清
刻本　一冊

500000－8798－0000035　037
度世金針□□卷　（□）□□撰　清刻本　一
冊　存一卷（三）

500000－8798－0000036　038
壇規三卷　（□）□□集　清刻本　一冊　存
一卷（二）

500000－8798－0000037　039
壇規三卷　（□）□□集　清刻本　一冊　存
一卷（二）

500000－8798－0000038　040
壇規三卷　（□）□□集　清刻本　一冊　存
一卷（二）

500000－8798－0000039　055
玄旻上帝伏魔蕩寇保國皇經二十四章　（□）
□□撰　清刻本　一冊

500000－8798－0000040　056
玄旻上帝伏魔蕩寇保國皇經二十四章　（□）
□□撰　清刻本　一冊

500000－8798－0000041　057
中蓮金母救劫普度真經一卷　（□）□□輯
清刻本　一冊

大足石刻研究院圖書館
古籍普查登記目録

全國古籍普查登記目録

國家圖書館出版社
National Library of China Publishing House

500000－8799－0000001　001

四書章句四卷　（宋）朱熹章句　清榮昌儒興堂刻本　一冊　存二卷（大學一卷、中庸一卷）

500000－8799－0000002　002

中庸章句本義滙參□□卷　（□）□□撰　清敦復堂刻本　一冊　存二卷（三至四）

500000－8799－0000003　003

增補蘇批孟子二卷　（宋）蘇洵撰　（清）趙大浣增補　清石印本　一冊　存一卷（二）

500000－8799－0000004　004

宋儒學案約編二十二卷　曾學傳撰　清末鉛印本　一冊

500000－8799－0000005　005

孟子□□卷　（宋）朱熹集註　清刻本　一冊　存三卷（一至三）

500000－8799－0000006　006

南華真經解六卷　（清）宣穎著　清末上海廣益書局石印本　六冊

500000－8799－0000007　007

莊子集釋十卷　（清）郭慶藩　（清）孟純輯　清末上海掃葉山房石印本　九冊　存九卷（一至九）

500000－8799－0000008　008

經史百家雜鈔二十六卷首一卷　（清）曾國藩纂　（清）李鴻章校栞　清光緒二年（1876）傳忠書局刻本　二十四冊

500000－8799－0000009　009

四書大全摘要四種二十卷　（清）李武又纂輯　清刻本　十八冊

500000－8799－0000010　010

四書典制類聯音註三十三卷　（清）閻其淵編輯　清刻本　九冊　存三十二卷（二至三十三）

500000－8799－0000011　011

新訂四書補註備旨十卷　（明）鄧林著　清刻本　六冊　存八卷（大學一卷、中庸一卷、孟子四卷、論語三至四）

500000－8799－0000012　012

新增四書備旨靈捷解□□卷　（清）張素存著　（清）鄒蒼崖增補　清刻本　四冊　存五卷（一至三、六、八）

500000－8799－0000013　013

四書類典賦二十四卷　（清）甘紱著　清刻本　二冊　存四卷（六至七、二十三至二十四）

500000－8799－0000014　014

四秘全書十二種　（清）尹一勺著　清嘉慶十二年（1807）刻本　十二冊

500000－8799－0000015　015

地理孝思集十四卷首一卷　（清）舒鳳儀纂註　清善成堂刻本　七冊

500000－8799－0000016　016

大清律講義十七卷　吉同鈞著　清末上海朝記書莊石印本　八冊

500000－8799－0000017　017

大清律例□□卷　（清）□□輯　清刻本　二冊　存二卷（十九至二十）

500000－8799－0000018　018

國際私法八編　孔慶餘編述　清光緒三十四年（1908）紳班法政學堂鉛印本　一冊

500000－8799－0000019　019

戰時國際公法九章　孔慶餘編述　清光緒三十四年（1908）紳班法政學堂鉛印本　一冊

500000－8799－0000020　020

孫子十家註十三卷首一卷末一卷　（清）孫星衍　（清）吳人驥校　清上海廣益書局石印本　四冊

500000－8799－0000021　021

御纂周易折中二十二卷首一卷　（清）李光地纂　清刻本　十二冊

500000－8799－0000022　022

來瞿唐先生易註十五卷首一卷末一卷圖一卷　（明）來知德撰　清寧遠堂刻本　八冊

500000 – 8799 – 0000023　023

韓非子集解二十卷首一卷　（戰國）韓非撰　王先謙註　清末掃葉山房石印本　六冊

500000 – 8799 – 0000024　024

易研八卷首一卷　（清）胡翹元撰述　清刻本　八冊

500000 – 8799 – 0000025　025

宋元學案一百卷首一卷　（清）黃宗羲撰　（清）全祖望修定　**攷畧一卷**　清光緒五年（1879）長沙寄廬刻本　四十三冊　缺八卷（十七、二十五至二十七、五十四、六十五至六十七）

500000 – 8799 – 0000026　026

宋元學案一百卷首一卷　（清）黃宗羲撰　（清）全祖望修定　**攷畧一卷**　清光緒五年（1879）長沙寄廬刻本　三十三冊　缺十五卷（二至十、十四至十六、二十三至二十五）

500000 – 8799 – 0000027　027

寄傲山房塾課纂輯御案易經備旨七卷圖一卷　（清）鄒聖脉纂輯　（清）鄒廷猷編　清宏德堂刻本　五冊

500000 – 8799 – 0000028　028

周易十卷附考證　（三國魏）王弼註　清光緒十年（1884）刻本　三冊

500000 – 8799 – 0000029　029

小學集解□□卷　（□）□□撰　清刻本　二冊　存三卷（四至六）

500000 – 8799 – 0000030　030

大乘起信論一卷　（唐）釋實叉難陀譯　清刻本　一冊

500000 – 8799 – 0000031　031

大乘起信論一卷　（唐）釋實叉難陀譯　清刻本　一冊

500000 – 8799 – 0000032　032

大乘起信論一卷　（唐）釋實叉難陀譯　清刻本　一冊

500000 – 8799 – 0000033　033

大乘起信論序一卷　（南朝梁）釋智愷撰　清光緒二十四年（1898）金陵刻經處刻本　一冊

500000 – 8799 – 0000034　034

中論六卷　（晉）釋鳩摩羅什譯　（唐）釋青目釋　清刻本　二冊

500000 – 8799 – 0000035　035

太玄集注四卷　（漢）揚雄撰　（宋）司馬光集注　清道光十一年（1831）岷陽孫氏鵞溪青棠書屋影宋刻本　四冊

500000 – 8799 – 0000036　036

學案小識十四卷首一卷末一卷　（清）唐鑑撰　清光緒十年（1884）刻本　十二冊

500000 – 8799 – 0000037　037

爾雅二卷　（清）張孝楷　（清）袁登毅校　清成都刻本　一冊

500000 – 8799 – 0000038　038

說文解字三十二卷六書音均表五卷　（清）段玉裁注　清光緒三年（1877）成都尊經書院刻本　十六冊　缺一卷（六書音均表五）

500000 – 8799 – 0000039　039

康熙字典十二集檢字一卷辨似一卷字母切韻要法一卷備考一卷補遺一卷　（清）史評等總纂　（清）陳憲曾等纂修　清道光七年（1827）刻本　十五冊

500000 – 8799 – 0000040　040

四平架子初集不分卷二集不分卷附錄貞一齋稿一卷　（清）鄒宗垣著　清光緒十七年（1891）成都王氏刻本　二冊

500000 – 8799 – 0000041　041

子書二十八種　育文書局輯　清宣統三年（1911）育文書局石印本　二十四冊　存二十五種三十八卷（老子道德經二卷附音義一卷，孔子集語十七卷，莊子十卷，晏子春秋七卷附音義二卷校勘記二卷，管子二十四卷，呂氏春秋二十六卷附考一卷，荀子二十卷附校勘補遺一卷，新書十卷，列子八卷，董子春秋繁露十七卷附一卷，韓非子二十卷附識誤三卷，淮南子二十一卷，黃帝內經靈樞十二卷，文中子中說十卷,竹書紀年統箋十二卷前編一卷雜述一卷,揚子法言十三卷附音義一卷,尸子二卷存疑一卷,鶡冠子三卷,商君書五卷附考一卷,墨子十五卷,孫子十家注十三卷附遺說一卷,山海經十八卷,關尹子一卷,吳子二卷,六韜三卷)

500000－8799－0000042　042

四書朱子本義匯參□□卷　（清）王步青輯
清末石印本　十冊　存三十卷(大學一卷,中庸一卷,論語一至六、十一至二十,孟子一至十二)

500000－8799－0000043　043

四書經注集證十九卷　（清）吳昌宗撰　清嘉慶三年(1798)江都汪氏刻本　十冊

500000－8799－0000044　044

日本商法第二編　李光珠編述　清宣統元年(1909)鉛印本　二冊

500000－8799－0000045　045

高等小學論說文範四卷　邵伯棠撰　清宣統三年(1911)刻本　一冊　存二卷(一至二)

500000－8799－0000046　046

字學舉隅不分卷　（清）黃本驥編　清末刻本一冊

500000－8799－0000047　047

文字蒙求四卷　（清）王筠撰　清刻本　一冊存一卷(一)

500000－8799－0000048　048

詩韻集成十卷　（清）余照輯　清刻本　一冊存六卷(五至十)

500000－8799－0000049　049

詩韻集成十卷　（清）余照輯　清刻本　二冊

500000－8799－0000050　050

顧氏音學五書三十八卷　（清）顧炎武撰　清光緒十六年(1890)思賢講舍刻本　十一冊存二十七卷(音論三卷、詩本音四至十、唐韻正三至十九)

500000－8799－0000051　051

六書通十卷　（清）畢弘述篆訂　清刻本十冊

500000－8799－0000052　052

方言十三卷續二卷續補一卷　（漢）揚雄撰清光緒十七年(1891)思賢講舍刻本　四冊

500000－8799－0000053　053

古文觀止十二卷　（清）吳乘權等輯　清刻本五冊　存十卷(三至十二)

500000－8799－0000054　054

漢和文典七章　畢祖誠譯編　清光緒三十二年(1906)上海震東學社影印本　一冊

500000－8799－0000055　055

詩學含英十四卷　（清）劉文蔚輯　清刻本一冊　存七卷(八至十四)

500000－8799－0000056　056

詩學含英十四卷　（清）劉文蔚輯　清刻本一冊　存七卷(八至十四)

500000－8799－0000057　057

佩文詩韻釋要五卷　（清）周兆基撰　清宣統三年(1911)刻本　一冊

500000－8799－0000058　058

李太白全集十六卷　（唐）李白著　（清）李調元　（清）鄧在珩編訂　清光緒九年(1883)王鴻儒刻本　四冊　存十四卷(一至十三、十六)

500000－8799－0000059　059

杜詩鏡銓二十卷　（唐）杜甫撰　清刻本　四冊　存六卷(五至六、十五至十八)

500000－8799－0000060　060

柳汁吟舫詩草十四卷賦草一卷外集一卷
(清)何盛斯撰　清咸豐元年(1851)刻本　三冊　存十卷(詩草一至二、九至十四,賦草一卷,外集一卷)

500000－8799－0000061　061

新增幼學故事瓊林四卷圖一卷　（清）程允升原本　（清）鄒聖脉增補　清古香閣魏氏刻本二冊　缺二卷(二、四)

500000 – 8799 – 0000062　062
新增故事瓊林四卷　（清）程允升原本　（清）
鄒聖脉增補　清刻本　一冊　存一卷(二)

500000 – 8799 – 0000063　063
重刊五百家註音辯昌黎先生文集四十卷
（唐）韓愈撰　清刻本　十二冊

500000 – 8799 – 0000064　064
前漢書一百卷　（唐）班固撰　（唐）顏師古注
　清汲古閣刻本　三十九冊　缺三卷(八十
四至八十六)

500000 – 8799 – 0000065　065
御批歷代通鑑輯覽一百二十卷　（清）楊述曾
等撰　清末商務印書館鉛印本　三十九冊
缺三卷(十八至二十)

500000 – 8799 – 0000066　066
資治通鑑二百九十四卷　（宋）司馬光編集
（清）胡三省音註　**敘錄三卷**　（清）胡元常輯
　清光緒十四年(1888)長沙楊氏刻本　八十
七冊　缺一卷(二百九十四)

500000 – 8799 – 0000067　067
資治通鑑釋文三十卷附錄一卷　（宋）史炤撰
　問疑一卷　（宋）劉義仲纂集　**釋例一卷**
（宋）司馬光撰　**附錄一卷**　清光緒十四年至
十五年(1888 – 1889)長沙楊氏刻本　八冊

500000 – 8799 – 0000068　068
通鑑釋文辯誤十二卷附錄一卷　（元）胡三省
撰　清光緒刻本　三冊

500000 – 8799 – 0000069　069
資治通鑑考異三十卷　（宋）司馬光編集　清
光緒刻本　十一冊　缺一卷(一)

500000 – 8799 – 0000070　070
資治通鑑目錄三十卷　（宋）司馬光編集　清
光緒刻本　九冊

500000 – 8799 – 0000071　071
後漢書一百三十卷　（南朝宋）范曄撰　（唐）
李賢注　（南朝梁）劉昭補志　清汲古閣刻本
　二十冊　缺三十三卷(紀一至四,列傳十七

至二十三、三十七至四十二、六十五至六十
八、七十五至七十八,志五至十二)

500000 – 8799 – 0000072　072
後漢書一百二十卷附考證　（南朝宋）范曄撰
　（唐）李賢注　（南朝梁）劉昭補志　清光緒
二十年(1894)上海同文書局石印本　三十冊

500000 – 8799 – 0000073　073
後漢書一百二十卷附考證　（南朝宋）范曄撰
　（唐）李賢注　（南朝梁）劉昭補志　清光緒
二十年(1894)上海同文書局石印本　三十一
冊　缺七卷(十二至十五、一百十八至一百二
十)

500000 – 8799 – 0000074　074
漢書一百卷附考證　（漢）班固撰　（唐）顏師
古注　清光緒二十年(1894)上海同文書局石
印本　四十二冊

500000 – 8799 – 0000075　075
漢書一百卷附考證　（漢）班固撰　（唐）顏師
古注　清光緒二十年(1894)上海同文書局石
印本　二十六冊　缺二十六卷(一至二十六)

500000 – 8799 – 0000076　076
漢書一百卷附考證　（漢）班固撰　（唐）顏師
古注　清光緒二十年(1894)上海同文書局石
印本　六冊　存九卷(十六、十九至二十六)

500000 – 8799 – 0000077　077
史記一百三十卷附考證　（漢）司馬遷撰
（唐）司馬貞索隱　（唐）張守節正義　（南朝
宋）裴駰集解　**補史記一卷**　（唐）司馬貞補
撰并注　清光緒二十八年(1902)史學會社石
印本　四冊

500000 – 8799 – 0000078　078
史記一百三十卷附考證　（漢）司馬遷撰
（唐）司馬貞索隱　（唐）張守節正義　（南朝
宋）裴駰集解　**補史記一卷**　（唐）司馬貞補
撰并注　清刻本　二十九冊　存一百五卷
(一至七、十至四十九、六十至一百十七)

500000 – 8799 – 0000079　079
天下郡國利病書一百二十卷　（清）顧炎武輯

（清）龍萬育訂　清光緒二十七年(1901)圖書集成局鉛印本　二十八冊

500000－8799－0000080　080

天下郡國利病書一百二十卷　（清）顧炎武輯　（清）龍萬育訂　清光緒五年(1879)蜀南桐華書屋薛氏刻本　七十六冊

500000－8799－0000081　081

御案詩經備旨八卷　（清）鄒聖脈纂輯　清刻本　五冊　存五卷(一至五)

500000－8799－0000082　082

仿宋相臺五經五種九十六卷　（宋）岳珂編　清光緒十年(1884)刻本　三十六冊　存四種八十三卷(尚書一至十三,春秋經傳集解一至三十、年表一、名號歸一圖一至二,毛詩四至二十、禮記一至二十)

500000－8799－0000083　083

河東先生文集六卷　（唐）柳宗元撰　清宣統二年(1910)上海會文堂書局石印本　六冊

500000－8799－0000084　084

嘉祐集二十卷　（宋）蘇洵撰　清刻本　三冊

500000－8799－0000085　085

庾子山集十六卷附總釋十六卷年譜一卷　(北周)庾信撰　（清）倪璠註釋　清刻本　五冊

500000－8799－0000086　086

陶淵明文集十卷　（晉）陶潛撰　清宣統元年(1909)石印本　四冊

500000－8799－0000087　087

陶淵明文集十卷　（晉）陶潛撰　清刻本　一冊　存二卷(九至十)

500000－8799－0000088　088

寇忠愍公詩集三卷　（宋）寇準著　清宣統三年(1911)上海中華圖書館石印本　二冊

500000－8799－0000089　089

南宋樂府不分卷　（清）章季英著　（清）趙葆燨纂註　清光緒二年(1876)歸安趙氏刻本　一冊

500000－8799－0000090　090

駢體文鈔三十一卷　（清）李兆洛編　清光緒八年(1882)滬上刻本　五冊　存十九卷(一至十、十六至二十一、二十九至三十一)

500000－8799－0000091　091

雪心賦正解四卷　（唐）卜應天著　（清）孟浩注　清德順堂刻本　二冊

500000－8799－0000092　092

楚辭章句十七卷　（漢）王逸撰　清光緒二十一年(1895)昭陵主人刻本　四冊

500000－8799－0000093　093

李空同詩集三十二卷　（明）李夢陽撰　清宣統二年(1910)掃葉山房石印本　九冊　存二十七卷(六至三十二)

500000－8799－0000094　094

古唐詩合解十二卷附箋註　（清）王堯衢註　清刻本　四冊　存五卷(一至二、五至七)

500000－8799－0000095　095

唐詩三百首註疏六卷　（清）孫洙編　清末上海鴻寶齋書局石印本　三冊　存三卷(二、四、六)

500000－8799－0000096　096

唐詩三百首註疏六卷　（清）孫洙編　清刻本　一冊　存三卷(四至六)

500000－8799－0000097　097

分類詩腋八卷　（清）李禎編　清刻本　一冊　存四卷(五至八)

500000－8799－0000098　098

皇朝通典一百卷　（清）嵇璜纂　清末石印本　三冊　存二十三卷(十八至二十六、五十至五十五、七十二至七十九)

500000－8799－0000099　099

周禮精華六卷　（清）陳龍標編輯　清刻本　一冊　存二卷(一至二)

500000－8799－0000100　100

儒興堂新鐫遵註旁音書經正文六卷　（清）王篇考訂　清光緒二十五年(1899)渝城儒興堂

刻本　一册

500000 - 8799 - 0000101　101

原富十一篇　（英國）斯密亞當著　嚴復譯
清光緒二十八年（1902）南洋公學譯書院鉛印
本　二册

500000 - 8799 - 0000102　102

漢魏六朝百三家集一百三種　（明）張溥輯
清善化章氏刻本　一百册　存一百種一百十
六卷（賈長沙集一卷、東方大中集一卷、褚先
生集一卷、王諫議集一卷、劉中壘集一卷、揚
侍郎集一卷、劉子駿集一卷、馮曲陽集一卷、
班蘭臺集一卷、崔亭伯集一卷、張河間集二
卷、李蘭臺集一卷、馬季長集一卷、荀侍中集
一卷、蔡中郎集二卷、王叔師集一卷、諸葛丞
相集一卷、魏文帝集二卷、魏武帝集一卷、王
侍中集一卷、劉公幹集一卷、阮步兵集一卷、
嵇中散集一卷、鍾司徒集一卷、杜征南集一
卷、荀公曾集一卷、張司空集一卷、孫馮翊集
一卷、摯太常集一卷、束廣微集一卷、夏侯常
侍集一卷、潘黃門集一卷、傅中丞集一卷、潘
太常集一卷、陸平原集二卷、陸清河集二卷、
郭弘農集二卷、王右軍集二卷、王大令集一
卷、陶彭澤集一卷、傅光祿集一卷、謝康樂集
二卷、顏光祿集一卷、鮑參軍集二卷、袁陽源
集一卷、謝法曹集一卷、謝光祿集一卷、竟陵
王集二卷、王文憲集一卷、王寧朔集一卷、謝
宣城集一卷、張長史集一卷、梁武帝集二卷、
梁昭明集一卷、梁簡文帝集二卷、梁元帝集一
卷、江醴陵集二卷、沈隱侯集二卷、陶隱居集
一卷、任中丞集一卷、王左丞集一卷、陸太常
集一卷、劉秘書集一卷、劉豫章集一卷、劉中
庶集一卷、庾度支集一卷、何記室集一卷、吳
朝請集一卷、徐僕射集二卷、沈侍中集一卷、
江令君集一卷、張散騎集一卷、高令公集一
卷、魏特進集一卷、庾開府集二卷、王司空集
一卷、隋煬帝集一卷、盧武陽集一卷、李懷州
集一卷、牛奇章集一卷、薛司隸集一卷、劉戶
曹集一卷、王詹事集一卷、何記室集一卷、成
公子安集一卷、張孟陽集一卷、何衡陽集一
卷、陳思王集二卷、陳記室集一卷、阮元瑜集
一卷、孔少府集一卷、司馬文園集一卷、董膠

西集一卷、傅鶉觚集一卷、張景陽集一卷、劉
越石集一卷、溫侍讀集一卷、邢特進集一卷、
劉庶子集一卷）

500000 - 8799 - 0000103　103

漢魏叢書八十六種　（清）王謨輯　清光緒三
年（1877）戎州盧秉鈞刻民國四年（1915）蜀南
盧樹柟印本　九十册　存八十三種三百八十
九卷［焦氏易林四卷，易傳三卷，易傳一卷，易
略例一卷，古三墳一卷，汲冢周書十卷，詩傳
一卷，詩說一卷，韓詩外傳十卷，新序十卷，參
同契一卷，陰符經一卷，風后握奇經一卷，素
書一卷，心書一卷，博雅七至十，釋名四卷，竹
書紀年二卷，春秋繁露十七卷，文心雕龍十
卷，新書六至十，法言十卷，申鑒五卷，小爾雅
一卷，方言十三卷，博雅一至六，三輔黃圖六
卷，鹽鐵論十二卷，淮南鴻烈解一至七、十二
至十八，枕中書一卷，佛國記一卷，毛詩草木
鳥獸蟲魚疏三卷，大戴禮記十三卷，孔叢二
卷，新語二卷，新書一至五，詩品三卷，書品一
卷，尤射一卷，拾遺記一至九，華陽國志（蜀
志、南中志、公孫述劉二牧志、劉先主志、劉後
主志、大同志、李志、漢中士女志、梓潼士女
志、西州後賢志、序志、序志後語及附江原士
女志），十六國春秋十六卷，伽藍記五卷，白虎
通德論四卷，說苑一至五，風俗通義十卷，人
物志三卷，獨斷二卷，忠經一卷，孝傳一卷，羣
輔錄一卷，英雄記抄一卷，西京雜記六卷，吳
越春秋六卷，古今注三卷，博物志十卷，新論
十卷，中論二，中說二卷，元經薛氏傳十卷，神
仙傳十卷，續齊諧記一卷，搜神記八卷，搜神
後記二卷，還冤記一卷，神異經一卷，海內十
洲記一卷，別國洞冥記四卷，潛夫論十卷，穆
天子傳六卷，越絕書一至四，高士傳三卷，顏
氏家訓二卷，論衡一至十三、十八至三十，水
經二卷，星經二卷，荊楚歲時記一卷，南方草
木狀三卷，竹譜一卷，禽經一卷，古今刀劍錄
一卷，鼎錄一卷，天祿閣外史一至二、六至八］

500000 - 8799 - 0000104　104

增訂漢魏叢書九十六種　（清）王謨輯　清宣
統三年（1911）上海大通書局石印本　三十
二册

500000－8799－0000105　　105

春秋大事表六十六卷輿圖一卷　（清）顧棟高撰　清光緒南菁書院刻本　十七冊　存三十八卷（一至九、十二至二十一、二十六至四十三，輿圖一卷）

500000－8799－0000106　　106

三國志六十五卷　（晉）陳壽撰　（南朝宋）裴松之注　清刻本　十四冊

500000－8799－0000107　　107

讀史方輿紀要一百三十卷　（清）顧祖禹輯著　清光緒二十七年（1901）圖書集成局鉛印本　二十三冊　存一百八卷（一至二十五、三十四至三十八、四十二至一百十九）

500000－8799－0000108　　108

宋本十三經注疏十三種附校勘記　（清）阮元校勘　清光緒十三年（1887）脈望仙館石印本　三十冊　存十種二百七十七卷（周易正義十卷、尚書正義二十卷、毛詩正義二十卷、周禮注疏四十二卷、儀禮注疏五十卷、禮記正義六十三卷、春秋公羊傳注疏二十八卷、春秋穀梁傳注疏二十卷、爾雅注疏十卷、孟子注疏十四卷）

500000－8799－0000109　　109

讀史方輿紀要一百三十卷　（清）顧祖禹輯著　清刻本　七十七冊　存一百二十一卷（一至三十七、三十九至五十五、五十七、六十、六十二至六十五、七十至一百三十）

500000－8799－0000110　　110

分類賦學雞跖集三十卷附錄一卷　（清）張維城輯　清光緒八年（1882）淞隱閣木活字印本　三冊　缺二卷（一至二）

500000－8799－0000111　　111

紀元編三卷末一卷　（清）李兆洛撰　清刻粵雅堂叢書本　一冊

500000－8799－0000112　　112

青屏山房文集四卷末一卷　（清）□□撰　清刻本　一冊　存二卷（四、末一卷）

500000－8799－0000113　　113

日知錄集釋三十二卷刊誤二卷續刊誤二卷　（清）顧炎武著　（清）黃汝成集釋　清光緒二十五年（1899）京都琉璃廠刻本　十五冊

500000－8799－0000114　　114

國朝先正事略六十卷　（清）李元度纂　清光緒二十八年（1902）益元書局刻本　二十六冊

500000－8799－0000115　　115

司馬頭陀鐵案五卷　（清）郭錫疇輯註　（清）朱佐朝編　清光緒十五年（1889）刻本　一冊　存二卷（一至二）

500000－8799－0000116　　116

方輿全圖總說五卷　（清）顧祖禹輯　清光緒二十七年（1901）圖書集成局鉛印本　四冊

500000－8799－0000117　　117

華陽國志十二卷補三州郡縣目錄一卷　（晉）常璩撰　清刻本　三冊　缺二卷（十一至十二）

500000－8799－0000118　　118

普通百科新大詞典十二集目錄一卷補遺一卷　黃摩西編　清宣統三年（1911）上海國學扶輪社鉛印本　七冊　存六集一卷（一至六集、目錄一卷）

500000－8799－0000119　　119

論語集註十卷　（宋）朱熹集註　清刻本　二冊　存五卷（一至五）

500000－8799－0000120　　120

四書正本十九卷附四書圖一卷四書句辨一卷四書字辨一卷四書疑字辨一卷　（宋）朱熹集註　清同治刻本　二冊　存八卷（大學一卷、中庸一卷、論語六至七，四書圖一卷，句辨一卷，字辨一卷，疑字辨一卷）

500000－8799－0000121　　121

聊齋志異新評十六卷　（清）蒲松齡撰　清刻朱墨套印本　一冊　存一卷（十六）

500000－8799－0000122　　122

振振堂聯稿二卷續二卷　（清）鍾祖芬撰　清光緒三十二年（1906）刻本　一冊　存一卷

(聯稿一)

500000－8799－0000123　123

振振堂聯稿續二卷　（清）鍾祖芬撰　清宣統
二年(1910)刻本　一冊　存一卷(一)

500000－8799－0000124　124

天下名勝楹聯一卷　（□）雲水散人輯　清光
緒十七年(1891)刻本　一冊

500000－8799－0000125　125

四川名勝楹聯一卷　（□）清一道人輯　清光
緒十五年(1889)刻本　一冊

500000－8799－0000126　126

楹聯叢話十二卷續話四卷　（清）梁章鉅撰
清刻本　二冊　存十卷(叢話七至十二、續話
四卷)

500000－8799－0000127　127

戰國策選四卷　（清）儲欣評選　清刻本
一冊

500000－8799－0000128　128

史記菁華錄六卷　（清）姚祖恩輯　清同治十
二年(1873)刻本　三冊　存三卷(一至三)

500000－8799－0000129　129

御批歷代通鑑輯覽一百二十卷　（清）楊述曾
等撰　清石印本　十九冊　存一百十四卷
(一至八十九、九十六至一百二十)

500000－8799－0000130　130

三通考輯要七十六卷　湯壽潛輯　清刻本
二十冊　存六十三卷(文獻通考輯要五至十
一、十三至二十四,欽定續文獻通考輯要一至
二、四至八、十二至二十一、二十六,皇朝文獻
通考輯要一下至二十六)

500000－8799－0000131　131

春秋左傳五十卷　（晉）杜預註釋　（宋）林堯
叟註釋　（唐）陸德明音義　（明）鍾惺等評點
　清石印本　十六冊

500000－8799－0000132　132

春秋左傳五十卷　（晉）杜預註釋　（宋）林堯
叟註釋　（唐）陸德明音義　（明）鍾惺等評點

清石印本　十六冊

500000－8799－0000133　133

史記志疑三十六卷　（清）梁玉繩撰　清石印
本　一冊　存八卷(二十九至三十六)

500000－8799－0000134　134

讀通鑑論三十卷末一卷宋論十五卷續春秋左
氏傳博議二卷春秋世論五卷　（清）王夫之撰
　清光緒二十七年(1901)刻船山遺書本　十
九冊　存五十卷(讀通鑑論三十卷末一卷、宋
論一至十四、續春秋左氏傳博議二卷、春秋世
論三至五)

500000－8799－0000135　135

增評加批歷史綱鑑補三十九卷首一卷　（宋）
司馬光通鑑　（宋）朱熹綱目　（明）王世貞
(明)袁黃編纂　清富強齋石印本　一冊　存
三卷(二十三至二十五)

500000－8799－0000136　136

圖註八十一難經四卷附瀕湖脈學一卷　（戰
國）秦越人述　（明）張世賢註　清上海廣益
書局石印本　一冊　存二卷(一至二)

500000－8799－0000137　137

奇方纂要一卷　（清）王錫鑫編輯　醫學一統
一卷　（清）黃為良編輯　清光緒三十三年
(1907)刻本　一冊

500000－8799－0000138　138

傷寒論註四卷論翼二卷　（清）柯琴著　清刻
本　三冊　存四卷(論註三至四、論翼二卷)

500000－8799－0000139　139

天演論二卷　（英國）赫胥黎著　嚴復譯　清
刻本　一冊

500000－8799－0000140　140

補註黃帝內經素問二十四卷末一卷　（唐）王
冰注　清宣統三年(1911)育文書局石印本
一冊

500000－8799－0000141　141

評點春秋綱目左傳句解彙雋六卷　（清）韓菼
重訂　清刻本　三冊　存三卷(二、四至五)

500000－8799－0000142　142

春秋左傳折衷□□卷　（□）□□撰　清刻本
　　五冊　存五卷(四至八)

500000－8799－0000143　143

國語二十一卷　（三國吳）韋昭注　清刻本
　　二冊　存十六卷(六至二十一)

500000－8799－0000144　144

戰國策三十三卷札記三卷　（漢）高誘注　清
光緒二年(1876)尊經書院刻本　七冊

500000－8799－0000145　145

妙法蓮華經七卷　（晉）釋鳩摩羅什譯　清刻
本　一冊　存一卷(一)

500000－8799－0000146　146

修身學不分卷　王銘新輯　清刻本　一冊

《重慶市北碚圖書館古籍普查登記目錄》
書名筆畫字頭索引

九畫

十畫

十一畫

十五畫

十六畫

十七畫

《重慶市北碚圖書館古籍普查登記目錄》
書名筆畫索引

323

三畫

四畫

六畫

九畫

十畫

十一畫

十二畫

十三畫

372

十四畫

十五畫

十六畫

十七畫

十八畫

十九畫

二十畫

二十一畫

二十二畫

二十三畫

二十四畫

《重慶三峽醫藥高等專科學校圖書館 古籍普查登記目錄》 書名筆畫字頭索引

《重慶三峽醫藥高等專科學校圖書館 古籍普查登記目録》 書名筆畫索引

《重慶市第八中學校圖書館古籍普查登記目錄》書名筆畫字頭索引

《重慶市第八中學校圖書館古籍普查登記目録》書名筆畫索引

《重慶市聚奎中學校圖書館古籍普查登記目錄》
書名筆畫字頭索引

《重慶市聚奎中學校圖書館古籍普查登記目錄》
書名筆畫索引

《重慶市中藥研究院圖書館古籍普查登記目錄》
書名筆畫字頭索引

《重慶市中藥研究院圖書館古籍普查登記目錄》
書名筆畫索引

十四畫

十五畫

十六畫

十八畫

《重慶市中醫院文獻檢索中心古籍普查登記目錄》
書名筆畫字頭索引

《重慶市中醫院文獻檢索中心古籍普查登記目錄》
書名筆畫索引

十四畫

十八畫

十九畫

《重慶市南岸道教老君洞古籍普查登記目録》
書名筆畫字頭索引

《重慶市南岸道教老君洞古籍普查登記目錄》
書名筆畫索引

423

《大足石刻研究院圖書館古籍普查登記目録》
書名筆畫字頭索引

一

《大足石刻研究院圖書館古籍普查登記目錄》
書名筆畫索引